學校組織行為

張慶勳　著

五南圖書出版公司 印行

作者簡介

張慶勳

學歷

國立高雄師範大學教育學博士

考試

台灣省公務人員基層特考(教育行政人員類)及格(民國 68 年)

經歷

台南市國小、國中教師

台南縣、市政府教育局課員

國立彰化師範大學教育學院組員兼秘書

國立屏東師範學院講師兼秘書室秘書、教務處出版組組長

·何序·

自余服務屏師以來，爲落實大學教育的教學、研究功能，除了設立學術委員會以推動國內外學術交流，鼓勵及協助教師從事與其教學有關的學術研究外，並極力提倡教師撰寫其專長領域的專書。六年來，屏師教師不論在博士學位人數的增加，或得到國科會研究計畫及學術著作的獎助，或發表論文的成果，均已有顯著的績效。

本校初教系張慶勳博士平時擔任學校行政相關課程並兼校內行政工作，而其主要的研究領域則是與學校組織管理、領導、文化及效能攸關。如今他能突破純行政學的領域，而將行政學與心理學、社會學、政治學、人類學予以融合，獨力完成首由國人自撰的《學校組織行爲》一書。由此顯示，其研究領域即將邁進另一階段。

學校組織領導者爲有效領導學校，宜充分掌握學校組織內外個人、團體及組織系統的互動所形成的學校組織文化，並作爲其運用領導策略的資源。也就是將領導的「知」與「行」予以融合，而成爲一位成功有效的領導者。同時，學校組織的成員也在瞭解其個人、團體及組織系統的互動過程及結果後，提昇其工作滿足感，並增進其工作績效。因此，學校組織領導者及其成員都需要對其組織行爲有所認識，如此才能使學校更有效能。

學校組織行爲即是結合行政學、心理學、社會學、政治學及人類學，而研究學校組織內之個人行爲、團體行爲及個人、團體與組織之間的互動，並研究學校組織體系、運作過程及學校組織與外在環境交互作用、變革與發展的一門學科。綜觀本書的架構從其基本概念、個體層次、團體層次、組織層次，及個人、團體與組織互動層次、組織運作層次，迄組織變革與發展層次等七大取向，可謂相當嚴謹且內容充實。本書之出版，除可供教學與研究參考之用外，亦代表著學校組織領域的新發展。

個人有機會先睹爲快，至感榮幸；張博士求序於余，本不敢當，爲嘉其向學之勤，謹序如上。

何福田　謹識

八十五年六月

於國立屏東師範學院

自序

緣起

爲增進組織效能，提昇組織成員工作滿足感，組織領導者除了須善用領導策略外，更須具有足以運用領導策略的資源。這些資源不是領導者一人所能獨攬，而是組織内外的個人、團體及組織三者互動所塑造而成的。組織領導者若能充分掌握組織内外資源，並善用領導策略，則組織將會更有效能。

個人於講授教育行政、學校行政及學校組織、領導、決定等課程之際，深深以爲學校領導者除了須具備行政學的知能外，尚須瞭解學校組織内外之個人、團體及組織的互動，與組織的運作，並將其視爲領導的資源，而與領導策略相互運用，以成爲一位成功有效的領導者。

基於上述的理念，學校領導者宜研習有關組織行爲的學科，並以其作爲運用領導策略的資源，而成爲一位兼具學者、教育家、經營者及政治家角色的領導者。蓋組織行爲係結合行政學、心理學、社會學及政治學等相關領域的知識，而研究組織中的個人行爲、團體行爲及個人、團體與組織之間的互動，並研究組織體系、運作過程及組織與外在環境交互作用、變革與發展的一門學科。近年來已成爲公共行政、企業管理、社會學、心理學，甚至政治系所學生所修讀的重要課程。

事實上，爲使學校組織的靜態、心態、動態及生態各層面都更有效能，學校領導者與組織成員都有必要對學校組織行爲有所瞭解。雖然目前國內已有許多有關國外組織行爲的著作或其譯著，但是尚無一本有關學校組織行爲的專書。因此，個人乃著手撰寫本書，以提供學校領導者、學校組織成員與關心學校教育人士的參考，以及教學、研究之用，並期望藉此能對學校組織行爲的領域作拋磚引玉之工作。

本書架構

由於《學校組織行爲》的領域甚廣，且有許多層面仍有待實徵研究加以充實，因此本書仍部分採用組織行爲的架構及相關理論與研究，而完成首由國人自撰的《學校組織行爲》專書。

本書架構主要分成下列七大取向：

第壹篇：總論——旨在探討學校組織行爲的基本概念。

第貳篇：個體層次——旨在探討學校組織成員的自我概念與人格、認知與學習，知覺、歸因與態度，以及動機等。

第參篇：團體層次——旨在分析團體的類型與發展、團體行爲與績效。

第肆篇：組織層次——旨在分析學校組織的類型與特徵、學校組織文化、組織效能、組織設計等。

第伍篇：個人、團體與組織互動層次——旨在探討工作設計、權力與政治行為、衝突與談判、工作壓力、工作倦怠與滿足感等。

第陸篇：組織運作層次——旨在分析領導、決定、管理、溝通等的學校組織運作過程。

第柒篇：組織變革與發展層次——旨在分析影響學校組織變革與發展的因素、學校組織變革與發展的特徵及模式。

感謝

感謝高雄師範大學師長的教導，使我奠定學術領域研究的基礎。亦感謝屏東師範學院初教系八二級姜儒林與蕭曉燕二位同學的詳讀與潤飾。恩師何校長福田的賜序更使本書增添光彩，五南圖書出版公司楊榮川先生慨允協助出版，使本書得以順利刊印。最後，尤其要感謝的是，在撰寫本書的四年多時間中，最為辛苦的內人相子，她從打字、校對到處理家務，以無怨無悔的精神全力付出，使我無後顧之憂。

總之，本書雖然已勉力完成，又得衆人之協助，始得以順利刊印，但疏漏之處在所難免，尚請教育先進不吝指正與賜教。

張慶勳　謹識

八十五年六月三日

於國立屏東師範學院

目次

第壹篇 總論

第貳篇 個體層次

第參篇　團體層次

第肆篇　組織層次

第陸篇　組織運作層次

第柒篇 組織變革與發展層次

第壹篇

總論

第一章

學校組織行爲的基本概念

學校是由教師、學生及行政人員（含職員、工友）等所組成的一種組織。學校組織內的所有成員都有他們各自的需求與所扮演的角色，及成員間所形成的正式與非正式組織或團體，而學校組織本身有其結構，在此組織結構內有各種以法理為基礎的角色，及角色間之橫向與縱向的互動關係。

學校組織成員的行為就在學校所組成的個別成員，正式與非正式組織及組織結構的互動中顯現出來。也由於如此，欲對學校組織行為予以分析，須對學校組織、學校組織成員、學校內的正式與非正式組織及學校組織結構的性質等加以瞭解，同時也須進一步瞭解學校組織行為所研究的主要領域或主題，及學校組織行為究竟係屬於何種性質的學科。

因此，以下分別從組織、組織行為、學校組織行為等的性質及學校組織行為的相關重要學科加以分析。

第一節 組織的性質

二十世紀以來，有關行政組織分析的發展可概分為三種途徑，分別是：1. 古典組織思想的研究途徑（Classical Organizational Thought）；2. 人群關係研究途徑（Human Relations Approach）；3. 行為科學研究途徑（Behavioral Science Approach）（Hoy & Miskel, 1987, pp. 8-16）。其中古典組織思想的研究始於 Frederick Tylor 對工作的科學分析，強調正式組織的結構。Henry Fayor、Lyndall Urwick及Luther Gulick等均為此一研究途徑的代表人物。

一九三〇年代以後，霍桑實驗是開啓了人群關係研究途徑的主要關鍵，其對組織的研究重心由組織的「結構」轉向構成組織中的「人」，強調社會及心理因素是影響組織成員工作表現的最重要因素。

一九五〇年代以後，行爲科學的研究融合古典組織的科學管理研究與人群關係研究，而將其研究的重心放在正式組織中的工作行爲。此種研究的代表人物爲Chester I. Barnard與Herbert A. Simon。Barnard(1938)運用許多行爲科學研究的方法來分析組織的日常運作，並首先提出正式組織和非正式組織的含義。Simon(1976, pp.xxix, 39)則揭櫫以「行政人」的「有限理性」、「滿意利潤」代替過去的「經濟人」之「無限理性」、「最大利潤」的作決定合理性之理念。

一九六〇年代以後，行爲科學家對組織開始從封閉系統(Close System)轉向開放性系統(Open System)的研究。Scott(1981)提出合理性的系統(Rational System)、自然的系統(Natural System)及開放性系統的觀點。上述三種組織研究的不同觀點雖然有所區別，但它們並非完全各自獨立，而是部分重疊、互補與衝突的(Hoy & Miskel, 1987, pp. 16-21)。

從強調組織結構的分析，迄強調組織成員心理需求的滿足及行政行爲的分析，及強調組織與外在環境交互作用之開放性系統的研究而言，組織的研究兼具靜態、心態、動態及生態四個層面。

由此可知，我們可從組織的靜態、心態、動態及生態的觀點，探討組織的性質。

從組織靜態的層面而言，組織係由不同的分工體系所組成，且每一組織部門的成員都各有其角色及期望，也就是有不同的職權及其相互間的關係，而強調組織的結構及權責分配。

從組織的心態而言，組織所強調的是組織成員的人格、動機、需求等社會心理因素。

從組織的動態層面而言，組織所強調的是各個組成份子間彼此的交互作用、相互依賴、彼此影響所形成的一種系統，及組織團體的動態運作，以促使其團體與個人均能獲致最大的滿意與發展。

從組織的生態層面而言，除了組織內的生態環境外，亦要與組織以外的環境發生交互作用，其目的則在求組織的變革與發展，俾使組織得以在社會環境中繼續生存發展。

第二節 組織行為的性質

底下介紹幾位學者對組織行為的看法，並提出綜合觀點於後。

Robbins（1993）的觀點

Stephen P. Robbins（1993, p. 7）認為，組織行為係指研究組織內的個體、團體、以及組織結構之間相互影響的學科，其目的在於應用這些知識以增進組織的效能。

組織行為是一研究的學科，它是一門獨特的專業技術領域，並有其貫通的知識體系，而研究個體、團體和組織結構等是決定組織行為的三大要素。此外，組織行為也是一門應用的學科，它將上述的知識應用在組織的運作上，並使組織更有效能。

綜合來說，組織行為係探討人們在組織中的行為，以及行為如何影響組織績效的學科。又因組織行為特別關切與就業有關的環境，而強調跟工作、曠職、離職、生產力、績效及管理等有關的行為。

除了這個定義之外，組織行為還可廣義地視為思考的方式及狹義地視為一涵蓋相當特定論題的知識體系。但是這個觀點仍有待進一步的闡釋。

當我們視組織行為為一種思考方式時，即認定它可以有系統地研究那些非隨機出現的因果現象，並將我們的思考導引至行為與組織績效或組織目標之間的關係。

構成組織行為領域的主題，在意見上漸趨一致，一般認為它應包括：

激勵作用、領導行為與權力、人際溝通、團體結構與過程、學習作用、態度形成與認知、變革程序、衝突、工作設計及工作壓力。至於這些主題的相對重要性，則仍有相當的爭議存在。

圖1－1　組織行為與變革的權變模式

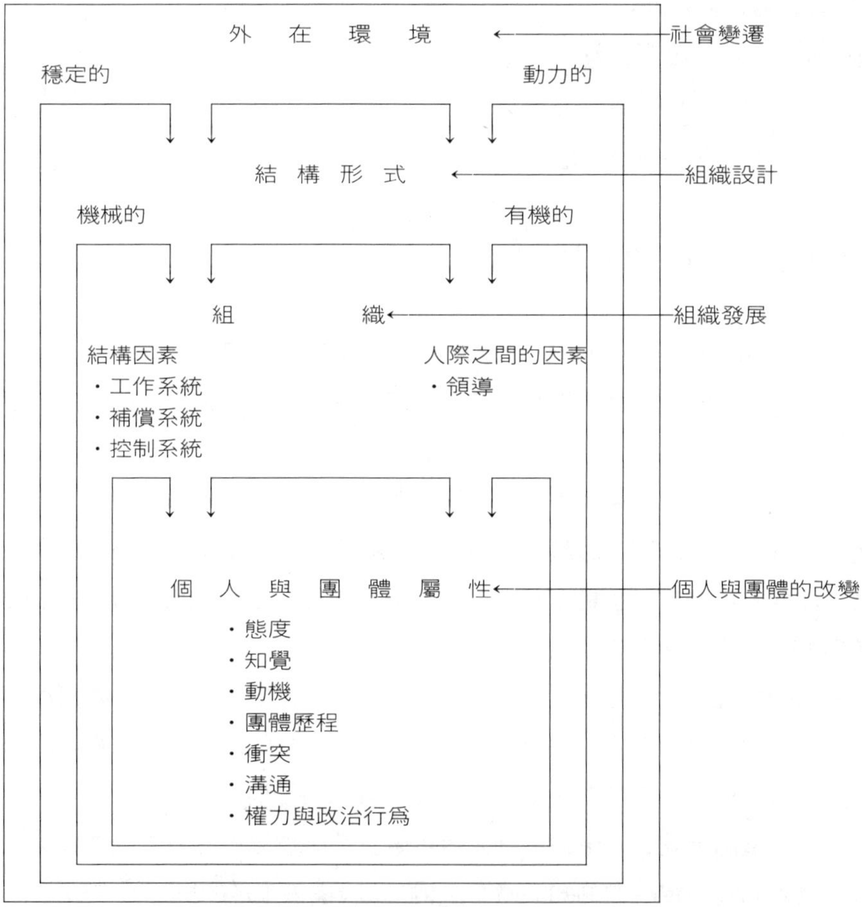

資料來源：Henry L. Tosi & W. Clay Hamner (1985) (eds.). *Organizational Behavior and Management*(4th ed.). Columbus, Ohio: Grid publishing, Inc.. P. 6.

Tosi與Hamner（1985）的觀點

Henry L. Tosi與W. Clay Hamner(1985, pp. 1-8)提出組織行爲的權變模式(Cotingency Model)(見圖1-1)，探討組織如何影響個人行爲及環境如何影響組織。並說明組織行爲系統中的四個主題，分別是：

1.個人行爲的心理決定因素。

2.個人行爲的組織決定因素。

3.組織系統的特徵。

4.組織系統的環境因素。(p. 1)

基於上述，Tosi 與 Hamner(1985)將組織行爲的研究分爲團體中的個人行爲、組織內個人在團體中的運作及社會中組織的行爲等三個系統層次。

依Tosi與Hamner(1985, p. 8)的觀點，組織中的個人與團體行爲，有不同的決定因素。團體協會促使其成員社會化，而組織能型塑其成員的行爲。態度、知覺與動機是形成個人行爲的要素，且具有相當穩定性的特徵。團體結構、團體之間的歷程、衝突及溝通是分析組織行爲的基本單位。

組織結構與領導型塑組織成員必須直接面對的環境，它們可維繫或改變個人的態度、知覺與動機。此外，認識外在環境的性質是瞭解組織系統形式的基礎，而個人的再訓練、組織發展、組織設計及社會變遷，將會改變組織的績效。

Moorhead與Griffin（1989）的觀點

Gregory Moorhead與Ricky W. Griffin(1989, pp. 6-7)認爲，組織行爲所研究的是組織背景中的個人行爲、人類行爲、組織及組織本身的共同互動問題。雖然上述是三個領域，但在瞭解組織行爲上，上述所有三種層面終極上是彼此相關的。

有關組織行爲的性質，可以圖1-2表示如後。

圖1-2　組織行爲的特質

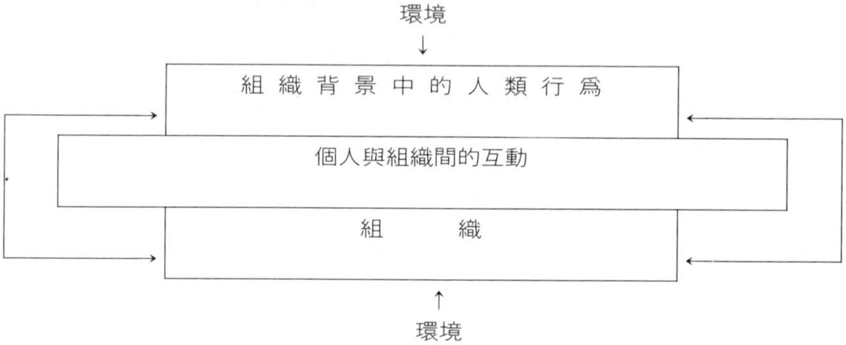

資料來源：Gregory Moorhead & Ricky W. Griffin (1989). *Organizational Behavior* (2nd ed.). Boston: Houghton Mifflin Company. P. 7.

圖1-2顯示組織背景中的人類行爲、個人與組織間的互動、組織，及組織四周環境的連鎖性質。每一個個體都在組織內有獨特的個人特徵，每一個組織有別於其他組織的經驗，且個人的背景也是獨特而有所不同。因此，在考慮組織成員的工作時，必須注意到每一個個體對工作環境所持有的獨特觀點。但是個人的工作並不是獨立作戰的，他們必須以各種不同的方式與其他個人及組織有所接觸。這些所接觸的點包括管理人員、同夥者、組織的正式政治活動及程序，與各種由組織所完成的不同變革。個人的經驗與成熟深受其組織的影響，而組織也受到個人的影響。因此，對組織行爲的研究必須考慮到個人與組織的交互作用。

不論個人進入或離開組織，組織本身存在著獨有的特徵。因此，組織本身就成爲研究組織行爲的第三種觀點。如我們可研究組織的結構、績效的評鑑與酬賞系統、作決定與溝通的類型、組織的設計及提供更有附加價值的視野，以分析爲何有人要離開組織，但有人卻要選擇留下來。

此外，Moorhead與Griffin(1989, pp. 19-21)認爲組織行爲的基本概念，可分爲下列五類：

1. 個人特徵——

學習、知覺、歸因、個別差異、動機、目標設定與酬賞、工作壓力。

2. 個人與組織間的互動——

工作設計、角色動力、團體動力、團體之間的動力、領導、權力、政治活動、衝突。

3. 組織特徵——

組織結構、環境、技術、組織設計、組織文化。

4. 組織過程——

作決定、創造性、溝通、資訊處理、績效的提昇、組織中的生涯、國際觀。

5. 組織變革與發展——

組織的變革、組織的發展。

茲將Moorhead與Griffin(1985, p. 20)所提出的組織行爲基本概念架構，以圖1-3表示之。

其他如Robert E. Callahan, C. Patrick Fleenor與Harry R. Knudson(1986, p. 5)認爲，組織行爲與瞭解、預測及影響組織環境中有關個人行爲的管理活動之次級行爲型態有關。Stan Kossen(1987, p. 6)認爲，組織行爲係爲達成結合組織內成員的個人需求及整個組織的需求與目標，而對組織成員的行爲及其相互關係所作的研究。其技巧的應用則是得自於心理學、社會學及社會人類學等各種不同的行爲科學。

圖1-3　組織行爲的基本概念架構

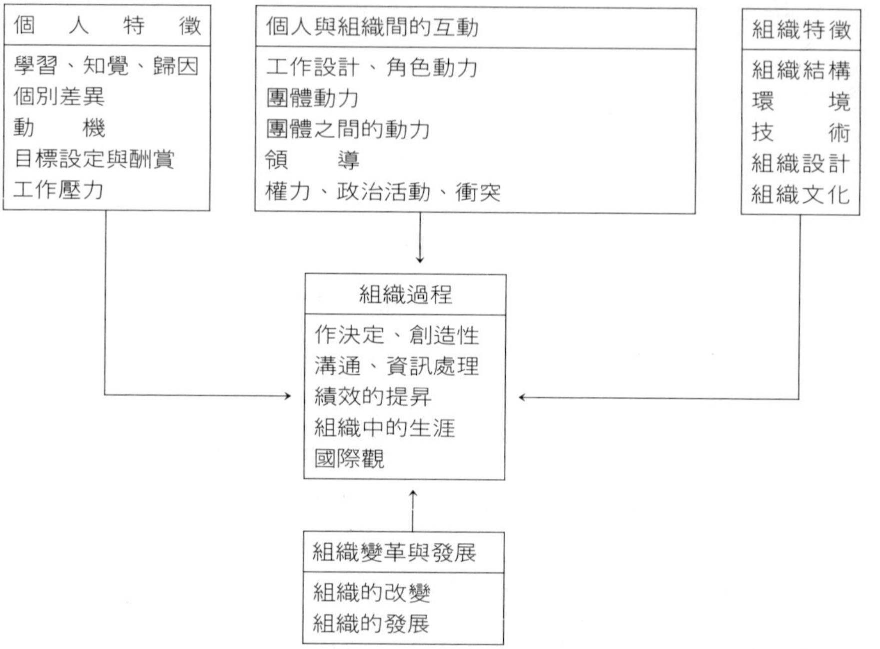

資料來源：同圖1-2，頁20。

本書的觀點

綜上所述，將組織行爲界定爲：

> 組織行爲是研究組織中的個人行爲、團體行爲，及個人、團體與組織之間的互動，並研究組織體系、運作過程，及組織與外在環境交互作用、變革與發展的一門學科。

上述對組織行爲的界定，我們可知，組織行爲融合了組織的靜態、動態、心態及生態四個層面。

茲以輸入—運作—輸出的系統觀念，分析有關組織行爲的概念如後（見

圖1-4）。

圖1-4　組織行為系統分析

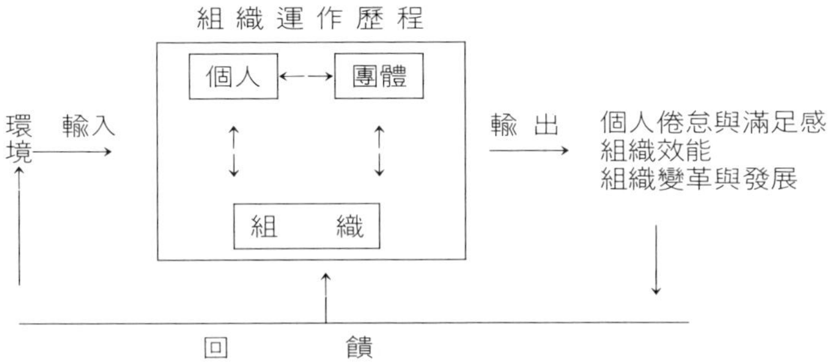

由圖1-4可知，組織受到外在環境的影響，組織包括個人、團體等單位，且個人與團體皆與組織彼此互動，並透過組織的運作歷程，顯現出個人是否產生倦怠或滿足，組織是否有效能及組織的變革與發展等結果。

第三節 學校組織行為的性質

我們已知道組織及組織行為的基本概念，因此，可進一步對於學校組織行為的概念，作如下的說明。

學校組織行為是研究學校成員的個人行為、團體行為，及個人、團體與學校組織間的互動，並研究學校組織體系、運作過程，學校組織與外在環境交互作用及變革與發展的一門學科。

茲將上述的界定，說明如後：

學校成員

學校的組成份子包括校長、教師、學生、行政人員（職員）、工友等。

每一個個體都有他們的心理、生理需求、態度、知覺、動機、人格……，且在個人之間有個別差異存在。探討學校組成份子時，常偏向於心理層次的分析，也就是從學校組織的心態層面著手而加以探討。

■ 學校團體

學校組織與一般企業組織不同者，乃在於教師所具有的專業化訓練，因此，學校依教師的不同專業特長，形成不同的專業團體。此外，任何一個組織都會形成大小不同的團體，團體內的行爲及團體之間的互動都是值得探討的課題。

■ 學校成員與學校團體、組織之間的互動

學校成員有其個別的需求，學校組織有其特徵與目標，而學校成員與學校組織之間的互動，就產生諸如工作設計、權力、政治活動、衝突，及工作壓力、倦怠與滿足感等的問題。此種分析的角度，是從學校組織的心態與動態層面加以探討的。

■ 學校組織

對於學校組織的體系、特徵，已有許多的研究。我們可探討學校組織的結構、文化、氣氛；或視學校是一正式組織、非正式組織、社會系統、政治系統；也有一些研究探討學校組織具有科層體制、專業化的特徵；或者可從組織的類型學而分析學校究竟係屬於何種組織。

■ 學校組織運作的過程

學校行政的運作過程是偏向於動態層面的，我們可視學校爲一系統，

而將各種不同的資源(如學生、師資、經費、教學……)視爲輸入—轉化運作—輸出的系統觀念，俾使學校組織有效能。而在此轉化運作的過程中，如何領導、作決定、溝通、管理等，以增進教師工作滿足感，提高組織的績效，是我們所要探討的主要課題。

圖1-5　學校組織行爲的基本架構

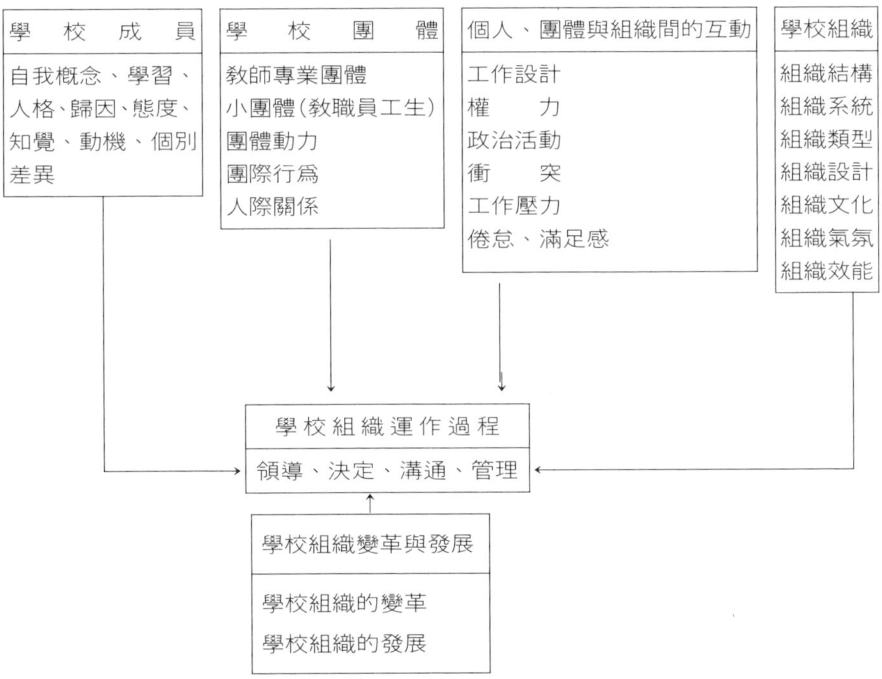

學校組織的變革與發展

學校要能進步，須從改變學校組織而來，但改變學校組織並不一定會帶來進步。雖然如此，如何革新學校組織，仍然是我們所要探討的重要課題。又學校組織爲社會組織中的一環，學校爲求發展及生存，必須與其內外在環境產生交互作用，俾使其能適存於社會中，並維繫生態環境的和諧、平衡。

有關學校組織行為的基本概念架構，以圖1-5表示之。

第四節 學校組織行為的相關重要學科

探討個人或團體在社會或其他情境中所表現的行為及其行為的結果，是社會及行為科學所研究的主要題材。而社會及行為科學主要包括經濟學、政治學、歷史學、社會學、人類學、心理學、精神醫學、大眾傳播學及企業管理學等。

組織是門應用的行為科學，諸如心理學、社會學、社會心理學、人類學及政治學等行為科學對組織行為的貢獻及影響至大(Robbins, 1993, p. 17)。茲分別將各門學科對組織行為的影響，及常應用在學校組織行為上的學科說明如下。

組織行為的相關重要學科

組織行為的相關學科至少包括心理學、社會學、經濟學、人類學、政治學、人際關係、管理學、社會心理學的概念。但是影響組織行為最大的，首推心理學，其次為社會學。茲採取 Robbins (1993, pp. 17-20)的觀點，分別就心理學、社會學、社會心理學、人類學及政治學對組織行為的貢獻簡述如後。

1.心理學——

心理學是門研究人類行為的科學，它也是一門測量、解釋，以及改變人類及其他動物行為的學科。心理學家所關切的是「個體」行為的研究與瞭解。心理學對於組織行為的貢獻來自學習理論家、人格理論家、諮商心理學家及最重要的工業暨組織心理學家。

早期工業心理學家關切疲勞、枯燥、以及其他與工作條件有關並有礙工作績效等因素所造成的問題。近年來，他們的貢獻擴大為包括學習、知覺、人格、訓練、領導能力、需求與激勵之動力、工作滿足、決策過程、績效評估、態度測量、員工甄選技術、工作設計及工作壓力等領域。

2.社會學——

心理學家的重點在個體，而社會學家則研究人們在社會體系中的角色，亦即是人們和同伴之間的關係。詳言之，社會學家對組織行為最大的貢獻在於組織中團體行為的瞭解，特別是正式和複雜的組織，貢獻的領域包括團體動力學、組織文化、正式組織理論與結構、組織技術、科層組織、溝通、權力、衝突、以及團體間的行為等。

3.社會心理學——

社會心理學研究人際行為。心理學與社會學分別尋求個體與團體行為的解釋，社會心理學則尋求解釋個體在團體活動中如何表現及其原因。如何執行變革與減少變革的阻礙，是社會心理學的主要探討領域之一。此外，社會心理學對組織行為的貢獻，包括態度的測量、瞭解與改變、團體活動滿足個體需求的途徑、及團體決策過程等。

4.人類學——

人類學研究人類及人類的活動。例如，人類學對於文化和環境的研究，有助於使我們瞭解在不同的國家及不同的組織裡，人們的價值觀、態度與行為，會有根本上的差異。目前我們對於組織文化、組織環境和文化差異的瞭解，大部分要歸功於人類學的研究。

5.政治學——

政治學研究政治環境下的個體行為與團體行為。其研究的主題包括衝突的結構、權力的分配、以及人們如何操縱權力，以維護個人利益等。

■與學校組織行為相關的重要學科

常應用在學校組織行為上的相關學科，是上述影響組織行為相關學科的應用。如在心理學的應用上，有教育心理學、教學心理學、學校心理學、人格心理學、學習心理學、認知心理學、發展心理學等。其他跨越二門學科者有教育社會學、教育人類學、社會心理學等。而政治學也影響了學校組成份子之權力分配、政治行為等。除了社會心理學與政治學如上述外，其他各學科分別撮述如後。

1.影響學校組織行為的有關心理學——

(1)教育心理學

教育心理學是心理學在教育上的應用，它的範圍甚廣，如學校情境中有關學生的生長與發展、學習、動機與興趣、個別差異、師生關係、心理衛生與輔導、教師心理、教學評量等，都是教育心理學所要探討的主要課題。而教育心理學最近已有從認知的取向探討學生的學習。

(2)學習心理學

學習心理學旨在探討如何經由某種經驗，而使行為產生持久性的改變或獲得某種知識。我們常提到理論有Edward L. Thorndike的聯結論、Burrhus F. Skinner的增強理論、Clark L. Hull的驅力消減理論及驅力刺激消減理論、Ivan P. Pavlov 對制約現象的生理學解釋、Edwin R. Guthrie 的學習律、Wertheimer、Wolfgang Kohler 及 Kurt Koffka 等人的格式塔理論、Albert Bandura的社會學習理論、Edward C. Tolman的目標行為理論、Jean Piaget的認知發展理論、Donald A. Norman的資訊處理理論等。

(3)教學心理學

教學心理學係建立在教育心理學與學習心理學的基礎上，並以教學情境中的師生互動行為為研究對象，特別強調教學目標的確立，教學理論的應用，教學模式的設計及教學評鑑。

⑷人格心理學

人格是個人在不同時間及不同場合所表現出來相當一致的獨特心理特質，這種心理特質決定了人們適應環境的行為模式及思維方式。因此，人格是相當一致的，而且每個人的人格是有別於他人的。近年來吸引人格心理學家注意的一個概念問題是個人與情境交互作用的性質。學校組織中，個體的人格與環境交互作用，即形成了不同的學校組織行為。因此，人格心理學是學校組織行為的基礎之一。

⑸學校心理學

學校心理學家主要的工作是在學校內，以諮詢人員的角色，和教師及其他教育人員合作，利用學校的環境做為治療的媒體，透過對學生的測驗、面談、觀察以及應用已有的資料來瞭解和診斷學生。診斷之後，向老師或其他工作人員提出建議，作為教師輔導學生的參考依據。

⑹認知心理學

認知心理學旨在透過對人類心智結構及歷程的科學分析，而瞭解人類的行為。它所研究的主題包括人類的記憶、知覺、解決問題、學習等等，而強調訊息處理模式的理論架構，將所有人類視為主動的訊息處理者。

認知心理學的理念對於學校中，教師如何根據學生的認知發展及能力，而指導學生學習及解決問題，與學生如何認知的影響至大。

⑺發展心理學

發展心理學一方面研究人類一生中重要行為的變化與年齡的關係，另一方面也研究個人之間或團體之間行為的差異現象及其形成的原因。由於人類的幼稚期長，可塑性大，因此，如何經由教育上的設計而改變人的行為，頗具教育上的意義。

學校教育如何根據學生的身心、智能、動作技能、道德、語言等的發展階段，而予以設計課程，並實施教學，是極為重要的。

2.教育社會學——

教育社會學係結合教育學與社會學的一門連鎖科學。它係分析社會結構中的教育制度、實徵教育歷程中的社會行爲，並詮釋其意義爲目的的一門科學。它所研究的主題包括社會過程、社會結構、社會變遷與教育的關係等鉅觀的研究；同時也研究學校的社會結構、社會環境。近年來，教育社會學逐漸以微觀的研究方法論研究學校中的學校組織、學校文化、師生互動、課程、教學等領域。因此，教育社會學對學校組織行爲的影響偏重於微觀的研究方法論。

3.教育人類學——

教育人類學對學校組織的研究，把焦點置於學校組織成員的互動所產生的文化及學校文化的形成、發展與差異性；學校組織內外的環境及其所隱含的教育涵義。

茲將影響學校組織行爲的相關學科，以圖1-6表示如後。

圖1-6 學校組織行爲的相關學科

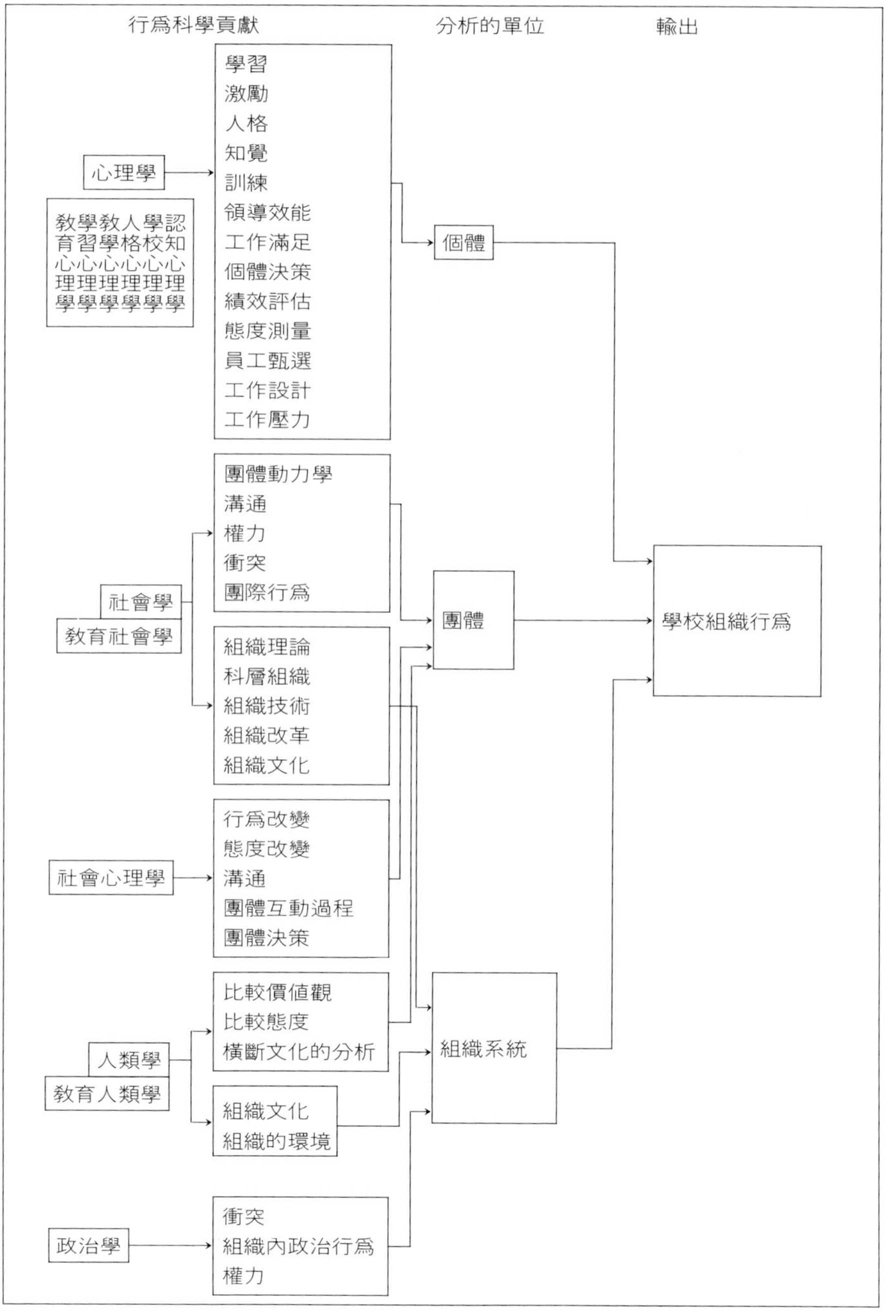
行爲科學貢獻
分析的單位
輸出
心理學
教育心理學
學習心理學
教學心理學
人格心理學
學校心理學
認知心理學
學習
激勵
人格
知覺
訓練
領導效能
工作滿足
個體決策
績效評估
態度測量
員工甄選
工作設計
工作壓力
個體
社會學
教育社會學
團體動力學
溝通
權力
衝突
團際行爲
組織理論
科層組織
組織技術
組織改革
組織文化
團體
學校組織行爲
社會心理學
行爲改變
態度改變
溝通
團體互動過程
團體決策
人類學
教育人類學
比較價值觀
比較態度
橫斷文化的分析
組織文化
組織的環境
組織系統
政治學
衝突
組織內政治行爲
權力

第貳篇

個體層次

第二章

自我概念與人格

學校是由校長、教職員工及學生所組成的團體，每一個體都有其獨特的人格與心理需求，並與學校組織的制度所賦予每一職位角色和期望之間產生交互作用而形成學校的個人或團體行爲。

研究個體的行爲是心理學所要探討的主題，從心理學的觀點而言，個體的行爲受到內外在環境的刺激而引起某種反應。其中，人格影響個人的行爲至大。教育的目標之一是在培養學生健全的人格，並使學生的人格能充分發展。但是要使學生人格充分發展之前，學生必須對其本身有清楚的自我概念，進而接受自己的優缺點。唯有如此，才能將其人格予以充分發展。除了學生以外，學校組織的其他成員也是如此。因此，本章主要是將自我概念與人格的有關問題併同討論如後。

第一節

健康的自我概念

協助當事人學習對自己喜歡、接受、尊重及信任，是諮商人員、教師、家長的重要目標。雖然人們有許多自我的基本信念，但大多數人卻不完全十分瞭解自己。有些人較能瞭解自己，但大多數人對自己僅有粗略的看法，或不會表達自己。例如，當別人問「你是誰？」時，你是否能順暢地提出對自己的描述。大多數人也許都會描述他們在家庭及職業上所扮演的角色，如太太、先生、職員等。而只有少數人的回答可超過10個項目，多數人除了他們的上述有關角色外，就不能對自己再予以描述了。

諮商理論大多強調個人對自我的知覺，並將其視爲激發個人成長、有效率的作決定及改變行為的關鍵所在。雖然如此，對自我的瞭解應持有健康的態度，而避免消極性的負面影響。因此，個人具有健康的自我概念是十分重要的。

本節旨在敍述自我概念的涵義，並提出什麼才是健康及眞實的自我概念，俾能提醒人們據以瞭解自我及建立其健康的自我概念之重要性。因此，本節將依序分成：1.自我概念的意義；2.自我概念的有關問題；3.健康的自我概念等三部分探討如後。

自我概念的意義

大多數的人格、諮商及心理治療的理論都將自我概念視為其理論架構的中心部分。雖然其中有某些差異存在，但也有相當的一致性。Sheldon Eisenberg (1978) 從態度發展與系統的觀點，將自我概念視為「個人對其自我的一組資訊、概念、知覺、假定及信念的全體」。(p.11) 並以 Purkey (1970) 所提出的觀點(見圖2-1)，說明自我概念系統包含自我信念或知覺的形式所組成的核心要素及其他因素，而核心要素與此一系統內的其他要素有直接或間接的關聯。某些核心要素在促使其他要素組織化及完整的過程中是非常重要的。其他因素則居於外圍部分，對於個人全部自我的瞭解並不是處於核心部分。

依Eisenberg (1978,p.13) 的分析，個人自我概念系統的核心包括下面四個基本的要素：

1.個人對其本身的滿足及自我喜歡的信念：如「我很好」或「我不好」，及「我喜歡我自己」或「我不喜歡我自己」。很明顯地，那些屬於「我不好」或「我不喜歡我自己」的人，將會是痛苦的、不快樂的和有較高焦慮感的。

2.特殊的評價能力：例如，我能做哪件事及我不能做哪件事。這些評價是積極性的、消極性的、衝突的，有時則是中性的。例如，有人會說：「我有優秀的秘書所具有的技能，那對我而言是重要的。但與人在一起時，我並不感到快樂。我修了學校的課程，但對於數學卻覺得困難。有時會使我感到困擾，但有時卻不會。我對電話號碼的記憶能力很好，但這種技能對我而言並不十分重要。」

3.個人較喜歡的活動類型與興趣：如「我喜歡看電視足球轉播，但我不

圖2-1　自我概念的模式

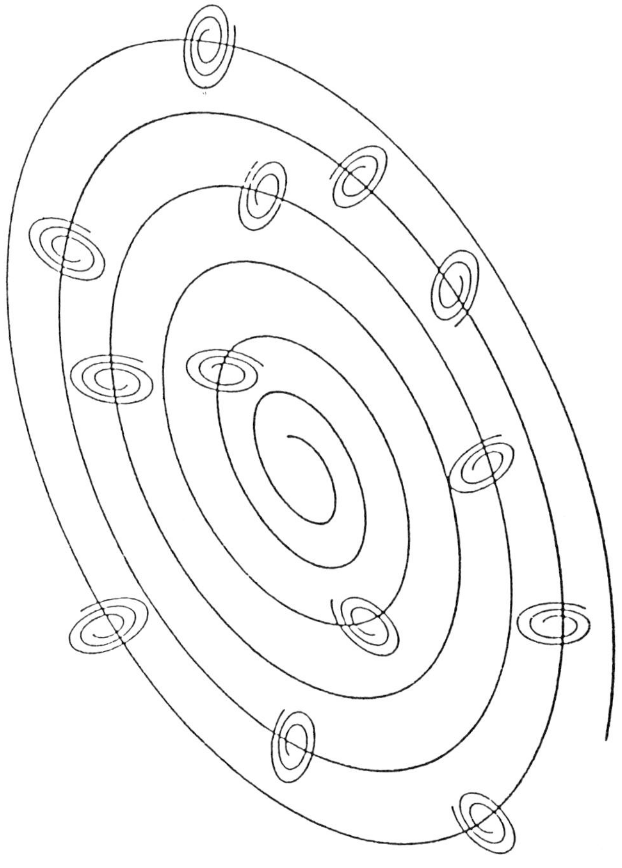

資料來源：W. W. Purkey(1970).*Self Concept and School Achievement.* New York: Prentile-Hall. Cited by Sheidon Eisenberg(1978),《Understanding and Building Self-Esteem,》 in Sheidon Eisenberg & Lewis E. Patterson (1978)(eds.), *Helping Clients with Special Concerns,* Chicago: Rand McNally College Publishing Company, p.11.

會踢足球。我喜歡小群體的談話，但討厭一大群人的聚會」。

4. 個人對本身行爲的歸因與合理化：如「當我參加測驗(尤其是論文考試)時，會感到神經質」、「因爲我較喜歡內控，所以很熱衷於我的工作；我努力工作，因爲成功對我很重要的」。

自我概念的有關問題

1. 什麼是健康的自我概念——

大部分的專業協助者同意下面三種有關自我概念的基本假定：(1)喜歡自我比不喜歡自我較好；(2)對自我有眞實而正確的看法比不眞實且不正確的看法較好；(3)一般而言，瞭解自己對自我所持有的信念比不瞭解其信念較好。雖然如此，可確定的是，大多數人皆同意一個健康的人是喜歡及尊重自己的，其對個人潛能的評估是樂觀且眞實正確的，又其對個人的歸因及能力有眞實正確的概念，對其成就能以誠實的態度引以爲豪，並能不在罪惡、害羞、困窘的情境下對其個人所受到的限制予以接受。

然而喜歡與尊重自我有時並不是健康的自我概念。因爲有些人表現出自信乃是在掩飾其對自己的懷疑及不信任。其次，並非所有對自己懷疑的都是不健康的。如Maslow (1968) 與Rogers (1961) 的自我實現模式認爲健康的個人乃試圖對個人行爲瞭解其感情、知覺及動機的持續性過程。而對一個健康的人而言，對自我的懷疑係在個人處於某一適當的環境下發生的。如他們的生活態度似乎可能是「即使我不是完美的，但基本上我喜歡我自己；我不斷地努力，旨在改進我個人的效能；我不是完美的，但並不因此而必定不喜歡自己」。

2. 如何評量「眞實的」自我概念——

由於個人整個的自我概念是許多相互關聯因素的複雜組合，而此種複雜性阻礙了任何簡單的評量程序。且自我概念是一組私人的或隱密的信念，自我知覺與某些外來的資訊(如自我的報告、投射測驗或標準化的人格量表)間的一致性，以作爲評量個人對其自我評斷的標準是經常被運用的方法。因此，我們尙未發展出評量自我概念的可靠且正確的方法。但是，個人的自我評析是否眞實或正確，其對自己的描述是否符合重要他人的描述，或其描述同意某些考驗過的資訊，而被認爲是正確或是眞實的。例如，個人在 Strong-Campbell 興趣量表(Strong-Campbell Interest Inventory)能正確預測其興趣剖面時，通常認爲對其自我有正確的看法。假如在該量表上的分數是不正確的，則其對自我的看法是不正確的。

然而，運用此種方法，明顯地其正確性將受到懷疑。因爲此類問題非常重要。但是，若沒有有效的標準給予個人對自我的看法加以評量時，我們將會感到錯亂。除非有較好的評量方法，否則諮商人員判定當事人沒有正確的自我概念時，必須持暫時保留的態度。因爲諮商人員對當事人的看法，也許比當事人對其自己的看法還不正確。

健康的自我概念

對自我所持的核心信念是決定其行爲的重要關鍵。積極的、正面的自我概念比消極的、負面的自我，對個人的行爲有較好的影響。雖然，欲評量健康且眞實的自我有其困難，但什麼才是健康的自我概念仍是每個人所應追求的目標。

茲將健康的自我概念條列說明如後。

1. 自我滿足——

只要是人，就不可能在所有的層面都是完美無缺的。現在的我是過去的我所型塑而成，吾人宜對目前的我有所滿足。然而，此種滿足並非僅只緬懷過去，保持現狀，而是除了珍視過去所努力的成果外，並應蘊育計劃未來發展的方向。

2. 喜歡自己與尊重自己——

喜歡自己與尊重自己是健康的自我概念最基本的要求。認爲「我很好」、「我喜歡自己」，比那些認爲「我不好」、「我不喜歡自己」的人更爲快樂，且其行爲較爲積極。人雖然不完美，但仍然喜歡自己，這便是健康的自我概念。

3. 知道「我是誰」——

「我」究竟是生物的我、心理的我或是社會的我，是我們每個人所應瞭解的。「我」是上述各種「我」的綜合體，個人有其身心的發展與需求及社會的角色與期望。然而，每個人在各種領域皆有其發展，同時也有其限制。因此，人是永遠在發展的動態過程中，調適其不完美的部分。而「我」即具有動態的、發展的、不完美的性質。因此，假如每個人能從各種不同角度而瞭解「我是誰」，則其自我概念才是較爲健康的。

4. 自我評價眞實、正確——

雖然個人對自我的評價與經由他人或其他資訊(如各種量表、測驗等)所提供評價的標準，皆尙未完全可靠。但對自我評價的眞實與正確仍是每個人所應追求的目標。面對現實是眞實而正確自我評價的起步。因此，諮商過程中適時地運用「面質」技術，是促使當事人瞭解自己的重要方法。

5. 有追求成功的動機——

雖然個人對自我的某些信念及知覺層面不容易瞭解，但是對自我的信念仍是個人行爲的重大決定因素。當個人不喜歡自我時，通常就會有避免失敗的動機；而當個人喜歡自我時，則常有傾向於成功的經驗。

Atkinson與Feather (1966) 認爲任何情境都會激發個人產生追求成功(成就動機) 及避免失敗的動機。Weiner (1967) 則認爲一個人的成就動機大於避免失敗的動機時，便能接受富挑戰性的工作；而避免失敗的動機大於成就動機時，則會選擇較容易成功的工作。追求成功的人會選擇難度適中的工作，以獲得進一步的學習，並從失敗中記取經驗；而害怕失敗的人則較會逃避問題。

Coopersmith (1967,p.70) 認為對本身評價較高的人，其工作會有較多的收穫，並期望未來能成功。而那些自尊較低的人，則是缺乏信心、退縮、不受人歡迎。因此，基本上我們應當喜歡自己，並建立積極的自尊，而有追求成功的動機。

6. 對自身行為有正確合理的歸因——

人們的自我意像會影響他們對所發生的事件，及這些事件的因果關係、冒險傾向、對未來成功與失敗的預期。歸因理論 (Attribution Theory) 假定人們對其周遭所發生的事件，有說明、解釋和賦予某種理由的傾向。有時是為了瞭解而予以歸因，而有時則是為了避免負責或自我責備，而有防衛的目的。此一理論也提出學生在學業的表現上可歸為能力、努力、工作困難度及運氣等四種不同的類別。前二種是屬於內在的歸因類別，如「我的學業成就是靠我個人的能力及努力的結果」。後二種則是屬於對自我的外在解釋，如「我的學業成就深受外在力量及因素所控制和影響；如老師的訓話太雜亂、考試太難、老師評分不公平、環境太差」。(Eisenberg, 1976.pp.16-17)

Phares (1976) 運用 Rotter 的社會學習理論 (Social Learning Theory) 而倡導內控與外控 (Internal vs. External Locus of Control) 的研究。他認為不論人們的歸因如何 (歸為自我或自我以外)，都是受到個人人格特徵與對情境判斷的信念二者所影響。他的主要論點認為人們的行為取向，大多受到其本身的責任，及其本身的選擇、努力、行動的影響；相反地，有些人則相信外在所不能控制的力量或因素影響其行為。(Eisenberg, 1976,p.17)

有關自我的概念與信念及外控間的關係仍未完全被研究，一種合理的假定是喜歡並尊重自己的人，也會相信他們個人的命運在其權力控制的範圍之內。他們依靠個人的行動而歸因成功與失敗。相反地，那些感到不安全及不適的人，一般認為生活係受到外在因素所控制。對於那些人而言，他們會說「我不能勝任及我不好」，也幾乎會主動的推論，認為「我無法控制

我的生活」。(Eisenberg, 1976,p.17)

7.對未來傾向合理的冒險及抱負水準——

健康的自我概念與冒險有關，Atkinson(1964)以投鈴環的遊戲來研究成就動機後發現，成功取向的人傾向於合理的冒險(站在中間的距離)，而害怕失敗取向的人，則站得很近或很遠(距離站得較遠的人，將他們的失敗歸因於工作困難，如此可避免內在的歸因)。此種研究的一種更普遍性的假定是，具有安全感的人傾向於合理的冒險；而不具有安全感的人則有尋找非常安全或有非常冒險的傾向。

同樣的研究也顯示在自我概念與抱負水準間的關係。個人的抱負水準是由其對自我設定的目標所指引。假如問站在中間距離的受試者，當他們下次再以同樣的距離投擲20次鈴環，對成功的期望如何時，他們認爲成功率爲10至12次。有些未達目標的受試者計劃命中2次，而超越目標的受試者則預定會有18次命中的機會。未達目標的人將目標訂得太低且不合理，因此，事實上沒有失敗的機會，而超過目標的人卻把目標訂得太高且不實際，因此會藉由合理化而避免失敗的感覺或痛苦。假如目標不可能達到時，我們就不會感受到自我的失敗。

那些將個人成就或職業抱負訂得太低或太高而不符合實際現象者，都有一個相同的理由，就是避免失敗的經驗。害怕失敗基本上是反映個人的自我懷疑感。

諮商人員在診斷上的假定是：大多數將事件作內控歸因的人，不受害怕失敗所支配，他們能作合理的冒險，所設定的目標是樂觀的，且具有挑戰性及眞實性。他們的人際關係是肯定而不是交戰的狀態，對自我則持喜歡及尊重的態度。反之，將大部分重要事件歸因於外在因素的人，認爲自我已是受害者，且受害怕失敗所支配，他們不會冒險，或從事荒謬的冒險，他們對未來沒有目標，或所設定的目標是不切實際的、含混的。他們的人際關係不是孤立就是好鬥的，且基本上有不安全感。

8.較能接受外來的資訊、刺激(較具開放性、防衛性較低)——

防衛機構(Defense Mechanisms)係描述個人保護自我的過程。當個人的自我受到攻擊和威脅時，防衛機構就會產生，其所以產生乃在保護並防衛自我，以避免受到攻擊、侮辱及傷害。

對自己有較低自尊的人比自認爲能力強的人，較常防衛且方式也較多。自尊較強的人則幾乎沒有感覺到如同自尊較低的人對自我的保護那麼地強烈需求，結果其所受到回饋的途徑及所接受的刺激經驗將更開放。相對地，對自我沒有強烈適切感的人，藉由曲解及阻礙重要的資訊，而保護他們那容易受傷害及脆弱自我的看法。因此，對於促進生長和變化的回饋就有緊縮的現象。故有健康自我概念的人就不斷地成長；而不喜歡自己的人仍繼續不斷地不喜歡自己，且其成長受到阻礙。

9.自信而不自疑——

由於喜歡及尊重自己，知道自己的優缺點，而能對自己的未來作計畫，並有信心予以達成。然而，自信並非自以爲是或蔑視一切，也不是因過度懷疑自己而產生的自我防衛，而是酌衡自己目前的境遇，在追求成功的動機下，設定適合自己的抱負水準，並對未來發展的計畫，有信心予以完成。

10.較具有安全感——

人本心理學家Maslow的需求層次論，將人的需求由低而高依次分爲生理、安全、社會、自尊及自我實現等五個層次。且低層次需求滿足後才有較高一層的需求，而安全感即是其基本需求之一。

具有上述健康自我概念的人，較具有安全感，而不會生活在焦慮、恐懼、害怕失敗之中。他雖然會對未來考慮失敗的後果，但不會因此而產生焦慮、害怕、逃避失敗，而是採取審慎樂觀的態度，計劃未來，解決問題。

我們常說人類最大的敵人是自己，最不瞭解的也是自己。也就是說，要瞭解「我是誰」是困難的。因此，對自我信念的核心不瞭解，更遑論有健康的自我概念了。

每個人都是複雜的有機體，是一種生物的我、心理的我及社會的我之綜合體，且是具有發展的、動態的、持續性的性質。每個人都可將各種「我」予以組織化或結構化，而調適其自我，並使其自我的核心信念與行爲能對其生活最有幫助。在這種調適的過程中，健康的自我概念就逐漸形成，也能更深一層地瞭解「我是誰」。

假如人人都在追求健康的自我概念，則社會將會減少暴力、焦慮，個人的生活也將會較爲和諧及有安全感。願我們一起努力邁向健康、和諧的人生。

第二節 人格的性質與類型

本節依序就人格的性質及學校教育中常作爲研究指標的內控與外控等討論如後。

人格的性質

學者對人格的界定尚未有確切的定義。一般可爲大多數心理學家所使用的人格定義爲：

> 人格是具有特徵的思想、感情和行爲模式，它可以區分每個人和他人之間的不同，而且在不同的時間和情境中具有持久性。(林淑梨等，民80，頁7)

我們也可說人格是：

> 個人在對人、對己、對事物，乃至於對整個環境適應時所顯示的獨

特個性。此獨特個性是由個人在其遺傳、環境、成熟及學習等因素交互作用下，表現於身心各方面的特徵所組成，而該特徵又具有相當的統整性與持久性。(張春興，民80，頁449)

由以上人格的定義可知，某個人的身、心等特徵構成該個人的特有個性。世界上沒有完全相同的兩個人，也許兩個人的特徵有些相似的地方，但是並非完全都是相同的。如我們說某人是內向的，或說某人是樂觀的，即是指某人人格的特徵而言，而這些特徵即顯示出個人的獨特個性。

個人的人格特徵可包括身心二方面，因此個人的人格特徵是二個以上的特徵所組合而成的。如從生理上去瞭解某人的身高(高矮)、體重(胖瘦)……，及心理上的需求、動機、態度……等，便可勾劃出某人的人格特徵，及其所具有的持久性與統整性。

人格的特徵若出現在大多數的情境中，則稱爲特質。人格特徵若在不同情境中出現的一致性愈高，則用此特徵來描述其個人的行爲便愈形重要。人格特徵爲數眾多，唯Stephen P. Robbins(1993)採取R. B. Cattell(1953)的觀點，認爲主要的人格特質共有16種(見表2-1)。這些人格特質具有相當的穩定性，並可預測個人在特定情境下的行爲，但得視特質與情境的關聯性而定。

又，我們可將人格特質加以分類，如Maddi(1968)將人格劃分成圖2-2所示的四種類型。但是此人格特質僅對於具有極端特質的人具有價值性。因爲我們較能預測出極端外向或高度焦慮型的人會有那些常出現的行爲，且大多數人的人格特質都介於中間部位，所以在預測行爲時，必須考慮人格特質與環境的關聯性。

內控與外控

有關內控與外控的人格特徵在本章第一節探討健康的自我概念中已有簡要的描述。而內控與外控的人格特徵在解釋組織的行爲上極具有價值

表2-1　十六組人格特質

1.內向含蓄	外向開放
2.較笨	較聰明
3.易激動	情緒穩定
4.順從	跋扈支配
5.嚴肅	親切
6.圓滑	正直
7.膽小	大膽
8.魯鈍	敏感
9.信任	懷疑
10.實際	幻想
11.率直	迂迴
12.自信	擔憂
13.保守	激進
14.依賴團體	自給自足
15.不易控制	能夠控制
16.放鬆	緊張

資料來源：Stephen P. Robbins(1993).*Organizational Behavior-CONCEPTS, CONTROVERSIES AND APPLICATION*(6th ed.).New Jersey:Prentice-Hall, p.103

圖2-2　四種人格分類圖

	高焦慮	低焦慮
外向	易緊張、易興奮不穩定、親切、善於交際及依賴心重	沉著、有自信、親切、信任別人、有適應力、善於交際及依賴心重
內向	易緊張、易興奮不穩定、冷漠及害羞	沉著、有自信、信任別人、有適應力、安靜、冷漠及害羞

資料來源：同表2-1, Robbins(1993),p.103.

性，尤其是在學校組織行為的研究上，特別是研究學校成員個體（如教師、學生）的人格時，大都選取內控型與外控型的人格特徵作為變項，而研究其與其他變項之間的關係。

誠如本章第一節所述，內控型與外控型的人格來自於社會學習理論，人們的歸因受到人格特徵與對情境的判斷二者所影響。內控型的人認為命運是自己所主宰，事情的後果是由於自己本身的能力、努力等因素所影響；而外控型的人則認為其行為後果常是由於其本身以外不能控制的因素所影響。

吳武典（民66，頁168-169）綜合有關的研究指出，典型的內控者具有下列的五項特徵：

1. 有較多成功的經驗。

2. 較多來自中層社會家庭，較少來自低層社會家庭。

3. 對於智力的活動較為奮勉而且預期成功。

4. 較能積極的致力於改變環境。

5. 較少心理病態，如焦慮、退縮等。

典型的外控者則具有下列的五項特徵：

1. 有較多失敗的經驗。

2. 較多來自低層社會家庭，較少來自中上社會家庭。

3. 常為焦慮或各種心理疾病所困擾。

4. 在幼童及智能不足的人群中最為明顯。

5. 較難獲得教師的悅納，且有自我拒絕的傾向。（吳武典，民66，頁169）

又吳武典認為內控者也具有下列的特徵可提供出參考，如：

1. 對於環境中那些有助於其未來行為發展的部分比較警覺。

2. 較能採取行動改進環境。

3. 對於技能與成功賦予較高的評價，並且比較關心自己的能力，以求避免失敗。

4. 比較不易受他人左右。（吳武典，民66，頁164）

從整個的研究證據看出，內控者在工作上的表現較佳，不過這個結論須視工作性質的差異而定。內控者在做決策之前較積極於尋求資訊，也較容易受到成就感的激勵，同時也較富企圖心去控制周圍環境。外控者則較容易服從，且樂於遵照指示辦理。因此，內控者較適合擔任複雜性較高的工作（包括管理性與專業性的工作），因爲這些工作需要高度處理資訊和學習新事物的能力。此外，內控者較適合從事開創性和行動不受約束的工作，而外控者則較適合擔任呆板和聽命行事的工作。(Robbins,1993,p.105)

從學生的表現而言，不論學生所表現的是好是壞，都會歸因到幾個項目上，如努力、能力、作業難度、情緒和運氣（Frieze & Snyder, 1980）。研究發現，成功的學生常會將其成功歸因於內在因素上，如能力或努力因素；而失敗的學生則常將其失敗歸因於運氣或作業難度上。此外，智障的孩子較中等智力者易做外向歸因，而學習障礙的孩子，則常會把成功歸因於外在因素。（廖鳳池等，民80，頁361）

第三節

自我的追尋與行爲塑造

欲使學校氣氛良好，成員勤奮努力有滿足感，基本上需要有身心健康的組織成員。從心理的觀點而言，學校領導者宜從組織成員如何追尋健康的自我，及兼顧組織成員的人格特徵，而營造合適的環境，以型塑或改變組織成員的行爲。底下提出四項方法供參考。

領導者與部屬彼此瞭解對方的看法

想要改變別人，除了要瞭解自己外，也要瞭解受改變的人。領導者可營建各種溝通的機會並以同理心的態度，向學校成員表達自己的理念，同時也瞭解學校成員對其自己的看法，使領導者與部屬彼此之間能有更深一層的瞭解，進而能互相接納，以作爲未來溝通、解決問題的基礎。

■ 透過各種方法使部屬認識自我的事實面

領導者可運用心理輔導的研討會、演講、談話、或聘請心理諮商人員……的各種方式，使學校成員瞭解自己的優缺點，及其在學校、社會環境中，應如何追尋積極健康的自我，進而爲自己的工作而努力。

■ 知人善任，使部屬獲得成功經驗

有健康自我概念的人，會有追求成就的動機。因此，領導者宜用人唯才、知人善任、充分授權，使學校成員在其崗位上都能充分發揮才能。如此部屬才有成功的經驗，進而獲得自我的實現。

■ 使部屬瞭解自我的限制，並作合理的歸因

領導者要使部屬瞭解個人的能力是有限的，除了追求成功外，也要有接受失敗的容忍力，個人對自己行爲的結果宜作合理的歸因，如此才會改變其行爲，並使行爲具有持續性。

第三章

認知與學習

人類的行爲大多是從學習而來的，爲了解釋及預測人類的行爲，有必要對「學習」加以探討。學習有其「知」的條件，「學」與「知」是相關的。我們常從認知的心理活動來獲取知識，然後對這些知識加以貯存、支配及運用，行爲就是經由這些歷程學習而來的。

不論是教師、行政人員或學生，其行爲可因學習而改變或加強。我們可從刺激與反應的聯結，或訊息的處理、或模仿的歷程來解釋或預測師生的行爲。然而，學校與一般企業組織有所不同，學校組織尚包括學生的層面，學生經由學習除了改變或加強某種行爲外，尙可提昇其學習成就。尤其是一九六〇年代後，認知取向的觀點，在學生的學習歷程上，受到極大的重視。

因此，本章就：1.智力的性質與理論；2.學習的性質與理論；3.學校組織行爲的應用等分別討論如後。

第一節 智力的性質與理論

從知的結果而言，大多同意智商代表智力。傳統的智力測驗在性質上是屬於既定標準(固定答案)的知識，即是屬於此種觀點。而從知的歷程而言，智商不能代表智力，因此，傳統的智力測驗已受到極大的挑戰。如何重新建立智力理論，並以何種內涵與方式來評量出人類的智力，已是認知心理學家所要解決的問題。

智力的性質

心理學家對智力的界定，主要有下面二種取向：

1.概念性的定義——

持概念性定義者，係將智力作概括性而不是以具體的行為方式描述的，如有的學者認為智力是普遍的能力，或視智力是適應環境的能力、抽象思考的能力、學習的能力、解決問題的能力或是諸多綜合性的能力。

2.操作性定義——

持操作性定義者，係將智力界定為智力測驗所測得的能力。

張春興(民80，頁413-414)根據Robert J. Sternberg等人(1981)的研究，將心理學家與行外人(一般行業者)對智力的看法，以表3-1表示之。由表3-1可知，心理學家以外的人對智力的看法，與智力理論的發展趨勢有吻合之處，他們已將智力的定義，擴展至個體以外的社會生活經驗上。

最後，張春興(民80，頁414)認為，智力是一種綜合性的能力(非單一能力)，且個體智力的高低，乃是他先天遺傳與後天環境兩種因素交互作用的綜合表現。因此，他將智力界定如下：

> 智力是一種綜合性能力。此種能力，乃是以個體自身所具遺傳條件為基礎，在其生活環境中，與人、事、物交往時，由其所表現在運用經驗，吸收、貯存及支配知識，適應變局解決問題的行為中表現之。(張春興，民80，頁414)

由上述智力的定義，我們可知智力基本上是一種綜合性的能力，並與人類本身生理上的遺傳及後天生活經驗有關，人類智力表現在其日常生活的每一層面上。因此，智商只能代表人類智力某一方面所測得的結果而已，人類須不斷地學習，並將其自己的能力在人生發展的每一階段中予以充分發揮。

表3-1　心理學者與行外人對智力的看法

心理學者的看法		行外人的看法	
智力內涵	行為表現	智力內涵	行為表現
語文能力	詞彙豐富語文流暢 好讀書善理解 對事物有好奇心 言論能見及事理之各面 興趣廣泛並具多方面知識 思考敏銳且有深度 觀念表達有組織有系統	語文能力	說話清楚而有條理 具備某方面專門知識 喜歡讀書且興趣廣泛 善用文字表達思想 善言辭辯才無礙 有隨時隨地閱讀習慣
解決問題能力	能運用知識解決實際問題 有豐富的常識 頭腦冷靜能客觀看問題 在亂局中能善於抉擇 愛眞理且肯為行為負責 有直覺力凡事早有準備 能洞識問題之關鍵	解決問題能力	思想開放能接受別人意見 能理解問題情境及關鍵所在 能綜合觀念作合理思考 能從經驗中形成個人的知識 能權衡輕重作成適當抉擇 對新奇事物敢於嘗試 善於運用多方資源以解決問題
實用能力	能掌握問題情景 抉擇有目的有方向 能洞識周圍環境 對世界一切變化感興趣	社會能力	能悅納別人容忍別人的過去 能遵守與別人約定的時間 能公平判斷具社會道德良心 能體察別人的需求與困難 對人對己坦率而誠實 對社會事物有興趣 遵從社會規範

資料來源：張春興（民80）。現代心理學。台北：東華書局，頁413。

■ 智力理論

智力理論是心理學家對人類智力的內涵所作的理論性與系統性解釋。茲簡介 1. 二因論(Two-Factor Theory)；2. 基本心能論(Primary Mental Abilities)；3. 智力結構論(Structure-of-Intellect Theory)；4. 智力三元論(Triarchic Theory of Intelligence)等智力理論如後。

1. 二因論——

英國心理學家Spearman(1904, 1927)認爲人類智力包括二種因素。一爲普通因素(General Factor)，又稱爲G因素，係指得自先天遺傳，表現在一般生活上的個人能力。另一種爲特殊因素(Specific Factor)，又稱爲S因素，係代表個人異於其他人的特殊能力。個人的智力就是一般普通能力和特殊能力的總和。

2. 基本心能論——

美國心理學家Thurstone(1938)將智力測驗進行因素分析，發現人類智力可歸納爲下列七項基本的心智能力：

(1)語文理解(Verbal Comprehension; V)：理解語文涵義的能力。

(2)語句流暢(Word Fluency; W)：迅速的語文反應能力。

(3)數字運算(Number; N)：迅速正確地計算能力。

(4)空間關係(Space; S)：方位辨識及空間關係判斷能力。

(5)聯想記憶(Associative Memory; M)：指兩事聯結的機械式記憶。

(6)知覺速度(Perceptual Speed; P)：屬憑視覺迅速辨別事物異同的能力。

(7)一般推理(General Reasoning; R)：屬根據經驗能做出的歸納推理能力。

Thurstone根據分析所發現的七種基本能力編製智力測驗，稱爲基本心能測驗(Primary Mental Abilities Test; PMAT)。

3. 智力結構論——

美國心理學家Guilford(1959, 1967)以邏輯分析的方法，將人類智力分成思考的內容、運作及結果等三個向度(見圖3-1)。思考是人類智力的核心，智力就表現在思考的心理歷程上。

圖3-1　Guilford智力結構理論模式

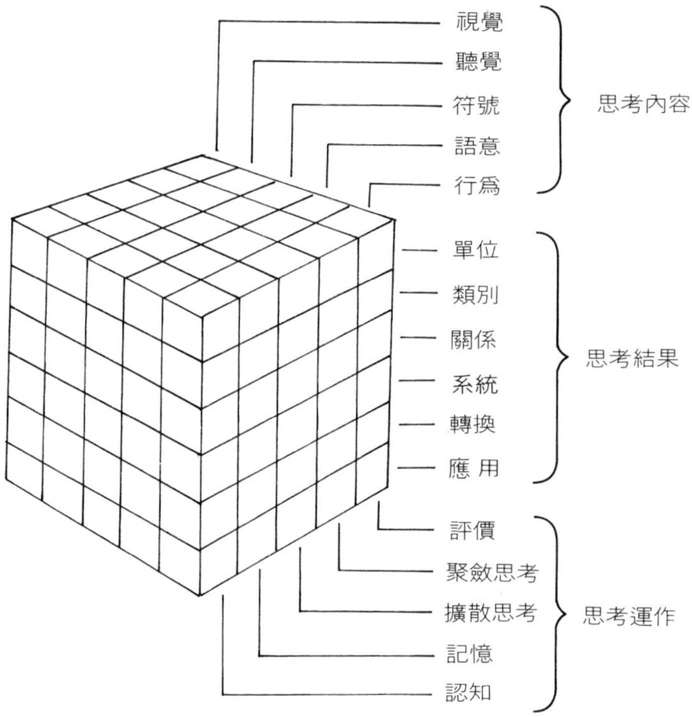

資料來源：同表3-1，頁428。

(1)思考的內容

此一要素可視爲自變項，原包括圖形、符號、語意、行爲四類，後來Guilford(1982)將圖形擴大爲視覺與聽覺，因而包括視覺、聽覺、符號、語意、行爲等五種。

(2)思考的結果

此一智力要素可視爲依變項，包括單位、類別、關係、系統、轉換及應用。

(3)思考的運作

此一智力要素可視爲中介變項，係屬不能直接觀察者，包括評價、聚斂性思考、擴散性思考、記憶及認知。

若以Guilford早期的主張，人類智力包括120(4×5×6)種不同的智力，若依其最近的主張，則包括150(5×5×6)種不同的智力。依Guilford(1982)的研究，他們已證明出150種不同智力中的105種智力。同時Guilford(1982)也已清楚地指出，雖然150種不同的智力邏輯上是獨立的，但是在心理上是彼此相互關聯的。如視覺的認知可用圖形的類似性與印刷的字模等測驗予以評量就是一個例子。

4.智力三元論——

美國耶魯大學教授Robert J. Sternberg(1985)提出智力三元論。此一理論係受智力認知論(或訊息處理)的影響，而持智力認知論者所強調的是人類認知的心智歷程，並於認知歷程中強調對認知對象的理解。(Sternberg, 1985, pp. 9-10)

智力三元論的主張，認爲人類的智力乃是由下列三種不同的智力所綜合而成的：

(1)實用性智力(Contextual Intelligence)：指個體在眞實的日常生活環境中，能適應、選擇並塑造其個人生活的能力。此一能力強調對環境的適應及個人組織其不同能力的能力。

(2)經驗性智力(Experiential Intelligence)：指個體運用既有經驗處理新問題時，統合不同觀念而形成的頓悟或創造性的能力。

(3)組合性智力(Componential Intelligence)：指個體在實際生活情境，運用知識分析資料，經由思考、判斷、推理以解決問題的能力。

第二節 學習的性質與理論

■ 學習的性質

學習是指從直接或間接的經驗中，在可觀察的行為或潛在的行為上產生恆久性的改變（Moorhead & Griffin, 1989, pp. 40-41）。茲說明其要點如下。

1. 學習涉及行為的改變——

當我們學習後，至少在行為上會與學習之前有所不同。行為的改變可能是較好的，但也可能會更壞。例如，我們可學習到新的工作技巧或新的概念，但我們也可能會學習到偷竊或逃避工作。

2. 行為的改變是由長期持續不斷的學習而來的——

學生假如為考試而將教材記住，但考完後很快就忘記時，表示學生沒有眞正學到任何知識。他們無法吸收所學的知識，並進而內化為自己行為的基礎。

3. 行為的改變須具有相當的穩定性——

疲勞所造成的行為或短暫的調適等反射的動作或短暫的改變，並不足以代表學習。對於經驗產生行為的恆久性改變是為學習的看法，我們可說學習的改變，意味著學習作用已經發生，但也可說學習作用導致行為的改變，因此這似是一種循環論證，是一種理論上的定義。雖然如此，我們在組織行為上仍然強調學習後行為改變的恆久性及穩定性。

4. 學習影響行爲或潛在的行爲——

因爲我們不能瞭解人的思想，所以有時必須靠觀察才知道學習已發生了多少。假如一位打字員本來每分鐘只打40個字，但經過訓練之後每分鐘便可打45字。如此，我們就可推斷這種行爲的改變就是學習。有的學習是難以辨識的，如一位新員工準時上班，而看到老闆責罵遲到的同事，這位新員工因受激勵以後每天都準時上班。從他的行爲觀察，即使眞正的行爲沒有改變，由於原本遲到的潛在行爲已減少，因此仍是有學習現象的。

5. 行爲的改變是由直接或間接的經驗學習而來的——

當秘書人員在訓練課程中實際操作打字機的鍵盤時，是屬於直接的經驗。而當一位準時上班的員工是因爲他看到老闆責罵那些遲到的員工（老闆沒有直接告訴他須按時上下班），而學到準時上班時，則是屬於間接的經驗。這種學習又稱爲替代學習（Vicarious Learning）。而從老闆的角度去思考則有殺雞儆猴的作用。

6. 學習具有認知的歷程——

學習須具有某種經驗的認知歷程，學習涉及主動地使外在訊息與內在現有知識發生關聯，當學習時，學習者是有意識的、主動的參與者，並以過去的學習、經驗、知識選擇行爲。

學習理論

基本上，學習理論大體上可分爲刺激——反應理論（Stimulus-Response Theory）和認知理論（Cognitive Theory）。刺激——反應理論認爲個體行爲的形成是刺激與反應的聯結，強調刺激與反應的接近、練習或增強等因素。認知理論則強調學習的完成有賴於個體對刺激間關係的認知作用。

本節主要在介紹古典制約學習（classcial conditioning learning）、增強理

論(reinforcement theory)、學習的認知歷程及社會學習論(social learning theory)等。其中以增強理論與學校組織行爲最有關聯。

1.古典制約學習——

古典制約學習源於蘇俄心理學家 Ivan P. Pavlov 對狗的實驗(Moorhead & Griffin, 1989, pp. 41-43)。在此分三個步驟予以說明。第一個步驟：當 Pavlov 把肉(非制約刺激)給狗看時，狗流口水(非制約反應)會顯著的增加口水量。第二個步驟：Pavlov只搖鈴(制約刺激)，但狗並未流口水。後來，Pavlov把肉和鈴聲聯結起來，先讓狗聽到鈴聲，然後再拿肉餵狗，如此反覆進行一段時間之後，狗聽到鈴聲(制約刺激)，就會流出口水(制約反應)。第三個步驟：狗一聽到鈴聲，即使沒有肉，也會流出口水(制約反應)。這時，狗已經學習到，一有鈴聲，就要流出口水。

古典制約學習基本上是非制約刺激、非制約反應、制約刺激與制約反應四者的刺激——反應聯結。當學習一種制約反應時，必須將制約刺激和非制約刺激做某種聯結，逐漸由制約刺激取代非制約刺激的特性，最後，當制約刺激單獨出現時，就會導致制約反應。此時制約反應與先前的非制約反應是相同的。

茲以圖3-2表示學校組織中運用古典制約學習的例子。

古典制約學習具有被動的性質，只能解釋簡單的刺激——反應的因果關係，但不能解釋複雜的學校組織行爲。此外，古典制約學習忽略對行爲選擇的概念，及假定行爲是反射的、非自願的，因此不能解釋眾人中個人意識的及合理性的選擇行爲。若要解釋或預測學校組織中複雜的行爲，則須運用其他的學習理論。

圖3-2　古典制約學習過程

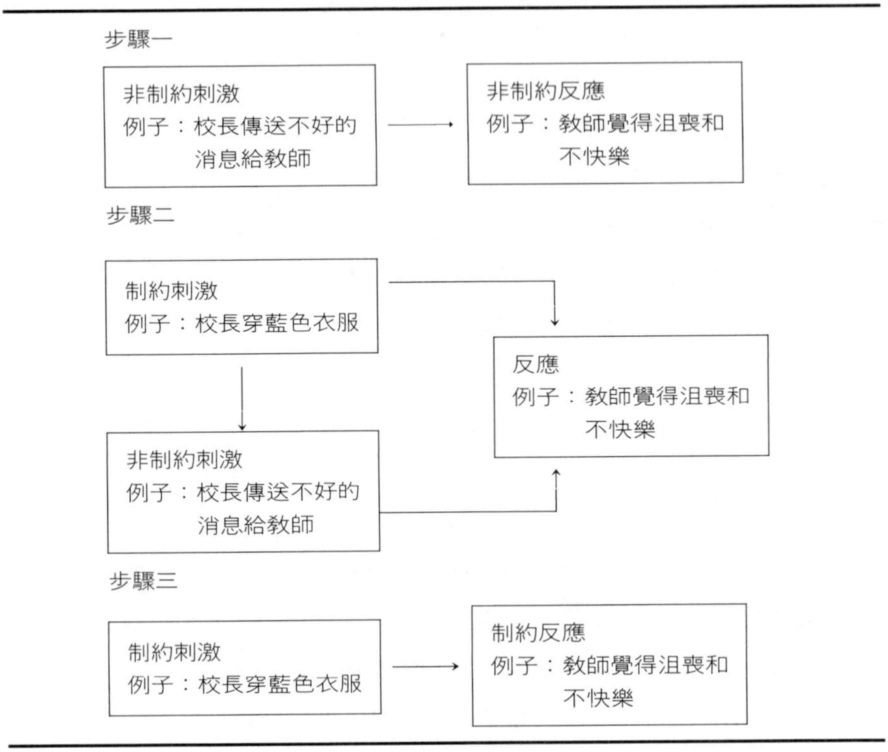

2. 增強理論——

增強理論的學習是操作制約學習(Operant Conditioning Learning)的一種，此一理論可以Burrhus Frederic Skinner為代表(Moorhead & Griffin, 1989, p. 44)。Skinner的增強理論建立了心理學行為學派的基礎。行為學派假設人類的行為是可觀察、可測量的，且受環境和人本身所影響，而行為的結果可能使該行為再度發生或減少。

行為主義基本的前提為：行為乃是結果的函數。也就是說行為是屬於自願性學習的結果，先前的行為可以增加或減少行為再發生的可能性。假如行為被正向增強而獲得滿足，則這種行為將會更趨牢固。圖3-3即說明這種過程。在行為模式中，促發個體行為的因素是環境的先前事件或暗示。

圖3-3　行爲動機的基本模式

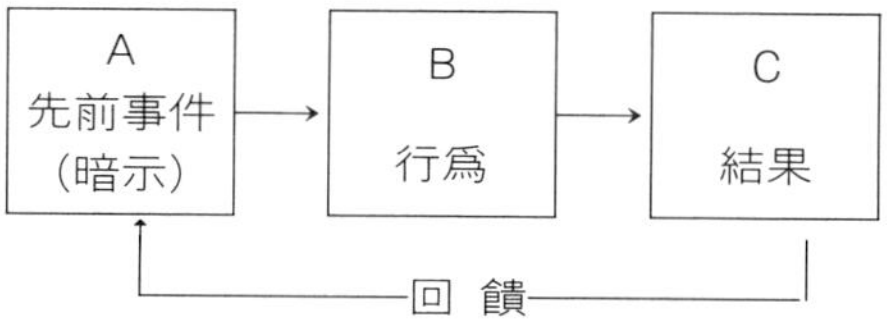

資料來源：Wayne K. Hoy & Ceicil G. Miskel (1982). *Educational Administration -Theory, Research and Practice* (2nd ed.). New York: Random House. p. 168.

增強(Reinforcement)是增強理論的主要概念。增強意指提供一種刺激物以改變習得行爲的強度，也就是人類行爲受到某種增強物(Reinforcer)的刺激，而產生某種結果，再由這種結果依次影響行爲出現的頻率和強度。在此將正增強(Positive Reinforcement)與負增強(Negative Reinforcement)的概念說明如後。

正增強指藉由某種刺激以滿足個體的需要，而強化個體某種行爲的強度。所有的正增強物都可視爲酬賞，但所有的酬賞並不全是正增強；正增強物能增強個體行爲的結果，但是酬賞僅是所想要的事物之呈現。如教師每月的薪水只是教學工作酬賞的一種，並不是教師從事教學的動機及促使教學效果更好的唯一因素。

負增強則是取消某種負增強物或嫌惡刺激，而強化個體某種的行爲。如取消教師兼行政工作所帶來的工作壓力，則教師將會更專心教學即是很好的例子。而懲罰則是施予某種負增強物或嫌惡刺激，使個體感受到痛苦，而停止原有的行爲，如學生犯錯且情節重大者，學校可予以記過，來阻止其原來不良的行爲。懲罰的另一種方式是取消正增強物或從愉快的情境中隔離。如教師不讓學生參加某一聚會，等到學生改正其行爲後再准予其參加。若個體的某種行爲反應後，不提供增強刺激，則個體的該種行爲反應將會減弱，這種消弱的現象也是屬於懲罰方式的一種。因此，負增強與懲罰是不同的。

行爲主義基本的前提爲：行爲乃是結果的函數。也就是由心理或社會環境所決定的自願行爲的結果，可以增加或減少行爲再發生的可能性。假如行爲被正向增強而獲得滿足，則這種行爲將會更趨牢固。

茲將個體對增強刺激的認知、感受與行爲的結果以圖3-4表示如後。

圖3-4　刺激、個體與行爲反應關係圖

刺　激		個體認知、感受		行爲結果
正增強	→	令人滿意的行爲	→	表現出吸引人的行爲
負增強	→	移去令人不滿意的行爲	→	建立新的行爲
消　弱	→	所表現的行爲不受增強	→	行爲的反應減弱
懲　罰	→	感受痛苦、不愉快	→	不再表現原來的某一行爲

當教師藉著循序漸進的方法，試圖引導學生朝向正確行爲的過程稱爲行爲塑造(Shaping)。行爲塑造主要有正增強、負增強、消弱及懲罰等方法。如學生表現良好的行爲時，教師予以讚美，則學生的行爲獲得增強，以後也會繼續表現該種行爲。

當老師有問題想點名叫同學回答時，學生因爲不知道答案，連忙低頭翻閱筆記作忙碌的樣子，避免被老師叫到，是爲負增強，因爲學生已經學習到，藉著抄筆記等忙碌的樣子，可以防止老師叫你起來回答問題。當學生因犯錯而想以各種動作讓教師注意他，而每次當其舉手或向教師微笑打招呼時，教師都視而不見，久而久之，學生就不會再舉手了，這就是消弱。

正增強與負增強對行爲塑造扮演著重要的角色。增強作用對於組織中行爲的影響，有下列三點結論：

(1)若要導致行爲的改變，則某種增強作用是不可或缺的。

(2)在組織中，某些形式的酬賞要比其他形式的酬賞有效。

(3)產生學習效果的快慢，及學習效果能夠延續多久，決定於增強的時機。(Robbins, 1993, p. 114)

對於學校成員行爲的塑造，增強次數或比率及其時機，可作如下的安排：

(1)連續增強(Continuous Reinforcement)

連續增強係指個體所表現的行爲都受到增強，如當學生每次都按時交作業，教師都給予讚賞。

(2)間歇增強(Intermittent Reinforcement)

間歇增強係指個體行爲表現後，在間歇時間或次數之後給予增強，間歇增強可分比率式(Ratio schedule)與時距式(Interval Schedule)二種，前者的增強係依反應的次數而定的，而後者的增強則是依行爲前後的時間而定的。間歇增強又可分成下面四種不同設計：

①固定比率式(Fixed-Ratio-Schedule; FR)

固定比率意指行爲的反應每達一定次數，不計時間的長短就給予增強，如學生每做完10個問題就可以休息。

②不定比率式(Variable-Ratio Schedule; VR)

不定比率式係指行爲反應次數不固定之下給予增強。如學生在寫完正確的字3次、4次、6次等之後給予增強。讓學生無法知道究竟要寫完幾次正確答案後，才會獲得獎勵。

③固定時間式(Fixed-Interval Schedule; FI)

固定時間式意指不論行爲次數多寡，每隔一定時間後給予增強。例如，學校每隔二個月作一次段考，即是此種設計。

④不定時間式(Variable-Interval Schedule; VI)

不定時間式係指行爲前後時間不一定且不論行爲次數多寡，而給予增強的設計。如教師不定時的隨堂考試即是此種設計。

3.學習的認知歷程——

從認知論的觀點而言，人類行為的認知歷程以下列四點說明之：

(1)人類目前的行為是以他們的經驗和過去的學習作為基礎的，他們的經驗代表著假定的知識或認知。例如，當學校兼任行政工作的教師面臨新的工作分配時，他們會運用過去的經驗以決定是否要接受。

(2)人們在可供選擇的變通方案中作一選擇。

(3)人們認可接受他們所選擇的行為。當教師發現工作的分配能獲得酬賞和滿足時，他們將會認可所選擇的行為是好的，且會去瞭解為什麼會作如此的選擇。

(4)人們會對他們行為的結果作評鑑，並融合過去的學習而影響未來行為的選擇。例如，教師在未來的一年，若遇到同樣的工作時，可能會作同樣的選擇。

圖3-5　學習的認知歷程

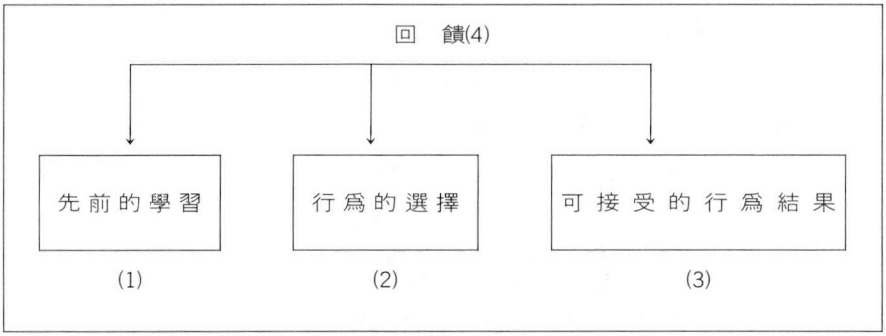

資料來源：Georgy Moorhead & Ricky W. Griffin (1989). *Organizational Behavior.* (2nd ed.). Boston: Houghton Mifflin Company, p. 43.

4.社會學習論——

依社會學習理論的觀點，認為人類會經由觀察及替代性學習，而針對某一特定的對象或楷模，表現出與楷模相同或相似的行為。在此種學習的過程中，認知扮演著重要的地位，而楷模就是學習的對象。個人就是在團體或組織中，相互地模仿、學習，因此形成個人彼此之間行為的相似性。

學習對象的影響力是影響學習者模仿的主要動力。這種影響力有四個由淺至深的階段：

(1)注意階段(Attentional Processes)

學習作用始於學習對象所存在著的某些特色，能引發學習者的注意力。當學習對象具有吸引力，而頻繁出現，且當事人認爲重要，或與當事人自身條件類似時，最能引發當事人去學習。

(2)記憶階段(Retention Processes)

學習者記住了學習對象的行爲，即使學習對象不再頻繁出現，印象已經深烙在腦海中。

(3)模仿階段(Motor Reproduction Processes)

學習者不但記住學習對象的行爲，而且能夠立即加以仿效。

(4)強化階段(Reinforcement Processes)

如果存在著正向的誘因或獎賞，則將促使學習者樂於再三呈現與學習對象相同的行爲。(Robbins, 1993, p. 113)

第三節 學校組織行爲的應用

本章主要是從知的歷程與學習分析學校組織中的行爲。究竟應如何將認知與學習應用在學校組織行爲中，茲提出下列五項分析如後。

一、改變行爲宜兼重先天的遺傳及後天的生活經驗

智力是一種綜合性的能力，並與先天的遺傳及後天的生活經驗有關，而表現在日常生活的每一層面上。人類不但要適應環境，且要將過去的經驗予以組合，同時也要經由認知的歷程，將其內化爲個體行爲的基礎。因此，學校的領導者欲改變部屬的行爲時，宜兼重先天的遺傳及後天的生活經驗，俾能達成目標。換句話說，改變部屬的行爲宜與部屬的遺傳因素及

過去生活經驗越接近越好，假如能如此，則部屬越能迅速類化，或較容易循序漸進，而不會因與過去經驗沒有交集而有差距，以致對新的行爲產生困惑，而不容易改變其原有的行爲。

多運用立即的正增強

當部屬表現績效良好時，校長應立即予以正面積極性的酬賞，如教師訓練學生代表學校參加校外的運動或教材製作、音樂等的比賽而獲得名次時，校長可提供獎金，或予以簽報記功、嘉獎……等。當然立即的正增強比任何其他增強方式都更好，且增強的方式最後都應使其制度化，才能眞正使師生有目標可循。

善用負增強原理

不論是正增強或負增強，都能強化個體的某一行爲。然而，從個體之趨樂避苦(如 Kolhburg 的道德發展理論之唯樂主義階段)、生理及安全(如Maslow的需求層次論)等基本的身心需求而言，消除痛苦比增進快樂更會使人留下深刻印象，亦即是在個人的學習反應上更具有強化作用。如在人際關係上，雪中送炭會比錦上添花更使人印象深刻，及具有強化學習的效果。

因此，校長除了利用正增強以滿足部屬的期望、需求外，更須留意那些受委屈，或遭遇困難的師生，而將他們的負增強物移去，助其建立新的行爲。

勿濫用懲罰

如同增強作用一樣，在學校組織中懲罰的運用也須予以制度化。其目的在使學校教職員工生瞭解何種錯誤的行爲將會受到何種程度的懲罰，俾使他們的行爲有所規範。

雖然懲罰會抑制個人不被學校組織所接受的某一行為，但懲罰只能解決行為者的一時錯誤，通常懲罰也會付出代價，並產生嚴重的副作用。如懲罰學生的不良行為是否就能使該行為消除，值得加以探討。我們宜分析產生學生不良行為的背景因素(如家庭、學校文化、社會因素)及學生本身的適應方式等始能決定如何處理，如此才較合乎情理。

塑造學校成員新行為

每一新學年開始的新生訓練是塑造學生新行為的最佳時機。或學校也可施予新進人員的知能訓練，而為某一專業領域的人員施予短期的課程訓練，亦是行為塑造的例子。

由此可知，欲改變某人的行為、建立新行為，或使其在某一行為上更為精進時，都可運用行為塑造的方法。如可先提供新行為的背景資訊，使行為者透過認知的歷程，再請相關人員運用增強的方式加強新行為的重要關鍵處、技術……等，如此使組織成員更能學習新的行為。

第四章

知覺、歸因與態度

每個人對於同一件事情，因其不同的觀點而有不同的解釋和意義。人們的行爲常是根據其對外在世界的解釋，及其對事實主觀的知覺(perception)而來。但是世界上沒有相同的二個人，且每個人對事件的解釋係以其個人的經驗、好惡爲基礎，彼此就會有「情人眼裡出西施」、「橫看成嶺側成峰，遠近高低各不同」的情形出現。

個體對某一事實的主觀解釋與其對自己或外在環境的歸因(Attribution)有關，如學生將考試失敗歸因爲自己不努力，但亦有學生認爲是老師所出的題目太難。在組織行爲中，對人際知覺的歸因是重要分析的課題，且知覺受態度所影響，同時知覺與歸因也導致某種態度的改變。本章將就知覺、歸因與態度加以分析。

本章所討論的內容包括：1.知覺的性質、因素與歷程；2.歸因的性質與理論；3.態度的性質與改變；4.學校組織行爲的應用等四部分。

第一節 知覺的性質、因素與歷程

知覺的性質

知覺係指個人察覺和解釋其所處環境的歷程。此歷程包括個人透過視覺、聽覺、嗅覺、觸覺等察覺外在環境的刺激，並加以選擇、組織和解釋，而使刺激成爲有意義的資訊，最後呈現在個人的思考、概念、意見、活動

和行爲上。(Callahan, 1986, p.59)

知覺透過概念和態度影響我們的行爲。因此知覺在探討人際關係上便是非常重要的。假如對正確的資訊作選擇和組織而發生錯誤時，將會對人際關係或環境產生錯誤的知覺。這些錯誤的知覺將會在個人、團體之間產生衝突及緊張，同時也會影響組織的績效。

一般在討論知覺的概念和歷程時，可能認爲知覺是一個單一的歷程，但是實際上，知覺包含幾個不同的歷程，且受情境、目標物及知覺者本身因素的影響。

茲分析影響知覺的因素及知覺的歷程如後。

◧ 影響知覺的因素

影響知覺的因素主要有目標物、知覺者及情境三者，茲將影響知覺的因素以圖4-1表示之，並分述如後。

圖4-1　影響知覺的因素

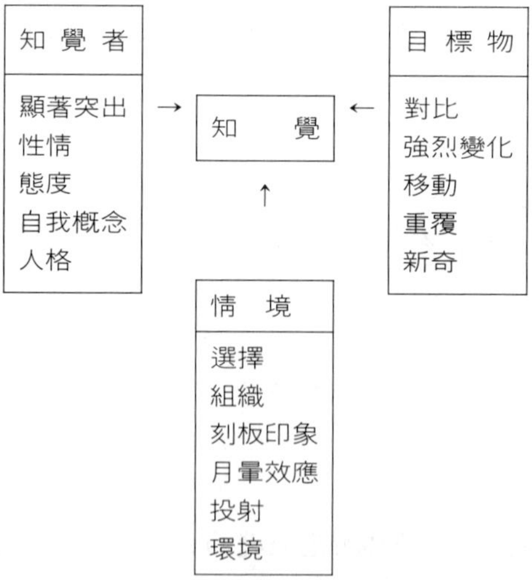

1. 目標物——

目標物之所以會受知覺者注意、察覺，主要是因爲目標物比其他刺激更具有明顯差異、強烈變化、移動、重覆和新奇等特徵。(Moorhead & Griffin, 1989, pp.57-58)

假如知覺者在其環境中有某一明顯差異的目標物時，則該目標物較能引起注意。例如，參加口試的職員中有十五位女性，一位男性，校長對該位男性的印象必定較深刻。同樣地，假如有一名辦公室職員穿著很隨便，其他人都依規定穿著制服，則該名穿著隨便的人，最可能受到注意。

假如有一目標物其外貌的亮度、顏色或深度有強烈變化時，較可能受到注意。如有某一位學生在課堂上突然大聲喊叫或竊竊私語，則會因爲他的聲調較不尋常，而較容易引起注意。

我們對那些正在移動或變化的目標較會予以注意。例如，我們會對上課中在教室裡獨自走動的學生加以注意，並觀察他的動向。同時，我們對於重覆出現的目標物也會加以注意。如教師爲強調愛心在同學之間的重要性，而重覆提出並舉例說明，學生必定能注意。又如電視或收音機廣告節目重覆播出保護皮膚或頭髮的廣告時，消費者必能記憶深刻。同理，那些對校長一再要求經費補助的單位必定比向校長僅要求一次經費補助者，更能引起校長的注意(「緊迫釘人」比「點到爲止」更引人注意)。

人們對於新奇或新鮮的事物會加以留意。例如，新聞報導新鮮的消息；一本有奇異封面的書；一個行爲怪異的學生；或一位穿著與平常人不同的人……等，都會引起我們的好奇，加以注意。

2. 知覺者——

知覺者個人的特徵也會影響知覺者如何知覺及解釋事件，其中，最重要的特徵包括顯著突出、性情、態度、自我概念與人格。(Moorhead & Griffin, 1989, pp. 58-59)

個人感覺目標物的突出與重要性會影響個人的知覺。目標物若對你有越突出的重要性，則你將更可能會去注意它。例如，報載大學聯考將會有重大變革時，凡是家中有大學聯考考生的家長或當事人，一定會仔細加以閱讀，因爲他們認爲這則新聞對他們而言是顯著突出、重要的。

性情係由個人受到各種不同環境所促發，而產生短期的情緒反應。例如，當某位老師被校長告知，他班上學生不守規矩而應注意學生的行爲後，老師回到教室就看到一位學生做錯事，老師便會馬上痛罵這位學生。此便是個人的性情使得這位老師更注意到學生的行爲，且比平常較不能忍受學生不合規定的行爲。

態度係指個人對事件較爲長久持續性的反應。態度影響個人的知覺，態度改變，知覺也會隨之改變。例如，一位頗受學生敬仰的教師假如某次懲罰學生以致於重傷時，大家對這位教師的態度即會有所改變，對教師懲罰學生的事也會有不同的解釋。

自我概念係指個人對其本身的知覺。假如個人有好的、正確的自我概念時，就會對目標物有積極的知覺，反之，則會產生消極性的知覺。

人格係個人所特有且與其他人不同的特質與屬性，個人之間因人格的差異而影響他們對周遭環境事物的解釋。例如，外向型的人較熱衷於與人聊天，內向型的人或許對聊天就較不感興趣。

其他諸如個人的動機、興趣、期望、過去的經驗……等也會影響個人的知覺。例如，剛吃飽與饑餓的人對於零食的注意力就會有所不同；又如，一位對音樂頗感興趣的學生將會較留意學校音樂會的時間；此外，教師平常期望學生的行爲表現良好，他也將會不斷地注意學生是否在行爲上有所改變。同時我們也常會知覺與過去經驗有關的事。

3. 情境——

個人對環境的認知受到目標物與個人的影響，同時目標物與個人在特有的情境中產生微妙的互動關係。即使同一個人在不同的情境之下對同一個目標物也會有不同的知覺。影響知覺的情境因素主要包括選擇、組織、歸因、刻板印象(Stereotyping)、月暈效應(the Halo Effect)和投射(Projection)

(Moorhead & Griffin, 1989, pp.60-66)，及其他諸如時間、工作場合、地點、照明、溫度，或任何環境因素等(Robbins, 1993, p.138)。

表4-1　企業主管之間的知覺選擇

		主管關注的層面人物		
部門	主管人數	銷售	瞭解組織	人際關係
銷售	6	5	1	0
生產	5	1	4	0
會計	4	3	0	1
總務	8	1	3	4
合計	23	10	8	5

資料來源：Robert E. Callahan, C. Fleenor, & Harry R. Knudson(1986). *UNDERSTANING ORGANIZATIONAL BEHAVIOR-A MANAGERIAL VIEWPOINT*. Columbus: Bell & Howell Company. p. 65.

(1)知覺的選擇

知覺的選擇意指知覺者對其周遭環境的某些刺激(目標物)作取捨的選擇(Callahan et al., 1986, p.60)，知覺的選擇受個人的需求、期望、態度、價值及人格所影響(Callahan et al., 1986, p.61)。例如，當學生在專心聽演講時，不會去注意身邊吵雜的聲音；又如，工廠員工會注意傾聽工廠代表傾吐工作上的委曲，而較不會注意老闆當時的情形。

Dearborn 與 Simon(1958)的研究常被引用在說明知覺選擇上(如 Moorhead & Griffin, 1989, p.60)。該研究以 23 位企業主管閱讀一篇某鋼鐵公司的複雜個案。這些企業主管當中，有 6 位來自銷售部門， 5 位來自生產部門， 4 位來自會計部門， 8 位來自總務部門。讀完個案之後，接著要求這些企業主管寫下這家鋼鐵公司最需要解決的問題是什麼。結果顯示，這些企業主管所選擇的大多是反映他們自己專業部門的特徵。如有 83%的銷售主管認爲關鍵問題在於銷售方面，有 80%的生產部門主管認爲生產的問題最重要。該研究結論指出，受試的主管只知覺到自身部門有關的問題，且對組織活動的知覺也只會選擇性的注意與自己利害相關的事物並加以過濾，而每個人對於事物的知覺，會受到個人的態度、興趣和背景的影響(見表4-1)。

茲以圖4-2及4-3說明知覺的選擇。

圖4-2　知覺選擇(1)

資料來源：同表4-1, Callahan et al., (1986). p.60.

圖4-3　知覺選擇(2)

bird in the the hand	Paris in the the spring

資料來源：圖4-2, Callahan et al., (1986). p.60.

從圖 4-2 中，假如你所看見的是一位穿著文雅且是吸引人的年輕婦女時，則你的知覺與大多數第一次觀看的人是一樣的；假如你所看見的是一位骯髒且貧窮的老女人時，則你的知覺與少數第一次觀看的人接近。

從圖4-3中，當你讀長方形中的片語時，你實際上所看見的是什麼？或是你已見到你想要見到的內容了嗎？大多數的人所見到的是“bird　in　the hand”及“Paris in the spring”，而省略了多餘的“the”。

(2)知覺的組織

每個人對其周遭的事物經過選擇、過濾後，會組合環境的刺激而使其適合個人行爲的型態，這就涉及知覺的組織。知覺的組織有形象——背景(Figure-Ground)、組合(Grouping)等原則。(Callahan et al., 1986, pp.61-62)

①形象—背景

形象—背景的原則係指知覺某一目標物與空間及其二者在背景中的互換。例如，在圖4-4的左圖中，如果以黑色爲背景，就可看到白色杯子；但如果你以白色做背景，卻可以看出那是兩個對稱的側面臉譜。而在右圖中，不管怎麼看都像是以白色爲背景的一些模板，但是如果換一種方式來看，以黑色爲背景時，我們將會看到一個英文字"FLY"。這就是人們知覺組織周遭環境中形象與背景的變化情形。

圖4-4 知覺組織—形象與背景

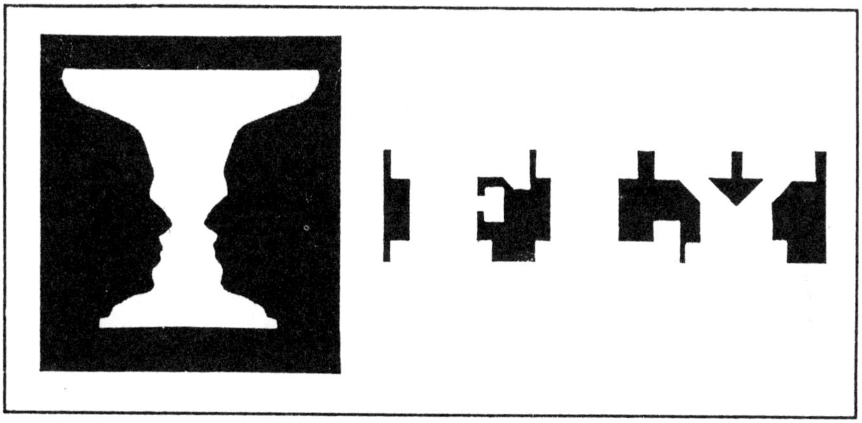

資料來源：圖4-2, Callahan et al., (1986). p.62.

②組合

組合係指將原來孤立的刺激，以接近性(Proximity)、相似性(Similarity)、完成性(Closure)、連續性(Continunity)等爲基礎，而予以組合在一起。換句話說，我們傾向於將看似獨立但又彼此接近且具相同形式的刺激聚集起來，而組織成某一簡單而相關的形式。

接近性意指被知覺的目標物彼此接近又有關聯。例如，在同一部門辦公室的人可能彼此接近又共同爲同一目標而努力，或是他們有相似的人格與價值觀，因此他們會一起努力工作。

相似性指一般團體中被知覺的目標物有某些較明顯的相似性，例如，從銀行員、郵差的制服或某校的校服，所顯示的標記、顏色等，而知道目標物係屬何種單位的人員。

完成性係指完成某一目標物而使其具有持續不斷、整體性的形式，即使目標物是部分的形式，我們也有能力組合成完整的形式。例如，圖4-5中的線條事實上是彼此獨立且不相連的，但我們也可看成是一個三角形及圓形，並將缺陷的部分予以連接起來。

圖4-5　知覺組織——完成性

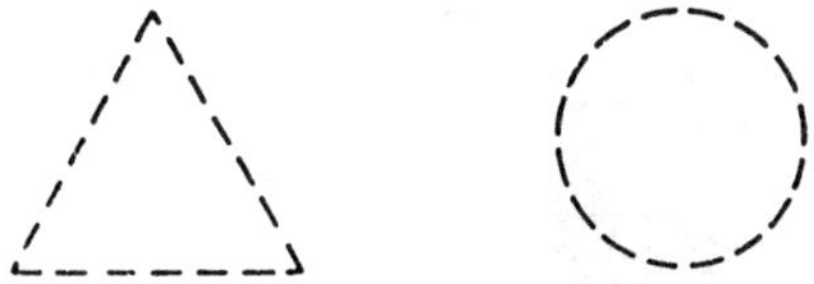

資料來源：同圖4-4, Callahan et al., (1986). p.62.

連續性意指所知覺的目標物是持續性的類型。例如，一位頑固不通的校長，他要求自己與別人可能都會一樣，因此，他會堅持部屬一定要按他所認爲的步驟處理校務，不容許有一點變通之處。

⑶刻板印象

刻板印象係指基於某一假定的特質或屬性而將某些人歸在某一團體中的歷程。我們將某人歸在某一團體，常是根據他們的種族、年齡、性別、背景、社會階級、職業……等予以分類的。例如，假定你被一位行政主管的隨從人員招待進入主管辦公室時，你看見一位男士與一位女士正在秘書桌邊談話，這時依你的刻板印象之反應，或許會將該男士視爲主管，而將女士視爲秘書。但是這種診斷有時是錯誤的。

刻板印象的形成包括三個步驟：

①根據種族、宗教、性別……等將人予以分類。

②將前述的分類標準與運動能力、語言類型、職業等聯結，而予以歸因。

③根據上述的歸因，推論並歸類人們為某一團體。例如，所有的黑色人種都很會運動、所有的秘書都是女性的……等。(Moorhead & Griffin, 1989, pp. 60-61)

雖然刻板印象並不全都有正確的結果，且常會犯了過度概括的錯誤，但它卻使我們的知覺保持一致性，並將訊息予以迅速處理。近年來已有許多研究刻板印象的文獻指出，而有許多是在性別角色和年齡方面的研究。例如，Cohen與Binker(1975)的研究發現，出版公司新進人員認為女性較適合於督導其他女性人員及擔任編輯助理的工作，而男性較適合於督導男性人員擔任編輯的工作。另外，Rosen 與 Jerdee(1976)的研究發現，商業系的學生傾向於認為年紀較大的工人較缺乏創造力，較抗拒變遷，且對學習新技術較無興趣。

(4)月暈效應

月暈效應係指吾人對某人的某一印象(好的與不好的)影響我們對該人其他方面的印象。例如，假如我們認為某人是友善的、好交際的，我們或許會認為他是勤奮的、有信心的、仔細的，但有時這種判斷是與事實相反的。又如教師在評量學生的某項行為或特質時，有時會因為對學生的某種良好表現而評定該位學生所有的特質都是高分的；若學生有某種消極性的態度時，則有評為低分的傾向。

Asch(1946)曾作過月暈效應的典型研究。他先讓受試者看一串人格的特質，如聰明、靈巧、實事求是、勤奮努力、果斷及熱情洋溢等，然後要求受試者對於擁有這些特質的人做一評價。結果顯示，擁有這些特質的人大多被評價為聰明、幽默、受人歡迎及想像力豐富。但是當研究人員將上述人格特質中的「熱情洋溢」換為「沈默冷淡」，而其他特質維持不變時，重覆實驗的結果卻產生完全相反的認知評價。這種認知上的差異說明了一項事實，即是受試者會依某個人格特質(如熱情或沈默)來左右對人的整體評價。(Robbins, 1993, p. 141)

是否容易導致月暈效果也有跡象可循。Bruner與Tagiuri(1954)的研究指出，當某項特質在行爲上的涵義顯得模糊曖昧、模稜兩可或隱含道德上的意義，或知覺者並不很熟悉時，最容易出現月暈效應。(Robbins, 1993, p.141)

在組織中，月暈效應對於個體行爲的解釋，有相當重要的份量，特別是在必須做判斷及績效評估的時候更是如此。例如，在甄選面試的時候，一位楚楚動人的金髮女郎很可能被評爲聰明能幹，但卻忽視了其他的特質。同樣的，在績效評估的時候，月暈效應也會有某種扭曲作用，使單一特質左右了整個評估。例如，一位督學巡視某一學校時，發現少數教師努力教學，就以此斷定該校所有教師都是認眞教學的。但這種判斷常會發生錯誤，而產生偏見的現象。因此，我們常說的「從小處可見大處」或「見微知著」等，並不是絕對的，而「小時了了，大未必佳」也是常有的事。

(5)投射

投射係指我們將自己的特徵或情感反應在別人身上。假如我們是具有攻擊性的、有權力慾望及追求地位的人，我們也許會使其理由化。在某些情況下，投射實際上是有效率和可以感覺到的。畢竟有相同背景和興趣的人，通常他們的想法和感覺是相似的，人們之間的相似性將會在其周遭的事物中導致有效的溝通。

然而，在某些情況下，錯誤的知覺會產生問題。例如，假如我們要陞遷，我們可能會懷疑其他同事的動機，而作錯誤的判斷。或許同事要陞遷僅是要增加薪水而已，或許有些同事不喜歡主管而潛意識裡要超越主管，並不是他們要與我們爭某一職位。

知覺的歷程

茲以圖4-6說明知覺的歷程如後。

圖4-6 知覺的歷程

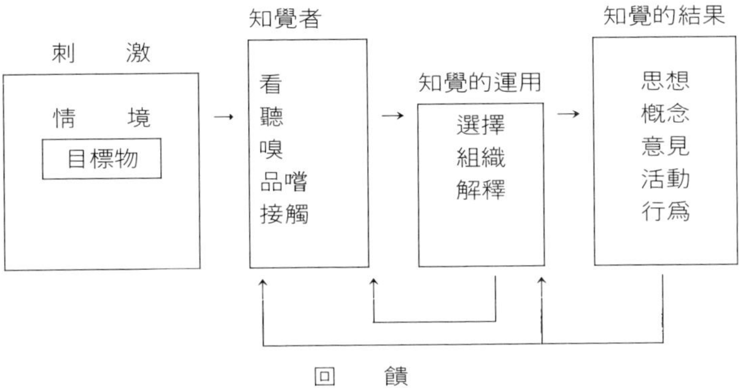

1.情境與目標物——

情境與目標物對知覺者是一種刺激，情境常常是知覺者與被知覺對象互動的結果。情境包括目標物與各種環境因素，同時也受選擇、組織、刻板印象、月暈效應、投射等因素的影響。

2.知覺者——

知覺者透過各種感官察覺目標物。這些感官包括視覺、聽覺、嗅覺、味覺、觸覺等。同時，知覺者的態度、自我概念、人格等會影響知覺的結果。

3.知覺的運用——

知覺者察覺某些目標物並經過濾後，決定選擇某一特定目標物，依目標物的形象——背景、組合的原則而將目標物予以組織，並加以解釋，賦予意義。

4.知覺的結果——

知覺的結果常呈現在知覺者的思想、概念、意見、各種活動、行為上。

5.回饋——

所有知覺的歷程都可因其結果而予以回饋，重新加以察覺、選擇、組織及解釋，而使所知覺者適合個人自己的行為模式。

第二節 歸因的性質與理論

歸因係指人對別人或自己之所作所為的覺知，或推論其性質或原因的過程。在組織行為中，歸因理論(Attribution Theory)是一相當重要的領域，它與知覺、動機及領導密切關聯。我們對人的知覺——人際知覺(Person Perception)—是組織行為中極重要的探討課題。

歸因理論可追溯早期Heider與Kelley(1958)的人格理論，他們指出歸因理論主要係指我們觀察人們的行為，其次將行為予以推論其原因。也就是說，我們試圖解釋人們為什麼會有如此的行為出現。這種歸因的歷程主要是基於對眞實情境的知覺，及個人之間知覺的不同所致。

有關歸因歷程的基本架構以圖4-7表示之。在此一歷程中，以觀察自己或別人的行為開始，其次以共同性(Consensus)、一致性(Consistency)及獨特性(Distinctiveness)的程序作為評鑑的標準。最後將行為的原因歸為外在歸因(或情境歸因)、內在歸因(或個人歸因)。

共同性意指不同的人在同樣的情境下有相同的行為方式，如果衆人的行為都相同時，則共同性較高，假如只是某人的行為與他人的行為不一樣，則共同性較低。

一致性指同一人在不同的時間下，表現相同的行為方式，也就是同一行爲在同一個人出現的頻繁次數，假如同一個人相同行爲出現的次數愈多，表示有越高的一致性。

獨特性則指同一人在不同的情境中所表現的行爲方式，假如有相同的行爲，則獨特性較低，假如行爲較爲不同或反常時，則獨特性較高。如「衆人皆醉，我獨醒」意指獨特性較高。(Moorhead & Griffin, 1989, pp.63-64)

我們對人的行爲歸因或印象是共同性、一致性及獨特性三者結合的結果，同時，我們也可認爲行爲是內在因素(個人因素)或外在因素(環境因素)所引起的。例如，假如你觀察一位部屬的行爲是粗暴的，常破壞別人的工作，且惹人討厭。要是你瞭解其行爲的原因，那麼你就可以加以改變。以此爲例，假如僅是該位部屬在破壞別人的工作而已(低的共同性)，像這種行爲每個星期都有幾次(高的一致性)，且在其他場合中也看到類似的情形(低的獨特性)，那麼你就可以推論引起這位部屬產生粗暴行爲的原因是其個人內在的因素。

圖4-7　歸因歷程基本架構

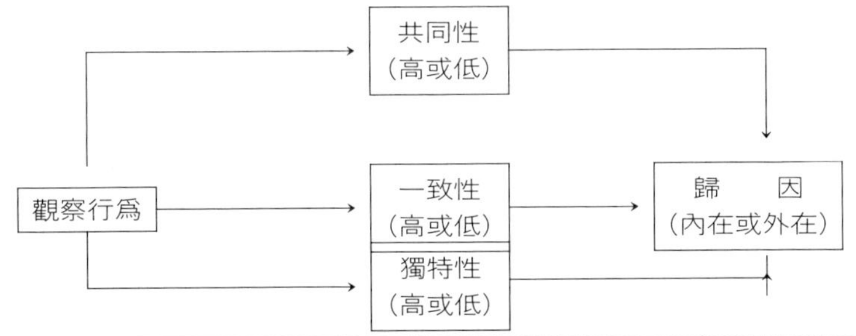

資料來源：Gregory Moorhead & Ricky W. Griffin(1989). *Organizational Behavior* (2nd ed.). Boston: Houghton Mifflin Company. p. 64.

反之，你所觀察的行爲是另一種行爲的類型。例如，你觀察到每一位學生上課都遲到(高的共同性)，雖然有一位學生上課也時常遲到(低的一致性)，而你從來沒有看到這位學生在其他場合中有遲到的現象(高的獨特性)，這時你或許會認爲這位遲到的學生是外在情境因素所導致的。

由上所述，通常知覺者對共同性高的行為，會歸因為外在因素；假如共同性較低時，較會歸因為個人因素。一致性愈高時，較會被歸因為個人內在因素；一致性愈低時，則較會被歸因為外在情境因素。獨特性較高的行為，較會被歸因為外在情境因素，反之，則較易被歸因為內在個人因素。茲將行為屬性與歸因的結果簡列於表4-2。

表4-2　行為屬性與歸因

歸因	內在因素	外在情境
行為屬性	共同性低	共同性高
	一致性高	一致性低
	獨特性低	獨特性高

第三節 態度的性質與改變

態度的性質

態度係指對人、事、物所作評價的陳述，態度反映我們對某些事物感覺的方式。態度通常係透過個體的語文行為、外顯行為及生理反應而得知。例如，當我說「我喜歡我的工作」時，表示我對我的工作的態度。態度與價值不同，價值的概念比態度更為廣泛，所包含的範圍更廣，態度比價值更為特殊、明確。當態度具有規範性評價時，就包括價值系統。例如，「歧視是不好的」是一種價值性的陳述，而「我支持在組織中貫徹執行生計規劃的課程，以發展及訓練女性員工獲得其職位」，則是一種態度的陳述。意見是態度的一種語文表現，但是態度也可以非語文的行爲方式呈現出來，態度包括所喜歡或不喜歡事物的情感或感覺，認知或信念，這些要素可用來描述個人所持態度對象的特徵，及與其他事物的關係。因此，所有的態度都包括信念，但並非所有的信念都是態度(參見 Moorhead & Griffin, 1989, p. 83; Callahan et al., 1986, p. 56; Katz, 1985, p.138)。有關對態度性質與如何形成態度之進一步的分析，以傾向的觀點(The Dispositional View)及情境的觀點(The Situational View)分別討論如後。

1.傾向的觀點——

傳統上，態度被視爲是對某一對象之特定經驗結果方式的穩定性行爲傾向。例如，假如有一位學生不喜歡某一特定的老師(一種傾向)，那麼這位老師所講授的課程，該位學生爲表示其態度的一致性，而不去聽講。就態度的傾向觀點而言，態度主要包括情感或情緒(Affect; Emotional)、認知(Cognition; Cognitive)及意向或行爲的(Intention; Behavioral)三種要素。(Moorhead & Griffin, 1989, pp.83-85; Callahan et al., 1986, p.56)

⑴情感或情緒的要素

情感的要素涉及對人、事、物有關的感覺，這些感覺包括愛的或恨的、好的或壞的、愉快的或不愉快的、有利的或不利的……等。例如，假如你不喜歡選某一課程，但是該課程是你必須選擇的主要科目時，可能會使你產生相當大的焦慮。

⑵認知的要素

認知的要素包括個人對某事物的資訊、信念與概念之假定的知識。例如，你喜歡上某一班的課，也許是因爲你認爲該班的課程很有實用性，或剛好適合你的時間，或授課老師是該門科目的專家等。但是這些認知可能是眞實的，也可能是不正確的。

⑶意向或行爲的要素

態度的意向或行爲要素係指對目標物明顯公開的反應，也就是態度代表某種可能特定的行爲方式，意向引導吾人對某一事物行爲的反應。例如，假如你對某一對象有負面的感覺或信念，那麼你對該對象將可能會有負面的選擇及行為。我們對工作的反應也可能包括諸如抱怨、不滿、心不在焉、遲到等消極性反應，或讚美、從頭到尾一致性地參與、守時及長期任職於所屬組織等積極性的反應。

茲以圖4-8表示態度的傾向觀點如後。

圖4-8　態度的傾向觀點

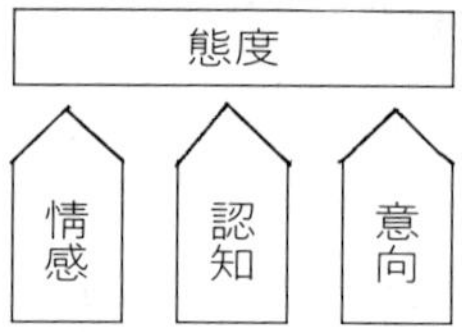

資料來源：同圖4-7, Moorhead & Griffin, 1989, p.84.

2. 情境的觀點——

對於態度傳統上持傾向的觀點提出挑戰的是Salancik與Pfeffer (1977, pp. 427-456: 1978, pp.224-253) 的研究。他們認為態度並不是清晰明確而穩定的傾向，態度是從社會實際情境中所建構形成的。(見圖4-9)。

圖4-9　態度的情境觀點

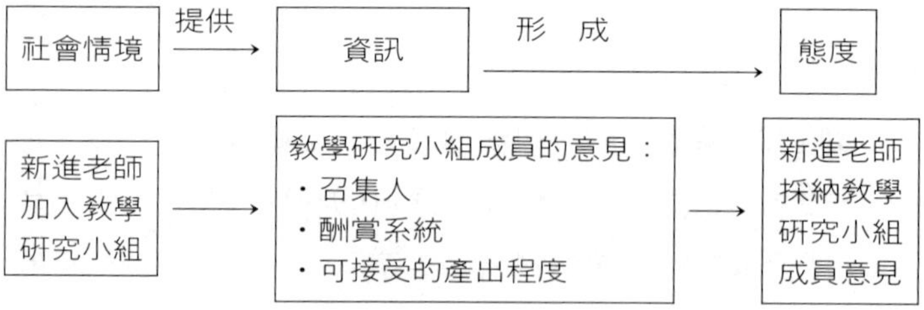

Salancik與Pfeffer (1977, 1978) 相信，個人所處社會情境的關係所傳送的訊息會塑造成個人的態度。藉由社會訊息所提供的線索和導引，而提供可

被社會情境所接受的態度和行為。社會訊息強調社會背景(如工作場合)的歸因，因此，行為者的態度在其所處的社會情境中顯得特別突出且重要。

茲舉例如後。例如，當一位新進教師參加教學研究小組而必須與該小組老師共同相處一段時間，並作教學的研究工作時。小組的同事會跟這位新進老師談到該小組召集人的作法及他們的待遇、報酬，同時也會談到小組研究結果可被接受的程度等問題。結果這位新進教師的態度與行為傾向於該小組其他成員的態度與行為，其所表現的績效也朝向小組所能接受的成果。這種情形類似於「入境隨俗」的精神。

態度改變

個人在每天的不同情境中常試圖改變自己或別人的態度，學校的領導者也試圖改變其部屬的態度，俾符合學校組織的需求。但是態度如何才能改變？Callahan等人(1986, pp.57-59)指出，改變個人態度最有效的途徑為說服溝通(Persuasive Communication)與認知一致性(Cognitive Consistency)二種途徑。茲分析如後。

1.說服溝通——

我們每天都在接受他人或各種媒體的說服，例如，商品的電視廣告、選舉時期各候選人的自我推銷、慈善機構的募款等，都是在說服我們購買商品、投票給某一候選人，或捐款以發揮愛心等。同時，我們也常說服別人，以使其行為符合自己的目的。說服溝通可用文字、語言、電視、廣播等媒體予以傳達訊息。影響說服溝通的因素有許多，其中最重要的是說服者的特徵、說服訊息本身及受訊息影響的接受者。

(1)說服溝通者的特徵

說服溝通者最主要的特徵是其可靠性。假如接受訊息的人認為說服溝通者值得信賴、可以相信時，往往較能改變他們的態度。而說服溝通之可靠性表現在其於某一領域具有專門技術或知識的專家，及存在於溝通者個人背後的動機、意圖。越具專家特徵者越能改變他人的態度，而溝通者改變別人的態度所得到的利益很少或無關者，比從改變別人態度而能獲致利益者，較能說服人。例如，由工會所提出的員工安全訓練比公司意外保險執行人所提出者，更具有說服力，因爲後者可能會被人認爲是在推銷保險。總之，說服者要設法使訊息接受者相信他，我們所熟知的一段廣告詞：「Trust me, you can make it」可說是基於此一原理而設計的。

(2)說服的訊息

在某一特殊的方式上，越能使人信服、強而有力的訊息，越可能改變人的態度。Newborn與Rogers (1979, pp.242-253) 的研究指出，會導致接受者懼怕與焦慮的訊息將會使接受者的態度產生改變。而能引起接受者懼怕且能成功地改變其態度的訊息，宜：

①使接受者的情緒產生適度的覺醒。假如訊息不足以使接受者懼怕，則訊息不能產生衝擊。假如接受者太過於懼怕時，可能會加以拒絕。

②使接受者相信訊息所引證的例子實際上是具有危險性的。

③使接受者相信避免這些危險事物將會是好的。(cited by Callahan et al., 1986, p.57)

茲舉例如後。例如，由於學生吸食安非他命將引起校園學生行爲問題，且造成學生個人身心及家庭、社會等問題，因此，教師宜勸誡學生避免接觸類似安非他命及不良青少年等人、事、物，而使學生朝正常行爲方向發展。

(3)訊息接受者

說服的訊息是否有效與訊息接受者的特徵有關。自尊心愈高的人愈覺得他們的態度是正確的，且較不可能改變態度。智力愈高的人比智力低的人，較不易受溝通訊息的影響。愈是自己作決定的人，較不可能改變態度。但是我們難以精確地預測不同的人對同一溝通訊息將會如何作反應。

2. 認知一致性——

雖然人們極力維持態度的情感、認知、意向等要素，及態度與行爲之間關係的一致性，但是卻常常產生矛盾的現象，而這種矛盾現象是不受人們所喜歡，且爲我們所試圖避免的。

認知的一致性理論視態度或認知之間的不一致性爲促成態度改變的主要因素，其核心旨在使環境中目標物與個人的認知之間達到協調和諧的狀態。當我們的情緒、認知及行爲與人、事、物具有一致性的關聯時，我們的態度將會保持穩定性。例如，當你感覺校長對待部屬是公平的、仁慈的、關懷的，且你喜歡他、尊敬他時，你的態度將會具有穩定性。反之，當你感覺校長對待部屬是公平的、仁慈的、關懷的，但是你不喜歡校長，又逃避他時，這時候你的態度將處於不穩定的情況。這種個人態度的不一致與對立，即是所謂的失調。

在此提出四個認知失調及其產生來源的例子：

(1)邏輯上的不一致

我相信人類在1970年以前將會踏上月球；我認爲使人類離開地球大氣層的計畫是不可能的。

(2)文化習俗與規範不一致

我認爲在正式餐會中打嗝是錯誤的；我在正式餐會中打嗝。

(3)意見與行動不一致

我認爲動物保護團體是一組織不健全的團體；我支持動物保護團體的每一項贊助性活動。

(4)經驗的不一致

當我用針刺皮膚時，我總是感覺疼痛；當我用針刺皮膚時，我卻不會覺得痛。

有關一致性理論對於一致性原則有不同的術語，如Heider (1958) 的「平衡」(Balance)、Osgood與Tannenbaum (1955) 的「勻稱」(Symmetry)，及Festinger (1957) 所談及的協調一致 (Consonance)，雖然這些模式有許多共同性，但也有差異性 (Mann, 1985, pp.146-147)。

認知一致性最具有影響力的研究是 Festinger (1957) 的認知失調論 (Cognitive Dissonance theory) (Callahan et al., 1986, p.58; Mann, 1985,p.

148)。此一理論主張，人們不喜歡不一致性的態度，並強調態度與行為認知有不一致的現象。因為這種認知失調會產生心理上的緊張，假如人們有不一致的態度，或因失調所產生的困擾行為，都會設法加以避免或減輕。減低態度失調的方法，有改變態度或對行為與態度不一致加以辯解，或是尋找新的認知並使其合理化解釋原先行為與態度的不一致，或降低認知失調的重要性等。

第四節 學校組織行為的應用

茲將知覺、歸因與態度的理念應用在學校組織的行為上，並綜合三者而擬出其應用的模式如後，俾供參考。

甄選教職員工

雖然學校甄選教師或行政人員已有既定的派定程序，但是口試或面談仍占有相當的份量。校長用人除了視應徵者的學歷、專長或筆試成績外，尚須藉由口試或面談來決定哪一位人選。

我們對應徵者的印象源於其書面的學經歷背景及其外表，而形成的刻板印象(如認為從某一學校畢業者，一定具有某種特質，這是一種月暈效應所形成的效果)，除非面試的過程中有特殊的狀況(如穿著或相貌不如所預期的好，或其談吐及觀念有不宜時)，否則在面試後四、五分鐘時就已有所決定了。通常受試者負面印象出現得早時，往往影響較大，假如負面印象出現較晚時，則影響會較小。

因此，我們對人、事、物的知覺，早期所留下的印象比晚期的印象較有影響力。例如，一位早年有不良行為的應徵者，雖然已改過自新，但是他過去的各種不良記錄常常會被人提起，而忽略了這位應徵者已與過去不同的地方，因而減低了他被錄取的機會。其次，我們常因面試過程中未看到應徵者不好的特質，而誤以爲他是一位好的人員，所以從知覺的歸因歷程，決定一個人的態度與行爲關係是密切的，且在學校組織行爲上也極爲實用，但勿被誤用了。

知覺、歸因與績效評估

校長對部屬的知覺印象常受月暈效應、刻板印象、部屬個人特徵、校長本身主觀判斷所影響。而對人際的知覺又影響到歸因。行爲的歸因在組織管理上的應用是非常重要的。假如我們把績效不彰歸因爲能力或動機等的內在因素，則我們將會發展某些策略，以改進這些內在的因素。假如我們把績效不彰歸因爲資源有限或工作設計不良等外在情境因素時，則我們將會採取不同的策略以提昇工作績效。茲以表4-3舉例如後。

表4-3　不同歸因的可能變通反應

	績　效　卓　著
內在歸因：	林先生因爲努力工作且能力很好，所以他是成功的。
可能反應：	給予林先生正增強，並予以陞遷，且以他作爲他人的範例。
外在歸因：	林先生因爲所擔任的工作容易做，且有一個強而有力的工作小組，所以他會成功。
可能反應：	給予林先生更多的工作，並提拔工作小組的某些人。
	績　效　不　彰
內在歸因：	王先生因爲缺乏能力和動機，所以他工作績效不彰。
可能反應：	選派王先生參加某種訓練課程，或改變其動機結構。
外在歸因：	王先生因爲缺乏足夠的資源，且其背後的工作小組力量不夠，所以他工作績效不彰。
可能反應：	增加王先生的資源，及強化其工作小組。

認知失調、重要他人與權力

當教育部函請某校辦理全國性的田徑選手選拔賽時，因該校訓導主任的理念與教育部的指示有差距，不願依指示辦理，此時，校長考慮各個層面後，安撫並激勵訓導主任勉爲其難，完成上級所交辦事項。因此，訓導主任在態度與行爲上因認知失調而產生衝突及不一致的現象。

爲消除因認知失調而產生的緊張和不愉快，以消除或減低失調的不平衡，依Festinger的觀點，宜建立新的認知，及修正或除去舊的認知。因此訓導主任宜就其角色定位，採納校長的勸導、說服，而接受其目前的定位方式，始能建立新的認知，以獲得新的平衡點。

雖然如此，校長扮演極重要的角色。依人際互動論的觀點，每個人都會思考他人對自己的意義與重要性,進而評估他人的話,而作適當的回應。這個重要且有意義的他人就是本例子中的校長了。但是，校長的刺激與訓導主任的認知差距太大時，仍無法使訓導主任的認知失調趨向平衡狀態，此時，訓導主任可能因外在壓力與內在矛盾衝突再度產生失調的現象。訓導主任可能因此事倦怠並辭去行政工作。

從另一角度來看，訓導主任的認知失調並不一定是認知本身有誤，只是該認知在某種時空的情境下不能適用而已，而決定某種行爲或認知的對與錯者，往往是那些擁有較多權力的人。

改變部屬態度以利政策進行

從上一事例中，我們可更深一層思考，當學校校長的教育理念與政策進行發生衝突時，校長宜扮演何種角色，應堅持自己的理念，並極力說服部屬去執行，以改變部屬的態度，使其原來不願意做的事，最後樂意去完成。校長可運用其法職權，及個人的影響力，並運用各種激勵的方法，提昇部屬的動機，使部屬的認知失調趨向平衡。

應用模式

最後，綜合上述，擬出知覺、歸因與態度在學校組織行爲應用的模式（見圖4-10），俾供參考。

圖4-10 知覺、歸因與態度的應用模式

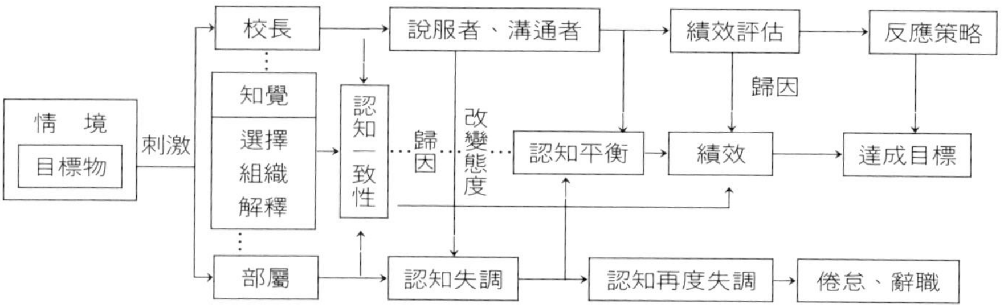

1. 知覺歷程——

校長和其部屬受到情境和目標物的刺激後都依其個人、目標物及情境的特徵，對目標物或情境作選擇、組織，並加以解釋。此一解釋有二種結果，一爲校長和部屬在認知上有一致性；二爲校長和部屬之間，及其個人有認知失調的現象。

2. 歸因與改變態度——

假如部屬有認知失調時，校長宜視情況將部屬認知失調加以歸因，並針對其內外在因素，扮演溝通者、說服者的角色，這時候校長可能是影響部屬改變態度的重要且有意義的人。校長可增加部屬新的認知，或修正、消除舊有的認知，以使部屬重新獲得認知平衡。但是，假如因外在壓力或部屬的認知與校長的認知差距太大時，很可能再度產生失調現象，最後可能產生倦怠與辭職。

3. 績效評估——

校長對部屬的績效作評估，常受其知覺影響，進而影響到歸因的結果及反應的策略，校長所施予的策略影響到目標是否達成。因此，知覺、歸因、績效評估三者關係密切。

第五章

動　機

爲什麼甲校的教職員工流動率大，常常聽到抱怨的聲音，而乙校教師卻覺得工作很有滿足感。這種差異主要是因爲甲校成員的個人需求不能獲得滿足，而乙校成員的需求能得到滿足。這些個人需求的滿足與否涉及個人動機的問題。

基本上，每個人有追求快樂、安全、避免痛苦的傾向，只要個人需求滿足後，才能有追求更高層次的成就動機，並安於其工作。我們常說「安居樂業」就隱含有此種意義。因爲要先「安居」，有了安全感，物質上的需求滿足後，才能無後顧之憂，進一步才能「敬業」、「樂業」。

學校領導者爲達成學校組織目標，滿足其部屬動機的需求是極爲重要的，一般探討有效能與無效能學校的差異，學校成員動機需求的滿足感是一種衡量、比較的指標。因此，學校領導者有必要瞭解動機的基本概念及其應用。

本章將先探討動機的基本概念，其次分析動機的理論基礎及其在學校組織行爲上的應用。

第一節 動機的基本概念

動機的性質

J.W. Atkinson (1964) 認爲動機在現代心理學中尚無固定的意義（Hoy &

Miskel, 1987, p.175)。Richard M. Steers與Lyman W. Porter(1987,pp.5-6)認爲動機是引起人們產生某一特定行爲方式的力量。Victor H. Vroom(1964, p.6)認爲動機是在各種不同形式的自願性活動中，支配個人選擇的歷程。Campell 等人(1970, p.340)特別指出，動機包含行爲的導向、反應的強度及行爲的持續性。此一術語同時也包括其他諸如驅力、需求、誘因、獎賞、增強、目標設定、期待等。

Steers與Porter(1987,pp.3-27)認爲動機包括激發、引導及持續人類行爲三個基本要素：

1.激發人類行爲的力量——

我們假定激發人類行爲的力量存在於每一個人之內，此一力量引導人們採取某一特定方式的行爲。這些內在的引導力量包括記憶、情感反應、追求快樂的傾向等。

2.引導人類行爲的力量——

引導人類行爲的力量指引目標的取向，個人的行爲受引導而朝向某種方向。

3.持續人類行爲的力量——

爲了要維持人類行爲並使其持續進行，周遭環境必須增強個人驅力或力量的密集強度和導向。

據上所述，Hoy 與 Cecil G. Miskel(1987, p.176)將動機界定爲：複雜的力量、驅力、需求、緊張狀態或其他心理機構，激發並維持自願性活動，以引導個人目標的達成。

動機的重要性

校長爲使學校組織具有效能，須兼顧學校環境及學校成員個人需求的滿足。因此，校長宜激發部屬提昇其動機，俾使部屬努力工作以促成更高的工作績效。然而，工作績效有賴於個人的能力、環境及個人動機三者的互動(Moorhead & Griffin, 1989, p.104)，其關係如後：

P＝f(M.A.and E)

P(performace)：績效　A(ability)：能力

M(motivation)：動機　E(environment)：環境

爲提昇工作績效，學校成員必須有工作的意願(動機)，能夠工作的能力，並有工作的良好設備、情境(環境)。假如缺少任何一項，將會對績效有所損害。因此，校長必須確信所有這些因素都存在，始能使其學校更有效能。由此可知，動機在學校組織上的重要性了。

■ 動機的一般模式

Hoy與Miskel(1987, pp.176-177)研究動機的基本定義，擬出一個一般性的模式(如圖5-1)。依該圖所示，暗示、需求、慾望、動機、期待等是行爲的催化劑或激勵因素。個人缺乏某種他所需要或期待的事物時，將會產生心理不平衡或緊張狀態。此時，個人爲了恢復平衡狀態，他會採取某種能夠減輕不平衡狀況的行爲。這就是一種目標導向的要素，因爲個人希望此一行爲能產生結果或達成目標。於是這些結果變成了訊息或回饋，具有修正內在狀況的功能，也就是減少或增加不平衡的狀況，其結果將會再度激發個體的行爲。

茲舉一例說明如後。假如校長商請一位教師擔任一特別工作小組的召集人，則此一事件可能造成這位教師的不平衡。教師希望擁有更多的責任、權威、社會關係，但是，自由的時間卻會減少。此時他需要做行爲上的抉擇。若接受這項任務，則以後的行動就要奉獻給這個工作小組；不擔當這項任務，則能怡然自樂。接受任務能博得讚賞、尊敬，並能達成目標；不接受這項任務雖然會使校長感到沮喪，但自己不會被時間所約束。經過這樣的思考過程之後，將會產生內在狀況的修正，並使不平衡趨於緩和。隨著教師期望的不同，將會有更大或更小的滿足感產生。

圖5-1的模式和例子係對動機持認知的途徑。認知理論視動機是一種持未來的快樂主義觀點(Steers & Porter, 1987, p.10)。其基本假定認爲，人類行爲的主要決定因素是有關個人未來事件的信念、期望與預測。也就是說，個人思考他們已經發生過的事件，並期望未來可能會發生的事件及可能的目標取向。因此，人們對行爲的思考是有目的的、目標導向的及以有意識之意圖爲基礎的。(Hoy & Miskel, 1987, p.177)

圖5-1　人類動機的一般模式

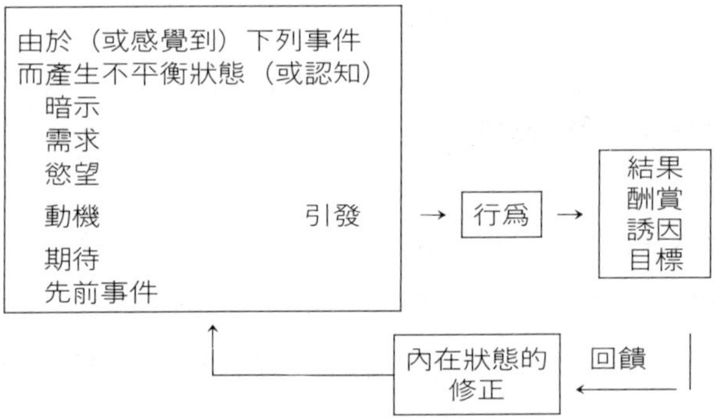

資料來源：Wayne K. Hoy & Cecil G. Miskel(1987). *Educational Administration-Theory, Research and Practice* (3rd ed.).New York:Random House. p. 176.

◘ 動機的基本架構

茲以圖5-2思考學校組織行爲中，成員個人需求不滿足及目標導向行爲的動機概念。該圖以學校成員的需求不滿足爲起始點。例如，教師覺得薪資不夠，地位不高，因爲薪資的不足與地位的低落，使得他們在組織中的重要性減低。(薪資與地位需求不滿足以激發行爲是一種泛文化的國際觀現象，見Moorhead & Griffin, 1989, p.104)

圖5-2　動機基本架構圖

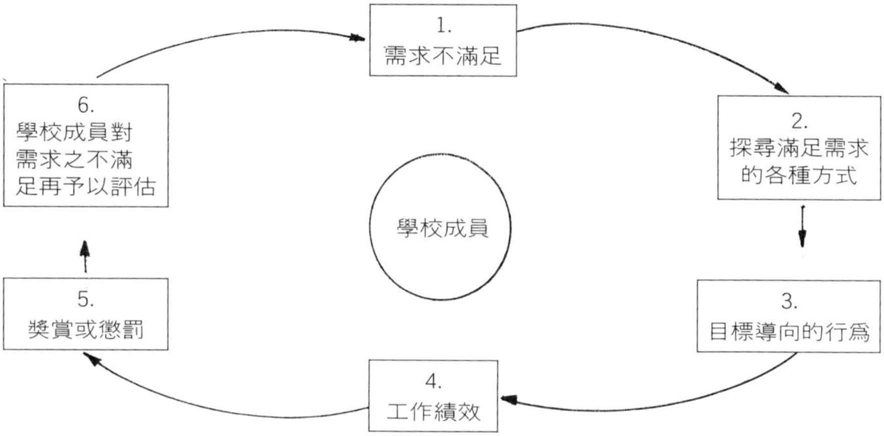

資料來源：Gregory Moorhead & Ricky W. Griffin (1989). *Organizational Behavior* (2nd ed.). Boston:Houghton Mifflin Company, p.105.

其次，教師會尋求滿足需求的各種方式。例如，教師可作如下的選擇，如請求提昇職等，努力教學以獲得晉陞的機會，或另外尋找更高薪及更有聲望的工作。

第三個步驟是根據選擇導向目標的行爲。教師可能同時有幾種選擇，但是最有效果的係僅作一項選擇。

第四個步驟是教師眞正實現其行爲的選擇以滿足其需求。例如，教師選擇更努力教學(如工作時間加長，有研究著作……等)，因而其績效便彰顯出來。

當績效卓著或不彰時，就伴隨有獎賞和懲罰。當然，在此一事例中，由於教師努力教學與研究，因而獲得酬賞。

最後，教師會對其所需求是否滿足重新予以評估，假如其需求已滿足時，將會持續同一工作。假如不能獲得滿足時，則可能另外設法作其他的選擇(但是要提醒的是，不論個人如何努力，需求有時是無法全部滿足的)。

第二節

動機理論

一般而言，目前有關動機的研究，大多以下列三大動機理論為出發點，且所有的滿足感研究也都以該三類動機理論為其理論基礎。即是：

1. 內容理論(Content Theory)——

包括Abraham H. Maslow的需求層次論(Need Hierarchy Theory)、Frederick Herzberg等人的雙因子理論(Two Factor Theory)及Llayto P. Alderfer的生存、關係、生長理論(Existence, Relatedness, and Growth theory; ERG)。內容理論強調與原始激發動機的行為之因素有關，在組織的管理上，藉由滿足個人金錢、地位和成就的需求，而激發個人的動機。

2. 過程理論(Process Theory)——

包括Victor Vroom的期望理論(Expectancy Theory)、J.S.Adams等人的公平理論(Equity Theory)及E.E.Lawler的差異理論(Discrepancy Theory)。過程理論的特徵不僅與引起行為的因素有關，同時也與行為的過程、方向或選擇的因素有關。在組織的管理上，透過釐清個人對工作的輸入、表現及所獲得的酬賞而激發動機。

3. 增強理論(Reinforcement Theory)——

此一理論(如B.F. Skinner的增強理論)的特徵與增進所想要的行為之因素有關，在組織的管理上，藉由對所想要的行為予以酬賞而激發個人的動機。

茲將動機理論類型以表5-1表示之，並分別探討各類型理論如後。

表5-1　動機理論類型

類　型	特　　徵	理　論	組　織　管　理
內容理論	與激起、開始或最初激發動機的行爲因素有關	1.需求層次論 2.雙因子理論 3.生存、關係、生長理論	滿足個人金錢、地位及成就的需求，而激發個人的動機
過程理論	不僅與激發行爲的因素有關，而且也與行爲類型的方向或選擇有關	1.期望理論 2.公平理論 3.差距理論	經由釐清個人對工作的輸入、表現要求及酬賞的知覺，而激發個人的動機
增強理論	與增加所想要的行爲之因素有關	增強理論（操作制約）	對於個人所想要的行爲給予酬賞，而激發個人的動機

資料來源：Robert E. Callahan, C. Patrick Fleenor & Harry R. Knudson (1986). *UNDERSTANDING ORGANIZATIONAL BEHAVIOR-A MANAGERIAL VIEWPOINT*. Columbus:Bell & Howell Company, p.82.

需求層次論

雖然Maslow的需求層次論廣泛地爲大家所接受，但卻缺乏實證研究的支持，而呈現出矛盾的現象。然而，以該理論來瞭解人類的動機，仍是頗有價值的。(Hoy & Miskel, 1987, pp.181-182)

Maslow所提的各項需求是相互關聯的，並且呈現一優勢層級的排列。越是優勢的需求，越比其他需求更需要獲得滿足。這種現象形成Maslow理論的基本假設：即低層次需求獲得滿足後，才會激起追求更高層次的需求。因此，Maslow指出：當沒有麵包時，人只要有麵包就能生活，而當不愁沒有麵包時，其他較高的需求就會產生。各種需求支配著人類，因爲當某些需求獲得滿足後，新的需求又出現了。

低層次的需求未完全滿足時，高層次的需求是難以出現的。況且，如果原先已滿足的需求被剝奪後，則這些需求會再變成行爲的動因。一種完全滿足的需求將不再成爲有影響力的動因。因此，滿足與剝奪都是很重要的概念。Maslow 認爲某種需求滿足後，個人不再受該需求的支配，就能產生較高層次的需求。相反地，如果較低層次已滿足的需求被剝奪，則此一需求會再度出現並支配行爲。

Maslow 曾明確說明過，個別差異會影響他的理論。雖然他主張大部分的人都有這五個層次的基本需求，不過，有些人「自我尊榮」的需求程度高於歸屬感，而有些人的抱負水準總是很低。

Maslow 認爲並不是一種需求全部滿足後，另一種需求才會產生。一般正常人的所有基本需求只能部分獲得滿足。更具體一點講，當個人提昇需求的優勢層級時，滿足的比例就會減少。Maslow 認爲：大部分的人前三個層級的需求通常都可得到滿足，進而引發行爲不再產生很大的效力，但是，「尊榮感」和「自我實現」的需求則很少能完全獲得滿足。因此較高層次的需求會繼續激發行爲。

一般而言，假如人們「生理」需求平均滿足率爲80%時，則「安全」的需求滿足是70%，「愛與隸屬」的需求滿足是50%，「尊容感」的需求滿足是40%，「自我實現」的需求滿足則僅是10%。

當前一需求滿足後，新的需求並不會立即產生，而是從無到有逐漸產生的。例如，假如需求A僅有10%的滿足，則需求B也許一點也不會產生。但是當需求 A 有 25%的滿足時，則需求 B 也許會隨之而有 5%的需求滿足，當需求 A 的滿足達 75%時，則需求 B 或許會有 50%的需求滿足。(Abraham H. Maslow, 1987, pp.27-28;Hoy & Miskel,1987, pp.178-180)

總之，Maslow的需求層次論有下列三項基本前提：

1. 當一種需求獲得滿足時，另外的需求隨即產生，所以人們總是在滿足某些需求。

2. 各種不同的需求是以層級方式排列的，因此個人在滿足其他更高層次需求之前，必須滿足一些較低層次的需求。

3. 滿足較高層次需求的方式比較低層次需求的方式爲多。(Callahan et al., 1986, p.83)

茲簡介 Maslow (1987, pp.15-23) 所提出的五種需求層次，並說明滿足各需求層次的組織行爲如後。

第一層次：生理的需求

此一層次包括諸如饑餓、睡眠、性、保護身體的物體、衣服……等的需求。爲滿足個人的生理需求，組織中宜有空調設備、給予員工基本的薪資、餐飲部的設置及良好的工作環境等。

第二層次：安全的需求

此一層次的需求包括安全、穩定、依賴、保護、免於害怕、免於焦慮、免於混亂的需求。爲滿足個人安全上的需求，組織宜提供個人安全的工作環境條件，並給予工作安全感，同時除了給予一般固定的薪資外，也給予固定薪資以外的福利。

第三層次：隸屬與愛的需求

此一層次的需求包括與他人滿意的交往、友情和愛情的施受，以及避免危險和威脅等。爲滿足個人隸屬與愛的需求，組織的監督應注意品質，組織內應有相容共存的團體，而個人宜有專業工作上的友誼。

第四層次：尊榮感的需求

此一層次的需求包括個人的自尊(如對自己的成就、能力、自信)，及受他人尊重(如地位、承認、讚賞、尊嚴等)。爲滿足個人的尊榮感，可給予員工工作上的頭銜，多多讚美員工的優點，同儕與上級長官之間的認可，認清工作本質，並賦予員工責任感。

第五層次：自我實現的需求

自我實現強調個人潛能所可能發展完成的成就，及個人所必須完成的事項，自我實現也強調創造力的發揮。爲滿足個人自我實現的需求，組織宜提供個人具有挑戰性的工作，使員工能盡力地發揮創造力，而能在組織中進步，並在工作中獲得成就感。

茲將Maslow的需求層次論以圖5-3表示如後：

圖5-3 Maslow的需求層次論

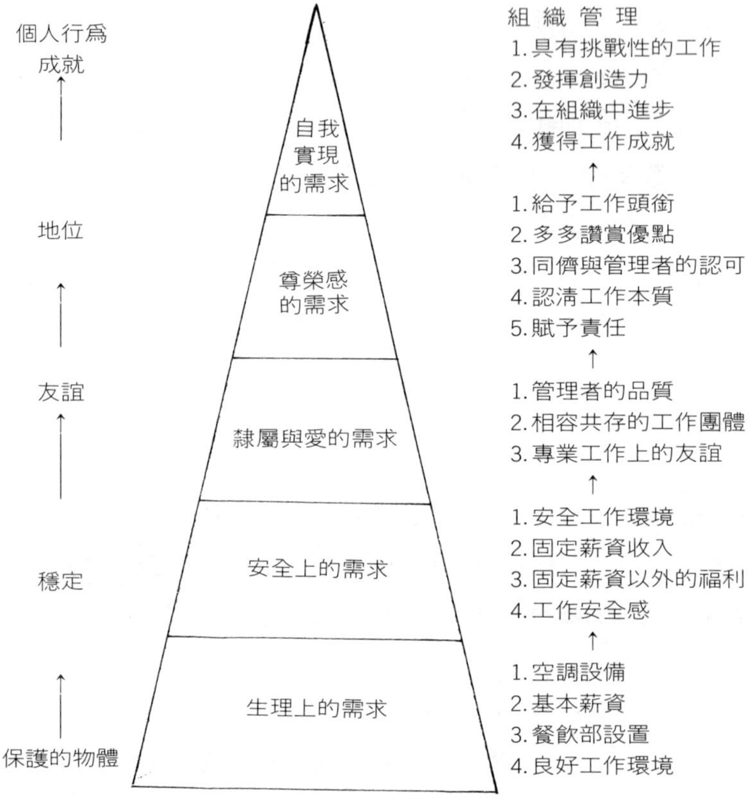

資料來源：Gregory Moorhead & Ricky W. Griffin (1989). *Organizational Behavior* (2nd ed.). Boston:Houghton Mifflin Company, p.110, and Robert E. Callahan, C.Patrick, Fleenor & Harry R. Knudson(1986). *UNDERSTANDING ORGANIZATIONAL BEHAVIOR-A MANAGERIAL VIEWPOINT*. Columbus:Bell & Howell Company, p.84.

■生存、關係、生長理論

Clayto P. Alderfer(1972)提出生存、關係、生長理論(以下簡稱 ERG 理

論)，包括生存、關係及生長三個需求層次。Alderfer認為此一理論的發展係為了將人類需求解釋得更周延，並增進Maslow需求層次論的實證效果。茲將ERG理論的三個需求層次由低層次至高層次說明如後。

第一個層次：生存的需求

為滿足生存的需求，組織須提供安全的工作環境、適合員工的工作條件、合理的工作時間，及足夠的薪資與固定薪資以外的福利，俾達到生存需求的目標。

第二個層次：關係的需求

關係的需求係指與諸如家庭成員、長官、同事、部屬、朋友等重要他人(可以是某一團體或某一特定的人)分享情感和思想的過程。此外，也可藉由與他人之間表達生氣和敵意，及與他人發展封閉、開放的關係，而滿足關係層次的需求。因此，人際關係包括開放性及封閉性的溝通。誠如Alderfer(1972, p.11)所說的：「在有意義的人際關係中，生氣和敵意的表現或交換，如同溫情與親密一樣，占有重要的地位。」

第三個層次：生長的需求

生長的需求指個人在與環境的交互作用中，發展自己的創造力和潛力。為滿足生長的需求，個人會力求實現其理想，並儘可能地發展其能力(包括創造力、潛力……等)。

ERG理論的基本通則是，個人的生長係呈分化、統合的循環過程。分化能使個人對自己有更多層面的瞭解，統合能使個人統整自己人格中的多種構成要素。當個人全力運用自己的能力和培養新能力以從事問題的解決時，則生長需求就滿足了。而當個體實現他的生長需求時就有一種完整而充實的感覺。(Hoy & Miskel, 1982, p.144)

生存、關係、生長需求的定義包括兩個要素：1.需求是朝向目標的；2.為追求滿足，過程是很重要的。如物質是生存需求的目標，獲得足夠物質的過程是滿足此種需求的方式；如重要他人是關係需求的目標，相互關係的過程是滿足此種需求的方法；如特別的環境或情境是生長需求的目標，個體分化和統合的過程是滿足生長需求的方法。根據這些基本定義，

Alderfer提出需求目標與需求滿足之間關係的主張：

1. 需求越不滿足，它越引發個人去追求。

2. 關係需求越不滿足，則更引發個體去追尋生存的需求。因此，假如關係的需求未能滿足，則會引發個體去追求更多的物質滿足。生存需求比關係需求更專注於物質的追求。

3. 更多的生存需求滿足後，則個體將會轉而追求更多的關係需求。個體努力去追求生存和關係需求的滿足之後，進步就產生了。(Callahan et al. 1986, pp.87-88; Hoy & Miskel,1982, p.144-145)

圖5-4 生存、關係、生長理論模式

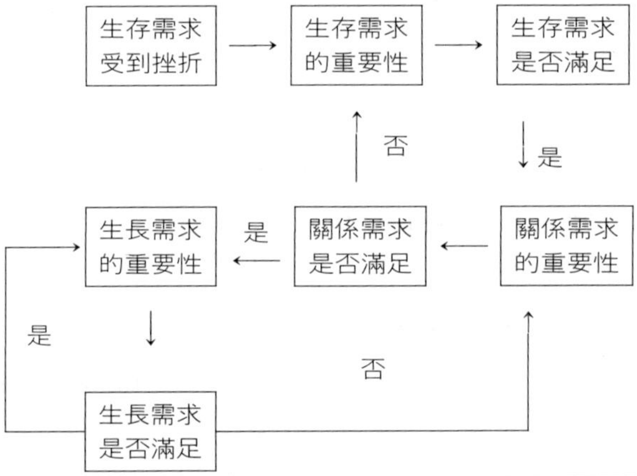

資料來源：同圖5-3, Moorhead & Griffin(1989), p.175.

茲以圖5-4說明應用生存、關係、生長理論於學校組織行爲的例子。例如，教師覺得學校教授環境不適合其繼續留在該校時，這位教師就覺得生存需求的重要性。校長爲使學校更有效能，他提供良好的工作環境予教師(如營建良好的教學、研究、學習環境)。假如教師生存需求獲得滿足時，他會尋求良好人際關係，因而顯現關係需求的重要性。假如教師仍不能獲得良好的人際關係時，他會倒回追求教學環境的需求，若教師有良好的人際關係時，他會進一步追求工作的績效及自我實現等生長的需求。同樣地，生長需求不能獲得滿足時，教師會倒回追求關係的需求。

雙因子理論

1959年以前，大多以單一因素的概念研究工作滿足感，也就是對工作的感覺不是以正面(滿意)，就是以負面(不滿意)的因素予以研究。1959年以後，Frederick Herzberg(1959,1968)與其同事提出雙因子理論〔亦稱爲二元因子理論(Dualfactor)、激勵——保健理論(Motivator-Hygiene)、賀滋柏理論(Herzberg's Theory)〕其基本假設是認爲有一組報酬體系對工作滿足有其貢獻，而另有一組則和工作不滿足有關聯。

雙因子理論是建基在Herzberg從事工業從業人員工作動機研究的發現上面。Herzberg與其同事應用重要事件研究法(Critical Incidents Procedure)，要求203位會計師和工程師說明工作經驗中所發生的事件，何者使你的工作滿足感顯著增加，何者使你工作滿足感顯著減少。將訪問資料加以分析後發現：積極事件包括成就、賞識、工作本身、責任、陞遷等等有關的事項；消極事件包括與同事和上司之間的人際關係、技術管理、公司政策和行政、工作條件和個人生活等等有關的事項。(見圖5-5)

根據這些研究，研究者發現，某些因素的存在會促使個人工作滿足感增加，個人原先都是位於中間點，代表他對工作所持的態度既非積極亦非消極。

滿足因素稱爲激勵因素，它能促使個人超過中間點而增加工作滿足感。但是，激勵因素不滿足時，只會引起少許不滿足感而已。當保健因素不滿足時，則會引起消極的態度，產生工作不滿足感。保健因素滿足了，也只會引起少許的工作滿足感而已。因此，所有激勵因素結合起來，對工作的滿足感會比對工作不滿足感有更大的影響力。而所有保健因素結合起來，對工作的不滿足感會比對工作滿足感更有影響力。簡而言之，雙因子理論主張激勵因素能產生工作滿足感，保健因素則能產生工作不滿足感。工作滿足感和工作不滿足感不是對立的，他們同屬於人類工作態度的不同

圖5-5　滿足與不滿足因素及工作態度比較

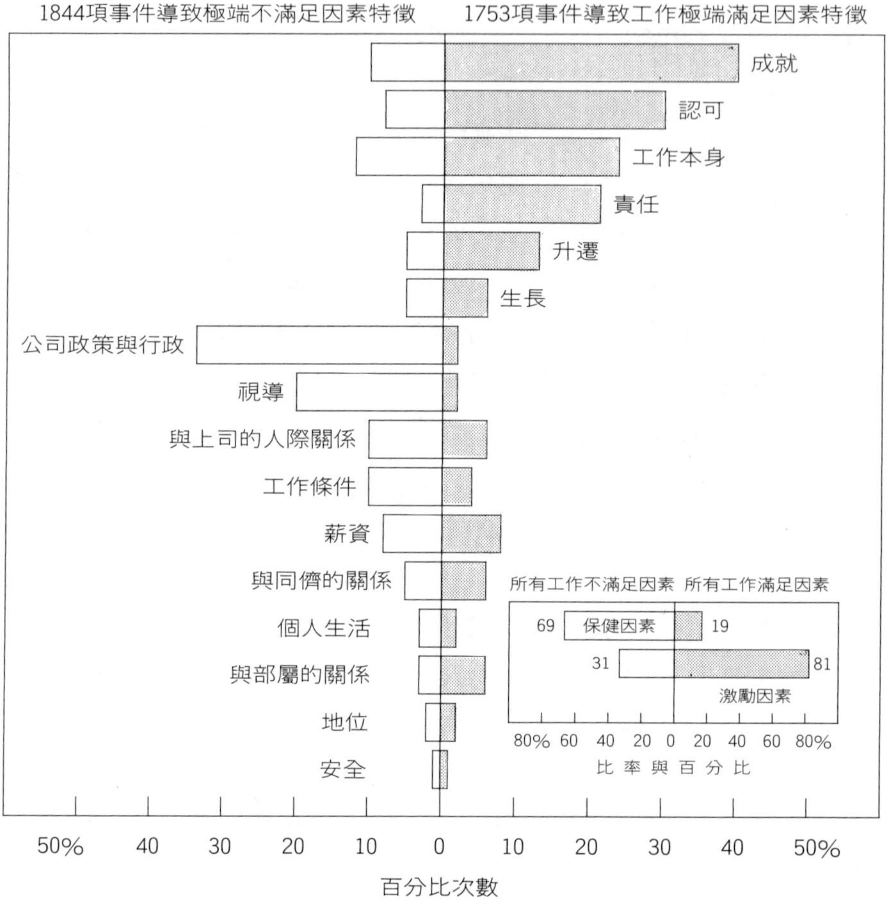

資料來源：同表5-1, Callahan et al.,(1986), p.86.

層面。從圖5-5可看出，每一因素都從零開始向單一方向移動，如：保健因素產生不滿足感，激勵因素產生滿足感。

茲將內容理論比較如表5-2。

表5-2　三種內容理論的需求分類比較表

<table>
<tr><th>Herzberg</th><th>Maslow</th><th>Alderfer</th></tr>
<tr><td rowspan="4">激勵因素</td><td>自我實現</td><td rowspan="2">生長</td></tr>
<tr><td>自尊</td></tr>
<tr><td>受他人尊重</td><td rowspan="3">關　　係</td></tr>
<tr><td>社 會 的</td></tr>
<tr><td rowspan="3">保健因素</td><td>安全(其他)</td></tr>
<tr><td>安全(身體)</td><td rowspan="2">生存</td></tr>
<tr><td>生　　理</td></tr>
</table>

資料來源：同表5-1, Callahan et al., (1986), p.90.

期望理論

期望理論又稱爲誘力——媒介——期望理論(Valence-Instrumentality-Expectancy; VIE 理論)或價值理論(Value Theory)(Hoy & Miskel, 1987,p. 187)。此一理論爲 Victor H. Vroom(1964)所提出，他認爲人們努力在工作上求表現，常預期會得到某種回饋或獎勵，當預期的回饋未能適時出現時，就會影響到再度努力求表現的動機。因此，動機可說是刺激一個人努力的力量，除了努力還必須加上個人的才能，以達到特定的工作表現，並且得到適當的結果與酬賞，進而維持努力的動機，形成一良性循環。機動、努力、力量、才能、工作表現、結果與酬賞是組成期望理論的基本要素。(楊宏仁、于瑞珍，民81，頁292)

期望理論的主要問題乃爲何者是決定個人努力從事某種特定工作的因素，換句話說，個人如何選擇做什麼事？此一理論主張動機是受個人有關努力的信念所決定的——即是工作表現的關係，及各種不同工作結果之可能性與不同努力或工作表現層次的關聯性。簡而言之，此一理論的基本邏輯基礎是人們將會從事他們所要做而又能做的事。(Callahan et al., 1986, p. 95)

茲將此一理論的基本假定、概念及在教育情境中的期望模式(Hoy & Miskel, 1987, pp.187-190)說明如後。

1. 基本假定——

期望理論建基於兩個基本假定之上：

⑴在組織中，個體運用其能力，思考、推論和預期將來，以決定他們在組織中所應表現的行爲。動機是一種由法則所控制的意識過程。人們主觀地評估行爲結果的預期價值或行動的個人報酬，然後再選擇如何行動。

⑵個體與環境的壓力共同決定行爲。例如，個人的價值、態度和環境(角色期望、組織氣氛)交互作用而影響行爲。

2. 概念——

茲將誘力(Valence)、媒介(Instrumentality)、期望(Expectancy)三個概念說明如後。

⑴誘力(V)：是指個人在組織中從事工作可能獲得的結果、報酬或激勵，對於個人所產生的正負價值或吸引力。這是一個人對某一特定報酬所期望的強度。例如，就教育人員而言，創造和成就的感受，代表有價值的工作成果。

⑵媒介(I)：指個人對於完成某一任務或成就之後可能獲得的激勵誘因所瞭解的情形。例如，教師認爲班上學生學業成就高，可能會使大家公認他的教學能力高，則媒介即高。

⑶期望(E)：指個人主觀上認爲一定的努力將有相當程度工作成效產

生的可能性。換句話說，個人相信某種程度的努力之後將能完成某種程度的目標。如果期望水準降到零時，人們就會認為工作成效和努力無關。反過來，當期望水準升到 1 時，人們就會相信工作成效或目標完成與努力有密切關係，目的的達成有賴於努力。例如，教師如果相信自己努力教學就能增進學生的學業成就，則教師就有很高的期望水準，這種情形和媒介相反。期望是努力——結果的關係(行為——工作成效)，媒介是結果——結果的關係(工作成效——報酬)。

一般而言，在下列情況下，動機能產生最大的力量以激發個人去行動。也就是當個人相信：(1)行為將導致報酬(高媒介)；(2)那些結果具有正向的個人價值(高誘力)；(3)有完成良好工作成效的能力(高期望)。當面對行為的選擇時，個人必須經過思考問題的過程。例如，假如我努力工作我能達到某一水準嗎？假如我達到那一水準，我能獲得什麼？我對該結果看法如何？然後，個人就會選擇採取能得到自己期望的積極報酬的方法去行動。

3. 期望模式——

綜合前面的假設、概念和陳述，可以得到行為的一般模式(見圖5-6)。圖5-6所示為教育環境中的模式。由上端向右移動，動機力量(FM)引導個人的努力到一可觀察的程度。努力和許多因素(能力、工作難度、有利的情境)的結合，會產生某種水準的工作成效。某種能力能產生某種工作成效的可能性(期望)，變成了回饋以修正動機力量。個人評估工作成效水準的媒介，評估得到某種結果的可能性，於是再次形成訊息以改變動機力量。然後評估內在及外在結果的價值，這些主觀價值依序又變成回饋，影響動機力量。其整個的相關公式是：動機力量等於期望、媒介、誘力的產物。其方程式為：FM＝EΣ(IV)。因為它是多元化的相關，所以當期望、媒介、誘力為零時，則努力便為零。

圖5-6的下面部分是學校組織的期望模式。最重要的是學校校長要表現出高動機力量。他(她)激發新課程的改革，並認清努力是改進學校工作、提高效力的最好方式。實施新計畫可能促使學生學業成就和態度增進。當

圖5-6　教育組織中期望理論的流程圖

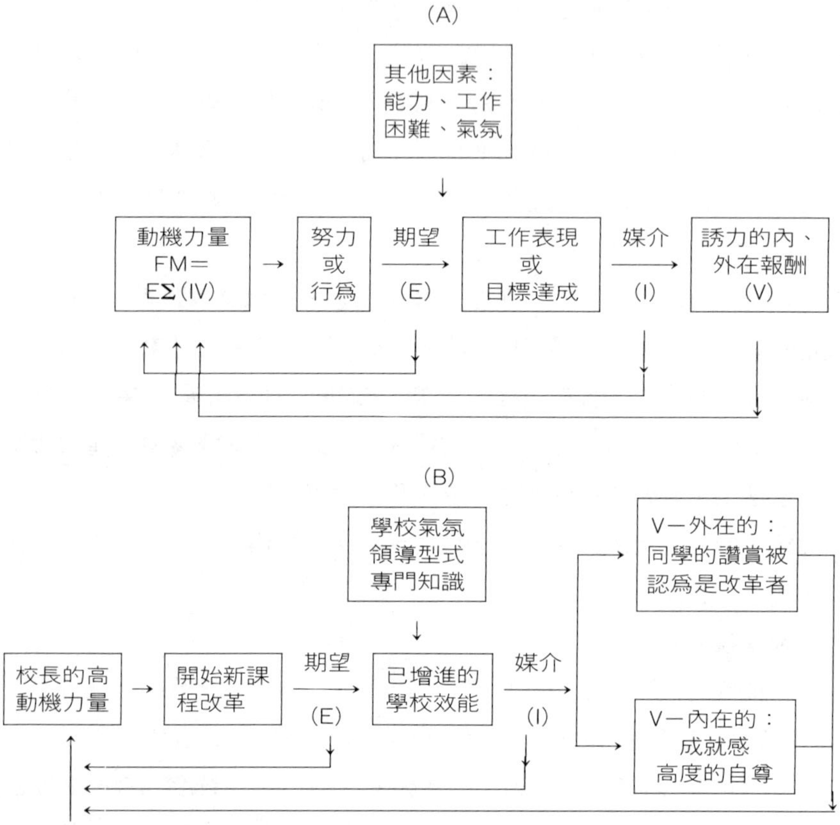

資料來源：Wayne K. Hoy & Cecil G. Miskel(1987). *Educational Administration: Theory, Research, and Practice*(3rd ed.).New York:Random House, p. 189.

然，教職員的專門知識和支持、以及校長的領導型態，對提高效率和促進改革有很大的影響。如果動機力大，校長就能瞭解媒介，誘力也會提高而且積極，同時內在、外在的報酬也就隨之而來了。

公平理論

公平理論以J.S. Adams(1963,1965)爲代表，但實際上應包括其他數位學者的共同貢獻，如L. Festinger和F. Heider的認知失調(Cognitive Dissonance)、G.C. Homans的分配公平理論(Distributive Justice Theory)等均爲形成公平理論的重要學說。(吳幼妃，民69，頁77)

公平理論涉及社會現存條件與某些標準的比較。最普遍的例證是當我們與別人作比較或對我們現有的條件作公平或不公平的判斷。公平理論主要在運用投入與結果二種變項之間的關係。其中，投入代表個人對於互換所給予或貢獻的內容，結果係個人從互換中所獲得的事項內容。表5-3爲一些典型的投入與結果的一覽表。

表5-3　工作可能的投入與結果

投　入	結　果
出席	薪俸
年齡	陞遷
教育程度	具有挑戰性的工作設計
能力	固定薪資以外的福利
社會地位	工作條件
工作努力	地位象徵
(長時間的努力)	工作以外的津貼
人格特質	(辦公室位置、停車空間)
敏感度	工作安全感
工作表現	責任

資料來源：同表5-2, Callahan et el.,(1986), p.93.

個人對於工作的各種不同投入和結果的輕重標準，係根據個人本身對於各該事件相關重要性的判斷而決定的。個人在考慮自己本身的投入與結果的情況後，會有三種可能的結論：1.感受到公平；2.感受到正面積極的不公平；3.感受到負面消極的不公平。當個人感覺所得到的比例比別人多時，就是正面積極的不公平。而當個人感覺按工作投入與酬賞的比例卻比別人所得到的為少時，就有負面消極不公平的感受。

茲將公平比例的公式表示如後：

$$\text{公平比例}=\frac{\text{酬賞}}{\text{投入}}$$

$$\text{公平：}\frac{\text{甲的酬賞}}{\text{甲的投入}}=\frac{\text{他人的酬賞}}{\text{他人的投入}}$$

$$\text{正面積極的不公平：}\frac{\text{甲的酬賞}}{\text{甲的投入}}>\frac{\text{他人的酬賞}}{\text{他人的投入}}$$

$$\text{負面消極的不公平：}\frac{\text{甲的酬賞}}{\text{甲的投入}}<\frac{\text{他人的酬賞}}{\text{他人的投入}}$$

為了有公平的感覺，個人可能從事下列的行為：

1.改變工作的輸入(減少或增加工作量)。

2.改變所想獲得的酬賞(尋求完成工作以後的認可)。

3.離開工作情境(離開原工作或請求轉換工作)。

4.改變比較點(再評鑑輸入或結果)。

5.心理上將比較予以扭曲(對上司不知道工作性質予以合理化)。

由於對於工作的付出與所獲得的結果是由個人對其工作的解釋而決定的，因此，組織的管理者不必認為他們對公平的觀點會與部屬相同。底下的二種指引可能對公平問題的管理將會有所助益。

1.不論是可預見的酬賞(薪俸、陞遷、工作責任)什麼時候分配，要承認每一位部屬可能會對公平性作比較。

2.預期員工感受到負面消極的不公平。管理者要小心地與每一位部屬溝通其對酬賞的評估，並基於此一評估而評價部屬的工作表現，並以任何一種比較點來作決定。(Callahan, et al., 1986, p.95)

例　子

林先生大學畢業，在某一公司已有一年工作經驗，每月薪水 30000 元。最近公司新聘一位大學畢業，但没有工作經驗的職員，他的工作責任與林先生相同，但是每月薪水卻有35000元。這時林先生感受到不公平的待遇，而有不滿足感。雖然如此，但林先生想，假如他們二人都是同時進入該公司的，也許這位新職員的薪水也會比他高。如此，林先生對這種不同酬賞的結果予以合理化，而認定這種結果的事實性。

林　先　生		新　聘　職　員
工作責任	=	工作責任
大學畢業	=	大學畢業
工作經驗(1年)	>	工作經驗(無)
每月薪水30000元	<	每月薪水35000元

$$\frac{\text{結果(薪俸、地位)}}{\text{投入(工作責任)}} \; ?=? \; \frac{\text{結果(薪俸、地位)}}{\text{投入(工作責任)}}$$

$$\text{林先生：}\frac{30000\text{元}}{\text{大學畢業}+1\text{ 年工作經驗}} < \text{新聘職員：}\frac{35000\text{元}}{\text{大學畢業}+\text{無工作經驗}}$$

差距理論

Patricia Cain Smith, L. M. Kendall 與 C. L. Hulin (1969) 所提出的差距假設 (Discrepancy Hypothesis) (cited by Hoy & Miskel,1987, p.403)，認爲工作滿足感的最佳解釋是員工的期望或慾求的公平合理回報(個人動機)，與在工作情境中實際經驗到的回報(組織誘因)二者之間，個人所感受到的差距。

假如二者的差距越小，則越滿足；反之，若二者的差距越大，則越不滿足。

如同Edward E. Lawler(1973)以圖5-7所顯示的模示進一步說明工作滿足感是如何決定的。模式中有兩個變項：a 和 b。其中，a 是指一個人覺得他應該得到的代價；b是指他覺得他實際得到的代價。當a＝b時，他會滿意目前的工作；當a大於b時，他會有不滿意的感覺；而當a小於b時，愧疚、不公平、不自在的感覺就會產生。

圖5-7　滿意度決定因素模式

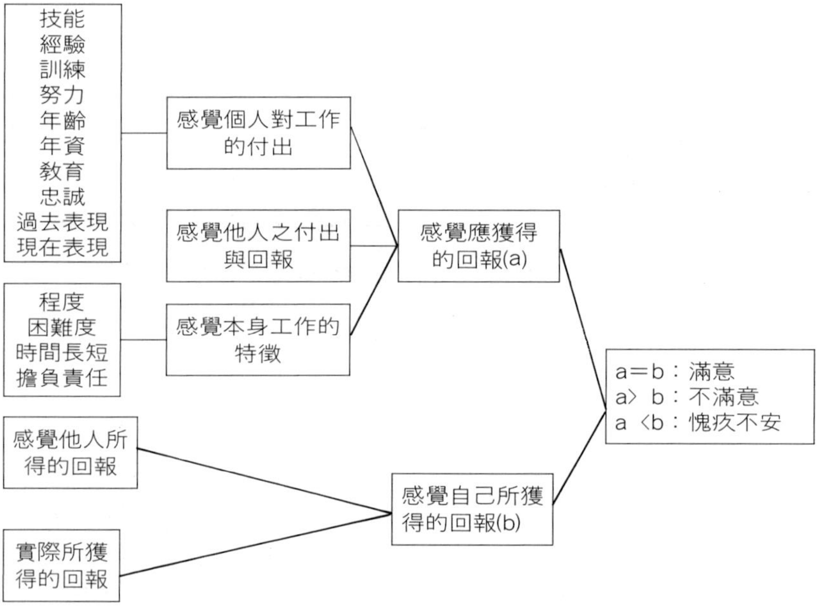

資料來源：Edward.E. Lawler(1973). *Motivation in Work Organization*. Monterey CA:Brooks／Cole.轉引自楊宏仁、于瑞珍（民80）。「如何提昇教師的工作滿意度——理論與實施方法」。《初等教育研究》。第3期，頁294。

增強理論

Burrhus Frederic Skinner的增強理論建立了心理學行爲學派的基礎。行爲學派假設人類的行爲是可觀察、可測量的，且受環境和人本身所影響，而行爲的結果可能使該行爲再度發生或減少。

增強(Reinforcement)是增強理論的主要概念。增強意指提供一種刺激物以改變習得行爲的強度，也就是人類行爲受到某種增強物(reinforcer)的刺激，而產生某種結果，再由這種結果依次影響行爲出現的頻率和強度。在此將增強概念中的正增強(Positive Reinforcement)與負增強(Negative Reinforcement)二者討論如後。

正增強指藉由某種刺激以滿足個體的需要，而強化個體某種行爲的強度。所有的正增強物都可視爲酬賞，但所有的酬賞並不全是正增強；正增強物能增強個體行爲的結果，但是酬賞僅是可欲事物的呈現。如教師每月的薪水只是教學工作酬賞的一種，並不是教師從事教學的動機及促使教學效果更好的唯一因素。

負增強則是施予某種負增強物或嫌惡刺激，而使個體原有的行爲移去後，另外重建新的行爲。如將學生留校察看，而使學生重新建立其新行爲即是很好的例子。而處罰則是施予某種負增強物或嫌惡刺激，使個體感受到痛苦，而停止原有的行爲，如學生犯錯且情節重大者，學校可予以記過，來阻止其原來不良的行爲。因此，負增強與懲罰是不同的。

行爲主義基本的前提爲：行爲乃是結果的函數。也就是由心理或社會環境所決定的自願行爲的結果，可以增加或減少行爲再發生的可能性。假如行爲被正向增強而獲得滿足，則這種行爲將會更趨牢固。

第三節
學校組織行爲的應用

茲根據動機的概念及理論，分析學校組織行爲上的應用如後。

推展境教

依 Maslow 的需求層次論及 Alderfer 的生存、關係、生長理論之觀點，校長宜提供良好的物質及各種工作環境，俾使學校成員的基本需求得以滿足，以避免其倦怠、曠職。例如，校長宜爭取社會資源，使設備現代化，營造良好的學習環境，使學生得以充分利用學校圖書及設備，並在良好的學習氣氛下專心讀書。教師也可利用學校所提供的資源，專心於研究、教學，以使教師對學校有歸屬感。這些諸多校園的建築規劃、設備、工作條件、圖書資源……等的充實健全，是滿足學校成員基本需求的重要措施，也是校長推展環境教育的重要一環。

提昇部屬工作動機

只要個人的基本需求得以滿足，每個人都有追求更高層次需求的動機。如 Maslow 的五個心理需求層次與 Alderfer 的三個需求層次就是人有追求更高層次需求的動機。然而，並非每一位部屬都有強烈的工作動機。假如部屬缺乏足夠的工作動機，校長宜運用轉化領導(Transformational Leadership)的策略，透過各種不同的方法以激勵部屬提昇其工作動機，以使部屬本來不願做的事，最後能樂意去做，就是一種提昇部屬工作動機的策略運用。(有關轉化領導的理念請參閱第十七章)

以行為—績效導引工作滿足感俾使部屬有工作的動機

學校組織成員對其工作成果正負價值(如內外在酬賞或滿足感)的誘因或吸引力，及其對工作成果誘因的瞭解(即是媒介)，使得組織成員期望以某種努力或行為，而獲致某種績效，並得到滿足感。此種期望理論的基本模式除了圖5-6所表示者外，茲再以圖5-8簡要表示之。

圖5-8　動機的期望理論模式

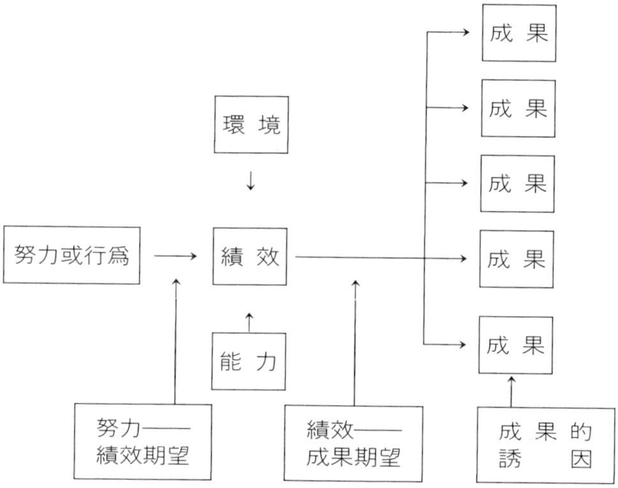

我們可根據 Lyman W. Porter 與 Edward E. Lawler (1968) 的觀點，將圖5-8 動機的期望理論基本模式再予以擴展，而應用在學校組織成員的行爲上。依Porter與Lawler探討部屬滿足感與績效之間的關係，認爲部屬有好的績效，將會產生工作滿足感，而不是一般認爲工作滿足感會導致績效良好的情形。(cited by Moorhead & Griffin, 1989, p.141)

有關Porter-Lawler的期望理論模式以圖5-9表示如後。該圖是一動機循環圖，部屬的努力係其對工作潛在酬賞價值的誘因，及對努力獲得酬賞可能性的期望二者而來的。努力結合個人的能力、特質及對角色知覺(即是個人如何瞭解其在工作中所扮演的角色)而決定其工作績效。

工作績效有內在及外在二種酬賞的結果。內在酬賞包括諸如完成工作及成就感等，外在酬賞包括諸如薪資與陞遷等實質上的結果。個人判斷其工作績效的價值，並運用社會比較的過程而形成知覺酬賞公平性的現象。假如部屬所知覺的酬賞是公平的，則部屬就會有滿足感。滿足感又影響所

圖5-9 Porter-Lawler期望理論模式

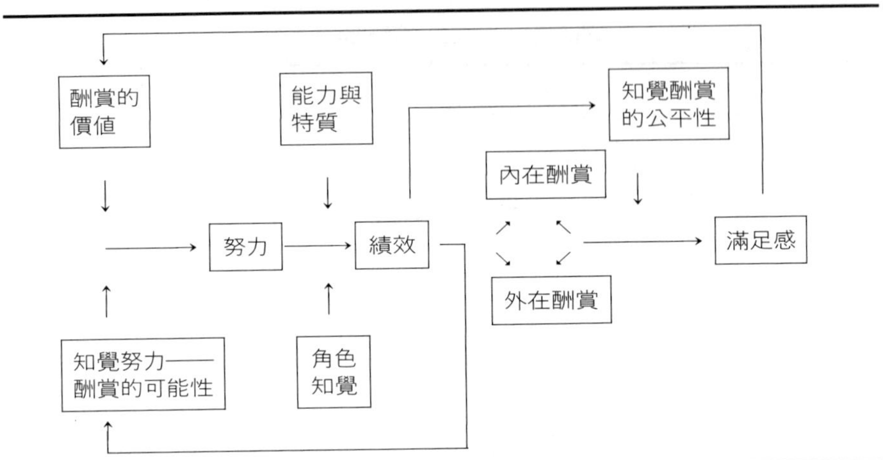

資料來源：Lyman W. Porter and Edward E. Lawler(1968). *Managerial Attitudes and Performance*. Richard D. Irwin, cited by Moorhead & Griffin (1989). *Organizational Behavior* (2nd ed.). Boston:Houghton Mifflin Company,p.143.

預期的酬賞價值，而實際的績效及努力又影響未來對努力——酬賞可能性的知覺。

因此，從此一模式中，在校長的校務管理上，宜採取下列各項措施，俾使學校成員具有工作的動機：

1.使部屬瞭解其所期望的基本工作成果(績效)。

2.使部屬個人工作績效與學校組織目標相結合。

3.使部屬工作績效能獲得實質上與精神上的積極酬賞。

4.建立公平制度化的酬賞系統。

5.使部屬獲得工作滿足感，而有工作的動機，也就是使部屬的行爲——績效——滿足感密切結合。

第參編

團體層次

第六章

團體的類型與發展

人是社會的一份子，不能離開人群而生存。個人自出生即在家庭、同儕、學校、社會等的不同團體中生活，個人是家庭的一份子，也可能同時是其他不同團體的成員，因此，個人有時在不同的團體中同時扮演不同的角色。

就組織而言，個人是組織的一份子，個人行爲與其在組織或團體中的行爲有所不同。幾乎每一位組織成員都會與組織中的某些團體成員互動，因此瞭解組織中各種不同團體成員的行爲對處理組織成員的行爲是有助益且有其重要性。

最著名的團體行爲研究始於Fritz J. Roethlisberger與William J. Dickson於1920年代後期，對西方電子公司霍桑廠的一系列研究，該研究所得到的一個通則乃是工人並不按照其工作職責的分化而表現其行爲。在工人團體中，他們自行發展了一套非正式的行爲規範、價值與想法，這套社會結構影響了工人的行爲與工作表現。(Robert E. Callahan et al., 1986, p.209; Wayne K. Hoy & Cecil G. Miskel, 1987, pp.13-14)

任何一個組織都有正式與非正式組織，學校教職員工生在正式組織之外，也形成了各種不同的非正式組織。誠如黃昆輝(民81，頁140)所言：「組織生命的動力，不只來自組織的正式結構，而且亦源自非正式的層面」。身爲學校的領導者爲瞭解學校組織生命的動力，除了要瞭解組織的正式運作之外，尚須瞭解由組織成員所互動孕育出來的非正式團體。不論是正式團體或非正式團體都有其特定的結構與文化，且都影響組織成員的行爲。因此，探討學校中的團體行爲是極重要的。

本章將就團體的定義、類型、形成的因素、發展階段等分別探討如後。

第一節

團體的定義與類型

團體的定義

對於團體的定義，學者所強調的觀點各有不同，如強調知覺、動機、組織、相互影響、互動、溝通……等各有其重點。Gregory Moorhead與Ricky W. Griffin(1989, p.259)認爲最簡單且具有綜合性的定義是 Marvin E. Shaw (1981)所提出者。Shaw(1981, p.11)認爲「二個或二個以上的人彼此互動，相互影響就構成一個團體」。在此一定義中，互動是主要的概念，假如二人沒有互動或相互影響，即使距離很近，看起來像是團體，其實不能構成一個團體。例如，同一辦公室的同事雖然在一起做相關的事，但是假如他們沒有互動，則不能形成團體。在電影院裡看電影的觀衆，雖然彼此距離很接近，但他們沒有互動，也不能構成團體的要素。本章視正式團體與正式組織同義，非正式團體與非正式組織同義，而組織包括正式團體(或組織)及非正式團體(或組織)。正式團體(或組織)及非正式團體(組織)是整個組織的次級系統。

團體的類型

團體可依正式化的程度(正式或非正式)與持久性與否(相當持久性及相當短暫的)而予以分類。(見表6-1)茲分別分析如後：

表6-1　團體的類型

	持久性	
	相當持久	相當短暫
正式	指揮團體 （功能性團體）	任務團體
非正式	友誼團體	利益團體

資料來源：Gregory Moorhead & Ricky W. Griffin (1989). Organizational Behavior(2nd ed.). Boston: Houghton Mifflin Company, p.261.

1.正式團體——

正式團體(Formal Group)指明確地執行組織結構所賦予的工作，且經常可用組織圖予以表示的團體。正式團體可分成指揮(或功能性)團體(Command Group; Functional Group)與任務團體(Task Group)。

圖6-1　指揮團體組織圖

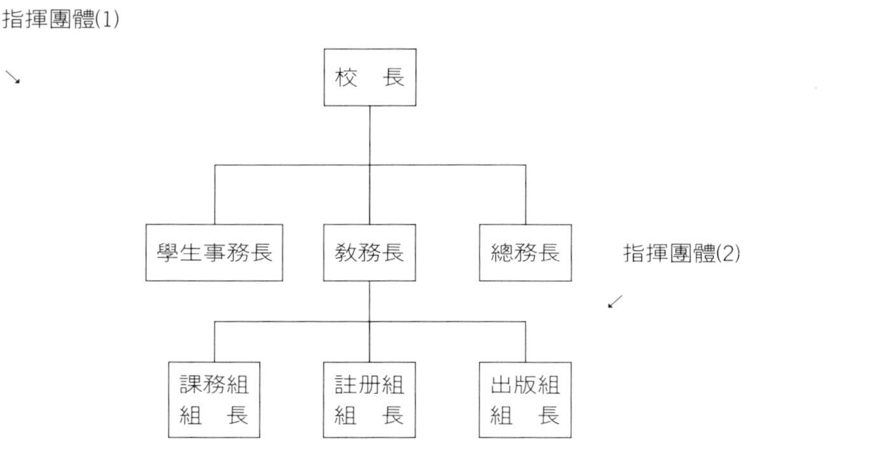

(1)指揮團體

指揮團體係由一群部屬和一位直屬領導者依組織結構所組成的相當持久性團體。典型上，指揮團體可用組織圖(如圖6-1)予以說明。圖6-1顯示二個指揮團體成員的隸屬關係，每一指揮團體的成員都有其工作職掌範圍，指揮團體的規模大小、形成因素及組織結構變化都很小，它是組織內具有支配性的工作團體。

(2)任務團體

任務團體通常是為解決某一問題而依組織結構(如由組織領導者指示)臨時編組而成的團體。任務團體成員可跨越組織結構中的指揮系統，每位成員都同時是其原來指揮團體的成員，且執行其原來於該指揮團體中的工作。假如所解決的問題須花費長時間及必須用心努力時，則可暫時減輕成員在指揮團體中的職責。若問題已經解決時，則任務團體的成員就可解散了。

任務團體在每一組織中是很普遍的現象。例如，某一大學為編撰、出版學校簡介，校長可指示由秘書室主任擔任召集人，並請有關單位主管及資深教師代表組成工作小組，負責執行蒐集資料、編撰及出版等事宜。

2. 非正式團體——

非正式團體是由成員所自然形成，沒有組織正式結構的團體。非正式團體可分成友誼團體(Friendship Group)與利益團體(Interest Group)。

(1)友誼團體

友誼團體係由組織中成員彼此的友誼關係所形成的團體，其成員在一起時可獲得愉快感覺，此種團體較具有持久性。例如，學校中教師與教師之間，或教師與行政人員之間，基於各種因素，彼此互動，自然形成的運動群、歌友群、品茶群、校友會、主婦群……等。

(2)利益團體

利益團體的成員雖然也有的是基於彼此的友誼結合而成的，但是最主要的是基於彼此有共同的活動或利益而形成的團體。此種團體較不具持久性，假如成員彼此的共同利益消失時，他們就會拆散。例如，爲爭取教師的某種權利，教師會結合成一團體向校長施予壓力，以達到其目的。假如已完成這些目的時，他們就會解散。

假如利益團體的訴求須花費較長的時間、人力或經費時，他們將會促使該團體朝更具有持久性的正式組織或團體去發展。如推選一位領導者、擬訂組織章程、施予成員訓練……等，甚至以跨校的方式建立更正式的組織或團體。

第二節

正式團體與非正式團體的比較

如前所述，霍桑實驗使我們對組織「結構」的層面轉向「人」的層面之研究，強調社會心理因素是提昇組織生產力的重要因素。由此一研究，我們可知組織包含了正式團體(組織)與非正式團體(組織)。又如Chester I. Barnard(1938, p.122)所言：「有正式組織必有非正式組織的存在」。因此，我們有必要將正式團體(組織)與非正式團體(組織)作一比較。

有關正式團體(或組織)及非正式團體(或組織)的特徵，已有許多學者從行政學、心理學、社會學的觀點加以探討。(讀者可自行參閱國內外有關的文獻。)茲以Jerry L. Gray與Frederick A. Starke(1988, pp.428-436)的觀點，將正式團體(組織)與非正式團體(組織)的特徵比較如後。(見表6-2)

結構

正式團體(組織)是有目標導向的，且是依據組織管理的目標，朝向有計畫性的、理性的、穩定的設計而來。非正式團體(組織)是自然發展形成的，其成員的行爲類型乃是由於各種不同的社會及個人因素所導致的，非正式團體(組織)的結構反映出不同的個人目標，且具有動態的性質。

表6-2 正式與非正式團體（組織）特徵比較表

特　　徵	非正式團體（組織）	正式團體（組織）
1.結構		
起源	自發性的	計畫性的
理論基礎	情感的	理性的
特徵	動態的	穩定的
2.職位術語	角色	工作
3.目標	成員滿足	利益或對社會服務
4.影響		
根據	人格	職位
型態	權力	權威
流向	由下往上	由上往下
5.控制機能	身體或社會性的懲罰（規範）	解僱或降級的威脅
6.溝通		
管道	傳聞	正式管道
網路	不明確	明確
速度	快	慢
準確性	低	高
7.組織圖示	社會關係圖	組織圖表
8.其他各種不同的層面		
參與個體	只有「可接受者」	工作群中所有的個人
人際關係	自然發生	工作所規定的事項
領導角色	成員協議的結果	組織派任
互動的基礎	人格特徵	功能性職責或職位
附屬基礎	凝聚力	忠誠

資料來源：Jerry L. Gray & Frederick A. Starke(1988). *Organizational Behavior: Concepts and Applications* (4th ed.). Columbus. Ohio: Bell & Howell, p.432.

說明：Gray與Stake(1988, p.432)將本表定名爲「正式組織與非正式組織特徵的比較」。

■職位術語

正式團體(組織)中，個人與組織的關係有機械的及非個人化的傾向，個人的職責與行爲有工作的具體詳細說明。非正式團體(組織)中與「工作」

相同的術語是團體(組織)「角色」。但是，團體(組織)角色的概念比工作更爲複雜。因爲團體(組織)角色不僅包括個人正式的職責和期望，同時也包括別人對擁有該角色的期望。(見圖6-2)

圖6-2　組織角色

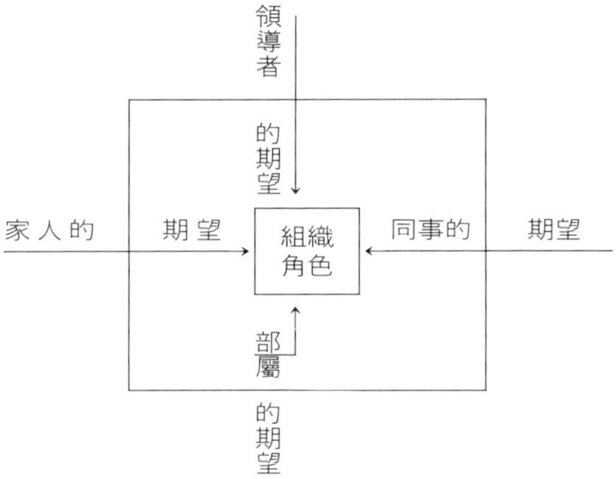

資料來源：同表6-2, Gray & Starke(1988), p.427.

目標

正式團體(組織)的目標通常是由領導者所導引出來的，對於大多數的正式團體(組織)而言，其目標一般是以利益或效率等術語予以描述的。非正式團體(組織)的目標則是在滿足其成員的社會性需求。但這並不意謂非正式團體(組織)的目標不能對正式團體(組織)的目標有所助益。事實上，非正式團體對正式團體而言是相當重要的，個人的社會性需求在正式團體運作的過程中必須予以滿足。理論上，非正式團體的目標與正式團體的目標要完全一致，但是，實際上大多數成員個人的目標並不是與正式團體的目標相一致的。

影響歷程

正式團體（組織）的影響決定於正式結構中職位的權威，這些權威係由位階較高者向位階較低者指揮控制的。正式團體（組織）視權威與影響二者是同一的，換句話說，假如個人有某種權威，他們就具有影響力。

非正式團體（組織）中，越有影響力的是那些越能滿足團體需求的人，而這個人可能是領導者，也可能不是領導者。因爲非正式團體（組織）的領導者是經由社會互動歷程所產生的，社會團體決定非正式團體（組織）的影響。

由此可知，正式團體（組織）的影響主要是歸於法定職權職位，而非正式團體（組織）的影響主要是在於社會——心理因素互動的結果及人。

控制機能

正式團體（組織）對於成員的控制主要在於法規條例、旣定的程序等，而控制的程度則不能超越法定範圍內，且具有科層體制、非個人化、威脅性、制度化的角色。

非正式團體（組織）中經由社會互動所產生的規範對團體（組織）成員行爲有約束的作用。規範的基本功能在於增進團體成員的行爲是否爲團體所接受的可能性，唯此種規範是社會互動歷程的結果，較具有人性化。

溝通歷程

正式團體（組織）中的溝通有其正式管道，而其溝通依團體（組織）權威上下、平行之間有明確的網路，其準確性較高，但其溝通有旣定的程序，因此速度較非正式團體（組織）爲慢。

非正式團體（組織）的溝通來自於成員間彼此的傳聞，其網路沒有旣定的程序，因此較為不明確，準確性較低，但其速度較正式團體(組織)為快。

圖6-3　正式團體與非正式團體圖示

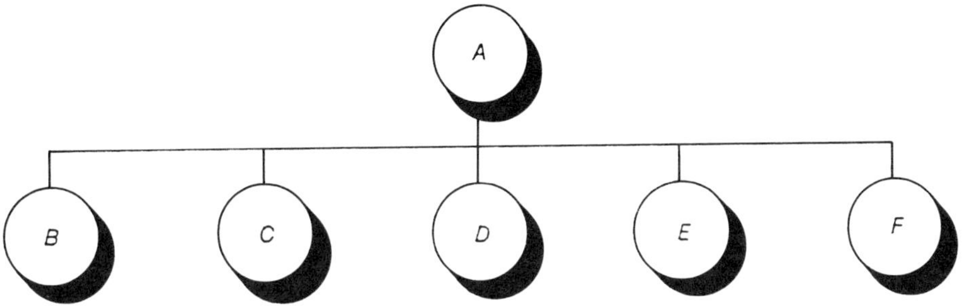

正式團體（組織）圖

管理者：A

部屬：B、C、D、E、F

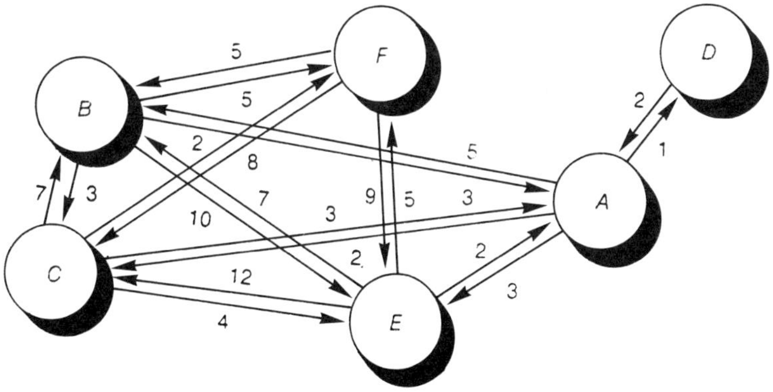

非正式團體（組織）社會關係圖

A：組織管理者　　　D：孤立者

B：一般團體的成員　　E：非正式團體的領導者

C：新進人員　　　　F：一般團體的成員

圖中數字代表社會互動的頻數

資料來源：同表6-2, Gray & Starke(1988), p.430

組織圖

正式團體(組織)的組織圖除了圖6-1所示者外，爲與非正式團體(組織)作比較，茲以圖6-3表示如後。從圖6-3的正式組織圖中可瞭解那位是領導者，那些人是部屬，如何溝通，每個工作之間的關係。

非正式團體(組織)係以社會關係圖表示。社會關係圖顯示特定團體成員之間互動的關係，並可看出組織或工作團體成員行爲發展的情形，透過社會關係圖我們可知誰最具有影響力，那一位成員違背團體的規範，那一位成員受到團體的排斥。

其他方向

所有組織中的部屬都是正式團體(組織)中的成員，他們的工作項目和職權有法規條例的基礎，而其人際之間的互動則依工作職掌而運作，並以忠誠表現出對團體(組織)的附屬關係。

非正式團體(組織)是成員彼此接受、自然發生而形成的。他們依彼此人格特徵、需求的相似性、相近性而互動。領導者則爲成員協議的結果，同時他們以凝聚力表現出彼此附屬的關係。

第三節 團體形成的因素

人們爲什麼會參與某一團體，而不加入另一團體，是有其原因的。對於此一問題已有許多的研究，唯大多係探討非正式組織形成的原因。Marvin E. Shaw (1985, pp.281-292) 從個人需求滿足的角度，分析成員爲什麼加入團體的因素，包括團體成員互動、接近性、相似性、團體活動、目標的吸引力及團體成員本身，是研究團體行為所常被引用者。本節將以條例方式，將正式團體與非正式團體形成的因素，綜合討論如後：

◘ 科層制度

個人成為指揮團體中的一份子，大多係以其在正式組織中的法定職權為基礎，在團體中有領導者與部屬的隸屬關係，或是同僚關係，且每個成員都有其應扮演的角色和工作職掌。

◘ 解決問題、完成目標

任務團體的組成份子常是組織的領導者為解決某一問題而指示成立的。通常任務團體可以委員會或工作小組的方式組成，並有一人擔任主任委員或召集人，組成份子可來自不同的指揮團體或在同一指揮團體內的人員。例如，校長為建立學校的法規制度，可指示成立法規委員會，並請具有法學專長的教師擔任召集人，及若干教師、行政人員為該委員會委員，著手規劃、修正、擬訂有關法規等問題。(但是類似此種團體可能會朝向較持久性的團體發展。)又，如為解決如何處理學生考試作弊的問題，校長可指示教務處、學生事務處、導師等組成工作小組，研商如何處理的問題。

有些教師為爭取共同的權利，而結合成為利益團體，等到他們的訴求受到重視或解決時，這些成員就會拆散。基本上，他們是因有共同的訴求、利益等目標而形成的一種臨時性團體。如前所述，此種團體也可因所須的人力、經費、時間而朝向更為持久性的團體。

◘ 人際間的吸引力

人際間的吸引力可能是形成團體最明顯的原因，因為人們加入或形成某一團體乃是由於他們受團體中的成員所吸引。影響人際間吸引力之因素包括諸如位置、身體上的吸引、知覺能力，及在態度、信念、性別、種族、人格等的相似性。

人際間吸引力之共同的因素是位置與身體的接近性，此接近性意指彼此所坐的桌位，或辦公室很接近，或是鄰居。無疑地，接近性經常是形成團體的重要因素，位置的接近性不僅提供人際吸引的背景，且又能增強彼此的吸引力。接近性能增加彼此互動的機會，且必然地也會發現彼此吸引人的特徵。

親和需求

Moorhead 與 Griffin (1989, p.265) 認爲親和需求的滿足是人們加入某一團體或是形成團體的最重要因素。團體成員的許多個人價值、情緒和社會認同都可從親和需求獲得滿足。而此種需求的滿足則可從團體成員的互動中得到。

地位與權力

不論是正式團體或非正式團體都有其組織結構和規範，個人在正式團體中基於科層體制的特色，有其位階和法職權。而在非正式團體中也有其約定成俗的角色和權力。假如個人在正式團體中無法滿足其在地位和權力的慾望時，可能會另外加入某一團體或組成非正式團體，俾在非正式團體中得到成就感。

相似性

假如個人之間有相似的背景、興趣、教育程度、專業素養、工作性質、年齡相近等，都較容易形成團體。例如，教師常以其教育上的專業素養組成某一專業團體，如在國內教師可因其專長或興趣而參加教育學會及其所屬的各種教育團體。王進焱(民80)研究指出，高雄市大多數國小非正式組織中的教師係基於共同興趣而形成非正式組織的。

隸屬與安全感

新進人員為儘速受組織成員所認同，常觀察組織中非正式團體互動的情形而俟機加入某一團體，其目的無非是在追求隸屬感，並尋求他人的協助，避免孤立。假如教師覺得工作環境不佳，無法獲得安全保障時，他們會組成類似自救委員會的團體，以爭取安全的工作環境。而王進焱(民80)研究指出，高雄市國小教師形成非正式組織的主要原因乃在於建立友誼及隸屬感，就顯示出隸屬感是形成團體的重要因素。

第四節 團體的發展

Bernard M. Bass與Edward C. Ryterband(1979, pp.232-254)指出團體發展可分成：1.相互接受；2.溝通與作決定；3.動機與生產力；4.控制與組織等四個階段(又參見Moorhead & Griffin, 1989, pp.268-271)。Robert E. Callahan 等人(1986, pp.222-225)綜合學者的看法，將團體發展分成：1.導向(Orientation)；2.分化(Differentiation)；3.統整(Integration)；4.成熟(Maturity)四個階段。Stephen P. Robbins(1993, pp.288-289)根據1960年代中期以後 Tuckman 等人的相關研究，將團體的發展可依序分成：1.形成期(Forming)；2.激盪期(Storming)；3.規範期(Norming)；4.實作期(Performing)；5.解散(Adjourning)等五個發展階段。茲分別討論如後。

Bass與Ryterband（1979）的分法

第一階段：相互接受

團體發展的第一個階段，其成員彼此都在互相認識瞭解，並形成他們自己的訊息。團體成員通常測試彼此的看法、意見，及討論諸如天氣、運動或組織最近所發生的事。而一些組織正式目標的層面也是他們所討論的話題。但是由於成員之間彼此尚不十分瞭解，且也不知如何對組織的事務加以評估，因此仍具有防衛或模稜兩可的態度。

當成員之間彼此較為瞭解以後，他們也許會討論諸如組織的政治行為或受爭論的決定等一些較為敏感的問題。團體成員常藉此種方式試探彼此的反應、知識及專長。同時也可藉此學習彼此處理各種不同事件的觀點、信念與價值，並增進彼此的信任。

第二階段：溝通與作決定

在此一階段中，團體成員開始彼此相互接受各種不同的觀點，他們更具有開放性、容忍性，且更為公開討論不同的理念，俾提供組織作決定及解決問題的方案。成員之間經由討論以後，對組織目標達成共識，最後分配個人的工作，扮演不同的角色，而完成既定的目標。

第三階段：動機與生產力

此一階段強調對成員個人的關懷，及對團體活動的觀點，採取權變的途徑，俾能使團體獲益。團體成員互相合作，並主動地幫助他人，團體的領導者或成員彼此激勵及提昇動機的層次，且在工作上具有創造性，以完成團體的目標。

第四階段：制度與組織

如何有效達成目標是此一階段的重點所在。團體成員經由彼此的協議，根據個人能力分派工作。一個較具成熟的團體，成員的行為是相當自動自發，且是具有適應性，相互依賴，而不受僵硬的結構所拘束。假如有必要時，他們也會對其行為及政策結果予以評估及修正。適應性、自動自發、自我修正可說是此一階段的重要特徵。

茲將團體發展的四個階段及其基本特徵以表6-3表示如後。

表6-3　團體發展階段與特徵（Bass與Ryterband的分法）

發展階段	基　本　特　徵
1. 相互接受	認識、瞭解 型塑資訊 討論與工作無關的問題 彼此試探對方 具有防衛心態 模稜兩可
2. 溝通與作決定	將態度表現出來 建立規範 建立目標 公開討論工作
3. 動機與生產力	合作 主動工作 創造性
4. 控制與組織	在工作上相互依賴 以能力分配工作 自動自發 適應性

資料來源：同表6-1, Moorhead & Griffin,(1989), p.269.

Callahan等人(1986)的分法

第一階段：導向

在導向的階段中，個人試圖以施受的關係而認同團體，他們強調認同團體的工作，並使其行為適合於團體而可被團體所接受，且團體試圖滿足個人的需求。成員開始討論團體目標的內涵，實現目標的方法、時間及由誰去完成。

第二階段：分化

在分化的階段中，比前一階段對於團體的組成份子和其工作任務有較好的「感覺」。同時，成員面對問題並試圖予以解決，且設法在完成團體工作任務，及滿足成員個人需求上能定案下來而不再有所改變。

表6-4　團體發展階段與特徵（Callahan等人的分法）

階段	團　體　活　動
1. 導向	・成員彼此互相認識，界定最初工作的標準，及確認單純的團體歷程 ・首先試圖澄清成員的角色、權威及責任的關係 ・成員嘗試決定他們的技能如何才能適合團體的工作，及團體活動如何幫助團體的成員 ・在領導及行爲規範上作暫時性的決定
2. 分化	・在認同角色與規範上有進展 ・在團體工作任務和組成份子上感覺更好 ・結合組織內的各種情況以提昇某種觀點和利益 ・顯現出人際之間和次級團體的衝突 ・在衝突中運作 ・顯現競爭的價值與規範以導引行爲
3. 統整	・依規範運作以獲得團體的一致性 ・依規範建立處理疏離的程序 ・工作流程順利進行 ・發展團體成員之間的凝聚力 ・對團體忠誠成爲團體有力的規範 ・成員知覺到他們自己是團體的一份子
4. 成熟	・重視團體成員對穩定的規範、角色、目標、領導與團體過程的需求 ・重視團體對改變團體要求具有彈性的需求 ・成員瞭解彼此之間的優缺點 ・接受個人之差異性 ・容忍與工作有關的衝突，並以積極的途徑予以處理 ・減低個人之間的衝突至最低程度

資料來源：Robert E. Callahan, C. Patrick Fleenor & Harry A. Knudson(1986). *UNDERSTANDING ORGANIZATIONAL BEHAVIOR: A MANAGERIAL VIEWPOINT*. Columbus: Bell & Howell Company, p.223.

此一階段的另一個特徵乃是由於個人對權威、權力、依賴程度、領導有不同的感受，且團體又有尙未能解決的問題，因此會有衝突發生。例如，假如團體成員期望能自動自發，但領導者卻加以強力控制，則成員可能會反對團體或產生敵對的現象。另一方面，假如成員較喜歡獨裁的領導時，若沒有得到強而有力的指引方向，則成員可能會產生不知所措、焦慮及敵對的現象。

第三階段：統整

此一階段中，團體成員依既定的規範以完成工作任務，及處理疏離的問題，以獲致團體的一致性和凝聚力。成員經由公開的討論而瞭解問題，並加以解決。團體內的人際關係經由增進團體的凝聚力、經驗的分享、回饋，及對工作任務有關的概念、行爲加以探討，而顯現其特色出來。同時，成員知覺到他們是團體的一份子。

第四階段：成熟

成熟是團體發展的最後階段，此一階段涉及統整團體成員適應性與穩定性需求的滿足，一個成熟團體在規範、標準的體系，及個別成員行爲上具有穩定的特徵。同時成熟的團體能接受變化的工作任務，及其他所須面對的突發事件，同時也能接受不同團體成員的概念，因此須具有適應性。

茲將Callahan (1986) 對團體各發展階段的特徵，以表6-4表示之。

Robbins (1993) 的分法

第一階段：形成期

此一時期中，團體的目標、結構與指揮的從屬關係還相當不確定。成員們還在測試那些行爲是團體一致認可的行爲。當團體成員開始認爲自己是團體的一份子時，這個階段才算完成。

第二階段：激盪期

此一時期是團體內還存在著衝突的現象。成員雖然已接受了團體存在的事實，但還會抗拒團體對個人所施予的約束。此外，對誰來掌控整個團體，仍有所爭議。當激盪期完成時，表示團體中的從屬關係已經相當明確。

第三階段：規範期

此一時期旨在增強成員的親密關係和團體的凝聚力。成員對團體的認同感加深以後，成員間的友誼也隨之轉濃。當團體的結構大致成形，同時也建立了團體成員遵循的規範時，此一階段即告完成。

第四階段：實作期

此一時期中，團體的結構開始發揮作用，而且團體成員都一致地接受團體的規範，且專注於本身工作任務上的績效。

第五階段：解散期

較具永久性的團體，實作期是發展的最後階段。但是一些有特殊任務而臨時編組的團體，當任務完成時團體成員就解散了。此時有些成員可分享成果，也獲得友誼，但也有的成員未能有以上的情形。

茲將對團體發展的各階段及其特徵以圖6-4及表6-5表示如後：

圖6-4　團體發展階段

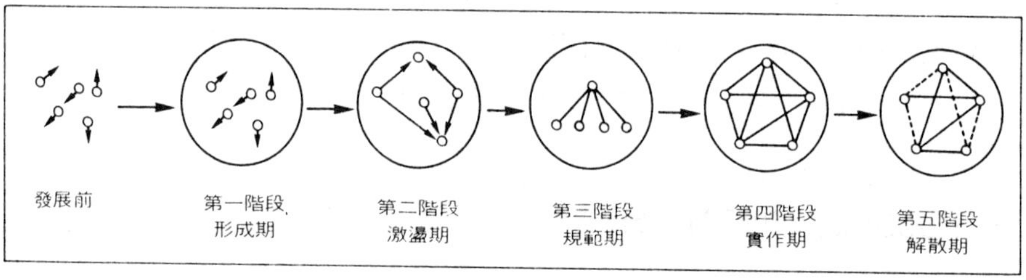

資料來源：Robbins, Stephen P.(1993). *Organizational Behavior-CONCEPTS, CONTROVERSIES AND APPLICATION* (6th ed.) New Jersey: Prentice-Hall, p.288.

雖然團體發展可分成上述的各五個階段，但是團體的每個發展階段中的活動或成員的行爲有重疊之處，要精確地區分團體從某一階段發展至另一階段是有其困難的。且並非第四個階段才會有績效，有時其他階段也有績效。

表6-5　團體發展階段與特徵

發展階段	基本特徵
1.形成期	不確定 彼此測試行爲 尋求團體認可
2.激盪期	衝突 抗拒約束 建立從屬關係
3.規範期	增強凝聚力與親密關係 建立規範
4.實作期	強調工作績效
5.解散期 （任務團體）	完成任務 成員解散分享成果與友誼（或負面現象）

本書的觀點

綜上所述，團體發展大體上係從個體之間的相近或相似關係而來，如個體之間有共同的目標、利益、需求滿足、相同的背景、興趣……等，較容易聚集在一起。其次，在個體間經過衝突、激盪而尋求建立從屬關係，此時團體就會有一領導者和從屬的成員。然後，彼此在有形無形中逐漸建立目標和規範，最後則依規範執行所分配的工作，完成既定的目標。

由此可知，團體的形成最初是由個體心態、動態間的互動，朝向靜態結構和生態發展方向發展；由個人需求的滿足朝向團體目標的實現；由無組織、鬆散趨向於有組織、規範的組織；由偏向個人的個別行爲趨向團體成員行爲的集體一致性。

茲將團體發展的特徵及其程度以表6-6表示如後。

並非所有的團體都是明顯地具有表 6-6 所述的所有發展階段特徵，例如，教師的純友誼團體，其靜態結構與生態發展可能不明顯，規範也較不具體。而校長與單位主管或老師的指揮團體，則較偏向於具有靜態、生態、達成目標、有組織及團體一致性行為的層面。又，教師上課請學生自行分組報告時，此時學生會依其平時的友誼、親密性、所坐位置的相近性……等，自行組成團體，並經彼此的激盪推選出一位領導者，及在老師所預先規定的單元或主題之下，依個人的能力分配工作(如蒐集資料、撰寫報告、口頭報告)，最後則照團體成員所建立的規範，予以執行並達成目標。但是，也有的小組成員僅止於形成期或激盪期，而無法完成一篇較好的報告。

表6-6　團體發展的焦點

源　始		成　熟
個人心態、動態	⟶	團體靜態、生態
個人需求滿足	⟶	團體目標達成
鬆散的、無組織的	⟶	有規範、有組織
個人行為	⟶	團體一致性行為

第七章

團體行為與績效

究竟何種因素決定團體是否有績效，可說是一個複雜的問題，例如，Robert E. Callahan 等人(1986, pp.225-228)認爲有效能團體的特徵包括團體具有明確的目標、成員意見和諧一致、有支持性的氣氛、兼重團體的任務與成員間角色的維持及團體組成份子的特徵等。Gregory Moorhead與Ricky W. Griffin(1989, pp. 271-282)則認爲團體的組成份子、規模大小、規範與凝聚力是團體績效的基本決定因素。

Stephen P. Robbins(1993, p. 291)認爲其決定因素主要爲團體成員的能力、團體的大小、團體內部衝突的程度及團體內部遵守團體規範的內部壓力。同時Robbins(1993, pp. 292-313)認爲團體行爲模式過程中的每一階段都是決定團體績效與滿足感的因素。這些因素包括團體所面臨的外在環境、團體成員的能力與人格特徵、團體的結構(如領導者與部屬的關係、角色、規範、地位、團體大小、團體組成份子的性質)、團體互動的歷程、團體任務等。

由上所述，對於團體效能的決定因素，有的學者主要是從團體結構的觀點予以分析(如 Callahan et al., 1986; Moorhead & Griffin, 1989)，有的則從團體行爲模式加以分析(如Robbins,1993)。本章主要參考Robbins(1993)的團體行爲模式架構，並逐項分析影響團體績效的因素如後。

第一節 團體行爲模式架構

茲以圖7-1表示團體行爲模式的架構。由該圖所示，團體績效及成員個人的滿足感受到團體外在環境因素(如組織層面及工作情境等)、團體成員及團體結構的影響。其次，經由個人與團體的互動過程，並視團體工作任務的性質而決定團體成員的工作滿足感及團體是否有績效。

圖7-1　團體行爲模式圖

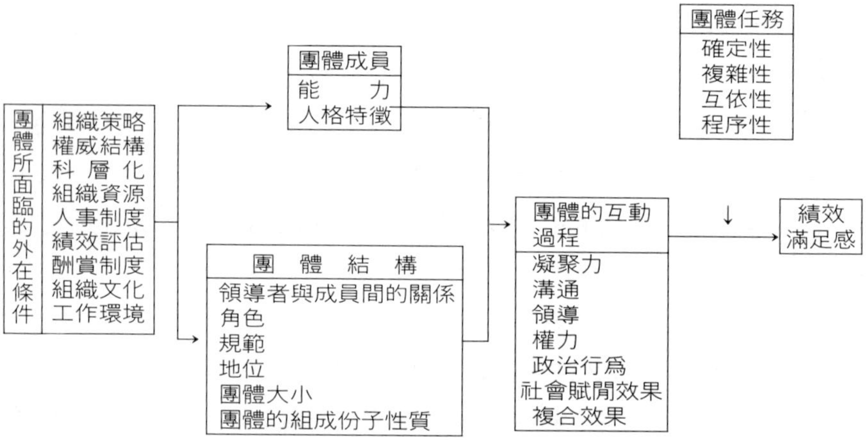

資料來源：本圖參考Robbins, Stephen P. (1993). *Organizational Behavior-CONCEPTS, CONTROVERSIES AND APPLICATION* (6th ed.) New Jersey: Prentice-Hall, p.291編製。

第二節
有效團體的決定因素

茲將影響團體績效與成員滿足感之團體所面臨的外在條件、團體成員、團體結構、團體互動的過程及團體任務討論如下。

■ 團體所面臨的外在條件

1. 組織策略——

組織策略可導引組織未來發展的方向。一位有視野的校長描繪學校未來發展的遠景，他也可以與部屬共同訂定學校未來發展的方針及實施的步驟。例如，校長可運用轉化領導(Transformational Leadership)的策略，以改變學校文化，或運用互易領導(Transactional Leadership)，以維持學校文化。團體成員的行爲與績效將會因校長所採取的不同策略，而會有不同的結果。

2. 權威結構——

指揮團體或任務團體成員之間的關係受權威結構所影響。學校中常會有因解決某一問題而有臨時任務編組的現象，例如，學校辦理某項學術研討會時，校長會指派某人擔任召集人，負責籌劃該項活動，而該工作小組成員的內部關係、地位、誰擁有決策權，也通常是由召集人商請校長決定，或經籌備工作會議討論後決定。

3. 科層化——

科層化是學校正式組織的主要特徵。科層化的特徵顯示在成員行爲的標準化、形式化、正式化及集中化上面。科層化影響團體成員的行爲且因成員的行爲有既定的程序可遵循，因此，團體成員的行爲是可預測且是一致性的。例如，學校規定每天下午四點以後行政人員可在操場運動，因此愛打球的教師友誼團體只能利用四點以後的時間打球，其他時間則不行。

一般而言，學校組織結構是預測教師工作滿足的重要變項，綜合研究顯示，學校行政或教學愈有法令根據及正式規定(正式化)，及學校依其成員能力採專職分工，依專長任用人員(專門化)，則教師滿足感愈高，學校組織愈有效能。若學校決策過程愈有中央極權現象(集中化)及墨守成規(傳統化)，則教師滿足感愈低，學校組織愈沒有效能。(吳清山，民81，頁66)

4. 組織資源——

學校越具有現代化及足夠的教學及研究設備，教師與學生才能有良好的教學、研究及學習環境，得以有更突出的研究與學習成就。而辦公室的行政電腦化也增進行政人員的績效。但是團體行爲之間的互動與關係是否因辦公室的行政電腦化而受影響，值得加以探討。

5. 人事制度——

學校人事制度影響團體的效能。例如，各大學院校的教師評審委員會對於教師的聘用、升等有其程序和標準，因而可決定某位教師在那一系、所。對於學校職員與工友的甄選，除了依教育人員任用條例的規定外，各校亦各依其需求而依法辦理人事甄選事宜。此外，對於人事的安排，校長可依權責調派任職單位。因而學校人事制度影響團體成員的行爲與績效。

6. 績效評估與酬賞制度——

學校目標的標準及獎懲制度影響團體成員的行爲。例如，學校賦予成員的工作目標是否具有挑戰性，是否符合成員個人的需求，獎懲制度是否合理可行等，都直接影響團體成員行爲的取捨，間接影響團體的效能。

7. 組織文化——

學校組織文化是學校成員長期互動創造出來的。在長期互動的過程中，他們有共同的假定、信念、態度、價值，且表現在生活的每一層面上，也就是說，學校成員在生活方式上達成共識，形成各校自己的文化。因此，每一所學校的文化都各有其學校文化的特色，且都影響學校中各團體成員的行爲，以作爲團體成員行爲的取捨準繩。因此學校有全校性的文化，而某一團體的文化就是該校的次級文化。

8. 工作環境——

學校物質上的工作環境影響團體成員的互動。例如，工作空間的大小、色彩、設備的擺設、光線的照明度、聲音的吵雜與否等都影響成員行爲的互動。

團體成員

1. 能力——

個人能力影響其行爲的結果，但是團體績效不能僅看團體成員能力的總和，而須視成員間的互動才能將個人能力作最大效果的發揮。雖然如此，團體成員的能力仍可作爲團體績效的指標，我們可視個人能力的不同而予以適才適用，俾使成員的能力得以在團體中表現出來。

對於團體成員能力與團體績效之間關係的預測，研究結果顯示，那些擁有重要能力，足以承擔團體任務的成員，較熱衷於團體活動；普遍有較多的貢獻；較可能成爲團體的領導者；並且若能在團體中受到重用，他們會有較高的滿足感。(Robbins, 1993, p. 294)

其次，智力與和任務有關的能力兩者均與團體的績效呈正相關，但相關的程度並不太高。這乃是意味著諸如團體大小、執行的任務型態、團體領導者的作風及團體內衝突的程度等其他因素，也都會影響到團體的績效。(Robbins, 1993, p. 294)

2. 人格特徵——

身爲團體或組織的領導者，與非領導者的人格特徵有何不同，是領導的特質論所探討的主題之一。而領導者的人格特徵影響其行爲與歸因，以及對工作壓力的適應力。一般而言，善於交際的社會能力、自信及具有獨立自主等人格特徵，與團體績效、士氣、凝聚力呈正相關。而權威主義、剛愎自用與不拘泥、有創新，則跟團體的績效、士氣與凝聚力呈負相關。這些人格特徵深深地影響了個體如何與其他團體成員的互動，所以會影響到團體的績效(Robbins, 1993, p. 295)。又，單一的人格特徵不能預測團體的行爲。它的影響效果有限，但集合起來，對團體行爲卻會有相當顯著的影響力。(Robbins, 1993, p. 295)

團體結構

有關影響團體績效的團體結構因素，以及領導者與成員之間的關係、角色、規範、地位、團體大小、組成份子的性質等，分析如後。

1.領導者與成員間的關係——

國內外有關學校領導者(校長)的領導型態(如倡導與關懷)，與學校組織效能或教師工作滿足感的關係已有許多的研究，本書將在領導專章中予以討論。究竟校長採取何種領導型態，學校或團體較有效能，教師的滿意度較高？研究結果似無絕對一致的結論，一般而言，校長採取高倡導高關懷的領導型態，教師的滿足感較高，而採取權變的領導途徑則爲領導者宜運用的策略。

團體的領導者有時是由上司所指定的(如任務團體)；或是依既定程序由校長指派(如各種委員會、工作小組)；或由成員共同推舉、選舉產生(如國小學年主任)；也有的是自然互動形成的(如友誼團體)。不論各種研究結果如何，團體領導者與團體成員的行爲和績效是有關聯的。

2.角色——

我們每個人都必須扮演各種不同的角色，且隨著角色的不同而表現不同的行爲。在此就角色期望(Role Expectation)、角色認同(Role Identity)、角色知覺(Role Perception)、角色衝突(Role conflict)等分析如後。

(1)角色期望

我們對自己的角色有所期望，同時別人對我們所扮演的角色也有所期望。例如，教師期望自己能扮演好老師的角色(如認眞教學、爲人表率)；學生、家長、校長也期望老師能扮演好其角色。假如教師對自己角色的期望達至某種程度時，則其行爲必定受其期望所影響。雖然如此，假如眾人對某一角色的期望趨於一致性時，則容易對角色有刻板印象的現象。例如，女性適合當秘書，而工程師、律師都是男性等，因此，角色期望有時會誤導現實情況及性別角色的刻板印象。

透過心理契約(Psychological Contract)有助於說明角色期望。心理契約係指領導者與部屬(或僱主與員工)彼此之間期望的非書面協議。事實上，在每個角色上都有心理契約的現象。例如，校長期望教師有專業素養，能認眞教學，對學校能忠誠；教師則期望校長能關懷他們，公平對待每一位教師，且爲他們謀福利。假如教師未符合校長的期望時，教師可能會受到學校有關規定的懲處；假如校長未符合教師的期望時，則可能會產生不滿足感、倦怠或沒有績效。

⑵角色認同

角色認同意指個人態度、行爲與其角色相一致，個人的行爲可隨不同角色期望或不同的情境，而作彈性變化，因此有些人可同時扮演各種不同的角色。但是這可能因人而異，假如某人較具有應變能力，或喜歡各種不同的生活方式，則可因時因地扮演不同的角色，而表現出不同的行爲。例如，一位兼教務主任的教師，當他上課時扮演教師的角色，其他在辦公室的時間則是扮演行政人員的角色。他在學生面前是老師、校長的部屬、教務處同仁的直屬長官。

當情境比較模糊，且所扮演的角色也不太清楚，或團體成員過去角色的經驗，團體成員往往會轉向認同於舊有的角色。請你回憶開同學會時，擔任班長的人，在開同學會時，是否仍然扮演班長的角色。有一項針對高中同學會的研究證實了此一看法。在同學會中，不管他們高中已經畢業了五年、十年或二十年，參加聚會的人都會重拾他們在高中時期的角色。也就是說，在高中時期擔任班長的人，會再扮演領導者的角色；而從前默默

無聞的人，不管現在多麼發達成功，也還是扮演追隨著的角色。(黃曬莉、李茂興，1991，頁219)

(3)角色知覺

角色知覺係指個人認為在某種特定情境中該扮演何種角色，這些知覺是從朋友、書籍、電視……等外界刺激學習模仿而來的。當個人從外在環境中可學到某種社會所一致認可的角色行為，如表揚好人好事代表、學校選舉模範生、校長表揚教學特優教師，或對教師、學生某些行為予以支持鼓勵等。這些足以作為楷模的角色行為是眾人所期望的，也是吾人認為應該扮演的角色。因此，一個人的角色知覺影響團體成員的行為。

(4)角色衝突

角色衝突是解釋行為的重要概念。一個人通常扮演多種角色，假如個人不能兼顧自己對角色的期望，或他人對角色的期望不一致時，就會產生衝突的現象。例如，校長可能被期望扮演評鑑者和監督者的角色。此外，來自上級主管教育行政機關、家長、民意代表、教師、學者專家等不同團體或個人對校長的期望不一致，也會產生角色衝突的現象。

學校教師和行政人員所面臨的衝突和壓力不僅來自他們的正式職位，也因為他們在不同的社會系統中具有不同的角色。同時要扮演父母、校長、配偶等角色，可能會使他們產生衝突。

個人由於角色期望、知覺與認同的不一致性，使個人在角色扮演上產生衝突的現象，因而也有動機或心理上的衝突。一般而言，心理衝突有下面四種情況：

①雙趨衝突

雙趨衝突(Approcah-Approach Conflict)係指個人同時有二個同等吸引力或重要的目標時所產生的心理衝突。例如，老王今天晚上要準備明天考試的功課，但是又想參加女朋友的約會；教師的小孩生病須她請假回家照顧，但又須在學校上課，這些都是雙趨衝突。因此，在魚與熊掌不可兼得的情況下必須二者選其一，而解除衝突的現象。

②雙避衝突

雙避衝突（Avoidance-Aovidance Conflict）係指個人同時有二個排拒力的目標，而使個人感到兩難所產生的衝突。例如，教師不想晚上值夜，但又怕不值夜可能會受到懲處；學生不想讀書，但又怕考試不及格。要解決雙避衝突，最好是兩權相害取其輕，或是另覓一新的方法予以解決。

③趨避衝突

趨避衝突（Approach-Avoidance Conflict）係指個人同時對同一目標，既受其吸引又想逃避時所產生的衝突。例如，某位教師想當某委員會的召集人，卻又不敢表示；某位男生想追班上一位女同學，卻又怕受到拒絕。其他如「既期待，又怕受傷害」、「愛在心裏口難開」等，都可形成趨避衝突。此種衝突比上述二種衝突更使人產生焦慮，而影響個人的行爲。

④雙重趨避衝突

雙重趨避衝突（Double Approcah-Avoidance Conflict）係指個人對於二個或二個以上具有積極價值與消極價值目標物，因取捨之困難所產生的衝突。例如，一位兼訓導主任的教師，既要把訓導主任角色扮演好，以符合校長對他的期望，一方面也要扮演一位好老師，以符合家長和學生對他的期望，因此他都不能有所疏忽，否則都會有負面的結果。

當個人因角色衝突而產生焦慮或受到威脅時，爲保護自己免於受到傷害，常會有防衛作用的行爲反應。例如：

①理由化

理由化（Rationalization），又稱爲文飾作用，係指當個人的行爲未必合理，但卻以一種較容易爲社會所接受的理由來解釋自己的行爲，以減輕自己的挫折感。例如，某位職員怕負擔責任，而說他能力不夠；教師體罰學生，而說孩子不打不成器。

②認同作用

認同作用(Identification)係指個人想像自己具有他理想人物的行爲特徵，從而提高其個人價值感的心理歷程。而這些被認同的對象，大多是在某方面的知名人物，或具有某些魅力，或成功而令人景仰、欣羨的人。例如，教師對某位具有魅力的校長或學者的認同，年輕學生對某位歌星的仰慕，這些被認同者都是我們常說的偶像人物。

③補償作用

補償作用(Compensation)係指個人在某一方面失敗，而在另一方面追求成功，以滿足心理的需求。例如，某位教師無法兼任教務主任，因而在非正式團體中尋求領導的地位，或在其他各種不同的團體爭取頭銜等。我們常看到有些人在名片上列出數個頭銜，可作爲補償作用的解釋。

④壓抑作用

壓抑作用(Repression)係個人爲減輕焦慮，而把某些足以引起恐懼、焦慮或罪疚感的情境予以遺忘，或從意識中予以排除的心理作用。例如，教師爲能在學校中工作愉快，而淡忘那些曾經引起他不快樂的經驗。

⑤投射作用

投射作用(Projection)係指將自己認爲不被社會所接受的動機或過失、缺點，加諸別人的身上，而減輕自己焦慮的一種潛意識傾向。例如，某位教師想爭取主任的職位，卻散佈訊息說另外一位教師也想要當主任，因而使衆人的注意力分散，而減輕他自己的焦慮。

⑥白日夢

白日夢(Daydreaming)係指個人以幻想的方式滿足其動機的心理歷程。例如，某位教師參加主任甄選落榜，而幻想自己當主任的樣子。

⑦退化

退化(Regression)係指個人由於受到挫折，而在行爲的反應上表現出比其年齡幼稚的情形。例如，小華發現弟弟出生後，爸媽不再有太多的時間照顧他，爲了引起父母的注意力，因而又有以前尿床或吸奶嘴的現象。

⑧轉換反應

轉換反應(Conversion Reaction)係指個人遇到困難與挫折時，將心理和情緒上的緊張和壓力，轉換成生理上的症狀。例如，教師因兼行政工作所產生的壓力，而有頭痛、胃不舒服、心臟疾病等症狀。

⑨攻擊

攻擊(Aggression)係指當個人受到挫折時，而對自己或其他的人或物有所傷害的行爲反應。攻擊可分成對他人、物或自己的攻擊，也可分成可見到的外顯行爲或看不見的內隱行爲，而其呈現時可運用肢體或言語的方式。當不能攻擊某人時，個體常會轉移攻擊的對象，這是一種轉向攻擊或替代攻擊，也是我們常看到的遷怒現象。另一種不易見到且較具危險性者，爲對自己的自責，此種內隱的自我攻擊行爲，常不易被發現，假如攻擊程度太深而無法復原時，常會有自殺的現象，通常越屬於完美主義者，或自己對自己的角色期望與他人對自己的角色期望越不一致時，越有此種現象發生。

⑩正式的科層化反應

正式的科層化反應(Formalized Bureaucratic Response)係指當組織成員因角色的不同期望而產生衝突，把所有的問題都丟給組織的各種制度、程序或相關的規定去解決。例如，當教師對是否可以將學生留校輔導意見不一致時，校長依循教育部的規定處理。

3.規範——

規範是對適當行爲判斷的一種標準。因此，規範是在某一特定情境所期望的行爲或行爲類型(Moorhead & Griffin, 1989, p.275)，它是團體成員所認可接受的行爲準繩(Robbins, 1993, p. 299)。我們常期望別人有某些行爲，規範能作爲預測別人行爲的基礎，並能使我們確切說明受規範者的行爲。假如沒有規範，則學校組織或團體將會雜亂無章。

團體規範影響成員的行爲及生產力，如前所述，霍桑研究的結論中即指出：

(1)員工的行爲與情緒有密切的關係。

(2)團體的影響力會顯著影響員工的行爲。

(3)團體的標準對於員工個人的產出有很大的影響力。

(4)金錢對員工個人產出的影響力，比不上團體的標準、情緒及安全感。(黃曬莉、李茂興，1991，頁223)

因此，團體規範確實對成員行爲的影響力是極大且重要的。

規範是結合成員的人格特徵、實際情境、工作任務及團體歷史傳統所形成的。假如某人不能遵循團體的規範，則會被團體其他成員所排斥、責罵。團體成員的行爲可以表現出團體規範所代表的象徵性意義。例如，假如某一團體成員認爲穿制服代表專業形象，那麼他們會以穿制服上班代表該團體所重視的標準。

規範有四個主要的目的：

(1)規範有助於團體繼續地存在。團體對無法完成團體目標的規範，或對團體威脅而無法繼續生存的反常行爲予以排斥。

(2)規範使團體成員所期望的行爲簡化及更可預測。規範意謂著成員不必對每一行爲加以分析及決定如何反應。成員能夠根據規範而預期別人的行爲，當團體成員的所做所爲是他們所預期的時候，團體將更可能有生產力並達成目標。

(3)規範有助於避免團體的不安情況。團體成員通常要避免傷害其他成員的自我意像，及某些可能傷害成員感情的事情。

(4)規範表示團體的核心價值，並能認定團體與其他團體不同之處。例如，某些特定情境的衣服、格調或行爲也許是團體成員的精神，或可能是團體性質的記號。(Daniel C. Feldman, 1984, pp. 47-53; Moorhead & Griffin, 1989, p.277)

團體成員受規範影響所造成的壓力，常會影響其判斷力或態度。當個人爲能被團體所接納，而調整自己的行爲，以順從團體的規範並融入團體內時，就是一種從眾行爲(Conformity)的表現。

從眾行爲具有選擇性與目的性。從選擇性而言，個人可能同時隸屬於不同的團體，每個團體的規範對個人而言，有輕重緩急，或互相牴觸的現象，此時個人將依其重要性、利害性作個別性的選擇，決定是否符合某一團體的規範。從目的性而言，個人會依其自己的目的而決定是否改變其行爲以融入團體內。例如，個人可能一時無法改變團體成員大多數人的意見，而暫時順從眾人的看法，以便能融入團體內，再慢慢改變團體成員的規範，而達成其目的。因此，從眾行爲有時可視爲一種策略性的運用。

另外常看到的例子，例如，當個人爲避免自己成爲團體內的異議份子時，有時會捨棄自己的主見而附應團體的意見。有時也會避免使自己感覺壓力或痛苦，而附和團體的看法。在團體中「同流合污」與「同流而不合污」之間的取捨，或「出污泥而不染」，則有待巧妙運用了。

我們已知規範形成的因素及其目的，那麼我們可藉由規範預測、塑造或約束團體成員的行爲，並藉規範而判斷團體成員的行爲。

4. 地位——

地位（Status）係指個人在組織或團體中的社會性聲望、位置或層級。個人的地位可由法定的組織結構所賦予，例如，校長——主任——組長就顯示在學校中高低不同的地位，且其所擁有的職權大小就有所不同。在教育研究中，常以教育程度、收入及職業類別作爲衡量社經地位（Soical Ecnomic Status; SES）的指標。例如，學生家長的社經地位與其教養子女的態度，及影響其子女的學業成就之關係常爲學者所研究。這些偏向非正式的地位係由人們以某些特質所賦予的。

地位的高低、地位階層的公平性以及不同團體衡量地位標準的不同，影響團體成員的行爲。茲舉例說明如下。

(1)地位的高低引發不同的行爲

我們常說「長幼有序」、「不要越權」、「做人做事要有分寸」、「不大不小」（閩南語）等，都可說明不同地位的人，其互動與行爲之間的關係。一般而言，地位較高的人，往往會習慣性的引發地位較低的人之行動，假如能如此，則他們的工作或人際關係會較好，反之，則較容易產生衝突。茲舉一研究發現如下。

在一個有關餐廳研究中，William F. Whyte 說明了地位的重要性。例如，服務生將顧客所點的菜單直接交給櫃台人員——這就是地位較低的服務人員引發地位較高之廚師的行動。但透過一個掛菜單的轉輪，就形成了一個緩衝區，這使得櫃台人員在覺得準備得差不多的時候，倒轉過來指揮服務人員端菜及後續的服務動作。Whyte同時指出，送菜人員由廚師手中拿到菜，這事實上是由一名低技術性員工引發高技術員工行動的例子。當好幾個送菜人員有意無意的催廚師快一點的時候，衝突就可能在此時產生了。不過Whyte發現有一個送菜人員在這方面沒什麼問題。他在給廚師菜單時告訴廚師菜準備好了就叫他一聲，這樣一來就倒轉了引發行動的歷程。Whyte的分析建議我們，在步驟上採取某些改變，以使員工的互動更能配合其地位關係，而使員工的人際關係與工作績效顯著提昇。(Robbins, 1993, pp. 304-305)

(2)期望與酬賞及地位階層的公平性關係影響團體成員的行為

當個人期望某一地位階層應有那些酬賞而未能如願時，會引起個人的不滿足感，假如再作比較時，若所期望的報酬未符合所投資的成本時，則會有不公平的現象，或常會把公平性的問題歸因為外在因素。例如，校長比主任的薪水多、辦公室較大；林老師與王老師的學經歷都相似，但在爭取組長的職位時，假如林老師是某位民意代表的兒子而獲選，此時王老師一定感到不公平；假如林老師因其他因素而獲選，此時王老師可能將其歸因是他有一位民意代表的父親。

(3)不同團體有不同衡量地位的指標，且影響團體成員的行為

個人可能同時參加數個不同的團體，但是不同的團體所衡量地位的指標會有所不同。假如個人來往於不同的團體間，而在不同的團體有不同的地位，若不能調適，則會因衝突(如趨避衝突、雙趨衝突、雙避衝突或雙重趨避衝突)，而產生焦慮或挫折。例如，學術界以所發表論文的量及質衡量地位的高低，行政單位則以職位高低來衡量，某一教師若想在該二種團體

中都有相當的地位，而無法兼顧時，必會產生衝突，因而影響其行爲。

5.團體大小——

誠如Shaw(1981)所述，團體是由二個或二個以上的人彼此互動、相互影響所構成的，因此，團體大小在討論團體績效時就顯得十分重要。有許多成員的團體有較多可用的資源，且可以完成許多相當獨立性的任務。

究竟多少團體成員才是大團體或小團體？Robbins(1993)提供的參考數字爲12個人或以上的團體是大團體。團體的大小與績效的關係須視團體的目標而定，例如，團體的目標在蒐集事實的資料時，規模較大的團體能集思廣益，因此會有較大的績效。但對於大團體而言，成員的互動與溝通越複雜，或許將更難以達到一致性的協議。而約有7位成員的小團體較適合於執行任務(Robbins, 1993, pp. 305-306)。這種說法與行政管理的原則——控制的幅度(Span of Control)(亦即是主管直接監督的部屬人數)是相通的。該原則認爲由上往下細分，每個工作單位都應該受到監督並且與其他單位協調，而一般認爲最有效的控制幅度是5至10個部屬。這個原則目前在設置行政組織時，仍被廣泛使用著。本原則應用的結果，乃形成金字塔形的組織結構，在組織的頂端有一位主管，其擁有的權力和權威自上而下，統一指揮整個組織。(Wayne K. Hoy & Cecil G. Miskel, 1987, p.10)

表7-1　團體規模大小與人際互動比較表

大團體	小團體
·人際互動僅限於團體部分成員，因而抑制某些團體成員的參與，成員互動次數較少 ·資訊流通較慢且可能是正式化的 ·較不易達成協議的目標 ·運用會議的日程與程序 ·有形成次級團體的傾向	·幾乎所有的成員都在互動，成員互動次數較多 ·資訊流通較快且自由 ·較容易達成協議的目標 ·較無既定的會議形式 ·無形成次級團體的傾向

在成員互動與溝通方面，大團體與小團體的區別以表7-1及圖7-2表示之：

圖7-2　團體規模大小與人際互動圖

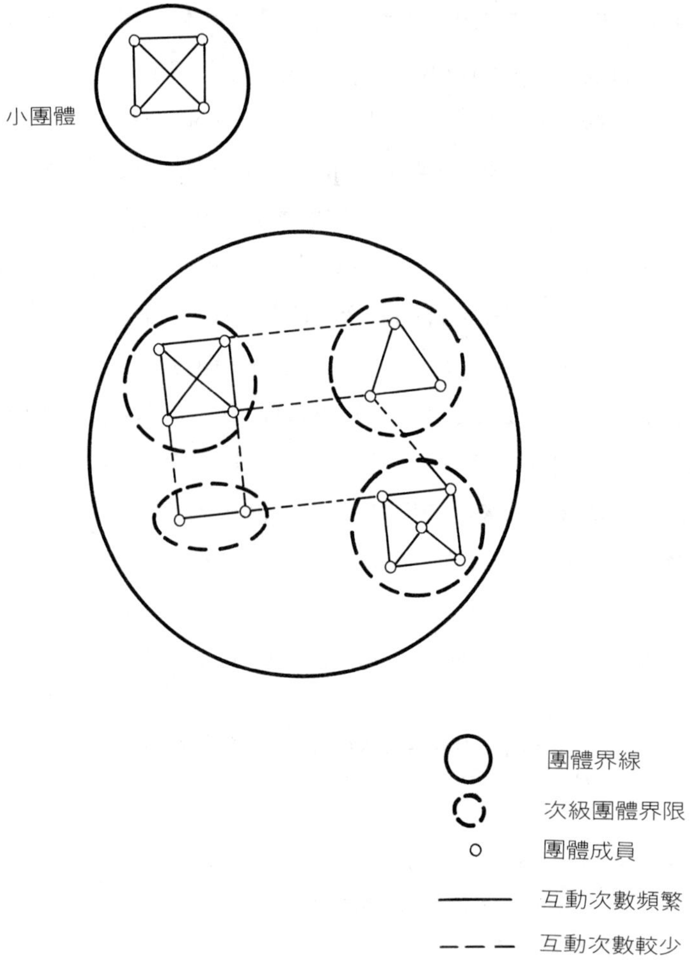

資料來源：Gregory Moorhead & Ricky W. Griffin (1989). *Organizational Behavior* (2nd ed.). Boston: Houghton Mifflin Company. p. 274.

6.團體組成份子的性質——

團體組成份子在決定團體績效上扮演重要的角色，而團體組成份子最常討論的是成員的同質性與異質性。假如團體成員在諸如年齡、工作經驗、教育背景、專門技術或文化背景有一項或幾項相似時，則該團體便是同質性的團體，如果是相異時，則是屬於異質性團體(Moorhead & Griffin, 1989, p. 273)。在指揮團體中，雖然成員的年齡或工作經驗有所不同，但是專門技術通常是分派團體任務的依據。

有關團體組成份子與團體績效關係已有許多的研究。一般而言，上述二者的關係以表7-2表示如後，該表顯示在何種情況下，同質性與異質性團體較有生產力。

表7-2 工作任務變項與團體組成份子

同質性團體較有生產力的情況	異質性團體較有生產力的情況
工作任務單純	工作任務複雜
連續性的工作任務	集體性的工作任務＊
需要合作	需要創造力
講求速度	速度不重要

資料來源：同圖7-2，Moorhead & Griffin, 1989, p. 272.

＊：每一成員都做不同的工作，而其努力的總和將對團體生產力有所貢獻。

其次，同質性團體的衝突較少，成員意見的差異性較少、較容易溝通，互動較多，而異質性團體則相反。

團體互動過程

團體中的凝聚力、溝通型態、領導行為、權力與政治行為、以及團體互動過程中的社會賦閒效果(或稱為社會性浪費)(Social Loafing)與複合效果(Synergy)。有關溝通、領導、權力與政治行爲於其他章節討論外，茲就凝聚力、社會賦閒效果及複合效果討論如後。

1. 凝聚力——

團體凝聚力是團體成員彼此吸引對方，以及共同認同團體目標的程度。假如團體成員彼此之間越是能夠吸引對方，以及團體的目標越是與個人的目標一致時，則團體的凝聚力越大。(Robbins, 1993, p. 310)

團體凝聚力的高低受諸多因素的影響，如團體組成份子的性質、團體的發展、成員的相處時間、加入團體的困難度、團體規模的大小、外在的威脅、過去成功的經驗都是足以影響團體凝聚力的因素。(Moorhead & Griffin, 1989, pp. 278-280; Robbins, 1993, pp. 310-312)

圖7-3　團體凝聚力：影響團體凝聚力的因素；團體凝聚力的結果

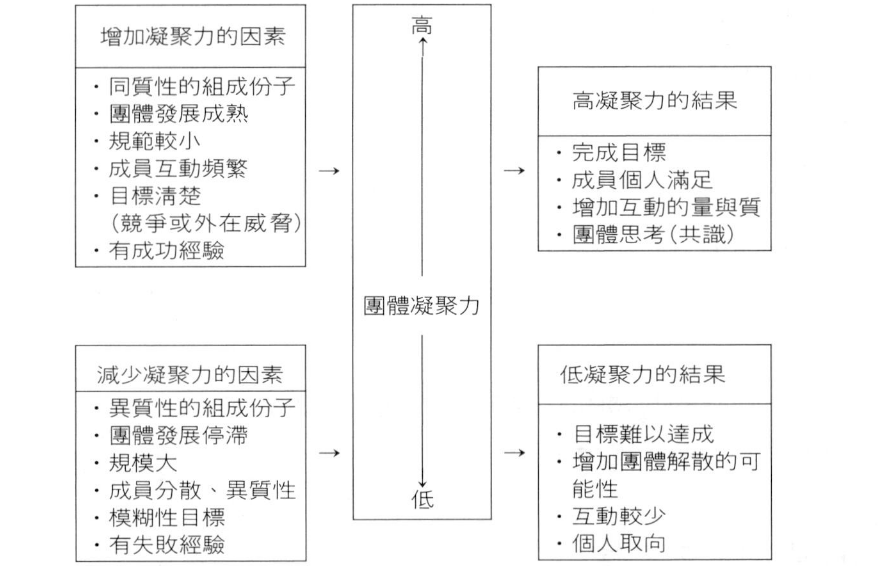

資料來源：同圖7-2，Moorhead & Griffin, 1989, p. 279.

綜合研究的結果，團體組成份子越具有同質性、團體穩定成熟發展、越難加入的團體、團體規模較小、成員互動頻繁、過去有成功的經驗、團體遭遇競爭或受到外在威脅而使團體成員更加團結，並使團體目標更加明確，因而增加團體的凝聚力。假如團體成員較具異質性、團體的發展停滯且是容易加入的團體、團體規模較大、成員彼此分散、團體目標模糊不明確、過去失敗的經驗，則團體凝聚力較低。(見圖7-3)

有關團體凝聚力與生產力的關係是研究團體績效因素時所強調的層面。研究顯示高凝聚力的團體比低凝聚力的團體更能有效地達成團體目標。但是在組織中，高凝聚力並不必然比低凝聚力的團體更具有高的生產力。假如團體目標與組織目標越趨於一致性時，則團體有較高的生產力(Moorhead & Griffin, 1989, p. 280)(如圖7-4)。團體凝聚力與生產力之間的關係並不單純，不能一味的說，高凝聚力就是好現象，因為高凝聚力既是高生產力的「因」，也是高生產力的「果」，且其間的關係還會受到與績效有關的團體規範之情境變數所影響。(Robbins, 1993, p.312)

圖7-4　團體凝聚力、目標與生產力

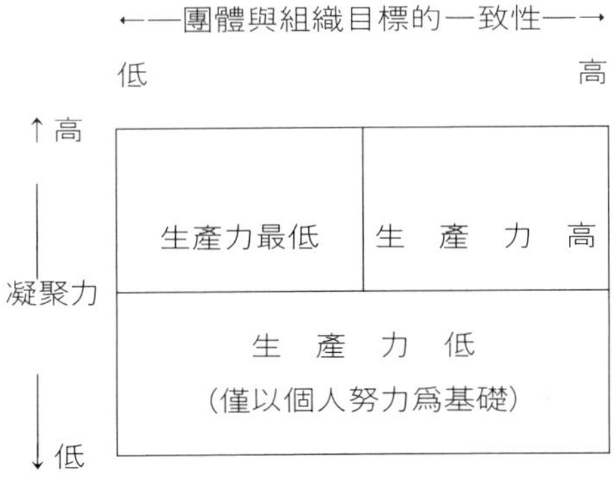

資料來源：同圖7-2，Moorhead & Griffin (1989), p. 280.

凝聚力與生產力之間的關係，還會受到團體規範的影響。越是團結的團體，其成員越是重視團體的目標。如果團體的規範要求成員追求工作的品質與數量，並強調與團體外其他人員之間的合作關係時，那麼高凝聚力的團體會有較高的生產力。但是如果團體的凝聚力很高，而團體的規範鼓勵成員混水摸魚、得過且過，那麼生產力必然會低落。如果凝聚力低，團體規範是正面性的，那麼生產力會隨著凝聚力之增強而提高，但是生產力的水準比不上高凝聚力、正面性團體規範的情況。在凝聚力與團體規範均爲負面性時，生產力往往沒有什麼影響，而會居於低等至中等之間。（見圖7-5）（Robbins, 1993, p.312）

圖7-5　團體凝聚力、績效規範與生產力三者之關係

		凝聚力 高	凝聚力 低
績效與規範的聯結程度	高	高生產力	中等生產力
	低	生產力	中等～低等生產力

資料來源：Stephen P. Robbins (1993). *Organizational Behavior-CONCEPTS. CONTROVERSIES AND APPLICATION* (6th ed.). New Jersey: Prentice-Hall. p. 313.

2.社會賦閒效果——

團體的生產力並不等於團體成員生產力的總和。德國心理學家Ringelmann以拉繩子所作的研究指出，三個人組成的團體所產生的力量只有平均每個人所出力量的2.5倍，而八個人所組成的團體所產生的力量則還不到平均每個人所出力量的4倍。後來其他的研究也有同樣的結論，就是團體的規模越大，個體努力的程度會降低。（Robbins, 1993, p.306）

「三個和尚沒水喝」正說明了社會賦閒效果，只要團體成員較多時，彼此都希望別人能多盡點力，自己卻不願多付出心力。有時看別人不盡力時，自己也在所謂公平的原則下，降低自己努力的程度。另外一個原因則是互推責任，將責任分散，認爲自己即使多麼努力，到最後也無法衡量出自己努力的程度，因此就不再努力了，社會賦閒效果在團體互動過程中即產生了負面的效果。

3. 複合效果——

在醫學上synergy意指肌肉或神經等的協同作用；在生物學上則指二種或二種以上的物質混合作用之後的效果，不同於各種物質各自效果的總和。此一概念在團體互動上可指爲協力合作。假如團體成員共同協力合作則團體績效是正面的。在學校中常有小組就某一專題進行研究，其旨在藉由小組成員的專長共同協力合作而獲致比個人獨立研究更好的績效。

由此可知，從社會賦閒效果而言，團體互動將減低績效，但從複合效果而言，團體互動則會增進團體的績效。因此，團體互動有正反二面的效果，我們應儘可能增加複合效果，減低社會賦閒效果。茲將團體互動過程的效果以圖7-6表示如後。

圖7-6　團體互動過程的效果

團體潛在的效能	+	互動過程 造成的收穫	−	互動過程 造成的損失	=	團體實際的效能

資料來源：同圖7-5，Robbins (1993), p. 309.

團體工作任務

團體工作任務可視爲影響團體績效與成員滿足感的中介變項。對於不確定性、複雜的、互依性、以前未曾做過的工作任務，或許越須依賴團體成員的溝通協調，以減少衝突，而使團體績效提高。反之，對於確定性、單純的、有既定標準程序的工作，則可能不必有太多溝通協調的團體互動程度。

第三節 學校組織行為的應用

每一個團體都是學校的次級單位，團體文化與學校文化有共同之處，也有其獨特之處，團體文化是整個學校的次級文化，因此團體成員的行為與績效受學校組織的各種措施所影響，有關增進團體成員滿足感及績效在學校組織行為上的應用，都以圖7-1的團體行為模式為基礎，加以綜合討論如下。

1. 校長運用領導策略提昇團體績效——

校長所運用的領導策略影響團體成員的行為。例如，校長運用轉化領導與互易領導，兼顧倡導與關懷，並權變運用官僚模式(Bureaucratic Model)、同僚模式(Collegical Model)及政治模式(Political Model)的管理模式(該三種管理模式見第十九章)，而提昇團體的績效。

2. 強調用人唯才，適才適所，與正式化、專門化的組織結構——

一般而言，學校愈制度化，依教職員專長分派職務，則教師的滿足感愈高。因此，校長於分配工作時，宜依成員個人的能力與人格特徵，用人唯才，適才適所，依法定程序行事，而非僅是墨守成規(傳統化)，或權力集中於少數人手裡(高度集中化)。

3. 善用組織資源，並留意團體成員互動的關係——

組織資源的研究發展、開發及妥善運用，有助於團體績效的提昇。例如，辦公室行政電腦化是提昇行政績效的方法之一，但仍應妥爲留意運用電腦後，成員之間互動的關係。

4. 兼重激發團隊精神與評量個體的績效——

學校組織的人事制度、績效評估及酬賞制度都影響團體成員的績效與滿足感。但我們於評估績效或工作設計時，常是偏重團體績效的考量，較少作個人努力成果的評量，爲避免社會賦閒效果所造成的社會性浪費，有必要在評量團體整體性的績效外，也要兼顧團體成員個人努力的成果，以激發團隊精神和個人工作士氣。

5. 視工作性質之不同，組成最適規模與成員之團體——

由本章所述可知，並不是團體成員越多就越有績效。一般而言，爲避免社會賦閒效果，增加複合效果，團體成員不宜太多。工作任務的性質越單純、成員互動頻繁、訊息流通快、迅速建立共識時，以小團體爲較佳。若須各種不同專長的組成份子，以各司其責，才能達成任務時，則以較具有正式化組織的大團體爲宜。總之，校長或團體的領導者宜視工作性質及成員的性質(如同質性、異質性)、能力、人格特徵……，並在可能的控制幅度內，組成較具適當規模的團體。

6. 以同理心的領導使領導者與成員之間彼此角色期望實現的差距儘量減少——

任何一個組織或團體其領導者與部屬彼此都存在著角色的期望(也就是心理契約)，假如彼此期望與事實獲得的差距越大，則滿足感越低。但是領導者比部屬擁有較多的權力，且是影響領導或團體的起動者，因此，領導者宜設身處地瞭解部屬對他的期望，同時也運用策略調整自己對部屬的期望，俾使彼此的期望都較能實現，而提昇部屬的滿足感。

7.領導者宜關懷體卹部屬，以減少部屬因角色衝突所形成的焦慮和挫折——

部屬常因角色衝突的關係，會產生各種壓力、焦慮或挫折。雖然他們也會在心理或行爲上表現出防衛作用，但是，假如長期的認知失調，將可能使他們產生倦怠與不滿足，而降低績效。因此，領導者宜關懷體卹部屬，以減少部屬因角色衝突所形成的焦慮和挫折。

第肆編

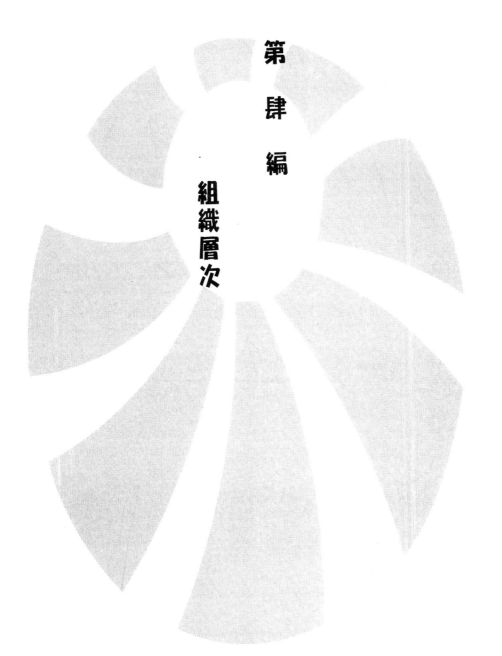

組織層次

第八章

學校組織的類型與特徵

探討組織的類型學或分類學可以瞭解組織的特徵，並進而依據其特徵領導組織的運作。而學校係複雜社會組織的一環，我們可從組織的不同分類進而瞭解學校的特徵。然而，因組織的性質、組成份子及其所處環境的不同，對組織分類的標準也有所差異。組織有時不是專屬於某一種類型，有時也須視情境與目標而兼具多種不同的型態，因此，對組織分類並非是一件容易的事。

Mayne K. Hoy與Cecil G. Miskel(1982, pp. 1-10; 1987, pp.36-52)曾提出幾個較為著名且常被運用在學校情境中的組織之分類，如Daniel Katz與Robert L. Kahn的基因類型學(Genotypic Functions Typology)、Talcott Parsons的社會功能類型學(Social Functions Typology)、Peter M. Blau與W. Richard Scott的主要受益者類型學(Prime Beneficiary Typology)、Richard O. Carlson的以顧客選擇權為基礎所發展的服務組織類型學(Client Selectivity: a Typology of Service Organization)，及Amitai Etzioni的順從類型學(Compliance Typology)。

另外，Lee G. Bolman與Terrence E. Deal(1984; 1991)提出四種不同的組織類型，Bolman與Deal稱之為「架構」(Frame)。該四種組織類型分別是：1.結構性的架構(Structural Frame)：強調正式組織中的角色與其相互間的關係；2.人群資源架構(Human Resource Frame)：強調組織成員的心理、人格、動機、需求等；3.政治架構(Political Frame)：強調資源不足時的衝突及其解決方法；4.符號架構(Symbolic Frame)：強調組織文化的象徵性涵義與價值性。

本章除了將Bolman與Deal(1984; 1991)的分類於專節中討論外，並將其他的組織類型分別加以探討，同時也分析學校組織的科層化與專業化、聯結鬆散系統、社會系統、政治系統。

第一節 學校組織的類型學

Katz與Kahn的基因類型學

Katz和Kahn的基因功能類型學，依組織的主要功能分析成生產或經濟性組織(Productive or Economical Organization)、管理或政治性組織(Managerial or Political Organization)、維持性組織(Maintenance Organization)及適應性組織(Adaptive Organization)等四類組織。其中學校係屬維持性的組織，此種組織「教導人們適當的價值和行爲規範以維持社會秩序，並使他們社會化」(Hoy & Miskel, 1982, p.32)，亦即是「使人們在其他組織和較大的社會中所扮演的角色社會化」，同時也「提供社會規範性的整合」(Smelser, 1972, p. 43)。

每類組織不僅有其特殊功能，亦有其輔助性功能，如學校是一種維持性的組織，旨在透過教學方式，傳授價值觀念，培養行爲模式，以增進學生的社會化。此外，學校亦具有適應性組織的功能，如大學的研究機構具有「創造知識、發展並驗證理論，且在某一限度內把這些知識應用到現有的問題上」。總之，當學校「具備兩種功能時，它必須維持一種技巧處理上的平衡」。(Hoy & Miskel, 1982, pp.32-33)

Parsons的社會功能類型學

Parsons(1971)根據組織在社會中的社會功能，提出組織的類型學。這種組織的分類是從社會系統的一般理論發展出來的，因此，他以組織面對所有社會系統功能的需要性爲基礎，而提出組織的四種類型。假如社會要繼續生存與發展，組織必須解決所有社會系統的四個普遍性的問題。即是：

1. 適應(Adaptation)：包括對資源的需求，及對環境實際需要的調適。

2. 目標的達成(Goal achievement)：反映在目標的界定與完成。

3. 統整(Integration)：維持社會系統內成員之間的團結聯合。

4. 潛在(Latency)：包括動機與社會系統的文化類型之維持與革新所產生的問題。

因此，Parsons根據組織所應具有的主要社會功能，而提出四種正式的組織。分別爲：

1. 適應性的組織——

此種組織的主要職責與商業有關，其目的在維持繁榮及健康的社會，而獲取必要的資源。如經濟組織在創造財富、製造貨品，及提供服務，就是一種例子。

2. 目標達成的組織——

政治組織具有複雜的功能，其目的在完成社會目標。如政府機構或其他的政治機構在分配權力時，就以達成社會目標爲其主要的功能。

3. 統整性的組織——

爲維繫社會系統各個次級單位的團結，如法院、合法的公司、政黨，它們的基本任務就是在促進並聯合社會團體相互間的合作。

4. 維持性類型的組織——

有關社會文化系統的創造、保存及傳播有賴於維持性類型的組織。如大學、教堂及博物館都是此類組織的典型代表。大學創造文化，其他的教育組織則傳播及保存文化遺產。同樣地，教堂則試圖加強及建立特定的文化對象。

因爲任何社會系統必須適應變遷的環境，完成社會的目標，統整社會各次級系統，並激發社會系統成員的動機，以創造、保存、傳遞文化。所以Parsons的組織類型學在社會系統理論中有其顯著的價值。

Blau與Scott的主要受益者類型學

Blau 與 Scott (1962) 的「主要受益者類型學」，係基於「何人受益」(Cui Bono-Who Benefits) 的觀點，將組織分成互利組織 (Multual-Benefit Association)、商業組織 (Business Concern)、服務性組織 (Service Organization) 及公益組織 (Commonweal Organization) 四種類型。其中，學校係屬服務性的組織，學校的「主要受益者」是學生，而不是教師、行政人員或家長。但是，學生無法得知何者是最佳的服務，所以須仰賴專業人員。同時，如同Katz和Kahn 的看法一樣，學校的行政人員和教師有時既屬於專業性的互利團體 (如教師協會) 的成員，有時亦爲學校成員，因此，應如何將其角色和地位維持平衡以避免衝突，值得深入探討。(Blau & Scott, 1962, pp.42-58)

Carlson的顧客選擇權

Carlson 基於「顧客選擇權」(Client Selectivity) 的觀點，以顧客和組織能夠選擇成員的程度，發展了一種服務性組織的新類型學，並以圖8-1說明如下。

圖 8-1　以誰控制選擇過程爲標準而分的服務性組織類型學

組織有權選擇顧客嗎？	顧客有權決定參加與否嗎？ 是	否
是	類型一	類型三
否	類型二	類型四

資料來源：Wayne K. Hoy, and Cecil G. Miskel (1987). *Educational administration: theory, research, and practice* (3rd ed.). New York: Random House, p.39.

其中屬於類型一者，如美國的私立學校和大學；屬於類型二者，如美國的州立學院和大學、我國的私立幼稚園；屬於類型四者，如我國的國民中小學，類型三的學校較少見到。

Etzioni的順從類型學

Etzioni 的順從類型學係基於權力的運用類型〔強制型權力(Coerive Power)、報酬型權力(Remunerative Power)、規範型權力(Normative Power)〕及成員參與心態的分類〔疏離型參與(Alienative Involvement)、計利型參與(Calculative Involvement)及道德型參與(Moral Involvement)或稱疏離、算計、奉獻的融入〕，二者的交互關係構成組織的九種類型。其中，主要的組織如圖8-2，有強制型(1)、計利型(5)及規範型(9)三種類型。(Etzioni, 1975, pp.12-14)

學校可應用此一理論，如可利用規範型權力誘導學生行爲，並可利用強制型權力管教學生，以獲得學生的順從。

圖8-2　順從關係類型學

		參與的類別		
		疏離型	計利型	道德型
權利的類別	強制型	1	2	3
	報酬型	4	5	6
	規範型	7	8	9

資料來源：Amitai Etzioni(1975). *A Comparative Analysis of Complex Organizations: On Power, Involvement,* and Their Correlates New York: Free Press, p. 12.

第二節

學校組織架構

底下以 Bolman 和 Deal(1984; 1991)所提出的四個組織類型爲學校組織的基本架構，並論述學校領導者在組織中宜扮演何種角色。

結構性架構

科學管理學派之父——Frederick Taylor 倡導科學管理方法，視人如同機器，並以科學的方法和原則講求秩序、效率、標準和計畫的組織領域。而Max Weber(1947)的科層體制理論實爲結構性架構的最好例證。依Weber的觀點，法理權威是正統科層體制的基本建構，它「能獲致最大的效率，同時由此能以最正式且合理的權威方式控制人類」(p.337)，權威具有自願性並與法令相結合，法定的權威比傳統的權威或超人的權威更理想，是構成科層體制的基礎。科層體制係本於法理的基礎，以實現效率及合理性目標的組織，幾乎所有的正式組織均具有科層體制的特徵。

Weber(1947)的科層體制之基本建構在求最大化的組織效率，此與傳統上持經濟最大化的觀點，強調最大期待價值目標獲得之合理性決定有密切關係。Herbert A. Simon(1976)所提出的傳統程式化決定，如習慣、標準作業程序、組織結構等強調例行的、重覆的決定常被應用於科層體制的正式組織中。從動態過程之觀點而言，Simon(1976)提出的協調、專精與責任三個概念，強調組織專門化的程序性協調與內容的實質性協調，領導者須具有專門技能並予以劃定責任，亦顯示正式組織行政過程中決定的功能。

科層體制的主要特徵，最常被運用於學校的有明確的職位階層、專職分工、法規條例、終身事業取向、支薪用人、不講人情、書面案卷、資源控制等。(見本章第三節所述)

領導者在組織的結構性架構中，「從作決定、解決衝突與問題、評鑑工作表現與生產量，施予賞罰而控制成員的行動」(Bolman & Deal, 1984, p. 39)，因爲科層體制造成組織中個人高低地位的差異，而組織成員彼此處理各自的公事，因此，部屬認爲科層體制的領導者是冷淡的、冷漠的。(Bensimon, Neumann & Birnbaum, 1989, pp.28-29)

其次，若從學術組織的領導上而言，在組織的結構性架構中，它強調領導者的職位權威、豐富的專門知識及解決問題的獨特能力，重視計畫結果的執行，領導者被視爲英雄。(張慶勳，民78，頁9)

◼ 人群資源架構

霍桑實驗對組織的研究重心由「結構」轉向「人」，強調社會與心理因素是影響組織工作表現的最重要因素。而人群資源架構強調組織成員的需求，其基本信念認爲組織成員具有與生俱來的成就及創造力需求。有效能的組織便能提供成員自我實現及自我控制的機會。

Douglas McGregor(1960)從X理論與Y理論的特徵區分結構性及人群資源的組織架構。其中，X理論的特徵乃是認爲工作人員懶惰、抗拒變革，且必須由領導者所引領；而Y理論的特徵則認爲工作人員具有與生俱來的成就動機和創造力，強調組織成員認同組織所產生的問題，而參與討論以達成共識。

有效能的領導者宜運用成員的成就動機與創造力，及重視協助、鼓舞、參與、自律、雙向溝通而促使組織發展。採取人群資源架構的領導者不強調控制與監督，而宜排除組織對成員的束縛，並促使組織成員在參與作決定及工作中提昇自我。

人群資源架構的原則係雇員中心的領導(Employee-Centered Leadership)，此種領導將會增進成員的士氣，並進而增加生產力(Bensimon, Neumann & Birnbaum, 1989, p.29)。然而，人群關係學派的主張卻被批評爲：「對人群關係理論較少實徵性研究的支持，而其廣泛的實證性發現卻導致其限制的增加，其主要的設計方案則顯示方法論上的不臻健全及理論上的偏見。」(Charles, Perrow, 1979, p.133)

■ 政治架構

政治架構有五項主要的特徵：

1.組織大部分的重要決定涉及資源不足時應如何分配的問題。

2.組織是由許多個人及利益團體(如階層組織的層級、部門、專業團體、同種同文化的民族)所結合或組成的。

3.個人和利益團體之間，其價值、偏好、信念、資訊及對事實眞相的知覺皆有所不同。此種差異通常是經過長時間慢慢改變而形成的。

4.組織的目標和決定係來自於個人與團體之間不斷進行的磋商、協調及運用手段以獲取地位的過程。

5.因爲資源缺乏的不同，權力與影響力是組織的主要特徵。(Bolman與Deal, 1984, p.109)

Bensimon 等人(1989, pp.30-31)綜合數位學者的觀點後，分析指出組織可形成多種特殊的利益團體，且每一利益團體皆在追求它自己的目標。因爲沒有一個團體有足夠的力量足以強迫其他團體符合其目標，因此便與其他團體結合以謀取它們的目的。同時，政治架構也假定團體內的參與者大多是缺乏情感的。

組織的政治活動包括團體在不協調一致的情況下，發展及運用權力以得到所要的結果。當某一團體運用權力而獲得需求時，可能會影響其他團體的訴求。例如，在高等教育裡，若某一系主任爭取到較高的補助款時，便可能比其他的系更會影響到學校預算的分配。

領導者採取政治架構的觀點，其領導行爲可能是一種藝術。因爲組織由各種不同法定利益的團體所組成，政治的領導者設法以各種不同支持者所能接受的方法解決問題。因爲這些系統太過於複雜且分歧太細，以致於無法藉由結構及共同規範而予以協調。領導者經由分析不同團體的訴求，並設計可供選擇的變通方案，以發現不同團體間的共同點，且以妥協的方法促使不同團體形成結合而支持領導者。在政治架構下，領導者協助組織管理其本身的事務，並對問題深思熟慮及下判斷，其次則採取行動以實現所作的決定。

■ 符號架構

符號架構視組織係參與者不斷互動創造出來的系統。符號架構與文化、符號及認知的領導理論有關。文化與符號的領導理論假定組織結構和過程是創造出來的，而不是被發現的。此一理論認爲組織的參與者經由長時間的互動，而發展並創造出足以影響他們知覺和行動的各種共識(Shared Meaning)，這些共識即是組織的「文化」，也就是對組織具有支配性質的價值、規範、哲學、規則及氣氛(Bensimon, Neumann & Birnbaum, 1989, p.21)。認知理論則認爲領導常源自於社會歸因，其旨在瞭解不確定的、變動的及複雜的世界。

有關組織符號之最重要的代表係Michael D. Cohen與James G. March(1974, 1986)的《領導與不確定》(Leadership and Ambiguity)之經典著作。在本書中，Cohen與March將學院與大學描述爲「有組織而無政府狀態」，並認爲組織有三個特徵：目標不明確、技術不清楚及流動性的參與決定。

學校被視爲是一種目標不清楚、沒有明確的技術、參與不穩固、活動未能相互配合、結構因素聯結鬆散、結構成效微小的組織。這些分析被稱爲「聯結鬆散的理論」。(Loose Coupling Theories) (Hoy & Miskel, 1987, p.139)

對「聯結鬆散」的概念作較澈底的分析者爲Karl E. Weick(1983, p.18)，他認爲聯結鬆散係指「聯結的事件雖然彼此互相感應，但每一事件又保有自己的獨立性，和一些物理及邏輯的分離性」(見本章第四節)。如爲處理學生多樣化的個別差異性，教師需要表現出自由的專業判斷。又教師的專業自主性不受其同僚與行政的監控，也表現學校聯結鬆散的特徵。

在符號架構的組織中，因各種不確定性、聯結鬆散的特徵，致使領導者在作決定時，常被喻爲將各種同時並存的組織混雜的現象丟進一個大的容器內，加以混合而作成決定，因此，有所謂的「垃圾箱的決定」(Garbage-Can Decision Making) (Bensimon, Neumann & Birnbaum, 1989, p.32)。此外，領導者除了考慮組織的特有文化外，亦須具備領導者的魅力及獨特的人格特質。近年來已逐漸受到重視的轉化領導之理念，可提供領導者一個極有價值的導向。此種領導爲互易領導的延伸，轉化領導強調領導者的魅力，關懷、鼓舞部屬，並激發部屬的智能，提昇部屬道德及心理需求至更高層次。同時，也強調改變既有的組織文化。因此，此種領導亦被喻爲附加價值的領導、文化與符號的領導、道德的領導。(Bernard M. Bass, 1985; Sergiovanni, 1990a; 1990b)

第三節 學校組織的科層化與專業化

本節將先討論學校中有關科層體制的特徵，並分析學校組織之科層化與專業化如後。

■學校是具有科層體制特徵的正式組織

依 Weber 的觀點，法理權威是正統科層體制的基本建構。許多學者的研究認爲 Weber 有關科層體制組織的主要特徵能適用於學校內，最常被提到的特徵有下列各項：

1. 明確的職位階層(a Well Defined Hierarchy of Office)。

2. 專職分工(Areas of Expertise With a Division of a Labour Among Experts)：是分工與專門化，亦即功能性的專業分工。

3. 法規條例(Rules and Regulations)：依特定的法規程序完成任務。

4. 終身事業取向(Career Orientation)：強調取才用人的技術資格及陞

遷的保障。

5. 支薪用人(Salaried Personnel)：學校人員有固定的薪水。

6. 不講人情(Impersonality)：學校有正式化且公平處理學生的方法。

7. 書面案卷(Written Records)：學生成就、品行、出勤記錄、及教師的人事和考核等均錄案存檔。

8. 資源控制(Control of Resources)：學校從社會爭取設備、補助、人事的支持等以維持學校的發展。(黃昆輝，民81，頁98-100; Hoy & Miskel, 1987, pp.110-113; Burgess, 1986, pp.156-159; Sergiovanni & Carver, 1980, pp.165-166)

有關學校情境科層化程度的實徵性研究，D. A. Mackay曾修正Richard H. Hall 測量科層體制結構所發展的組織量表，予以改編成學校組織量表(School Organizational Inventory; SOI)，而以教師對科層結構的知覺，測量學校科層體制類型的權威層級體制、專門化、法規、明確的程序、非個人化及專門技術知能等科層體制特徵(Hoy & Miskel, 1987, p.124)。G. Isherwood與Wayne K. Hoy亦利用Hall的研究工具，發現中學具有二種科層體制的類型，一爲法理權威型(Authoritarian Bureaucracies)：高度集權、法規限制、一切標準化且不講人情；二爲學識專業型〔Collegial(Professional) Bureaucracies〕：高度分工又講求專門知能(黃昆輝，民81，頁114)。

John Newberry 修訂 D. S. Paugh 等人的阿斯頓學校訪問量表(Aston Interview Schedule for Schools)在中學後學校(Postsecondary School)所進行的研究，及 Edward A. Holdaway 等人在教育組織上的研究，均證實教育組織科層化的多樣性(Hoy & Miskel, 1987, p.125)。而 David A. Sousa 綜合上述Hall的問卷法及Aston的訪問法研究新澤西的公立學校，發現學校具有下列五種科層特性：

1. 系統集權化(Aston)。

2. 學校集權化(Hall)。

3. 專門化(Aston和Hall)。

4. 標準化(Aston)。

5.形式化(Aston；Hoy & Miskel, 1987, p.128)。

其他的研究，如Pollard對幼兒學校人事結構的研究，與Roald J. Campbell對中學課程負責人員的探討，及Robert G. Burgess、C. Lacey有關在中學階層組織內教學人員的研究，均顯示學校具有科層化的特色。(Burgess, 1986, pp.157-159)

國內對學校組織科層化的研究已逐漸受到重視。無論是研究國小(吳麗芬，民76)、國中(吳清基，民68；蘇育任，民74；黃耀卿，民74；謝文豪，民 76；方德隆，民 76)、或綜合研究國民中小學(蔡培村，民 74)等方面均證實學校組織具有科層體制的特性。同時，他(她)們也研究學校科層化與其關聯因素之間的關係，這些因素包括教師工作動機(吳麗芬，民76)、組織氣氛(黃耀卿，民75；蔡培村，民74)、組織溝通(謝文豪，民76)、校長領導特質、權力基礎、教師工作滿足(蔡培村，民74)等。

科層體制具有：1.效率高；2.可預測；3.公正無私；4.速度快的功能(林生傳，民79a，頁196)。但Hoy與Miskel從其所具有的個別特徵分析它也有反功能(Dysfunction)或不良後果(Negative Consequence)的一面(Hoy & Miskel, 1987, pp.115-116)，而(簡化的)高德納模式(Simplified Gouldner Model; Gouldner Model)不但指出法規的功能和反功能，同時也指出非預期結果的惡性循環，且在此循環之下，會不斷出現新的問題和緊張，雖然如此，法規仍然是永遠存在的(Hoy 與 Miskel, 1987, p.117)。此外，科層體制亦被批評忽視非正式組織。又依 Laurence Iannaccone 的研究指出，學校內的非正式組織具有重要的意義，它能當作修正正式組織的一種指針，如能瞭解其動力，則更能進一步發展並運用其程序與技巧，同時也能比組織的正式化更爲有用。(Hoy & Miskel, 1987, p119)

學校組織的科層取向和專業取向之衝突與調適

1.學校組織的專業化特徵——

由於學校科層化所發展出的功能性專業分工、用人唯才及擔負教育青年學生的任務，學校與其他一般組織的不同者乃在於其所具有之專業取向的特徵。專業取向至少具有下列五項共同的特徵(Hoy & Miskel, 1987, pp. 148-150)：

(1)專業人員具有長期訓練所得的技術和能力

受過訓練的專業人員是其專門、特定領域的專家。誠如 Blau 與 Scott (1962, p.61)所說：「他(指專業人員)不求一般性的智慧，他既非聖人亦非智者」。然而，專業人員具備了專業訓練與專業權威(專門能力)以後，人們便希望他能就某一專門領域內的問題作正確的決定。而有關各種專業的訓練期間長短不一，不過通常是相當長的。根據Etzioni(1964, p.78)的說法，夠格的專業人員是指那些接受專業訓練較長者(五年或者更長)，而訓練時期較短的只能稱爲「半專業人員」。

(2)專業人員具有專業道德的規範

專業人員的規範包括諸如服務他人、客觀、非個人化、公正無私等，並在這些專業的規範中，作合理性的判斷。

(3)同行參照團體導向

參照團體取向(Reference-Group Orientation)是專業取向的另一要素。在同一專業的領域中，專業的忠誠是指對自己專業的誠實及對顧客服務的忠實，且專業人員在學識上及能力上都會受到重要他人(如同事)的協助，而在專業領域上有所發展。

(4)具有以學識和各種標準爲基礎的自我管理組織

專業組織中獨特的控制結構(如同業工會)是專業取向的一項特徵。某一領域中的專業人員會組織一種同儕團體以管理自己。他們的技術是根據多年訓練，學習專業理論、知識所得的。

(5)作專業決定的自主權

專業人員都希望有廣泛的自主權，因為他們認為在這一特殊的領域中他們才是最有資格作決定的人。而且，專業人員都有其內在的道德規範，以指引他們的行為。

2.學校兼具科層化與專業化的特徵——

從學校組織類型的研究亦可得知學校存在著科層化與專業化的特徵，最典型的是Hoy與Miskel(1987, pp.122-124)以Hall的研究為基礎，而依學校專業化型態與科層化型態，區分為韋柏型(高專業化、高科層化)、權威型(低專業化、高科層化)、專業型(高專業化、低科層化)、及渾沌型(低專業化、低科層化)的四種學校組織結構類型研究。雖然科層化與專業化的原則之間均具有專業技能、客觀的觀點、非個人、無私的方法及服務組織與顧客之相似處，但仍存有潛在的衝突。Ronald G. Corwin指出其衝突乃由於科層取向和專業取向間的競爭而導致的。教師是專業的受僱者且表現了專業人員的特徵。在工作的標準化、工作的專門化及權威三種組織特徵(或稱科層原則)上存有二種不同特殊的觀點。易言之，依Corwin的論點，衝突的發生不是因為組織內個人反對專門化、標準化和集中化，而是因為這些特徵隱含了專業取向和科層取向人員之間的差異，(Sergiovanni & Carver, 1980, pp.175-176)其差異內涵如表8-1所示。

Hoy與Miskel則認為學校是一種服務性的組織，學校內的科層人員和專業人員均有服務顧客(指學生)的共同目標，認為科層化與專業化二者最基本的衝突來源是科層體制和專業人員所採用的社會控制系統，亦即是「科層體制的紀律與控制」及「專業技能與自主權」二者間的衝突所導致。前者係以層級節制為導向，服從紀律及隸屬於組織之下的權威，科層人員的行為是否正當要視其是否與法令規章一致而定。後者則以專業學識自訂標準自行管理，強調同行導向及自主決定權。(Hoy與Miskel, 1987, pp.150-151)

雖然有些研究發現如果學校增加教師的專業自主權，科層體制取向和

表8-1　組織特徵與科層—專業取向或期望

組織特徵	科　層　期　望	專　業　期　望
標準化	1.強調顧客問題的一致性 2.強調記錄和檔案 3.法規的敘述是普遍性和特殊的	1.強調顧客問題的獨特性 2.強調研究和變化 3.法規的敘述是有選擇性的和分散的
專門化	1.強調技術—工作取向的效能 2.技能基於練習	1.強調目標—顧客成就取向 2.技能基於知識的專利
權威	1.決定之結果與例行問題的法規有關 2.法規由公衆認可 3.對組織和長官忠誠 4.權威來自職位（職權）	1.決定之結果與政策的專業事件和獨特問題有關 2.法規由法定認可的專業人員所認可 3.對專業協會和顧客忠誠 4.權威來自個人之資格能力

資料來源：Thomas J. Sergiovanni & Fred D. Carver(1980). *The New School Executive: A Theory of Administration*(2nd ed.). New York: Harper & Row, p.176.

教師的專業態度未必會產生衝突(Hoy 與 Miskel, 1987, p.156)。但是 Corwin 對 7 所中學284位教師進行調查和訪問143位教師，卻發現該 7 所學校的專業取向平均數和經由相互接觸的衝突比率之等級相關係數(Rank Order Correlation; rho)爲.91 並達到顯著水準。而那些同時具有高專業(High-Professional)與低任務(Low-Employee)取向的人員比同時具有低專業(Low-Professional)與高任務(High-Employee)取向或其他可能角色組合的人員有較高的衝突比率(Sergiovanni與Carver, 1980, pp.175-176)。也就是說學校成員越具有專業取向，則學校內衝突的情形就越多，對專業忠誠的教師就對學校組織愈不忠心，因此，教師的專業取向與科層取向二者爲負相關。(Hoy & Miskel, 1987, p.157)

3.如何調適學校的科層化與專業化——

有關學校內科層取向與專業取向應如何調適的問題，Hoy與Miskel認爲可從：(1)組織改變本身的主要結構，(2)專業人員與科層體制組織的要求相容並存二者著手(Hoy 與 Miskel, 1987, p.151)，此與適應環境的同化與調適之概念頗爲一致。而有關教學專業決定權的歸屬與學校行政權之調和，可依Talcott Parsons所提出的學校行政組織之機構的、管理的及技術的(Institutional、Managerial、Technical)三個由外而內的層級概念予以調和。亦即宜提供教師參與討論的機會，使之能夠貢獻智慧，俾能綜觀問題的全貌，洞悉問題的眞相，然後再由校長作最後之決定。總而言之，有關教學方面的決定，校長應尊重教師的意見，而調和科層的體制和專業的控制。(黃昆輝，民81，頁35-37)

爲使學校人員對組織及專業的效忠能同時並存，Russell Thornton 對初級學院教師的研究及Barney Glasser對組織中科學家的研究均肯定：當組織的業務與其專業目標一致時，Glasser所謂的「雙重取向」(Dual Orientation)及Willian Kornhauser所謂的「混合型」(Mixed Type)人員(即專業人員可以對專業及組織效忠)即可能形成，所以學校組織內須特別提高專業精神以加強其服務性的功能。(Hoy & Miskel, 1987, pp.155-156)

第四節 學校組織的系統分析

本節分別就學校的聯結鬆散系統、社會系統及政治系統等討論如後。

學校是聯結鬆散的系統

Karl E. Weick(1983, p.18)蒐集有關文獻分析，得知「聯結鬆散」(Loose Coupling)一詞早已出現在R. B. Glassman(1973)的《生活系統的持續與鬆散聯結》(Persistence and Loose Coupling in Living Systems)，及James G. March與Johan P. Olsen(1975)的《鬆散聯結世界中的選擇情況》(Choice Situations in Loosely Coupled Worlds)等文獻裡。Glassman將學校中「校長-副校長

-管理人員」與「教師-教室-學生-家長-課程」，視爲彼此互爲獨立且變項不穩定，共同變項較少，又彼此相互依賴之二個系統，而其聯結的程度乃基於此二系統中部分變項的行動基礎而予以分類的。

Weick (1983, p.18) 指出，聯結鬆散是「聯結的事件雖然是彼此互相感應的，但是每一事件卻又保有其自己的獨立性，及某些物理的或邏輯的分離性」。學校組織中，諮商人員與校長就是聯結鬆散的一個例子。校長與諮商人員以某種方式接觸，但是彼此仍保有某些的同一性和分離性，而他們的接觸受到限制，次數較少，在相互影響上也較少或不重要。

依 Glassman 的論點，假如我們沒有發現教師與校長之間有共同的諸多變項，或教師與校長之間共同的變項彼此之間不重要時，則校長與教師之間被視爲是聯結鬆散的。March和Olsen、Michael D. Cohen與March則曾將教育組織、學院視爲「有組織而無政府狀態」(Organized Anarchies; Organized Anarchy) 的機構，就是具有此種聯結鬆散組織的特徵。(Hoy & Miskel, 1987, p.141; March & Cohen, 1974, pp.195-229)

其實，Charles E. Bidwell早就曾經分析學校是科層體制和結構鬆散的特殊組合，教師依其專業自主的專業判斷處理學生的諸多問題，學校的鬆散結構支持組織的專業基礎，而學校在聘任教師或處理學生的升級與轉學問題時又須賴科層的體制。Terrence E. Deal與Lynn E. Celtti則認爲學校的正式組織與行政人員沒有一種有效的方法可以影響教室的教學活動。Weick 和 Howard E. Aldrich 皆認爲組織中的各種要素或次級系統常是聯結鬆散而非嚴密的科層聯結。(Hoy & Miskel, 1987, p.139)

雖然學校聯結鬆散系統理論在分析學校中所具有的目標不清楚、沒有明確的技術、參與不穩固、活動未能互相配合、結構因素鬆散、結構成效微小之特徵，但它的實徵研究仍尚無定論 (Hoy & Miskel, 1987, p.142)，此一理論乃對學校科層體制與專業化提出另一種解說，且仍在不斷地發展中。

學校是一種具有開放性的社會系統

研究者經分析有關文獻，認爲Blau和Scott(1962, pp.2–5)對社會組織之社會關係結構與共同信仰和取向，Parsons(1971, pp.4–8)的「社會體系」(social system)之有關型式的維持、統整、目標達成及適應四大功能，及一般系統理論的歷程模式提供了學校社會系統特性概念的理論基礎。這些概念將能更進一步地探討社會系統的理論與學校所具有的社會系統的特性，並在學校組織方面加以發展。

Marvin Olsen對社會系統的界定頗爲具體明確，他認爲社會系統是「一種組織的模式，具有超越其組成份子之獨特的整體統一性(創造性)；它與環境之間有明確的界限；它是由一些次級單位、元素和次級系統所組成，這些組成份子在相當穩定的社會秩序(平衡)中，彼此相互關聯」(Bolman & Deal, 1984, p.44; Hoy & Miskel, 1987, p.56)。故界限、平衡、元素及次級系統爲社會系統的主要部分。

茲綜合有關文獻(如Clark, 1985, pp.55–56; Morphet, et al., 1982, pp.43–45; Hoy & Miskel, 1987, pp.55–72)，歸納學校所具有的社會系統特性有下列各項：

1. 組織平衡：爲維持系統內外各因素間的平衡，其型態有靜態平衡(亦稱平衡)及動態平衡(亦稱穩定狀態)兩種。此一平衡概念與從環境中獲得「回饋」有密切關係，學校系統存在於不確定的情境中，須賴回饋以獲得訊息，並適應環境，以維持組織平衡。

2. 解組凋零：任何一系統均有朝向解組或脫序的趨勢。學校系統是一種開放而有生命的系統，它能藉著與環境的交互作用，克服解組或死亡的趨勢(即反解組)，而維持生存。

3. 輸入與結果：係指在學校系統中輸入不同的物質投資、教學方法等，以達成相同的學習目標。另一方面，相同的物質投資、教學方法，亦可能導致不同的輸出結果。

4. 學校的社會系統由相互依賴的各部分(如各行政處室、教學人員、學生)、各種活動所組成，且彼此交互作用、互相影響。

5. 學校社會系統兼具制度和個人兩個層面，前者可用「機構-角色-期望」予以界定，後者則以「個人-人格-需求」予以界定，學校社會系統內的行爲是「角色」與「人格」交互作用的函數，即是B=F(R×P)，社會行爲是社會層面和心理層面交互作用的結果。

6. 學校系統是多元目標導向的，兼重組織目標的達成和個人需求的滿足，亦即兼重效能與效率。

7. 學校社會系統因受組織的角色期望和價值結構之間，及個人人格需求與社會壓力交互作用的影響，其角色-人格、角色-規範、人格-規範之間將產生不可避免的衝突，但該系統爲維持生存，仍會尋求必要的平衡。

Hoy與Miskel(1982, pp.61-66; 1987, pp.59-60)將Jacob W. Getzels與Egon G. Guba的社會系統模式，加上Bidwell, Joseph A. Litterer, Max G. Abbott等人的觀點擴展並應用在學校的正式組織上，而描繪出一個學校複雜的結構要素圖(如圖8-3)。根據此一模式，社會行爲至少會受到三項內在因素的影響：科層期望、團體規範和個人需求。而且內、外在的回饋機構會增強適當的組織行爲，頗值得研究。

由於學校系統的複雜性，我國研究者根據社會系統模式對學校組織的研究，皆以其興趣選取系統的主要概念作研究，如：組織環境對教師角色壓力的影響(王秋絨，民70)，教師(王受榮，民68)、總務主任(陳春雄，民75)、訓導主任(黃德慶，民76)的角色研究；教師角色衝突(鄭世仁，民74)與工作滿意之關係(黃隆民，民75)的研究；教師角色期望與角色踐行(楊永全，民75)、或教師角色衝突、角色不明確與工作倦怠(廖貴鋒，民76)、導師角色踐行(謝州融，民73)、校長角色(鄭進丁，民65)及角色認知與人格特質(施柏生，民74)的研究等。而Silver經分析文獻後，歸納社會系統理論在學校組織研究中有角色及人格二者與態度的關係、角色的社會化及角色衝突的解決與適應策略三項研究焦點(黃昆輝，民81，頁327-331)。因此由中外實徵研究發現，學校中的社會行爲均支持社會系統中兼顧「角色-人格」

圖8-3　複雜的結構要素圖（運用Getzels-Guba之社會系統模式）

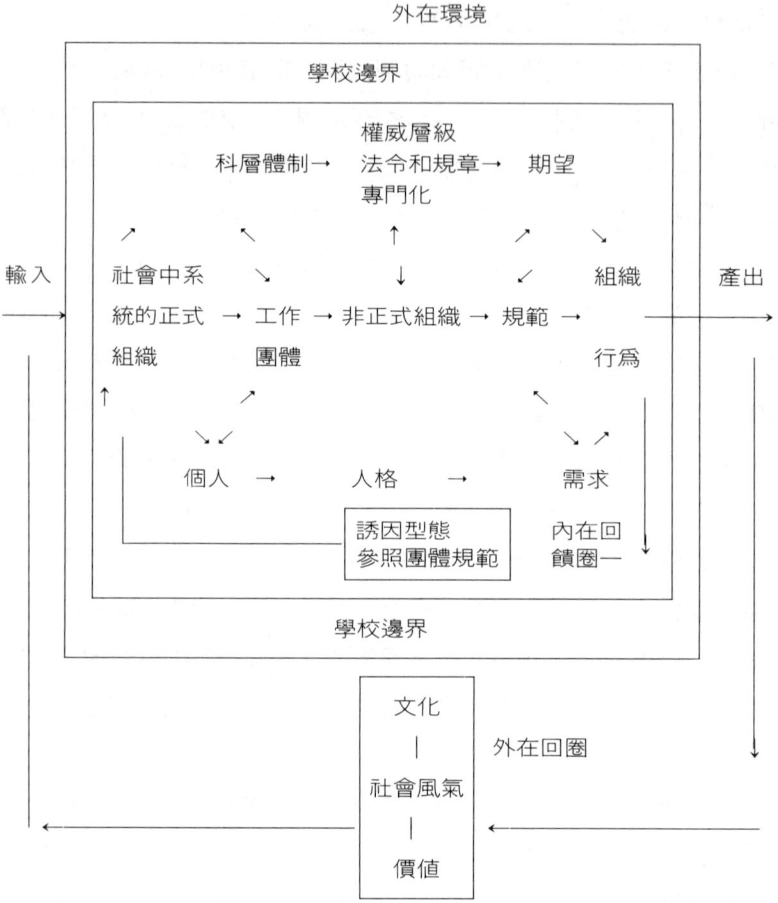

資料來源：Wane K. Hoy, & Cecil G. Miskel(1982)*Educational Administration: Theory, Research, and Practice*(2nd ed.). New York: Random House, p. 65.

的機構層面和個人層面的特性。

◘ 學校組織的政治系統

茲先分析政治的基本內涵，再就學校組織的政治系統加以分析。

1.政治的基本內涵——

Edgar L. Morphet 等人(1982, pp.154-155)曾列舉有關「政治」(Politics)的代表性定義，該定義可提供學校領導者清晰的觀念。茲條列如後。

(1) Harold Lasswell 認爲政治是「某人在某時以某種方式獲得所想要的事項」。此定義包括了所可欲的與不可欲的政治類型。

(2) David Easton 把教育上的政治定義爲「一個社會中價值的權威性分配」，此種定義只關聯到合法的政治活動，因爲它排除了不可欲的政治層面。

(3)Ralph B. Kimbrough與Mchael Y. Nunnery認爲政治是「運用權力及影響力以形成政策並使政策合法化的歷程」，而團體磋商是一種政治的歷程，它涉及決定歷程中權力的運用。

綜合以上所述，筆者認爲就學校而言，政治係學校領導者運用權威與影響力，及以磋商、妥協的方式獲取社會資源，並解決學校所發生的問題，俾使政策合法化及達成學校目標的歷程。

2.學校組織政治系統的分析——

視學校爲政治系統的研究，已是學校組織研究的發展趨勢之一。學者如Leonard Watson(1982)、Thomas J. Sergiovanni與Fred D. Carver,(1980, pp. 229-245)，及J. Victor Baldridge(1983, pp.50-56)等人皆堪爲代表人物。茲將他們的觀點撮要如後。

(1)Watson

Watson從組織與環境彼此交互影響之觀點，探討權力結構與歷程的流動及合法化，認爲學校政治系統的主要概念包括：

①權力：爲達到某種目的而運用資源的能力或潛能。

②影響力：權力的有效流通。

③合法性：結構或行動合法性的歷程。

④權威：權力的合法運作或合法性的認識。

在社會背景中學校政治系統主要的問題包括：

①權力運用的基礎是什麼？以什麼政治資源爲基礎？

②環境中影響力的類型是什麼？如何影響組織？此種影響能導致何種目的？

③在社區與組織中，決定如何合法化？

④權威運作的範圍如何？

⑤由各種不同政治團體所認可的權威基礎是什麼？決定影響力的類型其意義有多深？

(2)Sergiovanni與Carver

Sergiovanni與Carver認爲學校本身是一種政治組織，且在政治環境中運作。就學校的主管而言，重要的是學校會對外在政治勢力顯現出其弱點，如社區愈分歧，對資源的期望與要求就愈不確定與公開自由，權力與權威散布的層面也愈廣，對學校事務的公共參與也更爲激烈，學校主管逐漸地扮演政治家的角色。近來學校內部的政治活動也不斷地擴大，此種勢力促使學校主管扮演磋商者和談判者的角色。

(3)Baldridge

Baldridge 將大學視爲政治系統而予以研究，並提出政治歷程的假定及階段，而奠定了研究學術組織政治系統的理論基礎，其對政策形成的歷程提出下面六個假定：

①消極無爲(Inactivity Prevails)：政策擬定是一種政治歷程並不意謂著每個人都能參與作決定，對多數人而言，在大部分的時間其政策擬定是一種沒有趣味，沒有報酬的活動，大體言之，決定是由少數菁英團體所作的。

②不固定的參與(Fluid Participation)：指政治菁英的小團體管理大多數主要的決定，因爲他們常須投入必要的時間並堅持自己的意見，而其他大多數的人卻沒有花費太多時間在決定的問題上。

③學院和大學像其他社會組織一樣，係以不同的目標和價值散置於利益團體內。當資源豐富且環境適宜時，這些利益團體的衝突較小，然而當資源緊縮且受外在壓力團體攻擊，或組織內的其他團體具有

支配性而又獨占組織目標時，這些不同的利益團體會有所行動並極力影響決定。

④衝突是正常的：在一個支離破碎的、動力的社會體系內，衝突是自然的且在學術界中不須將其視爲一種衰敗的症狀。事實上，衝突在促進健康組織的變遷中是一種具有意義且有影響力的因素。

⑤權威是受限制的(Authority is Limited)：大學裡科層體制的正式權威受政治壓力團體的運作所嚴格限制，決定不僅是科層的次序，且常在競爭的團體之間談判、妥協。官員並非僅是爲了在權力阻礙中作決定並建立實際的職權，他們必須在利益團體之間運用手段。

⑥校外利益團體是重要的(External Interest Groups are Important)：學術決定不僅發生在校園範圍內，且校外壓力和校外機構(特別是公立機關)的正式控制也是校內管理歷程有力的形成者。

其次，Baldridge依上述決定歷程之不固定與複雜性及社會學家的觀點，檢視學術政策的擬訂需要知道學院或大學的社會結構如何影響決定的歷程，決定者如何有效地運用政治壓力、決定如何化解衝突及規劃的政策如何實施。並分析政治歷程須經過：①社會結構產生多重的壓力；②利益的結合；③政策形成的合法化；④政策的確切說明；⑤政策的執行等五個階段。

最後，Baldridge 將學術組織的政治系統要旨下結論爲：複雜的社會結構產生多重的壓力，許多權力和壓力的資源和形式影響決策者，合法的階段將這些壓力轉換成政策，而政策的執行階段則產生回饋及潛在的新衝突。有關政治歷程模式請參見第十九章圖19-1。

第九章

學校組織文化

近年來已有越來越多的管理學者都一致地注意到組織文化的問題。但是，組織文化已不是一個新的概念，它是瞭解組織動力的意義與基本特徵的媒介，在1930年代與1940年代期間，Elton Mayo與Chester I. Barnard即強調工作團體經由規範、觀點、價值及其交互作用，顯現出非正式組織性質與功能的重要性。(Wayne K. Hoy與Cecil G. Miskel, 1987, p. 245; Meryl Reis Louis, 1985, p. 27。)又1930年代的西方電氣(Western Electric)的研究即指出，某些管理型態會提高成員的向心力、能力以及成就，因而使其生產力比以前提高，同時其工作滿足感也會比其他管理方式下的滿足感還高。而1940年代的初期，Kurt Lewin及其同事與學生也曾作過改變組織中管理人員與工作人員的社會規範，以促使組織發揮更高效能的研究。(Robert G. Owens, 1991, pp. 166–167)。

此外，組織文化之所以再次受到重視，且具有普遍性，主要是因爲許多討論成功的商業公司的書籍所形成，其中最有名的是下列的三本暢銷書。如William Ouchi(1981)的《Z理論》，Terrence E. Deal與Allan A. Kennedy(1982)的《企業文化》，及Thomas J. Peters與Robert H. Waterman(1982)的《追求卓越》。所有這些書籍所討論的主題及分析皆認爲有效能的組織都有強烈且具有特色的公司文化，而領導者領導的基本功能則是型塑該組織的文化。

文化是一種動力的過程(Edgar H. Schein, 1985, p. 50)，爲瞭解文化的動力學，我們必須研究文化層次中有關的基本假定爲何產生，及爲何它們能持續發展的「模式」。也就是說，我們必須在理論上回答諸如下列的問題，即是：「文化是什麼，其具備那些功能？」「文化如何開始、發展與改變？」及「爲什麼文化難以改變？」(Schein, 1985, P. 49)。

基於以上所述，本章將從文化及組織文化的涵義及層次、學校組織文化的涵義與類型，及改變學校組織文化的策略與可行性等加以討論分析如後。

第一節

文化與組織文化的涵義及層次

◤文化的涵義

文化的涵義是微妙且衆說紛紜的，文化的定義源自於對「文化」這個概念的著眼點不同所致。如Kroeber與Kluckhohn(1952)蒐集有關文獻，發現對於文化的定義可列舉164個之多(Ott, 1989)。Sathe(1983)歸納普遍使用於描述文化的名詞有信念、價值、認同、形象、態度、氣氛、核心價值、規範和意識型態等。他並從人類學的角度，將文化的定義分爲兩類：

1.「文化適應」學派(Cultural Adaptionist)：此派著重在直接觀察一個群體內成員的作爲——如行爲模式、語言、實物之使用等。

2.「觀念」學派(Ideational School)：此派著重於探討群體成員心靈之共同處，例如，信念、價值、知識、意義和觀念等。(吳璧如，民79，頁14)

Jay W. Lorsch(1985, p. 84)認爲文化是「公司的上層管理人員之間相互分享有關如何管理他們自己及其他部屬，及如何帶領其公司的營運之信念」。Joanne Martin(1985, p. 95)則主張「文化是人們最急迫需求的表現，及將經驗賦予意義的手段」。Howard Schwartz與Stanley Davis(1981, p. 33)將文化視爲「組織成員信念與期望的類型」，且由之產生「規範並型塑組織中個人與團體的行爲」。而Schein(1985, p. 6)認爲文化是「組織成員所共有的基本假定與信念之較深層的層次，其運作係無意識地，且是在組織本身及其所處環境之本來認爲『理所當然』的習尚之下予以界定的」。

因此，Schein (1985) 採文化動態的觀點，將文化界定爲：

「一種基本假定的類型——是由團體成員有意的、發現的及發展而成的，並用以學習而處理組織外在適應與內在統整的問題——也就是說，該類假定對組織的運作極有價值，因此，便促使組織的新成員以正確的方式去對有關上述的那些問題加以覺察、思考及感覺。」(p. 9)

組織文化

對於組織文化，文獻有各種不同的界定，且在其特性與範圍上也有各種不同的變化。茲綜合學者對組織文化的界定，以其所強調的焦點或層面分析如下。

1. 從人類學的觀點描述組織文化——

•「對於人們生活方式中，有關整體信念、行爲、知識、制裁力、價值和目標的主要建構之描述。」(Herskovitz, 1948) (cited by Lundberg, 1985, p. 171)

2. 強調組織文化的傳承性——

•「將認知參考架構與行爲類型從先前的團體傳達至目前團體成員。」(Beres & Porterwood, 1979) (City by Lundberg, 1985, p. 171)

•「傳遞和創造價值、概念及其他象徵性意義的系統之內容與類型，且是形成人類行爲的因素。」(Kroeber & Parsons, 1958) (Cited by Lundberg, 1985, p.171)

3. 強調組織成員對事件的處理、運作方式——

•「我們周遭所做事情的方式。」(Deal & Kennedy, 1982)

•「信念、重要的人、事、物、價值系統、行爲規範、處事方式的一般性作法，且對每一個團體而言都具有其獨特性。」(Turnstall, 1983) (Cited by Lundberg, 1985, p. 171)

4. 強調組織文化的象徵性意義——

•「象徵性符號、儀式與神話，並就組織的價值與信念而與組織成員溝通。」(Ouchi, 1981, p. 41)

5. 從組織文化的構成要素界定組織文化——

•「組織文化主要包括其成員相信他們所要做的及不必做的事項是什麼。」(Wilkins & Patterson, 1985, p. 265)

•規範和假定是組織文化的主要要素。組織文化中的文化規範(如非正式、不成文，但卻強烈而澈底地影響組織成員者)，是直接從潛意識中認爲理所當然的假定衍生而來。(Owens, 1991, p. 172; Owens & Steinhoff, 1989, p. 10)

6. 強調組織成員對文化的共識或共享性——

•「一種對於組織行動、語言及其他具有象徵性手段以表達對組織有共同瞭解的意義或協定。」(Louis, 1980, p. 227)

Wayne K. Hoy 與 Cecil G. Miskel (1987, p. 247) 綜合許多學者對組織文化的定義後，認爲組織文化的代表性定義係採取共享取向 (Shared Orientation) 的觀點，認爲組織文化是一共享的單位，並對此一單位有某種特殊的認同感。但是實質上，在共享的規範、價值、哲學觀、觀點、信念、期望、態度、迷思或儀式上仍有不一致的現象發生。

另一個是決定組織成員共享取向的強度問題。組織有一個基本的文化或許多文化？此外，組織文化是有意識的、外顯的或是無意識的、內隱的，在程度上仍有其不一致的地方。組織文化是共同的假定、價值與規範，而組織氣氛則是對組織行爲各種層面的感受。(Hoy& Miskel, 1987, p. 247)

7.從文化的動力與層次描述組織文化——

Schein 指出組織文化是由三個彼此不同但卻又有關聯的概念所構成。因此，他對組織文化界定爲：

(1)組織文化是一套解決組織內外問題的方法，組織成員會普遍地使用這些方法，而且當有新成員進來的時候，也會將之引導給新成員，以當做對問題知覺、思考及感受的一種正確方式。

(2)這些問題的解決方法，最後會變爲組織成員對事實本質、眞理、時間、空間、人性本質、人類活動、人群關係等方面的假設。

(3)經過一段時間之後，組織成員對這些假定便視爲理所當然，到最後這些假定脫離了意識範圍。事實上，文化之所以有力量，主要是靠著這些潛意識的、被認爲理所當然、不被懷疑的假定來發揮影響力的。(cited by Robert G. Owens, 1991, pp. 172-173)

8.組織文化是組織成員「知」與「行」的結合——

從上述學者對組織文化的界定，可知早期對組織文化的界定反映在人類學的觀點上，而強調組織成員的生活方式(如Herskovitz, 1948)，同時組織文化具有傳承性(Beres & Porterwood, 1979; Kroeber & Parsons, 1958)、獨特性(Turstall, 1983)、共享性(Hoy & Miskel, 1987; Louis, 1980)、動態性(Schein, 1985)，且組織文化有其象徵性意義(Ouchi, 1981)。其中，Hoy與Miskel(1987, p. 247)認爲組織文化的代表性定義具有共同分享性的取向，而在共同分享性的動態發展過程中，仍會有不一致現象發生，值得參考。

茲綜合上述文獻的分析，認爲組織文化兼重知行二個層面，組織成員透過各種具有象徵性意義的人工製品(例如，器皿、建築、藝術、行爲……)而予以認知形成共識並內化爲成員的價值與假定，進而做爲組織成員所遵遁的規範。因此組織文化實是組織成員的「知」與「行」之結合，而其目的則在解決問題。

文化的層次

茲分別介紹Schein(1985)、Craig C. Lundberg(1985)及Hoy與Miskel(1987)的分法如下。

1.Schein的分法——

Schein(1985, pp. 13-21)將文化分成(1)人工製品；(2)價值；(3)基本假定等三個層次(見圖9-1)，爲研究組織文化學者所常引用，值得提出討論。茲討論如下。

第一個層次：人工製品

人造品和創造物是文化中最常見到的層次，它是人們所建構的物質環境和社會環境，爲可觀察得到的有形文化，包括物理空間、技術、文字、語言、藝術作品及其他人類的外在行爲。由於這些實質或非實質的物品及行爲在有意、無意間傳達了有關組織信念、價值和假設的訊息，雖然它們相當具體，但這類訊息往往過於瑣碎，且只是文化本身的象徵而已，不易使人解讀其背後的涵義。

第二個層次：價值

價值是人們對情境、活動、目的及人物的判斷與評估，有「應然」的規範性質。價值與人們對某種事實內容所持的認知觀點(信念)是有所不同的，亦即是價值是應然的、判斷的；信念是實然的、內容的。

價值隱藏於諸如語言、文字等各種人工製品及創造物中，它可在物質環境及社會環境中加以驗證，也就是說，我們可從各種人工製品及創造物中知覺到文化的基本假定(亦即是文化的本質)，但它也只是反映文化基本假定而已。

第三個層次：基本假定

文化的本質可從文化的基本假定中予以獲得，文化的基本假定是被認爲理所當然的、看不見的、潛意識的。人們常對其與環境的關係、本體、時空、人性、人類活動及人群關係的本質賦予假定，而形成文化本質的某些型態。

圖9-1　Schein的文化層次模式

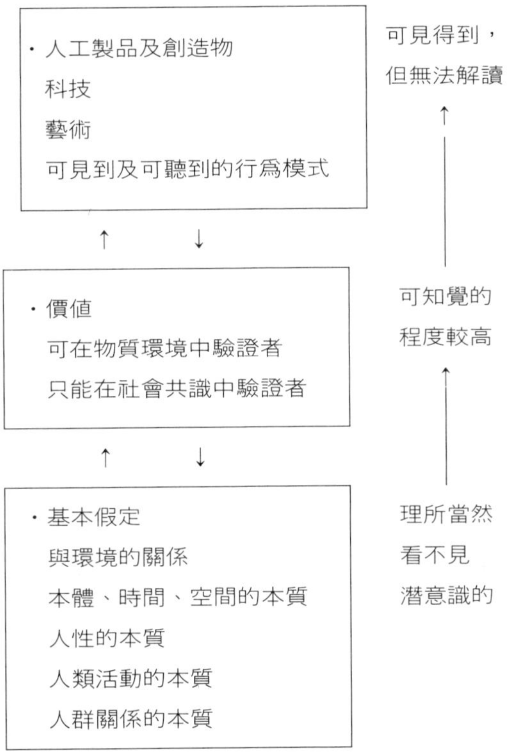

資料來源：Edgar H. Schein (1985). *Organizational Culture and Leadership.* San Francisco: Jossey Bass, p. 14.

2. Lunberg的分法——

Lundberg(1985, pp. 171-172)將組織文化分成四個層次：

(1)人工製品

文化的各種層面是由組織成員所型塑而成的。語文、行爲與物理的人工製品可說是組織文化的表面所顯示者。其中，語言、故事與神話是屬於語文人工製品的例子，行爲的人工製品則表現在儀式和慶典上，而組織成員所表現的技術和藝術則是物理的人工製品。

⑵觀點

社會上的規則與規範可應用在所賦予的情境上。觀點可解決組織成員所遭遇的共同問題，包括組織成員如何界定和詮釋組織生活的情況，及定出可接受的行爲範圍。觀點是相當具體的，且組織成員對其也有所認識。

⑶價值

組織成員利用價值以作爲判斷情境、行爲、目的及人員的評鑑基礎。價值反映在組織的眞正目標、理想、標準化及罪惡上，且代表組織成員較喜歡解決生活問題的手段。雖然組織成員有時會或多或少地清楚陳述組織的「哲學」與「任務」，但是價值仍比觀點更爲抽象。

⑷假定

假定是組織成員本身與其他人、人際關係、組織性質心照不宣的信念(Tacit Beliefs)，且是上述三種文化層次的基礎——也就是一種隱喩的、抽象的定理，其旨在決定更明確的意義系統。

Lundberg(1985, pp. 179–181)以上述四種組織文化的層次與改變組織文化的計畫相結合，而提出改變組織文化的策略及其可行性，可供吾人參考(見本章第三節)。

3. Hoy與Miskel的分法——

Hoy與Miskel(1987, pp. 247–254)將組織文化由抽象到具體，分成心照不宣的假定、價值及規範等三個層次(見圖9–2)。茲分別加以分析，並參酌其他學者的論點探討如後。

⑴文化是心照不宣的假定

在文化的最深層次中，文化是組織成員心照不宣的假定所集體顯示出來的言行。當組織成員分享圍繞其四周所處環境的看法時，文化就存在了(Hoy & Miskel, 1987, p. 247)。也就是說，基本假定的類型由組織成員學習處理外在適應(如策略、目標、完成目標的手段、績效的衡量和修正等)與內在統整的問題(如語言、界限、權力階層、親近、酬賞及懲罰、意識型態等)，而予以發明、發現或發展而成的。假定的類型由於運作良好而被認爲有效，因此，可教導組織新成員，作爲感受、思考及感覺與上述有關的問題(吳璧如，民79，頁15-16；Schein, 1985, p. 9)。由於基本假定重覆運作，經過一段時間後可能從人們的意識中轉移至潛意識，且傾向於無法面對及無法改變，而被視爲理所當然。從此一觀點而言，瞭解組織文化的關鍵乃在於明白闡釋組織成員心照不宣共同的假定，及這些假定如何適合文化的類型或典範。

圖9-2 Hoy與Miskel的文化層次分類

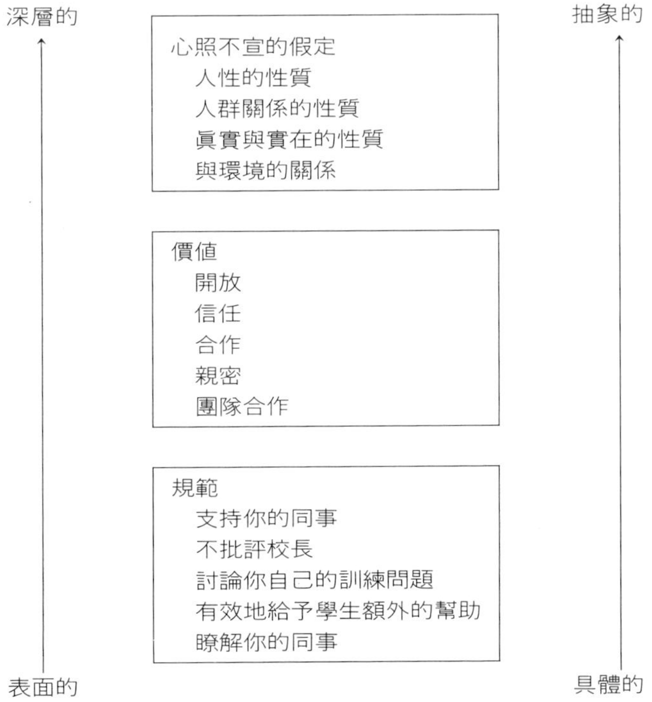

資料來源：Wayne K. Hoy & Cecil G. Miskel (1987). *Educational Administration-Theory, Research and Practice* (3rd ed.). New York: Random House. p. 248.

如同圖9-2所示，心照不宣的假定在人際關係、人性、眞理、實體的本質及環境方面的前提是抽象的。例如，人性基本上是善的、惡的或是不善不惡的？眞理終極上是如何決定的——顯現出來的或被發現的？團體成員間的關係是什麼——基本上是階層的、並行的或是個人主義的？W. Gibb Dyer(1985, p. 205)將文化的假定分爲：關係的性質、人性、眞理、環境及普遍性與獨特性等五種類型(見表9-1)。可說是與Hoy及Miskel(1987)所強調的重點是相同的。而當組織文化的假定發展具有前後一致及相互關聯時，組織就具有強勢性的文化。因此，組織文化假定是極爲重要的。

表9-1　文化假定的分類

1. 人際關係的性質
   組織成員的關係基本上是直線的（如階層的）、並行的（如團體導向的）或本質上是個人主義的？
2. 人性
   人類基本上是性善的、或性惡的，或既不善也不惡的？
3. 眞理的性質
   眞理（如正確的決定）是由外在權威所顯現出來的，或是由對人的調查與試驗的過程所決定的？
4. 環境
   人類能征服環境，或必須由環境所征服，或是必須試圖與環境相互調和？
5. 普遍性與獨特性
   所有組織成員應用同一標準評估，或是某些人應給予另外優先處理？

資料來源：W. Gibb Dyer (1985). "The Cycle of Cultural Evolution in Organizations," in Ralph H. Kilmann, Mary J. Saxton, Roy Serpa and associates (1985). *Gaining Control of the Corporate Culture.* San Francisco: Jossey-Bass, p. 205.

(2)文化是共同的價值

價值是指組織成員對所想要的事項有共同觀念。價值反射文化的基本假定，並居於較低的分析層次。價值通常界定爲組織成員在組織中成功的做法應該是什麼。當我們問人們，爲什麼他們的行爲會如此時，我們或許開始得到組織的核心價值(Hoy & Miskel, 1987, pp. 249-250)。共同的價值係指組織的基本特徵，並賦予組織認同感。組織成員知道其組織所代表的是什麼，也知道他們所應支持的標準爲何，那麼他們也更可能作適合他們的決定，並支持那些標準。同時也將會更可能感覺組織的某些部分，並感覺到組織生活有其重要的意義。(Deal & Kennedy, 1982, p. 2; Hoy & Miskel, 1987, p. 250)

Ouchi(1981)對成功的日本公司成功之討論，是第一個分析當代公司文化的著作之一(Hoy & Miskel, 1987, p. 250)。Ouchi(1981)認爲日本與美國二國成功有效能的公司有其組織共同價值的內在一致性與特徵，而這些共同價值包括諸如親密、信任、協調、合作、團隊工作及平等。這些成功的組織並不是由於許多管理員工的技術所使然，而是具有Z理論文化的價值所導致的(如美國的組織)。(Hoy & Miskel, 1987, P. 250)。

圖9-3　Z理論的組織與文化

組織特徵		核心價值
1. 長期工作	⟶	組織承諾
2. 溫和陞遷的比率	⟶	生涯導向
3. 參與決定	⟶	協調合作與團隊工作
4. 個人對團體決定所負的責任	⟶	信任及對團體忠誠
5. 全盤著眼的導向	⟶	平等主義

資料來源：同圖9-2，Hoy & Miskel (1987), p. 251。

Z理論的組織有許多足以提昇組織文化特色的屬性(見圖9－3)。長期工作機會創造員工對組織的安全感與承諾，參與者成爲組織的一種投資。溫和緩慢的陞遷比率對於員工創造更多的機會，俾使員工所表現的不同功能與角色有更廣闊的經驗和各種不同的生涯途徑，並藉此使公司的特殊技術更有效，及提昇生涯的發展。參與的及意見和諧一致的決定需要協調合作與團隊工作，此種價值顯然須予以溝通與增強。個人對集體作決定所負的責任需要信任與相互支持的氣氛。最後，對全體員工的關懷是工作關係的一部分，此種關懷傾向於非正式性的，所強調的是全人(Whole Person)的概念，不僅是個人的工作角色而已。此種全盤著眼的觀點提昇了一種強勢的平等氣氛，員工依共同的目標在合作均等的氣氛下工作，而不是靠正式的階層組織。因此，Z 理論的組織結構與運作旨在於提昇親密、信任、合作與平等主義的價值。這些文化的基本價值影響到組織生活的每一個層面。

有幾個成功公司的研究也指出，強勢組織文化在助長組織效能上具有關鍵的重要性。如Thomas J. Peters與Robert H. Waterman(1982, p. 13)的研究發現，卓越的公司具有以下的基本價值：「工具不能代替思考；智力不能壓制智慧；分析不能阻礙行動。而這些公司努力尋求在複雜的世界中使事情簡單化。」有效能的公司因有強勢的文化，由組織成員所極力維繫，並指引著組織行爲，因此組織能持久及興盛。而強勢文化的共同價值包括：

①偏離行動(計畫不能代替行動)。

②顧客導向(服務你的消費者)。

③革新導向(尊重自主性與企業性質)。

④人群導向(生產力係經由人群而來的)。

⑤成就導向(高品質的產品是必要的)。(Hoy & Mikel, 1987, pp. 250-251)

價值與學校間的連繫是什麼？學校是爲學生而設的、以教學進行實驗、教學與學習是合作的過程、與學生親近、努力求學業上有傑出的表現、要求高且實際的表現、在行爲與溝通上具有開放性、信任同僚及有專業人員。這些是核心價值或是空口號呢？假如教師強烈地相信他們所捕捉住的某些價值是廣泛地爲教師所共同擁有時，類似口號的主題即可界定爲組織價值。(Hoy & Miskel, 1987, p. 251)

運用從公司文化的研究發現而發展理想的學校文化並不困難，但是有效能學校文化的問題終極上是一種徵驗性的問題。不幸的是，以基本信念與價值的觀點來研究有效能學校文化的方式，幾乎是沒有。然而，William

Firestone 與 Brue Wilson (1985, pp. 7-31) 提出一套開始研究學校文化的有用架構。他們指出分析學校文化強調研究學校文化的內容、文化的表現及主要的溝通類型。

上述象徵性符號經由文化的表達，通常對認同重要的文化主題是有幫助的(Hoy & Miskel, 1987, pp. 251-252)。學校文化有三個象徵性符號，分別爲：故事、偶像與儀式。

故事乃是以眞實事件爲基礎的，但是故事通常是將眞實與虛構的事件結合起來。有些故事是迷思的，也就是說故事將不能由事實予以證明，又不能將問題的信念予以串連起來。有些故事是屬於稗史，係再敍述及以虛構的瑣事加以修飾的方式處理。當眞實的事件在學校情境中予以解釋及加以修飾時，眞實的事件會變得有特殊的意義。通常故事是與組織的英雄有關，因爲他們使組織發揮作用，並提出組織核心價值的洞察力。(Firestone & Wilson, 1985, pp. 7-30)

偶像與儀式也都很重要。偶像是物理的人工製品，經常是將文化(如座右銘與紀念品)串連在一起，儀式是例行性的慶典，儀式提供組織重要而可見到的例子。許多學校文化可用人工製品、與集會有關的慶典、儀式、教師會議、運動競賽、社區活動、自助餐、旅館、學生成績報告、獎品與紀念品、課程計畫及學校裝飾格調所建構。(Firestone & Wilson, 1985, pp. 7-30)

在學校文化分析中，研究非正式溝通系統也非常重要。溝通系統本身是一種文化網路。說故事的人、偵探、牧師、派系、秘密私語形成學校內隱藏的權力階層，而這種現象常代表組織的基本價值。(Deal & Kennedy, 1982, p. 15)

雖然我們可用共同的價值、信念與意識型態的觀點探究學校文化的架構，但是決定文化的分析層次並不容易。團體或學校的核心價值或許比心照不宣的假定更容易決定，但是此種決定仍然有其困難且要花費時間。假如我們要開始描繪學校文化時，學校的人類學分析是有其迫切需要性的。(Hoy & Miskel, 1987, p. 252)

(3)文化是共同的規範

規範經常發生在經驗的表面之下，是難以用筆墨予以形容的，且是一種非正式的期望。規範直接影響到行為，規範比價值或心照不宣的假定更可見得到，結果規範成為協助成員瞭解組織生活的各種文化層面的較具體手段。此外，當我們建立文化的基礎時，假如我們關心變遷中的組織行為，認識與瞭解該文化的規範是很重要的。如同 Robert F. Allen 與 C. Kraft (1982) 所提及使人信服且中肯的話如下：

> 規範是一種普遍化的現象，且是必要的、分不開的，但是也是非常有韌性的。因為規範變化快且容易，人們之所以對於變化有興趣，規範代表著非常大的機會。任何一個團體不論其規模大小如何，如果能瞭解其本身文化的本質，就能規劃該團體本身的規範，創造積極的規範以協助達成團體的目標，並修正或摒棄消極負面的規範。(cited by Hoy & Miskel, 1987, p. 252)

從以上諸位學者對組織文化層次的分析可知，組織文化層次比文化的涵義較無爭議性，且較具有具體性、操作性的意義。茲以表9－2將Schein，Lundberg，Hoy與Miskel等人對組織文化層次的分法簡列如後，俾瞭解各學者分法的相通性。

表9-2 Schein, Lundberg, Hoy與Miskel的組織文化層次比較表

	Schein (1985)	Lundberg (1985)	Hoy & Miskel (1987)
抽象隱喻	假定	假定	心照不宣的假定
↑	價值	價值	核心價值
↓		觀點	
具體	人工製品與創造物	人工製品	規範

第二節

學校組織文化的涵義與類型

本節將分別討論學校組織文化的涵義與類型如下。

■ 學校組織文化的涵義

茲依本章第一節所述，將學校組織文化界定為：學校組織文化為解決組織內部統整與外在適應問題，對具有象徵性意義的人工製品(如器皿、建築、儀式、慶典、藝術……等)予以認知，形成共識並內化為成員的價值與假定後，進而作為組織成員所遵循的規範。它是學校組織成員的「知」與「行」之結合，而其目的則在解決問題。

■ 學校組織文化的類型

Lundberg (1985, p. 185, Note 6) 採取哲學的觀點，認為組織文化目前並沒有各自獨立的分類。但是，文化是固著於認識論結構中的，因此，我們可在認識論的結構中作變通性的選擇，而予以分類。如我們可將實體視為支離破碎的或是整體的。組織可視為單一的實體(如同質性的)，在此種組織中任何支離破碎的事例，被視為是專斷的，另一層面(異質性的)則是視組織為多元的要素所組成的，且是相互依賴的。對組織實體的另一種分類，則是一方面強調組織是穩定取向的(如身體內部環境的恆定性)，或是變化取向的(如器官結構上的發育)。

雖然組織文化具有混合性，不易作截然獨立的劃分，但是我們可從組織文化的分類瞭解其特徵，並進而對組織加以運作，而發揮組織的功能。因此，本節介紹 Robert E. Quinn 與 Michael R. McGrath (1985)、Nirmal K.

Sethia與Mary Ann Von Glinow (1985)、Charles B. Handy (1989) 與Anne Jones (1989)、Robert G. Owens 與 Carl R. Steinhoff (1989) 等人的分類如後，俾供參考。

1. Quinn與McGrath (1985) 的分類——

Quinn 與 McGrath (1985, pp. 315-334) 以社會互易性質的理念為基礎，認為組織成員在互動過程中，對諸如事實、任務、概念及情感等的價值，彼此互換。這些互換是在隱含組織的價值與信念之法規條例中規定而予以執行的。同時，他們以組織目的、績效的標準、權力的法定基礎、作決定的取向、領導型態、順從、評估及動機等為架構，將組織文化分為：理性的文化 (Rational Culture)、意識型態的文化 (Ideological Culture)、和諧一致性的文化 (Consensual Culture) 及階層的文化 (Hierarchical Culture) 等四種文化類型。(見表9-3)

表9-3　文化剖面

互易期望或管理法則

	理性的文化	意識型態的文化	和諧一致性的文化	階層的文化
組織目的	追求目的	廣泛的目的	團體的	執行法規條例
績效的標準	生產力、效率	外在的支持、資源的需求	維持	穩定、控制
權威的配置	領導者	魅力	道德	法規
權力基礎	競爭	價值	非正式地位	技術性知識
作決定	決定性的宣言	直覺的洞察	參與	事實的分析
領導型態	直接的、目標導向	發明的、冒險的導向	關懷、支持	保守的、慎重的
順從	窄化的協議	對價值承諾	從過程中予以承諾	監視與控制
成員的評估	確實的輸出	努力的強烈度	關係的性質	正式的標準
適當的動機	成就	生長	親密的關係	安全

資料來源：Robert E. Quinn and Michael R. McGrath (1985), "The Transformations of Organizational Cultures," in Peter J. Frost et. al. (eds.). *Organizational Culture*, Beverly Hills: Sage, pp. 326-327.

(1)理性的文化

理性的文化強調權力的集中、統整性的活動及與其他組織的競爭。效率、生產力是主要的核心價值所在，而明確的目標、個人的判斷及具有決定性的決定是使組織達成最大績效的手段。

⑵意識型態的文化

意識型態的文化所顯示的是權力的分散。此外，組織所強調的是與外在環境的競爭及其組織的生長。由於廣泛目的與魅力的領導而產生對組織及其價值的承諾。洞識、發明和改革是擴展及轉化組織，及爭取社會支持與資源時具有價值的手段。

⑶和諧一致性的文化

和諧一致性文化的特徵是權力的分散，組織成員行動的分化，並強調系統的維持。組織成員的互易是以討論、參與及意見的和諧一致性爲基礎的，因此，交換基本上是友善的、合作的，並由之而孕育出組織團隊合作，有較高尚的道德及信任感。此一文化與Z理論的文化相似。

⑷階層的文化

階層的文化強調權力的集中及統整組織成員的行動，並強調維持內在的系統。正式法規條例與行政促成組織成員的行爲，穩定、控制、預測力、協調和績效責任是此一文化中具有價值的特性。在資訊處理系統中，準確的評量、文件及核算是主要的特色，並藉由此而朝向組織的鞏固與平衡。此一文化類型基本上與科層體制相關聯。

圖9-4　以社會互易爲基礎的組織文化類型

權力分配	組織系統導向：內在系統	組織系統導向：外在系統
分散	和諧一致性的文化	意識型態的文化
集中	階層的文化	理性的文化

資料來源：改編自Wayne K. Hoy & Cecil G. Miskel (1987). *Educational Administration-Theory, Research and Practice* (3rd rd.). New York: Random House. p. 257.

Quinn與McGrath(1985)的分類，強調組織系統及權力的分配，而表現在組織行爲的互易上。茲根據上述四種文化的類型，將組織內外在系統及權力分配的集中、分散情形，以圖9-4表示之。

2. Sethia與Glinow(1985)的分類——

Sethia與Glinow(1985, pp. 400－420)基於人群資源導向(Human Resource Orientation)，將組織中對組織成員的關懷(Conern for People)及對組織績效的關懷(Concern for Performance)，將組織文化分成關懷的文化(Caring Culture)、冷淡的文化(Apathetic Culture)、苛求的文化(Exacting Culture)及統整的文化(Integrative Culture)等四種組織文化。(見圖9-5)

圖9-5　以人群資源導向爲基礎的組織文化類型

關懷組織成員＼關懷組織績效	低	高
高	關懷的文化	統整的文化
低	冷淡的文化	苛求的文化

資料來源：同圖9-4，Hoy & Miskel (1987), p. 257.

(1)關懷的文化

關懷的文化特別關懷組織成員，但對組織工作績效卻較少關注。此種文化常表現在組織領導者的仁慈上。因爲部屬順從於組織領導者，只要競爭的環境不具有威脅性，則組織文化會呈現平穩順暢的狀態。又因爲組織成員彼此的忠誠與堅定的友誼，他們會繼續不斷地生活下去，並有旺盛的企圖心。雖然組織領導者引領其部屬，使其在每天的工作上努力，並彼此相互合作，行動一致及順從組織的要求，但是對組織成員的關懷仍比組織工作績效更爲重要。

(2)冷淡的文化

在冷淡的文化中，領導者對組織成員與工作績效二者的關懷都同樣地低，且沒有任何差異。一般而言，此種組織是有問題的，且組織成員會有道德敗壞的現象，並充滿了譏誚的言辭。部屬與領導者之間有疏離感，工作較無績效。密謀、磨擦與派系分裂蔓延整個組織，不信任、爭論、不確定及混亂浸染了組織的冷淡文化。此種組織受到某些特權階級所控制，因此，冷淡的組織文化中，領導者常運用政治手腕，操弄法規與組織成員。

⑶苛求的文化

在苛求的文化中，領導者對組織工作績效的關心遠甚於對組織成員的關懷。此種組織旨在追求組織目標的達成，卻忽略了組織成員的需求。工作績效強調可計量的，且其酬賞的多寡與品質視個人工作績效而決定。雖然組織成員的冒險與創造力受到重視，但若未能達成組織目標時，仍會有嚴重的懲罰。

⑷統整的文化

統整的文化表現在對組織成員的高關懷，及對工作績效的高度要求上。在組織成員的關懷上並不是對其仁慈，而是對組織成員個人的尊嚴給予眞正關懷。此一文化類型假定組織成員能對組織作出重大的貢獻，且也期望他們能如此。但是，工作績效仍是此種文化的核心價値，故對組織成員的酬賞乃基於其工作的表現。在統整的文化中，合作、創造力、冒險、自我指導及實驗是極受到重視的。

3. Handy（1988）與Jones（1987）的分類——

對學校組織文化的類型學而言，Handy（1988, pp. 107–116）提出的俱樂部文化（The Club Culture）、角色文化（The Role Culture）、任務文化（The Task Culture）與人的文化（The Person Culture）頗値得參考。茲討論如後。

⑴俱樂部文化

在此文化中，領導者是具有權力與魅力的，行事講求實效，在作決定方面較傾向於預感與神授的直觀論，而較不是經由邏輯的及封閉性的推論而來的。部屬對領導者的權力無庸置疑，且忠誠地支持。同時，部屬感受到領導者是極關心他們的，因此，部屬與領導者是在愉快而合作的氣氛下共同工作，且感受到溫暖而舒適，並對組織有認同感。領導者在組織中看似獨裁，但仍基於對部屬的信任與溝通，而彼此瞭解對方。因此，此種組織就像俱樂部一樣。

Handy以宙斯(Zeus)的化身比喻之，並以蜘蛛網的圖形顯現其特色。而Jones(1987, p. 125)將此種學校組織文化的特色比喻為帝制式的。

(2)角色文化

所有的組織都具有角色文化的特色。此一文化的組織概念認為組織猶如角錐形的工作箱，組織成員一起邏輯地、有次序地執行組織的工作。每個組織成員都有其工作職責，且是角色的擁有者。

學校組織角色文化的溝通有其系統和程序，在此一文化中的重要工作便是正確地設計合乎邏輯的工作流程、程序，因此，此種組織的各種角色具有例行的、穩定的、不變的任務等特色，且所有的決定係根據邏輯很清楚地界定角色。因此，此種組織文化要求的是效率與公平，但卻難以應付變遷或個人的期望，且偏向管理而非領導的取向。

Handy 以阿波羅神(Apollo)的化身比喻之，並以廟宇顯現其特色，而Jones則稱之為科層體制(1987, p. 125)。

(3)任務文化

任務文化的組織概念強調組織成員以其能力和資源，採取協調合作的方式，應用在計畫、問題的解決及工作上。團隊的改變、解散或增加人員乃係隨著任務而改變的。

在此一文化中，團體中的成員彼此相互依賴，由於每一項任務都是不同的，因此，他們一致地會有新的挑戰，同時也致使他們自己謀求發展和對人、事賦予熱情。因為此一文化建立在同僚間的合作關係上，而不是具有明顯的階層化。因此，此一文化是溫暖和友善的。

此一文化所著重的是計畫而不是過程，針對是否有進步而加以評論，而不是對過去的表現作評估。因此，對於發展中的組織而言是一種高瞻遠

圖9-6　學校組織類型圖

Handy-organization *		Jones-schools * *	
宙　斯 （權力）	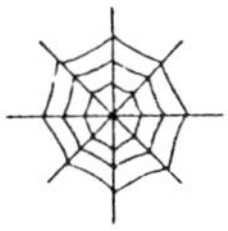 蜘蛛網	帝制式的 （原始綜合現象）	 紙作的玩具風車
阿波羅神 （角色）	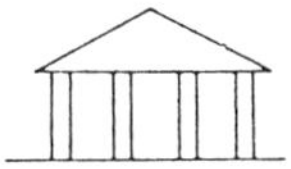 廟宇	科層體制的 （早期綜合現象）	 購物籃子
女　神 （任務）	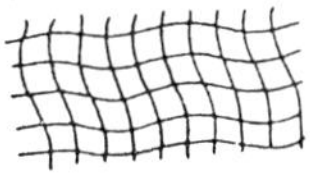 網狀圖	有機體 （綜合成熟現象）	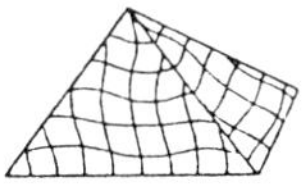 門　神
戴奧尼索斯神 （人）	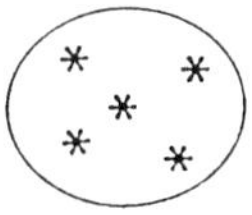 星　星	無政府狀態 （無領導者的 綜合現象）	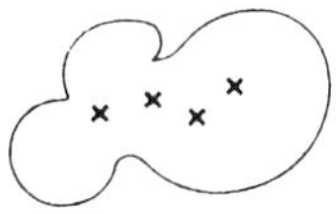 變型蟲

*C. B. Handy: from Understanding Organization Penguin, 1976 The Gods of management Pan Books, 1978.

* *A. Jones: from a paper presented to the Department of Educational Studies, University of Oxford, November, 1980.

資料來源：Anne Jones (1987). *Leadership for Tomorrow's Schools*. Oxford: Basil Blackwell. p. 126.

矚的文化。

任務文化在解決問題的情境中顯得旺盛，且強調運用專業能力以解決問題。Handy將此一文化視爲希臘神話中智慧、技藝及戰爭女神(Athene)的化身，而此一文化可用網狀圖表示之，而Jones (1987, p. 125)則視之爲一有機體。

(4)人的文化

此一文化的組織概念將個人置於第一優先，強調個人的能力是最重要的。組織中的個人可透過任何方式展露其長才，而不受科層體制或甚至團體目標與結構的限制。Jones (1987, p. 125)稱之爲無政府狀態(Anarchic)，Handy則以星星比喻之，並認爲是希臘戴奧尼索斯神(Dyonysus)的化身。

Jones (1987, p. 126)根據 Handy (1976, 1978)對學校組織文化的分類，綜合整理以圖9-6表示之。

4. Owens與Steinhoff(1989)的分類——

Owens與Steinhoff (1989: 12)以Schein (1985)組織文化的架構，提出了構成學校組織文化的價值與信念、傳統與儀式、歷史、故事與神話、英雄人物、行爲規範等六個象徵性要素(如圖9-7)。同時他們也據此而提出評量學校文化的「組織文化評量量表」(Organizational Culture Assessment Inven-

圖9-7　學校文化的象徵性要素

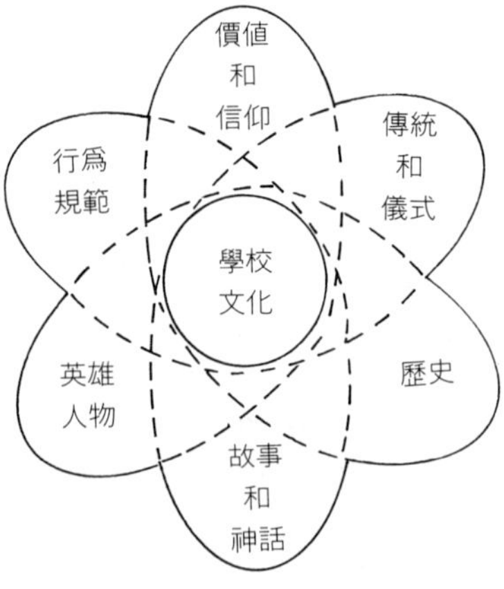

資料來源：Robert G. Owens & Carl R. Steinhoff (1989). "Towards a Theory of Organizational Culture," *Journal of Educational Administration 27* (3), p. 12.

tory; OCAI) (Steinhoff & Owens, 1989a, pp. 17-23; 1989b)。

5.學校組織文化的混合性——

上述提出幾位學者對學校組織文化的分類，雖然每種文化類型各有其獨立性和特徵，但學校組織文化是具有整體性的，各種文化類型可因不同的情境而顯現其獨特性與重要性，且學校領導者亦可依不同文化類型而作權變性的領導。誠如Jones (1987, p. 126) 認為大部分的組織都具有俱樂部、角色、任務及人等四種文化類型，只是有的組織在某種文化類型上較具有支配性，也就是說，並不是某一種文化優於另一種文化，只是某一種文化比他種文化，較適用於某一獨特的情境罷了。且有些組織在領導的型態上同時混合了該四種文化類型。

Handy (1988, pp. 112-114) 認為每一組織的不同在於其所選擇文化混合情況的不同，而要使組織成功，通常須在適當時機作適當的文化混合。文化的混合受到下列四項因素的影響：

(1)組織規模的大小

大型組織與角色文化是緊密結合在一起的。組織學者認為愈大型、科層化的組織愈能管理組織中的眾多成員。非角色文化僅適用於組織核心成員少於30人以下的組織。學校是否也適用？則值得加以探討。

(2)業務流程

假如業務流程是個別獨立的單位或工作事項，則團體或個人可能會做所有的工作，且存在著俱樂部、任務或個人的文化。假如業務流程是連續性或相互依賴的，則法規條例和文化的改變傾向於角色文化。

(3)環境

每一個組織必須思考其所獲得的原始材料，並將該材料經過操作後回饋到社會(如產生有教養的人)。假如環境沒有給予清楚的信號，或機構是具有獨占性的，而有其自己的目標和標準，或環境從不改變，則組織有傾向於穩定及例行事項——角色文化——的趨勢；再者，假如環境是可改變的，則文化也會有所改變——任務或俱樂部文化。

(4)歷史

組織受到其過去傳統、聲望、所聘僱人員的種類、所在的地區位置所影響。

第三節 改變學校組織文化的策略與可行性

組織文化改變的基本假定

學校的進步宜從學校的改變與發展而來，但改變與發展並不一定會帶來進步。究竟組織文化是否可改變的問題，有些假定已傾向於組織文化能被管理和改變。例如，許多組織發展的定義認為，組織發展是「改變文化、系統和組織行為的一種有計畫性的、管理的、有系統化的過程。」(Conference Board, 1978, p. 2; cited by Lundberg, 1985, p. 169.)或是「在組織文化中，透過運用行為科學的技術、研究與理論，而有計畫的改變歷程。」(W. W. Burke, 1982, p. 10.)今天，許多管理學者樂觀地假定「運用團體的文化可以增進生產力並致力於組織的卓越」(Salmans, 1983)。但是，對於所有當代所盛行的組織文化而言，仍然停留在既非受到完全瞭解，也不受同意的現象中。此外，對於思考關於有意介入(Intervention)並改變組織文化的可行性問題仍是相當少的。(Lundberg, 1985, pp. 169-170)

組織文化改變的本質

究竟組織文化改變的本質為何？Lundberg(1985, p. 172)認為組織文化的改變，本質上是一種過渡性變遷的形式。如同組織生命週期的主要階段改變一樣，當組織由一種疑似穩定平穩狀態轉移到另一狀態，而涉及明顯的不同組織特性或文化時，就會發生過渡性的改變，而用來設計改變組織文化的介入，則爲組織文化轉變的主要策略。

組織文化改變的原因

組織文化的改變是如何產生的呢？有些文獻指出，組織文化是可經由管理人員加以改變的。一些學術界也同意介入處理是可行的。例如，Kilmann (1982, p.12) 認爲「文化經由規範評估是可接觸的、可改變的」。Tichy (1982, p. 3) 認爲公司文化是策略變項，經營（管理）人員可利用角色模仿、特殊用語、神話、儀式和選擇、發展、評估及獎賞等人力資源系統以塑造企業文化。

也有人採取較爲中庸的立場，認爲組織文化改變的發生，常是非管理的力量所促成的。然而，管理人員也常引導組織文化的改變。例如，Louis (1983) 認爲情境改變與新科技也會導致文化改變。Siehl (1983) 指出，當公司的主管人員被置於一旁時，文化的改變就被放棄。而Dyer (1982, p. 12) 認爲「文化改變是由非預期的危機所促成，因危機可刺激領導者改變其領導型態或公司內的重大改變」。他接著認爲「牽涉文化改變的許多因素大多在管理控制之外，因此，文化改變似乎不像一些作者所指出是『可規劃的』」。(Lundberg, 1985, pp. 172–173)

組織文化改變的基礎——組織學習

Lundberg (1985, p. 174) 認爲組織學習構成組織文化改變的基礎。組織學習是一個循環（或周期），它以一組現存的文化價值與假定開始，在溝通的過程中，組織成員注意到組織中某些特定事件及現象（如困境），而這些經驗促使組織成員產生驚奇，若他們對這些事件與現象的關切達到某種程度時，就會促使組織成員對其加以探究。而探究牽涉到發現以前所沒有注意到的所有層次之現象（如人工製品至假定）。在正確的環境下將導致重新明確陳述周期開始時的文化價值與假定。圖9-8表示此循環（周期）的歷程。

圖9-8 組織學習循環圖

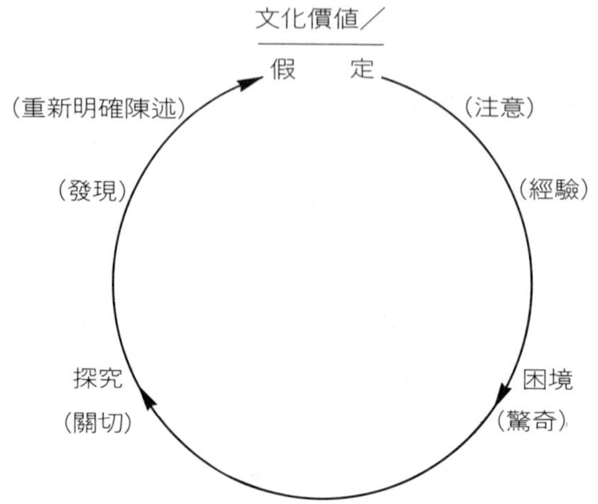

資料來源：Craig C. Lundberg (1985). "On the Feasibility of Cultural Intervention in Organizations," in Peter J. Frost, Larry F. Moore, Meryl Reis Louis, Craig C. Lundberg & Joanne Martin (eds.). *Organizational Culture.* Beverly Hills: SAGE Publications, Inc., p. 175.

改變學校組織文化的架構

Lundberg (1985, pp. 175-182)以組織學習爲基礎，提出改變組織文化的架構，(見圖9-9)可供吾人在學校組織文化改變上的運用。此一架構開始於某一組織或次級單位的文化需要有外在促發與內在允許的條件。其次，假如有突發的壓力存在時，促發的事件可能會引導有關人員對該組織文化的前瞻性視野重新加以思考，進而導引發展出文化改變的策略，並將該策略轉變爲誘發動機、管理和穩定(即制度化)的行動計畫，而這些行動計畫與文化的層次相結合，當介入完成時，它們將再予以規劃設計，如此形成一個循環。

圖9-9　組織文化改變的循環

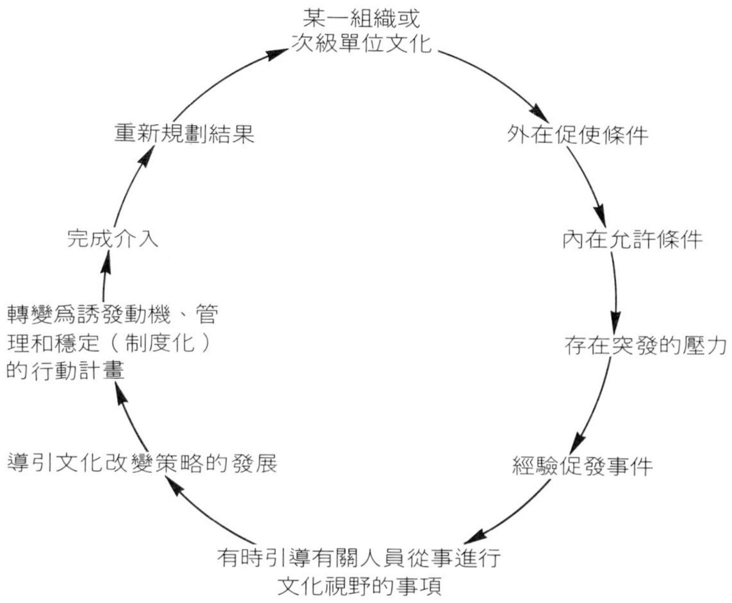

資料來源：同圖9-8，Craig C. Lundberg (1985), p. 182.

茲分別簡要說明 Lundberg (1985, pp. 175-182)所提出的有關改變組織文化的循環過程如後。

1. 外在促使條件——

(1)包容的範圍

在目前的環境中，貧乏或豐盛、穩定或不穩定、以及資源的集中或分散，彼此交互結合，而決定對組織威脅的程度。

(2)組織適合程度的範圍

組織文化的適合性太大或太小，將會使文化改變過於冒險或受至威脅；而如果適合度適中時，則文化的改變較可能有利。

2. 內在允許條件——

(1)改變多餘資源存在的現象

時間、精力、財力及可用的系統在管理上要能超越正常運作上的需求。此一內在的條件承認文化的改變需要資源，且要超出組織每天完成組織任務的需求，否則組織就會有鬆弛的現象發生。

(2)系統的準備

此一概念論及組織成員的集體感覺，影響到組織成員對忍受組織重大變遷的可能性。從另一方面而言，大多數組織成員生活於未確定中，因而產生焦慮。

(3)最低程度的聯結

文化改變需要某些資訊上的聯結，也就是指組織內至少須有相互依賴的聯結現象。由於協調與統整工作在改變組織文化上的必要性，假如沒有系統組成份子的聯結，過渡性的改變將是非常困難的。

(4)權力與領導

文化改變在組織的正式與非正式管理上有很大的要求。因此，管理人員須有合理的穩定性。同樣地，在具有支配性權力的條件下，某些非特定的策略是需要的。可確定的是，文化的過渡性轉變中，包括諸如諮詢人員及全體職員、管理人員等，他們必須握有充分的權力及具有擬定改變組織特色的能力。而對所遭遇的困境與可能未來的溝通經驗是此條件的一部分。

(3)引起壓力的類型——

組織因壓力的產生而使其成員注意到困境及產生驚奇，下面是四種壓力的類型：

(1)組織中不合規則的工作表現要求

組織成員對工作表現的要求未能預期與準備，而感受到壓力。

(2)既得利益者的壓力

既得利益者是提供組織目的和策略的主要來源，既得利益者運用壓力於組織而使其與組織目前的特徵有所不同，因而產生壓力。

(3)組織的生長或衰退

組織在規模大小、成員的異質性或結構的複雜性方面，既會衰退，也會生長，且每一過程都會產生反功能與不滿足的壓力。

(4)與環境的不確定有關而面臨或感受到的危機

如競爭者或消費者的意見無法預測，及資源遭到剝奪或過量(如技能、材料、概念等等)。

4.促發的事件——

許多文化的過渡性轉變經常開始於對一個或更多的促發事件之回應。這種由壓力所產生的緊張不容受到忽視，且這些緊張會經由一個或更多的特定事件所刺激。本質上，促發事件包括組織學習循環的困境。促發的事件有下列五種類別：

(1)環境的災難

環境的災難在組織環境中是嚴重的現象，但卻不能被忽視。如天然災害、嚴重不景氣、具有冒險性的組織改革等即是例子。

(2)環境的機會

環境的機會包括諸如突然發生災難，且非常可能發生技術上的突破、發現以前未知或不可接觸的市場位置、新的而可運用的資金及所有環境的機會等例子。

(3)管理上的危機

管理危機的例子，如高層管理人員的大變動、發生實際上的錯誤、不適當的決策、不智的花費而減少基金等。

(4)外在的革新

由另一機構所接管或政治上的干擾。如國外附屬單位在國內合法化、新的或更緊要的政府立法等。

(5)內在的革新

內在革新的例子，如新管理小組的產生、激進份子出乎意料的行動等。

5. 文化的視野——

假如對所促發的事件(如某一困境的性質)感到驚奇時，組織或次級單位的領導將常反映在對未來前瞻性視野的探究上。假如可能的話，領導者會研究組織文化的觀點、價值及假定。此外，他們會尋求未來的條件及創造組織未來的形象。這種新的形象本質上是組織成員共識上較爲適當的、社會性的建構系統。領導者說明型塑新組織文化的形象或典範。換句話說，組織的主要成員對其目前組織文化任務的不尋常現象重新設計的需求有所增加，並設法予以說明及描述其更爲喜歡的文化、強調新的概念。假如沒有達到文化意義的價值和假定時，就不能有眞正的、實質的文化改變。

6. 改變文化的策略——

創造新的、更爲喜歡的組織文化是建立文化的必要步驟而不是充分步驟。視野僅被視爲發展文化的一種導引，但是達到建立新文化視野的策略是過渡性改變計畫的一種需求，而此種策略乃是將目前的文化轉變至另一新文化之有目的性的過程。文化改變的策略需要界定計畫上的三個問題：

(1)改變是迅速或慢的？——涉及改變的速度。

(2)有多少組織會受影響？——涉及改變的範圍。

(3)改變花費短時間或較長的時間？——涉及改變中、爭論中或待解決的問題中所花費時間的長短。

這些問題或多或少有明確的「過程計畫」——一種有目的性行動的持續性結果。大多數改變的策略是經由一連串的明確行動計畫而爲人瞭解的。

7. 改變文化的行動計畫——

如前所述，文化的改變是介入組織並改變組織的誘發動機，也是管理與穩定之行動計畫的結果。茲分述其類型如後：

(1)誘發動機的行動計畫

誘發動機的行動計畫包括對組織成員正面積極性的刺激，與反對或削弱負面消極性的刺激。誘發動機計畫之目的在提昇組織系統對未來改變作準備，及爲恢復以往組織平衡的條件作預備。

(2)管理的行動計畫

管理的行動計畫在於操縱組織中具有意義的資訊，及運用組織其他的權力機構。管理計畫的目的在於使組織成員的情況再一次地由他們自己透過管理的技術而加以定位，並使組織成員知道如何做才是正確的。

(3)穩定行動計畫

穩定行動計畫強調文化改變的制度化。此計畫的設計旨在獲得工作績效的持久性，而建立一個爲社會事實所接受的新文化。

8. 完成介入與重新規劃設計——

當形成制度化後，即完成介入，此時學校領導者即著手重新規劃尙未完成或其組織未來發展的有關事宜。

改變學校組織文化的可行性

學校組織文化的改變可實現嗎？明顯地，這不是一個簡單的問題。文化改變的可能性確實是存在著的，但其發生的可能性則是學校組織內外各種綜合因素的結果，且不是完全在組織領導者的控制之下的。

綜上所述，學校組織文化雖各有其個別的類型與特徵，但在其獨立性之外，學校組織文化本身則具有整體性、複雜性的特徵。想改變學校組織的文化，須跨越文化意義上各層次的改變，並以組織學習的架構爲基礎，以學校組織的內外在條件及壓力爲先決條件，及其所呈現的困境開始，而使學校領導者及成員共同對學校未來的發展擬訂出一具有前瞻性的遠景、視野，並據以導引出策略，而透過諸如激發組織成員動機、運用管理技術，並使其成爲制度化的行動計畫程序，來完成組織的介入。

最後，要提出的是，雖然學校領導者有時想以較具有前瞻性的遠景俾改變學校的文化，但有時卻遭受阻力而無法達成目標，他們常在教育理念與實際運作的衝突中作選擇。雖然如此，學校組織文化的改變，有些過程可能失敗，但也可能成功。然而，在概念與經驗上，對學校領導者而言，學校組織文化的改變仍是重要的，且學校組織文化的改變也是會發生的。

第十章

學校組織效能

效能是與所有組織成員關係最密切，但是卻最少被闡述的概念之一，儘管組織效能相當重要，但是截至目前爲止，仍尚無舉世公認的效能標準，而其概念也含糊不清，至於如何衡量則更是衆說紛紜。誠如Wayne K. Hoy與Cecil G. Miskel(1987, p.386)綜合許多對組織效能的討論所下的結論，認爲「效能無法加以定義，也不能予以測量」。但是組織效能在教育行政或學校行政的理論與實務上都非常重要，因此，研究學校組織效能仍是必要的。

本章將就學校組織效能的涵義、學校組織效能研究的歷史發展、組織效能指標的理論模式、國內外有關學校組織效能研究模式與指標、有效能學校的相關因素等探討如後。

表10-1　學校組織效能研究的歷史發展摘要表

發展分期	起訖年代	研究焦點
因素確定時期	1966-1979	探討那些因素是有效能學校的特徵
概念架構發展時期（系統研究及學校效能運動開展時期）	1979-1989	認定學校效能變項的功能，及把這些功能轉化爲方案和政策的行動
模式發展時期	1989年以後	學校效能的研究已逐漸朝向整合的觀點，從課程與教學、組織結構、學生成就與行爲，或從輸入、背景、過程及產出等的模式進行研究。此外，學校效能的國際性研究亦逐漸受到重視。

第一節

學校組織效能研究的歷史發展

有關學校組織效能的研究，大都認爲深受1966年柯爾曼報告(Coleman Report)的影響(San Stringfield & Gene Schaffer, 1991, pp.141-150)。而G. Weber(1971)以多重效標找出4個「有效學校」作爲學校效能研究，則是第一個有系統的學校效能研究。(Stringfield & Schaffer, 1991, p.145)

一般而言，學校組織效能研究可概分爲三個發展時期，分別爲：因素確定時期(學校效能有所差異)、概念架構發展時期(系統性研究及學校效能運動開展時期)及模式發展時期(逐漸邁向成熟的學校效能研究)(吳清山，民81，頁9-13)。茲將學校組織效能研究各發展時期的研究焦點簡列於表10-1。

第二節

學校組織效能的涵義

在說明學校組織效能之前，先討論效能(Effectiveness)、效率(Efficiency)與績效(Performance)等相關術語，其次討論組織效能及學校組織效能。

一、效能與效率

從社會系統的理論及組織之靜態、心態、動態、生態層面而言，組織的領導者宜兼重組織目標的達成及組織成員個人需求的滿足。在早期諸如Chester I. Barnard(1938)的研究中，即認爲效能是組織目標的達成，而效率則是指組織成員個人需求的滿足。但近年來，在組織行爲模式的研究中，由於生產力或績效的評估普遍受到重視，因此學者除了強調組織資源運用的結果或目標達成的程度(效能)外，也注重資源輸入與產出結果間的比值(效率)，希望在「經濟」的前提下，達到以最低的成本，獲致最大的產出。(王保進，民82，頁8)

茲將效能與效率二者的概念與關係，比較如表10-2所示。

表10-2　效能與效率比較表

效　　　能	效　　　率
・強調組織目標的達成 ・強調資源運用的結果 ・考慮輸入—運作過程—產出的循環 ・強調做對的事 ・強調領導策略的運用 ・兼顧組織內外在環境的要求與標準 ・尋求解決問題的最佳方案 ・對有限資源作最佳的利用 ・追求利潤 ・講求績效	・強調組織成員個人需求的滿足 ・注重資源輸入與產出結果間的比值 ・考慮輸入—產出的關係 ・強調把事情做對 ・強調管理技術的層面 ・較偏向組織內部的狀況 ・偏向解決問題的「經濟」層面 ・保護資源 ・降低成本 ・負責盡職

由表10-2所示者，係指效能與效率二者在某些比較點的程度上有所不同，二者不易截然劃分。由該表可知，效能比效率更爲重要，有效率的組織，不一定是有效能的組織，效率僅是效能的必要條件而非充分條件。組織領導者爲使組織具有效能，除了講求效率及兼顧組織內外的環境外，尚須妥善運用領導策略，俾使組織的靜態、心態、動態及生態等各層面皆達到某種既定的績效標準。

■績效

績效的概念比效能及效率更爲廣泛，如潘文章(民79，頁427)對績效所作的界定，足堪提出來供參考。即是：

績效可能指效果(即解決問題滿足需要，達成預定目標之程度)，可能指效率(即投入資源與產出成果之比率多少)，可能指影響(即產出衝擊作用之深淺、遠近、成效大小情形)，可能指數量(即工作成果數目、範圍、內容之多寡)，可能指質量(即工作之素質、精細、期望狀態水準之高低)，可能指時效(即在時間、時限、時宜、進度方面之適切性)，可能指表現(即個人、單位或組織的工作成果與態度給印象之好壞)，可能指偏好(即計畫進行對象主觀判斷之稱心滿意與否)。

因此，績效所強調的是實作表現，是組織工作的效果、效率、影響、數量、質量、時效、表現、偏好等的綜合，且於評量組織效能時，常以績效標準作爲組織效能的指標。大體而言，績效評估的結果，可以顯現出組織效能的良窳。

茲將績效、效能與效率的關係，以圖10-1表示如後。

圖10-1　組織績效、效能、效率關係圖

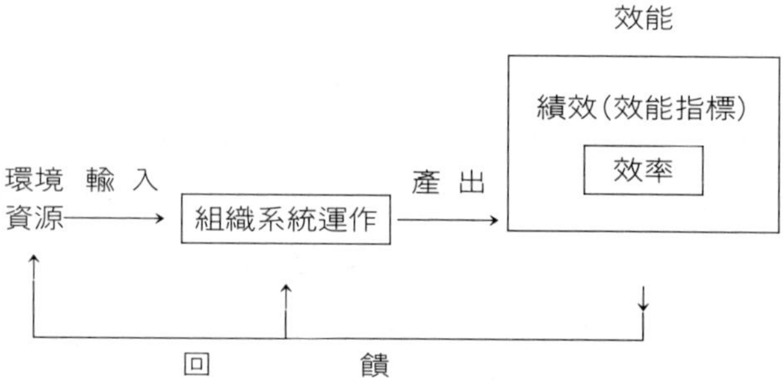

組織效能

從組織的靜態、心態、動態、生態層面及上述有關效能的概念，我們可將組織效能的概念分析如下：

1. 組織靜態的層面——

組織效能是指組織目標達成的程度而言。假如所達成目標的程度越接近既定的標準，則組織越有效能。這是最傳統也是運用最爲廣泛的觀點。

2. 組織心態的層面——

組織效能旨在滿足組織成員心理需求的層面，因爲每一位組織組成份子都有其個人的人格、動機……等各種不同的心理需求，所以組織成員的期望與其從組織所獲得的實際酬賞越接近時，則組織成員越能滿足，且組織效能也就越高。

3. 組織動態的層面——

採取組織動態的觀點，強調在獲得組織效能的過程中，組織提供給其成員是否處於有利的地位與環境。也就是說，組織效能強調輸入—運作過程—產出的循環，假如組織成員在執行組織所賦予任務的過程中，能以較有利的方法、資訊、人際關係……等管道，而獲取各種解決問題的資源，且在運作的過程中，能以人性化(如能從工作中獲得滿足、自我實現)、科學化(如行政電腦化)等，對資源作最佳的利用，以尋求解決問題的最佳方案，就是有效能的組織。

4. 組織生態的層面——

組織生態的層面強調組織在其所處的內外在環境中，彼此相互影響、交互作用的情形。組織深受外在環境的影響，組織爲求生存與發展，須適應外在的環境，並從其中得到回饋，而維持組織的平衡與促進組織的發展。組織效能就是組織領導者運用領導的策略，以適應外在的環境，統整組織靜態、心態與動態的層面，俾達成組織目標與滿足組織成員的需求，維持組織的平衡，促進組織的發展。

5. 組織效能與領導效能——

有關組織效能與領導效能二者的概念，有不同的觀點。如陳淑嬌(民78，頁10)認爲，領導效能是領導過程(即規劃、控制、用人、溝通、決策)所產生的卓越成果。組織效能除上述以外，尙包括非屬於領導活動所產生的成果(如財務、人事、適應力、公共關係等)。因此，領導效能是組織效能的基礎與重要部分，二者是不同的概念。但陳慶瑞(民78，頁38)則從校長領導的立場探討學校效能的問題，而將組織效能與領導效能二者視爲同義。

上述二者的觀點，因所採取的角度不同，以致對組織效能與領導效能二者的概念有所不同。大體而言，從領導者所運用領導策略的過程而言，領導效能即是組織效能；但從組織整體的效能而言，組織效能則包含領導效能。

學校組織效能

學校組織效能又稱學校效能(陳淑嬌，民78，頁11)。由於學校組織比一般企業組織的目標較不具體，且有模糊性、抽象性的特徵(如學校目標有時不能以量化的方式表示，學校沒有明顯可見的成品)。又學校組織是複雜且多元化的，因此，欲對學校組織效能加以界定或測量是有其困難的。

雖然如此，我們仍可將學校組織效能界定爲學校目標與其實際符合的程度(G.F. Madaus, 1980; 陳淑嬌，民78，頁 11)，而吳清山(民 81，頁 3)將學校效能界定爲：

> 學校效能是指一所學校在各方面均有良好的績效，它包括學生學業成就、校長的領導、學校的氣氛、學習技巧和策略、學校文化和價值、以及教職員發展等，因而能夠達成學校所預訂的目標。

茲綜上所述，將學校組織效能界定爲：

學校領導者運用領導的策略，從學校外在環境中獲取必要的資源，並統整學校組織靜態、心態、動態、生態的層面，經過學校組織的運作，以達成學校目標與教職員工生等個人需求及增進學校組織的發展。

第三節 學校組織效能指標與研究模式

本節將介紹對組織效能指標選擇的理論模式，及國內外有關學校效能指標的研究如後，以供參考。

組織效能指標

早期對組織效能因素的評量，一般可分為單一變項的效能評量(Univeriate Effectiveness Measure)與多變項效能評量(Multivariate Effectiveness Measure)二種(Richard M. Steers, 1977, pp.39-51)。如在單一變項的效能評量方面，Compell(1973)研究發現，效能指標有30個之多，而一般較常出現者有19項指標，即是整體績效、生產力、品質、應變力、效率、利潤或報酬、成長、環境利用、穩定性、流動率、曠職率、意外、士氣、動機、滿足感、組織目標的內化、衝突或凝聚力、彈性與適應力、以及外界所作的評估。(Steers, 1977, pp.39-41)

但是，僅用這種單一標準的衡量方法，在周延性方面有所欠缺，並且有些研究又顯示出研究者個人主觀的價值判斷，而非客觀的衡量。因此，此種單一標準的衡量方式，已較少為人所採用。

表10-3　統整性模式的效能層面、指標和附加的觀點

效能的層面—社會系統的重要功能	每一效能層面的多樣化指標	每一效能指標附加的觀點
適應	適應性—彈性 革新 成長 發展 設備的控制	時間：短期 中期 長期 層次：個人 教室 學校 分區 學區 組成份子：學生 教師 行政人員 民衆
目標達成	成就 生產量 資源獲得 效率 品質	時間：短期 中期 長期 層次：個人 教室 學校 分區 學區 組成分子：學生 教師 行政人員 民衆
統整	滿足 人事變動 學生缺席 衝突—團結 氣候 開放的溝通	時間：短期 中期 長期 層次：個人 教室 學校 分區 學區 組成份子：學生 教師 行政人員 民衆
潛在	忠誠 主要生活興趣 認同感 動機 角色和規劃一致	時間：短期 中期 長期 層次：個人 教室 學校 分區 學區 組成份子：學生 教師 行政人員 民衆

資料來源：Wayne K. Hoy & Cecil G. Miskel (1987). *Educational Administration-Theory, Research and Practice* (3rd ed.). New York: Random House, p.395.

在多變項效能評量方面，Mahoney(1969)訪問了84個經理人，將所得的114個效能指標，用因素分析法求得24個因素。England(1967)調查美國經理人的組織目標，結果發現組織成功的最重要因素爲組織效率、高生產力、利潤極大化、以及組織成長等四項。Steers(1977)檢驗了17個採用多元標準的效能研究，發現每位研究者所採用的評量標準相當不一致。經由統計結果發現，在15個效能指標中，以適應力和彈性出現最多(10次)，其次爲生產力6次、滿足感5次、獲利率3次、資源取得3次，其餘在2次以下。(如壓力的消失、環境的控制、發展、效率、留(職)率、成長、整合、溝通程度、以及生存。)

Hoy和Miskel(1987, pp.394-409)依Parsons社會系統的理念，提出了一個組織效能的統整模式。此模式包含了適應、目標達成、統整及潛力等組織的四個層面。且每個層面又包含多樣化的效能指標，可作爲比較廣泛的研究(見表10-3)。不過，由於其內涵過於複雜，因此，一般的研究者至多只使用其中的某些指標而已。

吳璧如(民80，頁79)對國小組織文化與組織關係的研究，即是以Hoy和Miskel(1987)的分類作爲測量學校組織效能的指標。但是她認爲學生成就的測量工具不易選擇，因此以學生成就密切相關的過程變項代表之，而以適應力、生產力、主要生活興趣及工作滿意作爲該研究的學校組織效能指標。

陳慶瑞(民78)曾將權變理論各家所採用的組織效能指標予以歸納，基本上將組織效能指標分爲五種，即：部屬的滿足感、部屬的動機、部屬的士氣、領導者被接納的程度、生產力(即工作績效或產出)。

由於效能的界定相當複雜，且時常隨個人主觀的判斷而有所不同。因此，陳慶瑞(民78)認爲，有關領導效能的衡量，應採取多元標準的方式，且應兼顧組織和個人兩個層面，同時要考慮內效(Internal Effectiveness)和外效(External Effectiveness)的問題。因此，基於此一理念，領導效能的指標，可概分爲下列四種類別：

1. 組織內效——

生產力（含質、量、效率）—如學生的學業成就、教師的教學效率、學生對外比賽得獎等。

2. 組織外效——

適應力和彈性—如學校內外（與家長、社區）之糾紛案件、教師進修等情況。

3. 個人內效——

工作滿足感—如人事變動、學生缺席、團體氣氛、溝通程度等。

4. 個人外效——

士氣—如認同感、主要生活興趣、忠誠和動機等。（陳慶瑞，民80，頁40-41）

Hoy和Miskel（1987, pp.387-394）綜合多位學者的觀點及研究，提出目標模式（Goal Model）、系統資源模式（System Resource Model）及統整模式（Intergrated Model），值得加以介紹。

爲比較該三種模式，茲以表10-4的方式如後。

要探討學校組織效能的指標，實應依各級、各類學校所要達成的目標而定。如國民中小學的國民教育旨在養成德、智、體、群、美五育均衡發展的健全國民；師範教育以培養健全的師資及其他教育專業人員，並以研究教育學術爲宗旨；大學以研究高深學術養成專門人才爲宗旨，且大學具有教學、研究、服務等功能。由此可知，各級各類學校有其共同的目標，也有其各自特有的功能。探討學校組織的效能時，對於效能指標的選擇是具有相當重要性的。

表10-4 效能理論模式

比較類別	目標模式	系統資源模式	統整模式
基本假定	1.組織中的一群有理性決策者，在他們心中有一組想追求的目標。 2.目標具體可行，參與者便能瞭解而依循去做。	1.組織是一個利用其環境的開放系統。 2.在組織達到任何程度的規模之前，所面臨的需求已經變得很複雜了，因此，不可能用少數幾個項目來界定有意義的組織目標。	包含目標模式與系統資源模式的基本假定，認爲組織爲一開放系統，但亦具有目標導向的特性，因此目標並非靜態的，而是隨著時間的改變而改變。有效能的組織能同時達成組織與個人的要求。
效能規準	組織目標的種類： 1.官方目標(official goals)：官方目標陳述組織的正式任務及目的，本質上具有抽象性、期望性和無時間性的特徵，它的目的在獲得大衆的支持和認可，而不是用來引導行政人員和教師的行爲。 2.作業目標(operative goals)：作業目標反映出組織眞正的意向，代表組織中所做的實際工作和活動。 3.操作目標(operational goals)：操作目標具有被認可的標準和評鑑程序，明確地敍述組織目標被達成的程度。	1.系統資源模式將組織效能界定爲組織在環境中得到有利的談判地位，藉此有利地位以獲得必要的資源。因此，評估組織效能，必須衡量組織是否有效利用各種資源、彈性運用各種機制、及爭取各種資源，尤其是稀有資源的能力。 2.評估組織效能的最後標準是內部一致性，因爲有效能的組織會審愼地將資源分配給各種廣泛競爭和控制的機構。因此，士氣、共識、革新、適應力等均是評量組織效能的重要性指標。	以Parsons的社會系統的四個功能（適應、目標達成、統整、潛在）爲基礎，並包含時間、不同的組織層次、多樣化的組成份子和多樣化的標準。(見表10-3)
評析	1.組織的目標並非單一性，它可能同時有很多目標，而這些目標之間可能存在著不一致，互有衝突。目標模式傾向於邏輯和內在的一致性，忽視目標的多樣化及其相互矛盾的性質。 2.過於重視行政人員的目標，忽略了教師、學生和學校資助者所設立的目標。 3.組織目標具動態性，隨著情境因素和行爲的改變而改變。但目標模式中供以評鑑的目標傾向於靜態性質。 4.由於組織的官方目標經常不是它的作業目標，所以要將它做實際運作的分析是相當困難且複雜的程序，甚至可能產生誤導的現象。 5.組織目標是回顧性的，它僅能在事後確認學校和教育人員的行爲，卻不能用以指導這些行爲。 6.要爲目標模式設計一套非常明確的效標以測量效能相當困難。 7.忽視潛在、隱而不顯的非正式目標和程序。	1.系統資源模式太強調輸入，可能對結果有不良的影響。當教育組織爲獲得資源而耗費時，其它的功能可能就被忽略。 2.增加輸入或獲取資源可說是組織的一種運作目標，因此系統資源模式實際上是目標模式中的一種。 3.在此模式中視效能爲效率，窄化了效能的內涵。 4.組織獲取資源的過程很難加以定義和測量。	1.兼容目標模式與系統資源模式。 2.具有多樣化的指標。 3.組織效能指標廣泛，難以同時全盤加上研究，但已有選取部分指標作爲研究者。

誠如本章所述的，學校組織效能的研究可概分爲因素確定時期、概念架構時期及模式發展時期等三個階段。也就是學校組織效能的研究已由僅評量什麼是學校效能的因素，逐步向個別學校的輸入—產出途徑(Individualistic Input-out Approach)，更爲全盤的觀點發展(Holistic Approach)(Ita G. G. Kreft, 1993, pp.104-129)。因此，模式的研究是目前學校效能研究的主要研究取向。

國內的有關研究架構模式

茲依序舉出國內外有關國小、國中、高中及大學的學校組織效能之架構模式研究架構及其效能指標模式作爲例子，俾供參考。

1. 吳清山(民 78)的研究模式——

吳清山(民 78)以台灣地區 190 所公立小學教師 1520 人爲研究對象，進行官僚、同僚、政治管理模式與學校效能關係的研究。在學校效能指標的選擇方面，係經過問卷調查(封閉式及開放式)及統計方法(如變異數分析、因素分析)而得到的。

該研究的學校效能指標共有下列十項：

(1)學校環境規劃；
(2)教師教學品質；
(3)學生紀律表現；
(4)學校行政溝通協調；
(5)學生的學業表現；
(6)教師工作滿足；
(7)學校課程安排；
(8)學校家長彼此關係；
(9)師生關係；
(10)校長領導能力。

該研究架構的模式如圖10-2所示。

圖 10-2　國小管理模式與組織效能關係之研究理論架構

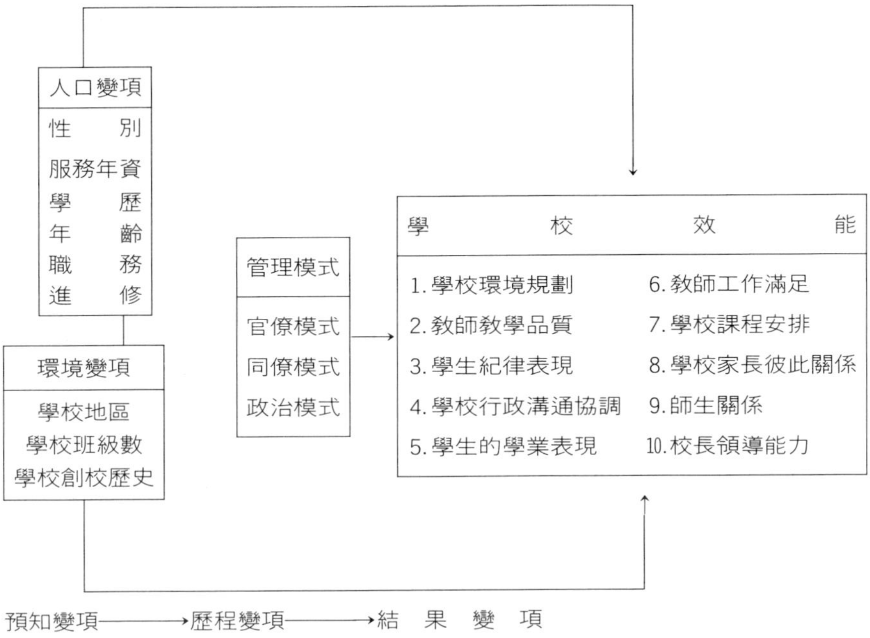

資料來源：吳清山（民78）〈國民小學管理模式與組織效能關係之研究〉，國立政治大學教育研究所博士論文。頁109。

2.吳璧如(民79)的研究模式——

吳璧如(民79，頁79)對高雄縣、市70所公立國小組織文化與組織關係的研究是以Hoy和Miskel(1987)對組織效能指標的分類，作爲測量學校組織效能的指標。但是她認爲學生成就的測量工具不易選擇，因此以學生成就密切相關的過程變項代表之，而以適應力、生產力、主要生活興趣及工作滿意作爲該研究的學校組織效能指標。

吳璧如(民79)的研究架構如圖10-3所示。

圖10-3　國民小學組織文化與組織效能關係研究架構圖

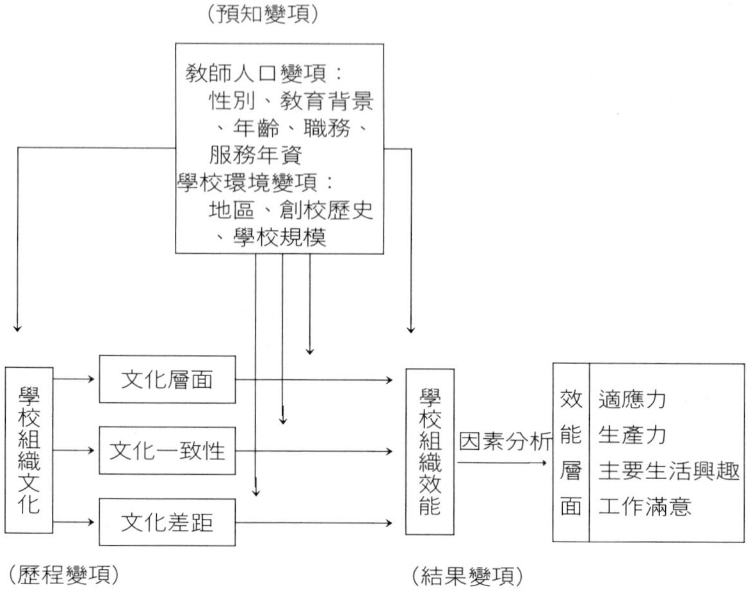

資料來源：改編自吳壁如（民79）〈國民小學組織文化與組織效能關係之研究〉國立高雄師範大學教育研究所碩士論文。頁85。

3. 廖春文、李皓光(民84)的研究架構——

廖春文、李皓光(民84)的研究旨在探討適合我國國民小學的學校效能評量指標，及瞭解目前國民小學之效能概況，並分析不同背景因素對於學校效能評量指標看法的差異情形。

本研究經文獻探討及第一階段開放式問卷調查所蒐集的資料，歸納學校效能評量指標層面，據以編製第二階段封閉式問卷，調查南部八縣市120所國小校長、學校行政人員、教師及家長意見及看法。研究結果將國小學校效能評量指標分爲「學校發展」、「物資設備」、「校園環境」、「校長領導」、「行政管理」、「活動辦理」、「氣氛滿意」、「教師教學」、「學生學習」及「社區家長」10個層面。其研究架構如圖10-4所示。

圖10-4　國民小學學校效能評量指標之研究架構

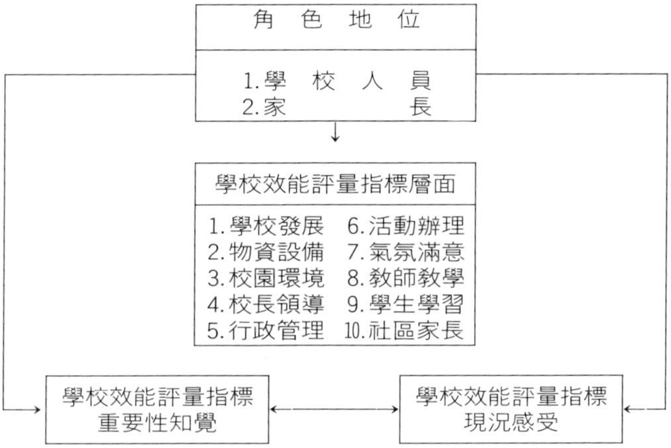

資料來源：廖春文、李皓光(民84)〈國民小學學校效能評量指標之研究〉，發表於八十四學年度師範學院教育學術論文發表會。84.11.3。國立屏東師範學院，頁17。

4. 張慶勳(民85)的研究模式——

張慶勳(民85)以高雄市、台南市、高雄縣及屏東縣四個縣市的31所國小校長及教師爲研究對象。探討校長運用轉化領導及互易領導對學校組織文化與學校組織效能的影響，以及其影響的徑路模式。並以組織的靜態、心態、動態及生態四個層面做爲衡量學校組織效能的指標。該四個層面的涵義分別爲：

⑴靜態層面：係指組織結構及權責分配。

⑵心態層面：教師心理需求的滿足程度。

⑶動態層面：教師在執行學校或個人目標時的協調、溝通情形或獲取解決問題的資源時之順暢與否。

⑷生態層面：係指學校與家長、社區人士的連繫互動，並獲取其資源及支持，以便學校不斷地發展進步而適存於社會。

茲將其研究之架構以圖10-5 表示如下：

圖10-5 研究架構圖

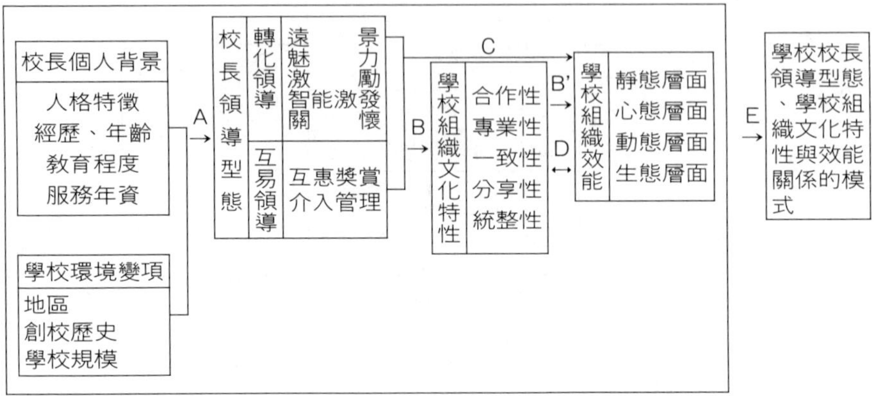

資料來源：張慶勳(85)〈國小校長轉化、互易領導影響學校組織文化與組織效能之研究〉，國立高雄師範大學教育學系博士論文。頁122。

5. 陳淑嬌(民 78)的研究模式——

陳淑嬌(民 78)以台灣地區南部五縣市 61 所國民中學 1018 位教師爲對象，進行國中校長領導型式、教師工作投入與組織效能之研究。該研究根據Steers(1977)所統計的17種組織效能的指標，採用其中出現次數最多的適應力與彈性，及生產力與滿足感，而將學校組織效能區分爲「工作滿足感」和「整體組織效能」。

(1)工作滿足感：又分爲內、外滿足感及一般滿足感三個層面。

(2)整體組織效能：採用P.E.Mott的組織效能概念，分爲生產力、適應力和彈性。後來進行因素分析後，將適應力和彈性合併爲一個層面，並以總效代表整體組織效能總分。

茲將陳淑嬌(民78)的研究架構以圖10-6表示如下：

圖10-6　「國民中學校長領導型式、教師工作投入與組織效能之關係」的研究架構

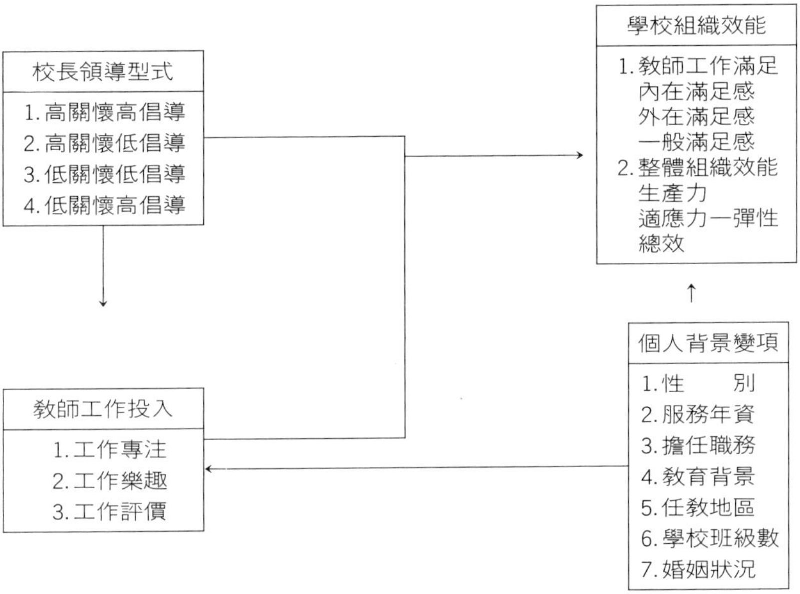

資料來源：陳淑嬌（民78）〈國民中學校長領導型式、教師工作投入與組織效能關係之研究〉國立高雄師範學院教育研究所碩士論文。頁70。

6. 林生傳（民82）的研究模式——

林生傳（民 82）從教育社會學的觀點，探討我國高中教育的階層化現象，在此研究中，係以達成高中教育目標最具代表性的學生升大學比率作爲高中效能的指標，並據以指出高中教育的階層化現象。

本研究發現高中教育確實存在著階層化的現象，且主要是受學校歷史長短、地理位置所形成的社區背景，及文化傳統與學校風氣所影響。茲將林生傳（民82）的研究架構模式以圖10-7表示如後。

圖10-7　高中教育階層化理論架構圖

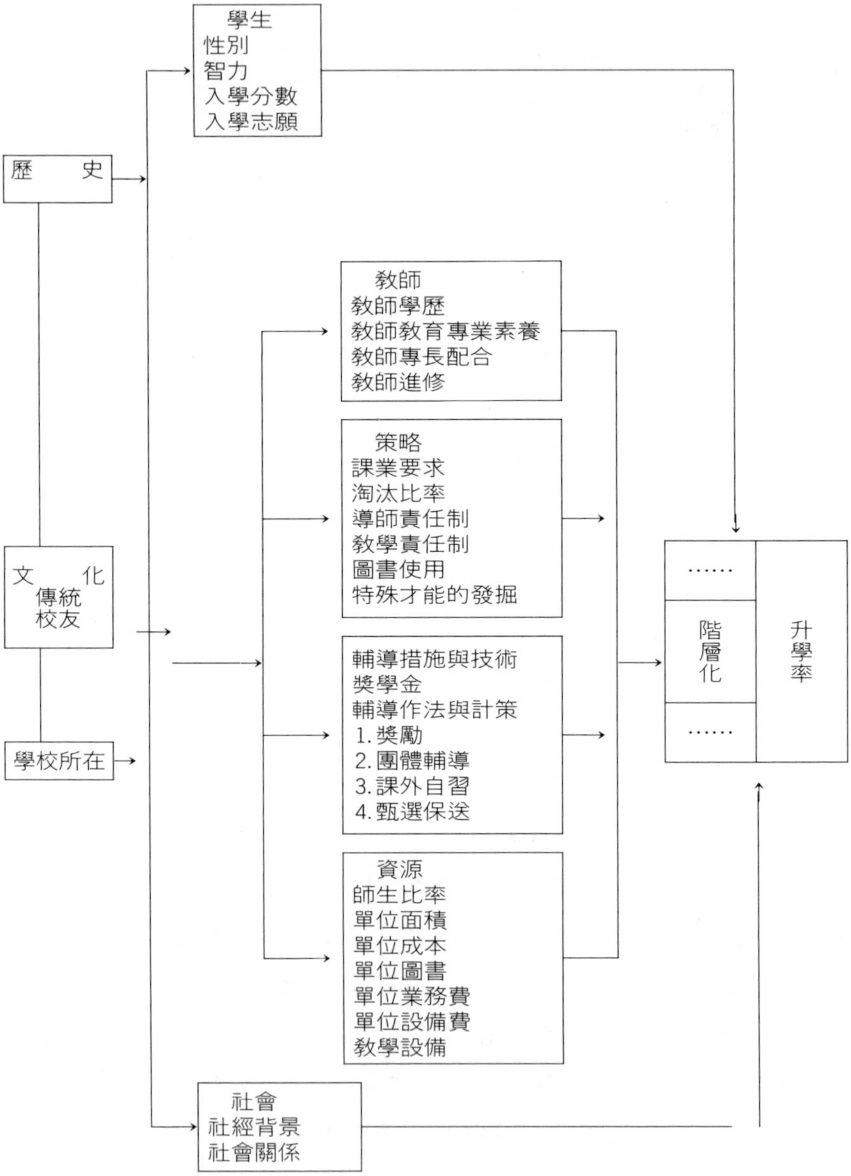

資料來源：林生傳主持(民82)〈中等教育階層化之研究—高級中學升學率之實徵分析與探討〉，行政院國家科學委員會專題研究報告。頁27。

圖10-8　高等教育表現指標可行之整合模式

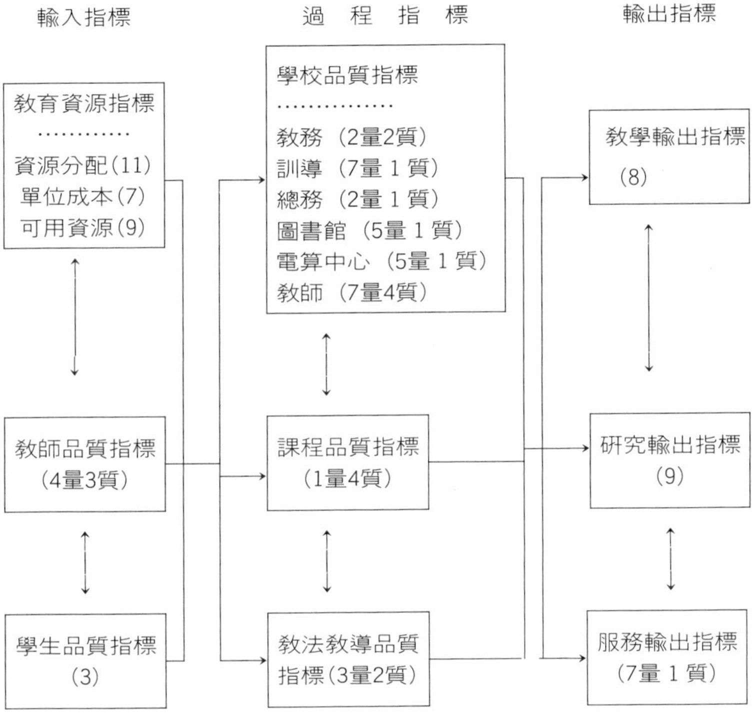

資料來源：王保進（民82）〈高等教育表現指標之研究〉，國立政治大學教育研究所博士論文。頁292。

7. 王保進(民85)的研究模式——

王保進(民85)旨在建立我國高等教育表現指標的可行整合模式，在該模式中，包括輸入—過程—輸出三個歷程，每個歷程都各有其質與量的效能指標(共計110個指標)。其中由輸入及過程所構成的指標共有85個(含66個量化及19個質化的指標)。且85個背景指標可進一步分爲教育資源、教師品質、學生品質、學校品質、課程品質及教法教導品質六大類表現指標。至於輸出的表現指標共有25個，並與大學教育功能極爲密切。其中屬於教學表現的指標有8個，研究表現的指標有9個，服務表現的指標有8個，而有24個指標是可精確量化的。

茲將王保進(民85)研究所提出的高等教育表現指標可行之整合模式以圖10-8表示之：

◼ 國外的有關研究

國外有關學校效能的研究，雖然具有組織效能因素及概念發展的基礎，但已趨向整合的觀點。茲舉出圖10-9及圖10-10兩個例子如後，俾供參考。

圖10-9　組織效能的複雜模式圖

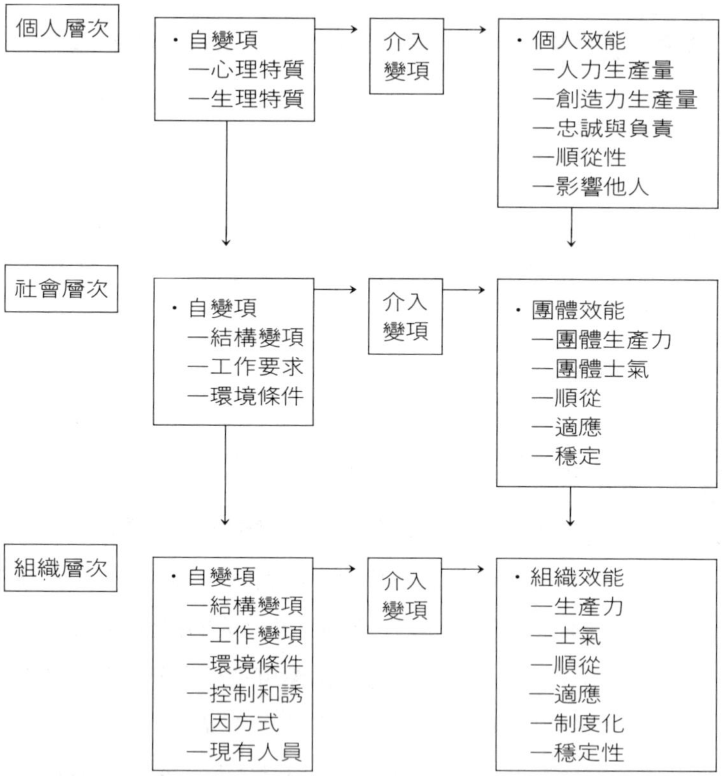

資料來源：D. J. Lawless (1979). *Organizational Behavior: The Psychology of Effective Management.* New. Jewey.: Prentice-Hill, Inc. P. 43.

圖10-10　學校效能整合模式圖

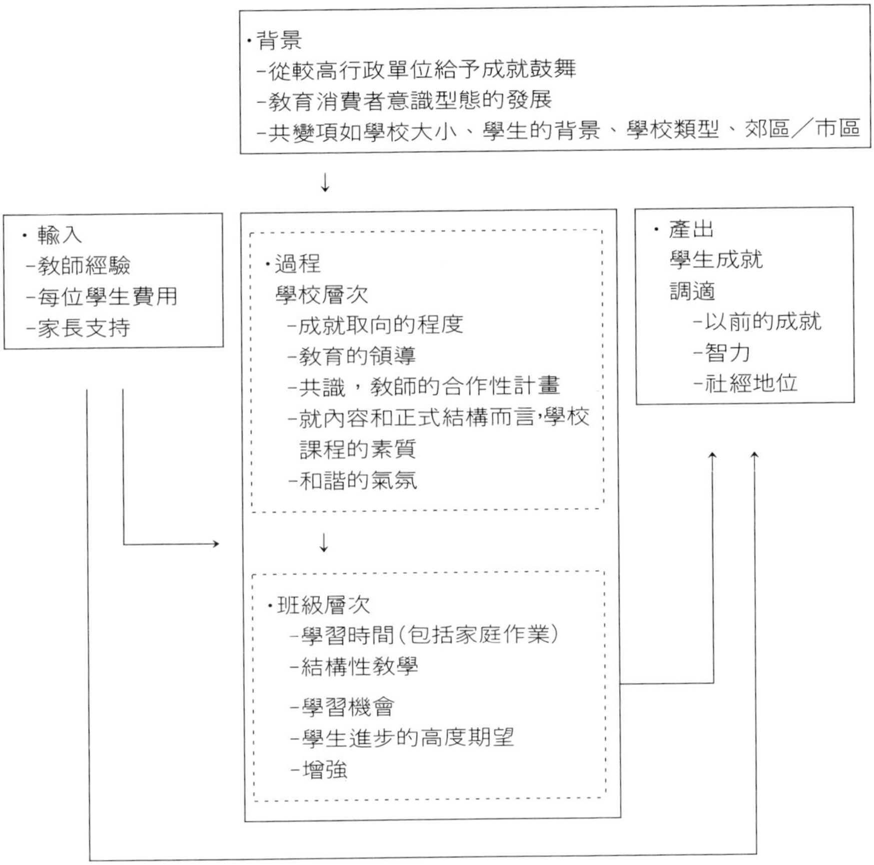

資料來源：Jaap Scheerens (1990). "School effectiveness research and the development of process indicators of school functioning," *School Effectiveness and School Improvement,* 1(1),p.73.

第四節

學校組織效能的相關因素

目前已有諸多從有效能學校的特徵而探討什麼是有效能的學校。這是從因素決定的觀點加以分析的，但是從整合的觀點而言，我們可從學校效能的輸入—過程—輸出等歷程加以探討。雖然如此，單一的研究往往無法綜括所有的效能指標，甚至各級各類學校雖然有其共同的目標，但也有其個別獨特的特徵或目標所在。因此，欲探討什麼是有效能的學校組織，或是學校組織效能的相關因素，實在不是一件容易的事。

由於學者們對於有效能學校的特徵所持的研究觀點不同，所得的結論乃有所差異，吳清山(民80，頁7-8)歸納出一所有效能學校的特徵至少包括下列九項：

1. 強勢的行政領導。
2. 和諧的學校氣氛和良好的學校文化。
3. 重視學生基本能力的習得。
4. 對學生有高度的期望。
5. 教師有效的教學技巧。
6. 經常督視學生的進步情形。
7. 教職員的進修與發展。
8. 妥善的學校環境。
9. 社區、家長的參與和支持。

上述九項的特徵，可歸納出行政領導、教學(含師生互動)、學校文化、學校內外環境等因素。而林生傳(民82)歸納學者對學校效能相關因素的研究，則分成：1. 行政領導與教學；2. 學校的不同社經背景；3. 學校的都市化程度；4. 學校文化等四大類的因素。

對某些事項作列舉時，常會有疏漏之處，而作概括性陳述時，則常不能深入探討某一問題。雖然如此，本節將就所蒐集的有關研究作相關因素的綜合分析。茲分成：1.校長領導；2.教學；3.學校管理；4.學校組織結構；5.學校文化與社經背景等加以分析。茲分析如後。

■校長領導

茲將有關研究結果以條列方式撮要如後：

1.理想的國中校長在影響其教職員達成學校教育目標時，以採取協調式、民主式、積極式與放任式之領導方式為較妥當。(許勝雄，民64)

2.校長之「倡導」與「關懷」行為與學校氣氛之「離心」、「阻礙」、「距離」等三層面呈負相關，而與「工作精神」、「親密」、「工作要求」、「以身作則」、「關懷」等層面呈正相關(呂木琳，民67)，與教師服務精神呈正相關(曾燦燈，民74)、或顯著相關(邱文忠，民72)。

3.校長領導方式之不同在下列各層面有差異：

(1)學校氣氛。(呂木琳，民67)

(2)教師服務精神之各層面及服務精神總分之得分。(曾燦燈，民68)

4.校長領導型式的運用若能因教師人格特質之不同而異，則學校組織氣氛較佳(蔡培村，民69)。由於沒有單一普遍化的領導型式，因此必得因應不同的情境狀況而採用不同的領導型式，方為上策(陳慶瑞，民75)。

5.校長如運用「高倡導、高關懷」的領導方式，則有較佳的學校氣氛(呂木琳，民67)、且教師接受學校行政決定的接受區較廣(曾燦燈，民68)；如運用「低倡導、低關懷」的領導方式，則學校氣氛較差(呂木琳，民72)，且教師接受學校行政決定的接受區較窄(曾燦燈，民68)；如運用「高倡導、低關懷」或「低倡導、高關懷」的領導方式，則學校氣氛互有特色(呂木琳，民67)。而陳淑嬌(民78)的研究發現，「高倡導、高關懷」的領導方式比其他任何領導方式對組織效能更為有效。鄭彩鳳(民80)在高中的研究發現，校長若採取「高系統、高個人」取向的領導行為，則教師角色衝突最低，且組織氣氛也最爲開放。

6.校長倡導的行爲對於教師在學校行政決定的接受區域之影響並沒有顯著地大於校長關懷的領導行爲(曾燦燈，民68)，但倡導對組織效能(生產力、教師工作滿足感、適應力及彈性)的影響力顯然大於關懷。因此，在國民小學中，採取以倡導爲主關懷爲輔的領導型式乃屬必要。其中以高倡導高關懷及高倡導低關懷兩種類型較佳。也就是說，校長對教師的關懷、體諒是必要的，但得在注重教學成果的前提下。因此，一味地姑息教師個別的處境，只能爲敷衍者尋得庇護，對教育成效的提昇，並無助益(陳慶瑞，民75)。

7.國民中小學校長的功能權力是決定教師工作滿足感的最主要權力因素，尤其是國小校長的功能權力幾乎是決定教師工作滿足感的唯一權力因素。(林坤豐，民71)

8.校長領導特質較佳、運用參照權與專家權者，則學校組織氣候愈佳、教師工作滿足感愈高，若校長運用法職權與強制權則反之。(蔡培村，民74)

在國外研究方面，Paula F. Silver綜合領導行爲研究的結果，歸納出倡導和關懷是教育領導者的重要行爲(轉引自黃昆輝，民81，頁98-100)。茲以Daniel Kunz與Wayne K. Hoy(Hoy與Miskel,1987,pp.280-281)對「校長的領導行爲和教師的專業接受區」的研究爲例予以說明，他們發現：

1.兼重倡導與關懷的校長，其所作決定被接受之範圍最爲寬廣；亦即如校長對於倡導與關懷兩個層面均甚強調，則教師最能接受其所作之專業決定。

2.「低倡導」的校長，不論其關懷行爲是高或是低，其所作之決定被教師接受的範圍相當狹小。

上述的研究發現，支持了最近探討領導者行爲的研究發現。關懷只與部屬各工作間的滿足，以及部屬和領導者間的滿足有關。雖然證據有些繁雜不一，但是倡導已被視爲部屬行爲表現的來源。又，情境變項顯然影響關懷與倡導間的關係，並且也影響組織效能的標準。關懷對那些在結構化情境中工作或在壓迫、挫折、不滿意的職務中工作之部屬的滿足具有最積極的影響。相對的，當部屬的工作任務不確定時，倡導對團體的行為表現具有最大的影響力。

■ 學校管理

國內有關學校管理模式的研究，不論在公私立大學(張建邦，民71)、師範院校(張慶勳，民78)、高中、國中(葉重新，民76)或國小(吳清山，民78)的研究，都一致發現校長大都運用官僚模式，但是教師卻一致都期望校長運用同僚模式(詳見本書第十九章)。由此可知，教師期望校長所運用的管理模式與事實甚有差距，也就是說，大部分的教師喜歡參與校務的決定，他們從參與校務決定的過程中較能獲得滿足感。

目標管理(Management By Objectives; MBO)是一種結合組織上下級人員共同參與訂定組織的目標，並依計畫、執行、考核等步驟，劃定每一位組織成員的工作範圍與工作起訖時間。因此，目標管理是一種共同參與、自我控制、目標導向的整合管理。我們常運用的甘特圖(Gant Chart)、計畫評核術(Program Evaluation and Review Technique; PERT)及編列預算、按計畫執行預算是目標管理最好的例子。

由此可知，學校管理方式的運用，攸關學校效能的良窳。若要使學校有效能，校長宜權變運用管理方式，俾能達成學校目標。

■ 學校組織結構

對於學校組織結構的研究，常將學校組織結構分為專門化、標準化、正式化、集中化及組織傳統(如吳清基，民68)。吳清基(民68)研究發現，學校結構是影響教師工作滿足的重要變項。其後，在國小(蔡培村，民74；吳麗芬，民75)、國中(蔡培村，民74；蘇育任，民74；方德隆，民75)等方面的研究，皆有一致的發現。而吳清山(民81，頁66)綜合國內外學者的研究歸納學校組織結構與教師工作滿足的關係，獲得下列三項結論：

1. 學校組織結構是預測教師工作滿足的重要變項。

2. 學校組織結構愈趨於集中化、標準化，則教師工作滿足愈低。

3. 學校組織結構愈趨於專門化、正式化，則教師工作滿足愈高。

最近，劉春榮(民82)在國小方面的研究，也有類似的發現，他的研究結論指出：

1. 學校組織結構正式化、專門化愈高，則學校效能不論在校長領導、行政溝通、學習環境、課程與教學、學生行爲表現、學生學習表現及整體學校效能均有愈高的現象。

2. 學校組織結構集中化、傳統化愈高，則學校效能不論在校長領導、行政溝通、學習環境、課程與教學、學生行爲表現、學生學習表現及整體學校效能均有愈低的現象。

由此可知，學校行政或教學愈有法令根據及正式規定(正式化)，學校依其成員能力採專職分工，依專長任用人員(專門化)，則教師滿足感愈高，學校組織愈有效能。若學校決策過程愈有中央極權(集中化)及墨守成規(傳統化現象)，則教師滿足感愈低，學校組織愈沒有效能。此類研究與上述學校管理模式的研究結果有相通之處。

學校文化與社經背景

K. A. Corton(1987,p.3)認爲學校文化包括三大領域，分別爲：1. 學校規範(可用以強調學術努力和成就的價值)；2. 期望(用以強調教職員追求卓越和激發學生潛能的重要性)；3. 象徵性的活動(用以激勵努力、進步和成就)。但是不論何種文化，有效能的學校要有強勢的學校文化，例如，學校宜具有共享的價值、共識；校長有強勢的領導；對某些事情有獨特的儀式及其價值所在；在力求創新與維繫傳統中取得平衡點等。(可參考Terrence E. Deal, 1985, pp.601-620)

吳璧如(民79)對國小的研究，發現在教師人口變項、學校環境變項及組織文化方面，對學校組織效能的預測作用，以組織文化最具預測力。林生傳(民82,頁136-137)以高中升學率作爲我國高中教育效能指標,其研究發現,我國高中確有明顯的階層化現象,而學校之階層化受物質、教學資源分配不均的影響較少,主要是受到歷史長短、地理位置形成的社區背景、以及文化傳統與學校風氣的影響。

Jon Saphier 與 Mattew King (1985,pp.67-74)研究認爲,若學校要不斷地進步,則要從提昇下列的 12 項學校文化著手。即是:

1.學校教職員間的同僚合作關係。

2.學校行政人員、教師勇於嘗試新思想和解決問題的技巧。

3.對學生賦予高度的期望。

4.信任教師的專業自主和其判斷。

5.給予教師明確及實質上的支持。

6.教師具有廣泛的教學技巧、教學方法、學生學習以及學生認知和情感發展的知識基礎,並熟知新的知識。

7.欣賞和認可教師的良好教學表現,並予以讚譽和鼓勵。

8.學校具有關懷、慶祝和幽默的氣氛。

9.擴大教職員參與校務決定的層面。

10.維護學校重要且有利的事物。

11.誠懇而開放性的溝通。

第十一章

學校組織設計

如何提昇學校教職員工生的滿足感及增進學校組織效能，是一位具有前瞻性視野的校長所常思考的問題。在兼顧學校組織目標的達成及學校組織成員個人需求的滿足之目標導向下，學校組織的設計者精心設計並作較佳的選擇及執行，進而導引學校組織的發展與變革。

一般從事組織設計所涉及的層面，除了考慮到組織的外在環境及領導者的人格特徵、領導策略外，也要顧慮到組織結構、組織規模、工作性質、組織成員的特性與專長，及組織、成員、團體之互動等的因素。本章將綜合這些要素依序討論：學校組織設計的基本概念、學校組織結構與組織效能、學校最適規模經營等，最後則綜合討論學校組織結構、學校規模與組織行為的關係與應用。

第一節 學校組織設計的基本概念

學校組織設計係為兼顧學校組織目標的達成，及學校成員個人的需求，並適應外在環境的改變，以使學校變革及發展。而根據行為科學的角度，及透過各種決策過程，對學校組織提供有系統的設計活動，以增進學校組織效能，提昇學校組織成員的工作滿足感。

從教育行政或學術領域而言，為解決教育問題及尋求教育的發展，特別強調研究發展，並從其研究所提供的建議方案而制定教育政策，並予以實施。在學校組織設計方面，也強調類似「策略」(Strategies)的運用，而包括下面二項主要的策略：

研究策略

研究策略旨在針對某一待解決的問題，擬訂研究計畫，並在此計畫下從事研究，提出改變組織的設計方案，並選擇改變的方向。

設計策略

設計策略旨在提出各種不同的組織系統改變方案，此一策略強調方案的應用性。

學校組織設計是否順應學校內外環境的自然演變發展而予以設計，或是依其發展的既定結果而進行設計，抑或是由學校成員互動而設計者，實有殊多角度予以思考。然而任何一個組織的設計實須有一領導者予以主導，才不會雜亂無章。依張慶勳(民85)的研究發現，雖然學校組織文化的改變須賴學校成員長時間互動而形成，而且增進學校組織效能，除了校長的領導外，尚須有其他中介因素，始得以實現。但是，不論是學校組織文化的改變，或學校組織效能的提昇，校長運用領導策略，是其重要的因素。且校長運用領導策略，及人際關係之間的互動，整合學校內外環境的人、事、物而領導學校。因此，校長的領導是影響學校組織文化與學校組織效能的起動者，況且學校組織設計的過程涉及組織設計策略的運用與決策過程，故校長亦是學校組織的主要設計者。

在上述同一研究中亦發現，校長的領導受校長個人背景、學校文化特性、學校規模、民風、師生結構、學校外在壓力所影響。又基於校長的領導是影響學校組織文化與組織效能的起動者，同時校長亦是學校組織的主要設計者之研究發現，茲將校長導引學校組織設計之架構圖，以圖11-1表示如下。

由圖11-1顯示，校長領導受各種不同因素所影響，校長可運用各種決策模式從事學校組織設計的研究發展，並在組織結構、學校規模大小等提出設計方案，而營建學校組織文化及增進學校組織效能。

圖11-1　校長導引學校組織設計架構圖

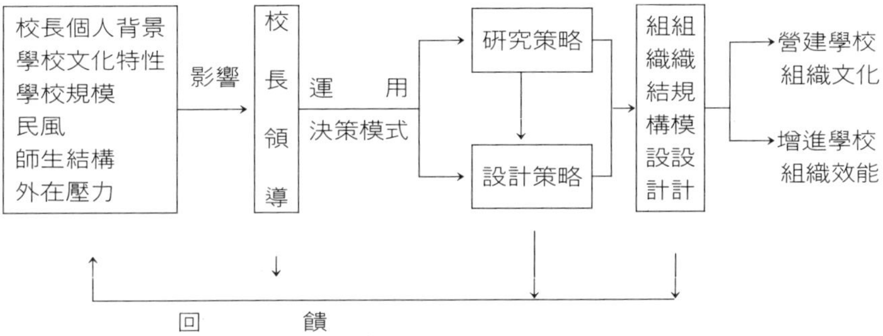

第二節 學校組織結構與組織效能

組織設計基本上係源自於組織結構的特徵，本節將先討論組織結構的內涵及其分析取向，並分析學校組織結構與效能的關係如下。

■ 組織結構的內涵與分析取向

組織結構係指機關組織各部門及各屬級間所建立的一種相互關係的模式，通常可用組織圖表及法令規章來表示，更具體而詳細的說，組織結構係指組織內與工作有關的任務、報告程序過程及權威的關係系統。因此，組織結構可界定為組織活動的形式與功能，也可界定為組織各部門如何相互配合與適應。組織結構的目的則在促使組織成員相互配合，依既定程序完成組織目標。

大體而言，組織結構的分析，有三種方式：

1. 以組織圖描述組織的架構或其規模與型式。

2. 分析組織中有關專門化工作的分工、法規條例與生產，或作決定等的運作或其特徵。

3. 分析組織的權責與權威。(Moorhead & Griffin, 1989, p.394)

有關組織結構的另一種界定，係以其組成要素的程度予以說明。例如，Stephen P. Robbins(1993, pp.487-489)分成複雜化(Complexity)、集權化(或譯爲集中化)(Centralization)及形式化(亦有譯爲「正式化」者)(Formalization)［說明：李茂興等人(民83，頁272-273)譯爲「形式化」，而非「正式化」］。蓋Formal一字一般譯爲正式的或形式的，就組織結構的層次而言，其思想源自德國社會思想家Max Weber所論述的「形式理性」(Formal Rationality)，因此宜譯爲「形式組織」或「形式化」等，若譯爲「正式組織」或「正式化」很不恰當。就團體層次而言，其思想源自人群關係學派Elton Mayo的「非正式團體」(Informal Group)研究，因此可譯爲「正式與非正式團體」，本書同意其看法，視不同行文內容而譯爲形式的或正式的。Jerald Hage的不證自明理論(The Axiomatic Theory)則將組織結構分成複雜化、集權化、形式化及階層化(Stratification)(Hoy & Miskel, 1987, pp.128-129)。而一般研究學校組織結構者則大多以專門化、形式化、集權化、傳統化作爲研究的變項。

茲將組織結構之複雜化(含階層化)、集權化、形式化及傳統化說明如下。

組織結構的要素

1. 複雜化——

複雜化係指組織中專門性工作的數目，及執行各該項工作所須訓練的水準。也就是組織中專門化工作的多樣性，及執行工作所依賴專精知能的程度。複雜化主要可分成水平化(Horizontal Differentiation)、垂直分化(Vertical Differentiation)及空間分化(Spatial Differentiation)等三個向度。如果組織上述三個向度的分化愈大，則其複雜化愈高。

⑴水平分化

水平分化即是專門化，係指組織成員在人員配置、工作性質及教育訓練上的細分程度。假如一個組織愈需要不同的特殊專門技能之人員，則此組織的水平分化程度也愈大。由於組織須分成較多且具有獨特功能的單位，因此不同的部門之間的成員會彼此分離，但在各單位之間的互動會更爲複雜。更具體的說，組織愈有專門化，則水平分化的程度也愈大，各不同部門的成員愈具有異質性，在組織成員工作的分配上則愈需要專職分工。

⑵垂直分化

垂直分化即是科層體制中的權威階層或是階層化，係指組織的深度，強調組織中成員工作地位差別的數目，及行政階層體系中的層級數目。假如組織的層級數愈多，則高低職位間的差異也愈大，其複雜化的程度也愈大。因而高級主管與基層員工之間的溝通、協調、互動也較難，且較不易就近監督員工的行爲。

假如水平分化愈大時，表示該組織愈需要不同的專門化，也就是愈需要不同的專業訓練，及各單位之間的協調溝通。

⑶空間分化

空間分化係指組織的辦公室、工廠及人員在地理位置上的隔離程度。假如組織不同的單位距離愈遠，或有距離較遠的分公司、分校的情形時，則組織的複雜度愈大，愈不容易溝通、協調及控制。

2.形式化——

形式化係指組織中標準化的程度，也就是指組織對其成員職責及作業程序所作規定之明細程度，及成員執行工作時不必受到有關規定約束的程度。在高度形式化的組織裡，成員所負責的工作均經明細的規定。工作執行的細節，亦均詳載於工作手册，如果形式化程度較低時，則組織成員的工作行爲較有自由度。

組織成員工作的自由度與其對組織工作所作的規劃程度呈負相關。例如，自由度愈低，標準化愈高，則組織成員愈不需要考慮工作該如何進行，標準化愈高愈會減少員工考慮其他行爲的可能性，或甚至使員工不必作其他的選擇。

在組織之間或組織之內，形式化的程度存在著很大的差異。茲舉例如下：

(1)愈簡單且重覆性、例行性較高的工作，愈容易被高度形式化，如基層員工；而愈須賴專業自主性者，則其形式化較低，如教師的教學。

(2)組織成員的工作之形式化隨著其所居組織層級的高低，及各部門功能之不同，而有所變化。例如，層級愈高者(如校長)，其工作的重覆性愈低、工作自由度愈大，形式化的程度愈低。學校行政單位的形式化較高，但教學或學術單位(如系、所及研究人員)則其形式化較低。

3. 集權化——

集權化係指組織成員參與決定的程度，及組織成員所屬部門參與決定項目的數量。具體而言，集權化係指組織內行政決定集中於少數最高階層人員的程度。如大多數的決定，係由高層人員負責，則屬高集權化的組織；反之，則爲低集權化的組織。

雖然就一般而言，組織若具有較大的空間分散性，則組織的集權化較低，但是資訊科技的進步，如透過電腦網路可以讓領導者掌握不同地區組織的資訊與所發生的問題，並作成足以影響區域性組織各種問題的決策。相反的，假如組織雖然完全在一個建築物裡運作，如果領導者把決策權力與較低層級的人員分享，也是屬於分權的組織。因此領導者的領導策略是決定組織集權化程度的重要因素。

4. 傳統化——

傳統化係指組織的行事僵化、墨守成規、沒有彈性、缺乏創新的程度。一個組織是否趨向較高度的傳統化，概略而言，至少有下面三項因素，而這些因素並非彼此互為獨立，它們是相互影響的。

⑴領導者的人格特徵

在一項國小的研究發現，在校長個人背景影響校長領導中，以校長的個人人格特徵因素影響較大（張慶勳，民85）。假如校長處事較有彈性、創新，且具有適當的冒險性，則其學校較活潑，不會墨守成規，傳統化的程度較低。

⑵組織的法規條例

組織內的相關法規條例較多，所規定的事項較嚴苛、較細，則組織成員的工作自由度較低，組織的傳統化較高。組織成員對法規條例的解釋寬嚴不同，其組織的傳統化程度也會有所不同。例如，學校行政人員與教師對同一法規的解釋，會因其角色及牽涉到本身的利害關係，而有從寬或從嚴解釋的不同。

⑶組織成員的特性

組織成員互動結果所形成的共識，將決定該組織傳統化的程度。例如，學校教師求新求變，他們在教學上也會有所創新。校長領導會考慮教職員工的反應，而不會拘泥於某些方面的僵化作法。

學校組織結構與效能的關係

一般國內研究學校組織結構者，大多將學校組織結構分成專門化、形式化、集權化、傳統化等，並將Formalization譯為「正式化」，將Centralization譯為「集中化」。如前所述，本章均譯為「形式化」與「集權化」。

國內吳清基（民68）綜合文獻討論組織結構與工作滿意之關係，認為：

1.小組織或小部門的工作者比在大部門大組織工作者更容易感到工作的滿意。但如整體組織雖大，但組織間各單位仍保持小單位型態者亦不致降低工作滿意度。

2.小型扁平式組織比小型尖高式型組織的成員有更高的工作滿足，但大型的尖高組織比大型扁平式組織的成員有較大的工作滿足，此乃扁平組織較能提供成員自我實現，而尖高型組織的成員較能滿足安全與社會需求。

3. 專門化提供組織秩序及預測功能，並可增加效率，並也容易導致組織缺乏人情味及朝氣。

4. 低形式化與標準化導致低動機滿足，但過度的高形式化與標準化亦容易導致退化。

5. 高度集權化與階層化會導致人際間的疏離感。

誠如第十章探討學校組織結構與效能的研究指出，不論是國小(吳麗芬，民75；劉春榮，民82；蔡培村，民74；黃三吉，民81)或國中(方德隆，民 75；蔡培村，民 74；蘇育任，民 74)的研究，皆一致發現學校組織結構是影響教師工作滿足感的重要變項。綜合上述的研究，可知學校行政或教學愈有法令根據及正式規定(形式化)，及學校依其成員能力採專職分工，依專長任用人員(專門化)，則教師滿足感愈高，學校組織愈有效能。若學校決策過程愈有中央極權現象(集權化)及墨守成規(傳統化)，則教師滿足感愈低，學校組織愈沒有效能。

在國外的研究方面也有類似的發現。例如，H.H. Carpenter (1971, pp.460-465)研究發現，學校組織結構集權化，教師的滿意度會降低，教師愈能參與決定、分享權力，則工作滿意度會顯著地提高。(Carpenter, 1971, pp.460-465; Sinkiewicz, 1982, p.3832A; Winters, 1984, p.3203A)

就學校組織結構與學校整體效能而言，研究結果有大同小異之處。例如，國內方德隆(民76)在國中的研究發現，專門化、標準化、形式化與學校效能各層面(包括工作滿意、主要生活興趣、整體組織效能)有正相關存在，而集權化、傳統化與學校效能各層面有負相關存在；形式化、傳統化、標準化及專門化四個組織層面能有效預測學校效能。

國外的研究方面，Miskel等人(1983)以美國堪薩斯州78所小學20所初中、16所高中共1619位教師爲對象，研究發現集權化與學校整體效能呈負相關，但形式化及複雜化則與學校整體效能呈正相關。

Eismann (1985)以美國華盛頓州36所小學433名教師爲對象研究發現：

複雜化、集權化、形式化與整體學校效能呈正相關。Rose(1988)於美國麻州以問卷方式研究學校主動行爲方案的效能與學校組織結構的關聯，學校組織結構包括專門化、集權化及形式化三個變項，研究結果發現三個變項均顯著影響學校效能，而其中以形式化的影響最爲顯著。

第三節 學校最適規模經營

組織規模的設計與組織結構的垂直分化(階層化)、水平分化(專門化)、空間分化、控制幅度等的關係密切。組織規模大小與組織成員工作的績效與滿足感的關係值得加以探討。

就學校組織規模而言，通常以學校班級數爲區分學校規模大小的指標。例如，國小12班以下的爲小型學校，13班至24班的爲中型學校，25班以上的爲大型學校。教育行政機關於設計學校規模大小時，所考慮的因素包括學校所在地區的交通、人口分佈及各縣市政府經費來源等。但是學校設立後又牽涉到各縣市學生單位成本、師生比例、人事費……等。況且學校組織與一般企業組織所不同者，乃在於學校除了重視學生的學習成就外，更強調學生學習的過程。因此，受到政府及民間人士的極度關心，而有各種相關的研究及改革的呼聲出現。

茲分成1.學校組織結構與學校組織規模；2.教育資源與學校組織規模等討論如下。

學校組織結構與學校組織規模

在學校組織結構與學校組織規模的關係方面，國小與國中的研究結果並不盡相同。例如，吳麗芬(民74)研究國小組織結構的形式化與集權化隨學校所在地及班級數的不同而有顯著性差異。其中，大型學校(51班以上)

形式化行政運作程度高於鄉鎮學校及偏遠學校。城市學校和鄉鎮學校集權化行政運作程度，高於小型學校(24班以下)；大型學校與中型學校(25-50班)集權化行政運作程度，皆高於小型學校。另外，黃三吉(民81)在台北市國小的研究也發現，國小組織結構之運作因學校班級數之不同而在專門化、標準化、形式化與傳統化上有顯著差異。學校組織結構愈專門化、標準化、形式化，教師工作倦怠愈低；愈集權化、傳統化則教師工作倦怠愈高。

謝文豪(民76)對國中的研究發現，國中組織結構的集權化並不因學校規模大小的不同而有差別，但形式化、專門化，卻因學校規模不同而有差異。學校規模愈大，則行政運作的形式化及專門化程度即愈高。另外，國中組織結構的集權化、形式化及專門化，並不因學校所在地區的不同而有差異。

教育資源與學校規模

學校組織規模的設計，除了與組織結構有關外，也涉及教育資源分配的公平性、城鄉教育差距、師生比例結構、學生學習過程與學習成就……等。而這些因素都影響教師工作的分配與負荷量，及其工作的滿足感等。因此，學校究竟以多大的規模予以經營才較適當，茲討論如下。

在學校規模上，有關民間教育改革人士主要係以落實小班小校爲主要的訴求，台灣省政府教育廳曾核算八十四學年度全省學生數在100人以下的迷你國中共有11所，其中以澎湖縣最多，全縣12所國中有5所是屬於迷你學校。國小方面，則以南投縣的1所最少，其次爲台北縣的14所和嘉義縣的15所。而50人以下的國小有123校。

教育廳指出，小型學校學生單位成本有偏高的現象，每個學生單位成本約197,595元，高於全省平均單位成本32,111元甚多。如果每年合併5校，每校可減少支出六百萬元，一年則可節約經費約三千萬元。教育廳強調，該廳將先選擇學校規模較小的學校試辦，評鑑成功後再擴大辦理。

以高雄縣及屏東縣八十三學年度國小而言，高雄縣國小有147所，其中6班以下的有49所，7班至12的有32所；屏東縣國小有164所，其中，6班以下的有67所，7班至12班的有44所。可見小型學校在該二縣內各佔有55.10%及67.68%。若以屏東縣國小規模予以分析，屏東縣政府曾爲改變山地家長教育觀念，提昇經濟生活，充分發揮學校軟硬體設備，提供多元文化刺激之機會，營造有利於學生學習與教師教學的氣氛等，而提出解決山地教育間的措施，並計畫將原有山地學校重新組織結構體與再建構，以提昇政府對山地教育投資之成效。因此從事研究合併山地小學的可行性。

究竟學校規模要到何種程度，才算是教育的最適經營規模，而使學校恰好可以充分與適當運用資源，並且不致於產生人際關係疏離及行政僵化的弊端，著實沒有一定的規準，因爲不論屬於何種規模大小的學校，都各有其困難所在。

根據陳麗珠(民84，頁57-58)綜合國內外研究文獻後歸納出下面四點，可作爲學校規模設計的參考。

1.不同學校規模的學生學業成就之間並沒有顯著不同。

2.各種規模學校在行政效能上優劣互見。

3.規模過小學校學生單位成本偏高。

4.最適當的學校規模依教育等級(初、中、高等教育)、學校所在地區(都會、城市、鄉鎮、偏遠地區)而異；換句話說，並無「單一」個絕對學生人數值可爲學校最適當經營規模值。

第四節
學校組織設計與組織行爲

本節將分析討論垂直分化、水平分化、空間分化、控制幅度、集權化、學校規模等與學校組織行爲的關係，並提供學校領導者的啓示。

垂直分化與組織行爲

垂直分化主要涉及組織層級數目，一般而言，組織層級愈多的組織，其上級主管愈不容易與基層員工面對面溝通、協調，且愈下級的員工須聽從較多層級主管的指揮。因此，分層負責與授權是領導者所宜運用的策略，如此部屬工作才較有成就感，領導者也不會因大小事情皆須親自處理，而浪費太多作重大決策的思考時間。

就基層員工該向多少上級主管報告，其程序如何，依組織層級數之增加而增多。但是除非單位主管有授權或有共識，否則基層員工不宜擅自越權向比直屬單位主管更高層級的主管報告。假如不同層級主管對某件事有不同意見時，更須透過協商，取得共識，否則愈基層的員工所受的工作壓力將會愈大。

水平分化與組織行爲

學校與一般企業組織所不同者，乃在於強調教師的專業自主性，因此學校組織兼具科層化與專業化的特徵。水平分化涉及專職分工的程度，在學校組織結構專門化的研究結果上，若愈依專長任用人員及分配工作，則教師的滿足感較高。

愈是專業化的組織，其水平分化的程度將愈大，雖然學校專門化會提高教師的滿足感，但是，假如分工愈細是否會使教師的滿足感停滯，或甚至因爲教師每天重覆性的教學或其他專業上的研究，而產生倦怠感，目前尚無足夠的研究予以驗證。

雖然如此，學校領導者仍宜考慮學校教職員工的個別差異性。例如，有人喜歡高度專門化的規律性、重覆性工作(如研究或教學)，也有人喜歡不須動腦的重覆性、規律性且有保障的工作(如文書抄寫工作)，對這些人而言，高度水平分化(或稱專門化、專職分工)是工作滿足的來源之一。同樣地，也有些人會喜歡較具有變化性的工作，因此學校領導者須視組織結構之水平分化而因人予以工作上的設計。

■ 空間分化與組織行爲

學校各行政、教學單位辦公室間的距離影響組織成員之間面對面互動的頻數。一般而言，空間分化程度愈大，組織成員之間愈不易溝通協調，見面的次數會減少，訊息的流通較慢。但是隨著科技的發達，各單位之間可透過電腦網路互通訊息，領導者也可隨時瞭解各單位的現況。雖然如此，此種傾向卻忽略了成員的人性面。

■ 控制幅度與組織行爲

依經驗法則，每一個領導者以督導5至10人爲較佳。但是此種控制幅度究竟以多少人爲宜，必須考慮其他的因素。

從組織層級而言，管理人員的層級逐漸提高時，他們的控制幅度逐漸縮小，到底有多大的控制幅度才能提昇部屬的工作滿足感和績效，可能要考慮領導者的領導策略和部屬的經驗、工作的性質、部屬的空間距離、作業程序的標準化程序等。但更重要的是部屬的個別差異，例如，有的人不喜歡受約束，但有些人則希望單位主管能隨時提供協助。因此，擴大控制幅度並非絕對不可行。

■ 集權化與組織行爲

雖然大多數的研究都支持學校愈集權化，教師的滿足感愈低。但是學校的集權化涉及學校的文化、校長的領導作風，最終則表現在決策過程中。

近年來，學校校園中的民主精神逐漸受到關注，如教授治校、學生是否參加校務會議……等已在各大學校院中熱烈討論。但是參與決定並非是萬靈丹，如何參與、何人參與、參與決定何事，宜權宜運用之，並思考其所產生的各種行爲反應。

學校規模與組織行爲

綜合相關研究結果，學校規模較大的學校在開設課程數、課外活動項目數、專業人數、以及設備等方面較占優勢，而且教師較能夠專精於某一學科，所以大型學校的老師準備教材的時間較少；然而亦有研究指出，大型學校裡學校行政人員易變得機械化與非人性化，對學生採取集中管理而非個別關懷。由此可知，大型的學校在學校行政與教學運作方面較有利，而小型學校的優點則在於「彈性」與「親密」。（陳麗珠，民84，頁57）

小型學校及有行政教學中心建築的學校，其空間分化程度較小，各單位之間人際互動較頻繁。但目前新設立的大學基本條件，須有廣大的校地，各學院系所之間的地理位置常會形成人際間的疏離。

第伍編

個人、團體與組織互動層次

第十二章

工作設計

爲激勵教職員工並提昇其工作滿足感，及增進學校組織效能，除了從事學校組織結構與組織規模的設計外，還須在組織成員個人及團體的工作方面予以設計，俾能兼顧學校目標的達成及滿足學校成員個人的需求。

本章將就工作設計的歷史發展所強調的重點加以討論，並依序分成：1. 工作設計的性質與歷史發展；2. 個人與團體工作設計；3. 工作特性模式；4. 社會訊息處理模式；5. 學校組織行爲的應用等討論如下。

第一節 工作設計的性質與歷史發展

工作設計的性質

工作設計(Job Design)係指將各種不同的任務組合成一完整工作的方法，而工作再設計(Job Redesign)則是強調工作的變化性，確切地說，工作設計即是指工作再設計，因爲任何一個組織的工作，於方法上、目標上都是不斷地在求新求變，且具有發展性、持續性。不論是工作設計或工作再設計，其主要目的就是要使組織成員覺得工作是有樂趣並且樂意去做，工作設計的設計取向有其歷史的發展時期和重點，茲說明如下。

工作設計的歷史發展述要

雖然工作設計的理論相當少，但是試圖設計工作已有相當長的歷史。茲以圖12-1說明工作設計的歷史發展。

圖12-1　工作設計歷史發展

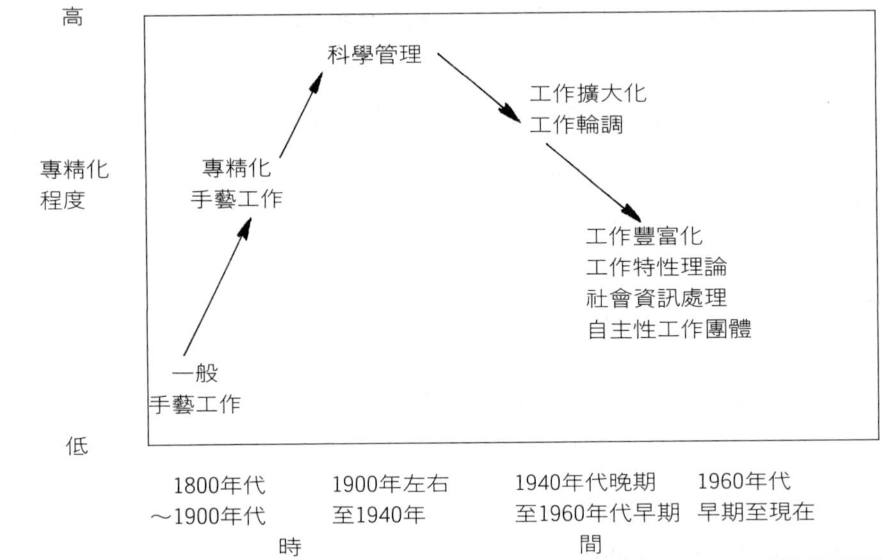

資料來源：Gregory Moorhead and Ricky W. Griffin(1989). *Organizational Behavior*(2nd). Boston: Houghton Mifflin. p.225.

最早時期，工作設計係從一般的手藝工作(General Craft Job)——如烹飪食物，演進到較爲專精化的手藝工作(Specialized Craft Job)——如縫製衣服。而早期工作設計的重心也都是置於工作專精化(Job Specialization)與工作簡單化(Job Simplification)上面。

早在1776年Adam Smith在《國富論》(An Inquiry into the Nature and Cause of the Wealth of Nations)中，就提出「專職分工」(Division of Labor)的概念，而將每一項工作依性質劃分成幾個小部分，然後由每個人各執行每

一小部分的工作。

另外一位是 Charles Babbage (1832) 所著的《論機器與製造的經濟性》(On the Economy of Machinery and Manufactures) 則擴展 Smith 的觀點，認爲爲縮短學習專精化工作的時間及減少浪費，工人需要減低工具與設備的變化性，並透過不斷地重覆性工作而改進技術。

工作專門化程度最高的時期係1900年左右至1940年代期間，此種發展深受科學管理之父Frederick W. Taylor的影響。Taylor主張以科學的方法將工作細分成細小的部分，然後由工人依標準化程序去完成。此一觀點與上述Smith與Babbage的「專職分工」是一樣的，也就是強調工作的專精化。

1940年代晚期至1960年代早期，爲減少工作專精化所形成的單調性，一些領導者設計了工作擴大化 (Job Enlargement) 與工作輪調 (Job Rotation) 二種更富有變化性的工作設計。而從1960年代早期到現在，所運用的工作設計包括工作豐富化 (Job Enrichment)、工作特性理論 (Job Characteristics Theory)、社會訊息處理 (Social Information Processing) 及自主性工作團體 (Autonomous Work Groups) 等的策略。

上述各時期工作設計的焦點將在底下各節中予以討論。

第二節

個人與團體工作設計

本節將依序討論個人工作設計及團體工作設計如下。

個人工作設計

個人工作設計主要包括工作擴大化、工作輪調及工作豐富化。

1. 工作擴大化——

工作擴大化也就是水平的工作負荷量(Horizontal Job Loading)，係指將員工的工作擴大到其他員工原來就已有的工作，而增加員工的工作量及其變化性。如圖12-2所示，第2號的員工原先只做一項任務B，但將其工作範圍擴大後，則做了任務B、C及D三項工作。

增加員工的工作量並不是最理想的工作設計，雖然有時可以改變工作的性質，但是增加員工的工作負荷量，並不能使員工感到滿足感。

圖12-2　工作擴大化示意圖

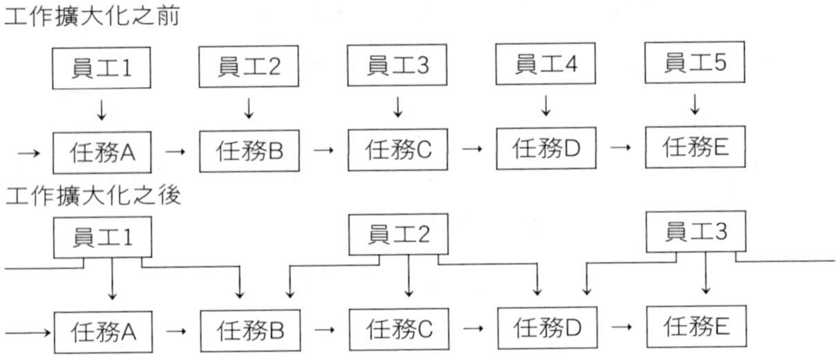

資料來源：同圖12-1，Moorhead and Griffin(1989)p.228.

2. 工作輪調——

工作輪調係指依員工個人的動機與目的，有系統地變化員工的工作內容，它強調工作的「橫向調換」(Lateral Transfer)，而不是二人之間工作的互換。茲以圖 12-3 表示工作輪調的基本步驟。例如，員工 A 原來做工作 1，後來實施工作輪調制，而有系統規則地(如一個月或半年)輪調爲工作2，逐次再到工作3、工作4，再回到工作1。

當員工感覺工作重覆性太高，有厭倦感，或是爲培養員工熟悉組織的各項工作性質，並預為儲備人才，工作輪調是有其必要的。但是，並不是每一位員工都喜歡常調換工作，同時也不是每一項工作都可由不同的人輪流做。假如實施工作輪調，使得某項工作因為新手接任而不熟悉工作性質，則會降低效率，且有時組織也會長期產生問題。因此，工作輪調宜參酌員工的工作動機和興趣。

圖12-3　工作輪調示意圖

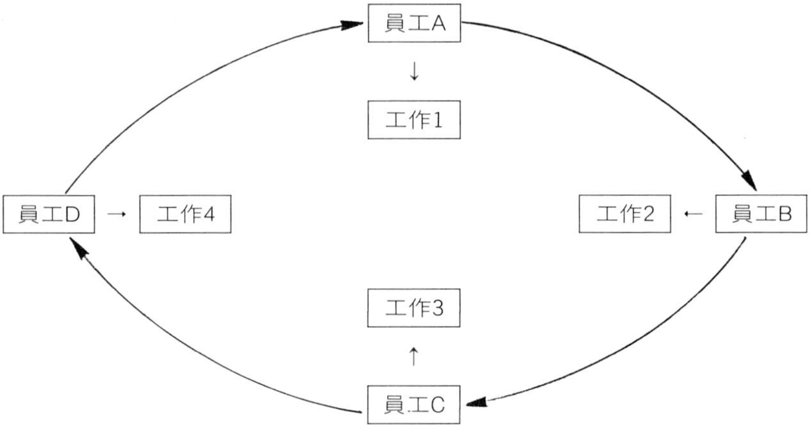

資料來源：同圖12-1，Moorhead and Griffin(1989)p.230.

3.工作豐富化——

工作豐富化係根據Frederick Herzberg的二因子理論(Two-Factor Theory)以激發員工的工作動機。Herzberg認為員工如果有成就、責任及被認可的感覺，將會對工作產生積極的滿足感(見第五章)。工作豐富化即是一種垂直的工作負荷量(Vertical Job Loading)，它不僅增加垂直方向工作的內容，如擔負起單位主管的規劃工作，也使員工對工作有較大的控制權。下面有六種方式可使工作豐富化：

(1)績效責任(Accountability)：員工負起其工作績效的責任。

(2)成就(Achievement)：員工感受工作是有價值的。

(3)回饋(Feedback)：員工獲得其工作績效之正確清楚的資訊。

(4)工作步調(Work Pace)：儘可能地使員工依自己的工作步調去執行。

(5)控制資源(Control Over Resources)：假如可能的話，員工應該控制他們工作有關的資源。

(6)個人的生長與發展(Personal Growth and Development)：員工應該有機會學習新的技能。(Moorhead & Griffin, 1989, pp.230-231)

工作豐富化可使員工有更多的自由度、自主權及責任感以執行工作，同時也可以獲得回饋以評鑑工作上的績效而調適自己工作，並使自己生長及發展。

團體工作設計

工作設計宜包括個人與團體二個層面，才能提昇組織的績效，況且團體工作設計近年來已受到重視。茲逐次討論整合性工作團隊(Integrated Work Team)、自主性工作團體(Autonomous Work Group)及品管圈(Quality Circles)如後。

1.整合性工作團體——

整合性工作團體係在一完整的工作之下，團體的決策過程，由領導者或其他成員共同決定，由那些成員負責那些任務，並依任務的需要性，在成員之間輪調其工作。例如，清掃教室即可運用此種方法。

2.自主性工作團體——

自主性工作團體是工作豐富化在團體上面的應用。對於每天例行的工作，自主性工作團體有相當的自主管理權。通常這包括集體控制工作速度、任務指派、休息時間及集體決定檢視工作成果的處理方式。完全自主的工作團體甚至可以挑選他們所要的人員，並且由成員們彼此互相評估對方的績效。自主性工作團體源自工作特性模式，具有下列三項特色：

(1)成員間的任務相互關聯，整個團體爲最終的產品負責。

(2)員工們各擁有多項技能，使其能執行所有或絕大部分的任務。

(3)績效的回饋與評估，是以整個團體爲對象。(李茂興等人，民83，頁194; Moorhead & Griffin, 1989, p.241)

3. 品管圈——

品管圈係由包括負部分職責的監督者及員工所組成的工作團體，經常透過某種方式(如開會)討論品質問題，探討原因所在，提出解決問題的方法並付諸實行。同時也負起解決品質問題的職責，及評估他們自己的成績。當然，並不是每個團體成員都擁有品管的能力，因此品管圈特別強調團體成員爲解決品管問題的溝通技巧及解決問題的策略與技術。

第三節 工作特性模式

1970 年代至 1980 年代早期之間是以工作特性途徑(Job Characteristics Approach)爲主軸的工作設計發展時期。此一時期的發展係從對工作的動機歸因(如自主性與回饋)，擴展至對工作人員個別差異的關懷，最後則形成工作特性理論。茲分別討論如下。

工作特性

工作特性研究途徑爲 A. N. Turner 與 P. R. Lawrence(1965)所倡導(Moorhead & Griffin, 1989, p.233)。Turner與Lawrence研究調查員工對不同工作性質的反應後，他們相信，員工較喜歡具有複雜性、挑戰性的工作，而較不喜歡單調、無趣的工作。且複雜性的工作與員工的滿足感及出席率有關。而依員工動機的觀點，可將工作區分成下面六項特性的任務，如1.變化性；2.自主性；3.需要社會互動；4.社會互動的動機；5.需要知識與技能；6.責任。假如員工對上述六項工作特性評價都很高時，則他們的滿足感較高，且出席率也高。反之，滿足感及出席率都會降低。

Turner與Lawrence將上述的觀點透過現場觀察及訪問的方法，研究47個不同的工廠共470名員工的工作後發現，任務的複雜性與出席率有相關，但任務的複雜性卻與員工的工作滿足感無關。後來他們發現，形成此種現象的主要因素在於鄉村員工的工作，只有少數是無趣的，而大城市的員工卻有較多不感興趣的工作，因此，工作場所中個別差異性所扮演的角色影響工作特性與員工滿足感及出席率的關係。

個別差異性

第一個研究個別差異在員工工作所扮演的角色者，首推Charles L. Hulin與Milton R. Blood(Moorhead & Griffin, 1989, p.234)，他們認爲員工工作的動機受到工作的挑戰性、複雜性及工作倫理所影響。而J. Richard Hackman與Edward E. Lawler則從另一角度，認爲員工的心理或動機影響員工對工作的反應，個人的自我實現及成長、發展使其對具有複雜性、挑戰性的工作更具有熱忱(Moorhead & Griffin, 1989, p.235)。然而此主張並不足以解釋工作特性與員工工作滿足及出席率之間的關係，因而發展出工作特性理論。

工作特性理論

工作特性理論係由J. R. Hackman與G. R. Oldham(1976)所發展而成(Moorhead & Griffin, 1989, p.235)。此一理論的基本模式如圖12-4所示。茲說明如下。

圖12-4　工作特性模式圖

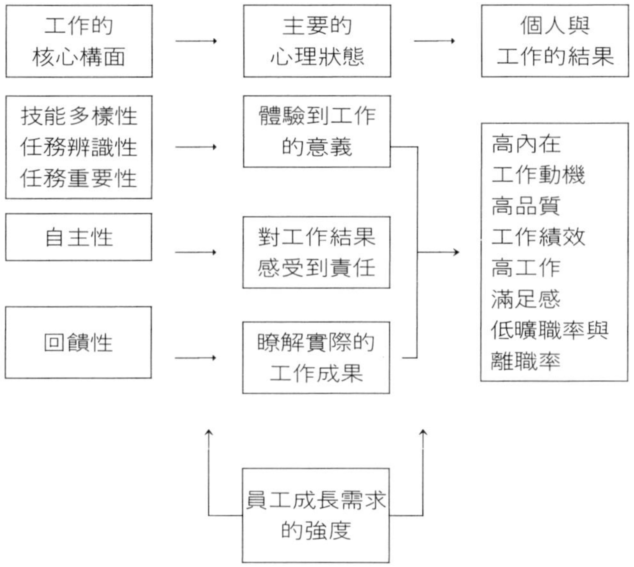

資料來源：同圖12-1，Moorhead and Griffin(1989)p.236.

工作特性模式主要包括工作的核心構面、主要的心理狀態及個人與工作的成果三個層面，其中，主要的心理狀態是爲工作特性模式的中心所在。假如員工感受到的心理狀態至某種適切的程度時，他們對工作將會感覺很好，且會喜歡工作。主要的心理狀態包括：

1.體驗到工作的意義：員工體驗到工作所具有的意義、價值的個別差異程度。

2.對工作結果所感受到的責任：員工對其工作績效感受到所應負的責任之個別差異程度。

3.瞭解實際的工作成果：員工對其個人工作績效所形成的原因之瞭解程度。

Hackman與Oldham認爲上述三種心理狀態是由五個工作核心構面所促成的。該五項工作特徵包括：

(1)技能多樣性(Skill Variety)——工作中需要各種不同技術和能力活動的程度。

(2)任務辨識性(Task Identity)——能辨識工作的完整性及完成該項工作細節的程度，也就是能確切辨識工作的開始和結束的程度。

(3)任務重要性(Task Significance)——工作影響其他人的生活或工作的程度。

(4)自主性(Autonomy)——工作使員工有實質上的自由、獨立作業及裁決權，俾使員工自己可以安排工作進度及決定工作的方法。

(5)回饋性(Feedback)——工作使員工能清楚而直接地獲得其工作績效情形的程度。

由圖12-5顯示，技能多樣性、任務辨識性及任務重要性，同時存在於工作中時，可以預測出員工會認爲他的工作很重要、有價值及值得去做。工作如果具有自主性，則員工會感受到他對工作成果具有個人的責任；如果工作具有回饋性，則員工將會知道他的績效有多好。從激勵的觀點來看，這個模式告訴我們，當員工知曉(工作成果的訊息)他個人(感受到職責)所關切(感受到意義)的工作已經做得很好時，工作本身就已提供內在酬償給該員工了。這三種心理感受的程度越深，其士氣、績效與工作滿足感就越大，也越不可能有曠職及離職的行爲。此外，工作特性與結果之間的串聯關係，決定於個人成就需求的強弱。Hackman 與 Lawler 研究發現，高成就需求的人比低成就需求的人，更容易感受到這些工作特性；而且當這些工作特性存在時，高成就需求的人也比低成就需求的人，更容易產生正面的結果(包括工作績效與個人的滿足感)。(參見Moorhead & Griffin, 1989, pp. 236-273;李茂興等人，民83, 頁107-108)

Hackman與Lawler根據工作特性理論發展出工作診斷調查(Job Diagnostic Survey; JDS)，並以此問卷調查員工對工作特性、心理狀態、個人與工作成果及成長需求的強度，而以圖12-5及12-6表示研究結果剖面及激發潛能分數(Motivating Potential Score; MPS)的計算公式。

圖12-5　「好」工作與「壞」工作的工作診斷調查剖面圖

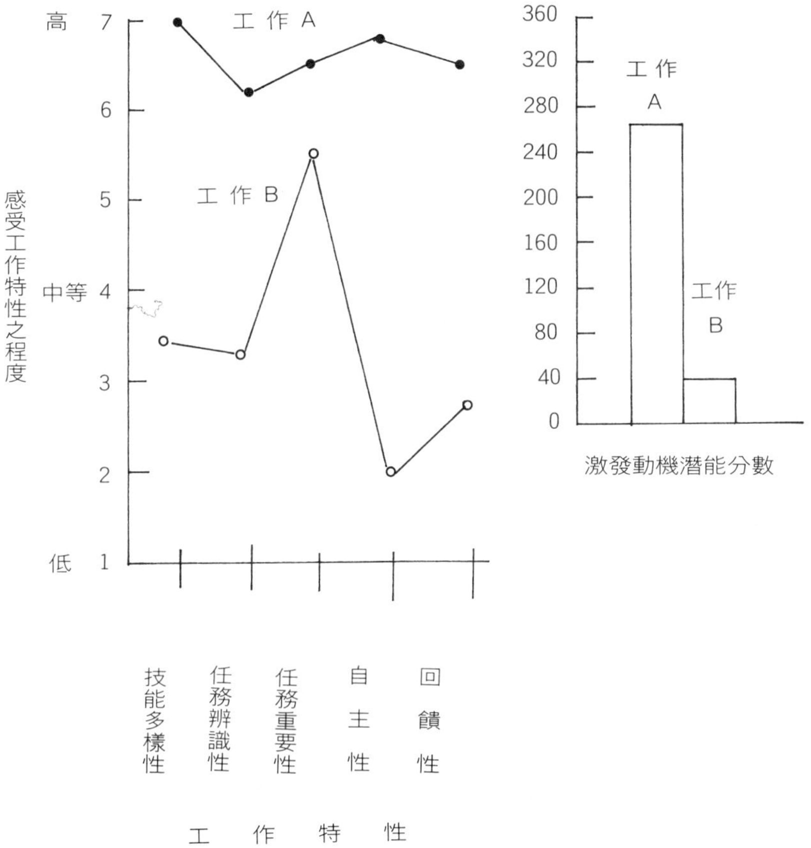

資料來源：同圖12-1，Moorhead and Griffin(1989)p.238.

有關工作特性模式可得到下面三項結論：

1. 高核心工作構面分數的工作，較能激勵員工，使員工感到滿足，並提高員工的生產力。

2.具有高成長需求的員工，對高激勵潛能分數的工作，會有較正面的反應。

3.工作構面是透過心理狀態來影響個人與工作成果的變項，並不是直接影響這些變項。(李茂興等人，民83，頁109)

圖12-6　激勵潛能指標分數的計算方式

$$\text{激發潛能指標}=\left[\frac{\text{技能多樣性}+\text{任務完整性}+\text{任務重要性}}{3}\right]\times\text{自主性}\times\text{回饋性}$$

資料來源：同圖12-1，Moorhead and Griffin(1989)p.237.

第四節 社會訊息處理模式

Gerald Salancik與Jeffrey Pfeffer(1978, pp.224-253)評析工作分析的工作特性途徑相關理論與實徵研究的文獻後，提出二個假定：1.至少有部分的人，在工作方面有基本和穩定的滿足感；2.人們對於工作特徵的知覺和反應，有其一致性並能加以預測。他們認爲人們可能不會思考工作的變化性和自主性，只有在被詢問時，才會予以思考。

Salancik與Pfeffer相信，個人的需求，對任務的知覺及對工作的反應是社會所建構實體的結果。圖12-7表示工作設計的社會訊息處理模式，此一模式相當複雜，基本上，此一模式指出透過各種不同的歷程、投入、對行爲的合理化解釋及訊息的重要性，而影響員工的知覺、態度與行爲。

社會訊息處理模式有各種不同的研究結果。例如，有的科學實驗研究和田野研究發現，社會訊息影響員工對工作的知覺和態度，但是社會訊息也顯示在工作特性的重要性上。員工對工作的知覺具有將工作特性與社會訊息予以聯結的功能。較積極的社會訊息和較好的工作設計，可以使員工較喜歡工作，而消極性者則反之。在某些情況之下，社會訊息與任務的條件並不會彼此互爲增強，有時反而會彼此抵消，消極性的社會訊息，可能減低良好工作設計的積極性效果，而積極性的社會訊息至少有些也會抵消不良的工作設計之消極性效果。(Moorhead & Griffin, 1989, p6.244-245)

圖12-7 工作設計之社會訊息處理模式

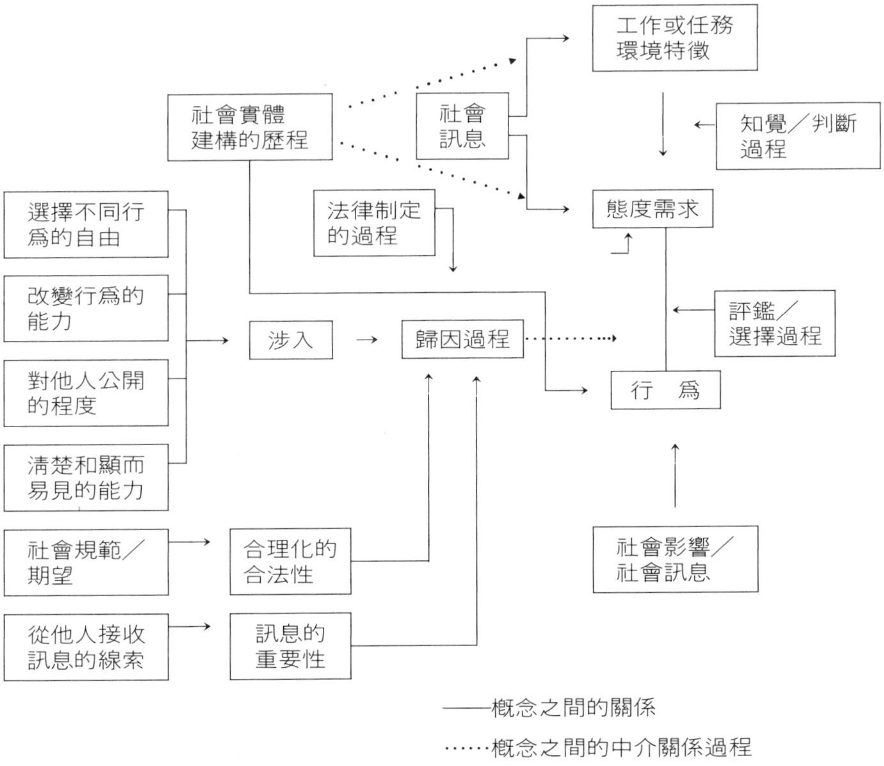

資料來源：Gerald M. Salancik & Jeffrey Pfeffer(1978). "A Social Information Processing Approach to Job Attitudes and Task Design" *Administrative Science Quarterly,* 23(2), p.227.

第五節

學校組織行爲的應用

如何提昇員工的工作滿足感及增進組織效能，茲提供工作設計的建議供參考。

◘ 視員工及工作任務的個別差異，兼重個人與團體的工作設計

有的員工不喜歡太多人的團體，或想表現才能，而喜歡獨自完成某項工作。有的員工則喜歡團體生活，或與他人合作而完成任務。因此，員工個人的需求基本上就有個別差異存在。

就工作的性質而言，有的工作只要一個人在短時間內就可完成；有的工作則須集衆人之智慧或力量始能完成，因此，工作本身可因實際需要而予以不同的人員去執行。況且工作本身亦可就其策劃、執行等不同階段而分別予以設計。

不論採取個人或團體的工作設計，最基本的原則之一乃在於經濟有效，而不致於使組織的人力、經費浪費，因此，一方面要避免個人工作中的單調、厭倦及團體工作中所形成的社會賦閒效果，也就是社會性浪費。

◘ 依員工個人志趣，安排工作

爲使員工能發揮所長，工作專精化是必然的。但爲避免員工因在某一職位上太久，或重覆性的工作太多而產生倦怠感，重新工作設計則是組織領導者所須考慮的。雖然有的工作因實施工作輪調或工作擴大化、豐富化，而減少員工的單調性工作，但也因未符合員工的志趣，而使得員工對新工

作有所排斥或不熟悉，因而形成組織另一種問題。因此，領導者宜儘量依員工的志趣安排工作。

以積極正面的社會訊息影響員工的行爲

爲使員工喜歡工作，組織領導者宜提供積極正面的訊息，俾使員工有較良好的態度、知覺或行爲。對於負面的訊息，領導者亦須使員工瞭解，並共同解決所發生的不良影響，如此較能使員工的行爲朝積極性發展。

結合工作特性模式與工作設計方案

茲將工作特性模式與工作設計的方案予以結合如圖 12-8。此種設計強調工作豐富化與工作的自主性。主要的選擇方案包括：

1. 結合任務——

結合任務係領導者將零碎任務結合起來，使成爲一新而範圍較大的工作，以增加技能多樣性及任務辨識性。

2. 成立自然性的工作單位——

成立自然性的工作單位讓員工所執行的任務能形成，工作成果易辨識，而且具有意義及重要性的完整體，而不是一堆不相關而且令人厭煩的雜事。

3. 與學生建立良好的關係——

校長應儘可能讓員工與學生建立起直接且良好的關係，並增加教師教學工作技能的多樣性、專業自主性及回饋性。

4. 擴充垂直方向的工作內涵——

垂直方向的擴充，能給予員工一些原本屬於上司的職責與控制權。如此可縮短工作「執行面」與「控制面」之間的差距，而增加自主性。

5. 開放回饋管道——

藉著增加回饋，使員工不僅可以知道他們的績效，而且可以知道績效是否進步、退步或維持不變。理想的狀況是讓員工在工作的時候，就能直接收到回饋，而不是由校長間接轉達。

圖12-8　工作特性模式與工作設計方案的結合

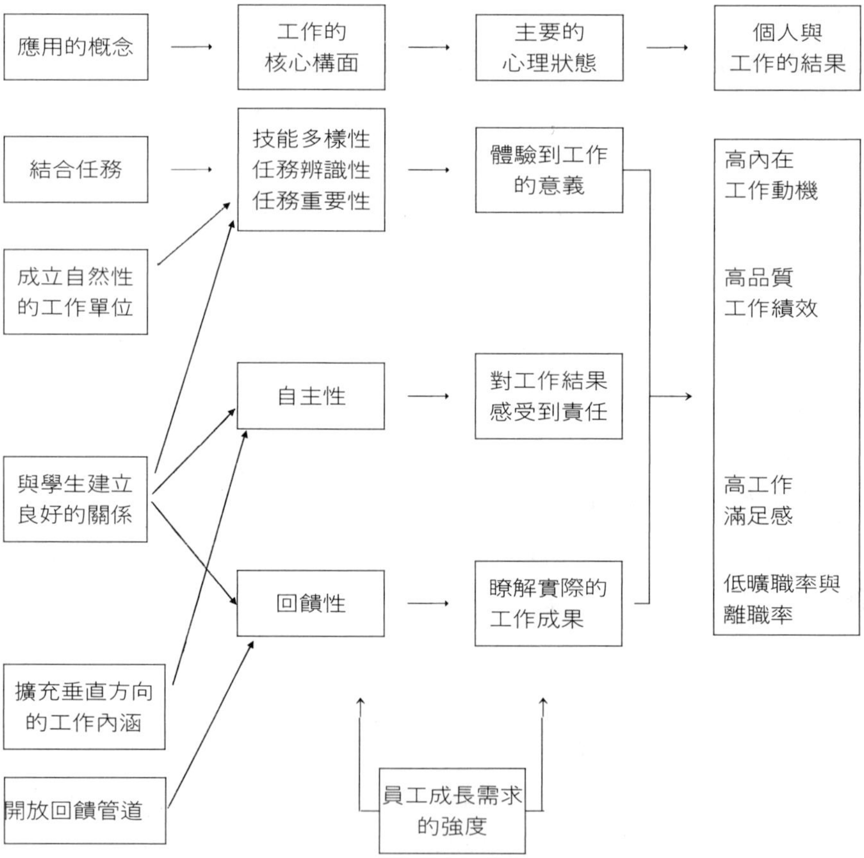

資料來源：同圖12-1，Moorhead and Griffin(1989) p.239.

第十三章

權力與政治行爲

本書第八章中曾討論學校組織的政治架構類型、政治系統及其特徵，同時也於第十九章中討論政治模式，這些都是從學校組織系統及組織運作的層次予以探討的。而這些都可作為本章所討論的權力、政治行為之基礎架構。

領導者運用政治手腕，將所擁有的權力影響他人或分配資源，但是在影響的過程中，常會因資源的有限，及不同利益團體或個人需求的競爭而產生衝突現象。因此，組織中的權力、政治行為及衝突是互有關聯性的。

本章將依序就1.權力的涵義與相關術語；2.權力的基礎與來源；3.政治行為的涵義與運用；4.政治行為的個別差異；5.學校組織行為的應用等分別討論如下，有關衝突部分將於第十四章加以介紹。

第一節 權力的涵義與相關術語

本節將討論權力的涵義及其與領導(Leadership)、影響力(Influence)、權威(Authorith)等的關係如下。

權力的涵義

茲介紹數位學者對權力的界定如下：

·「在一社會關係中，一行動者不管他人的反抗，而實現其本身意志

的可能性。」(Weber, 1947, p. 152)

·「使他人去做你要他們做的事情之能力。」(Hoy & Miskel, 1987, p. 108)

·「一個人或團體影響另一個人或團體的潛在能力。」(Moorhead & Griffin, 1989, p. 356)

·「一個人或組織對某一個或一個以上指定目標人物的態度和行爲的潛在影響。」(Yukl, 1994, p. 195)

Stephen P. Robbins (1993, p. 407)認爲權力係指不論B的行爲是否與A相同，A影響B的一種能力，此定義包括三個要件：

1. 權力是一種「潛在的」影響力，擁有者並不一定要加以運用。

2. B對A存在著「依賴」的關係。這是權力的最重要概念，B越依賴A，則A對B的控制力越大，也就是A對B的影響力越大。

3. 在某些情況下，假定B可「自由選擇或作決定」。假如B對A沒有依賴關係，或B有自己另外的意願時，B可以不受A的控制或影響，而自由選擇或決定自己的行爲。

權力的相關術語

領導者常將所擁有的權力或權威影響部屬，因此權力、領導、影響力及權威有時相互使用，然其間也有差異所在，茲分述如下。

1. 權力與領導——

領導者常將權力視爲完成目標的手段。其次，領導者與被領導者之間強調上下隸屬的關係，且都朝某一目標發展；而權力主要是存在著依賴的關係，而此依賴關係有由下往上，或水平方向者，且不必然是有上下隸屬關係。領導著重策略的運用、領導者的領導型態；權力的重點則在於戰術的運用，它是領導策略運用的手段，權力的使用者與受影響者都可爲個人或團體。

2.權力與影響力——

權力與影響力有時交換使用，但二者仍然有差異。影響力係指影響他人的思想、情感或行爲的過程，並存在於人際之間相互關係的歷程中。而權力則是影響他人做某事的能力。因此，影響力是由於某一職位或擁有權力者之權力應用。

從溝通的觀點而言，影響力可能是一種雙向的歷程，權力的擁有者可能受到接受者的影響。例如，領導者對表現較好的部屬給予更多的關懷，則通常可引起部屬更高的滿足感。

權力擁有者的特徵及所擁有權力的來源影響了權力的擁有者，而權力擁有者透過各種方法影響接受者，同時接受者也試圖影響權力擁有者。茲將權力的交互作用概念以圖13-1表示之。

圖13-1　權力的交互作用

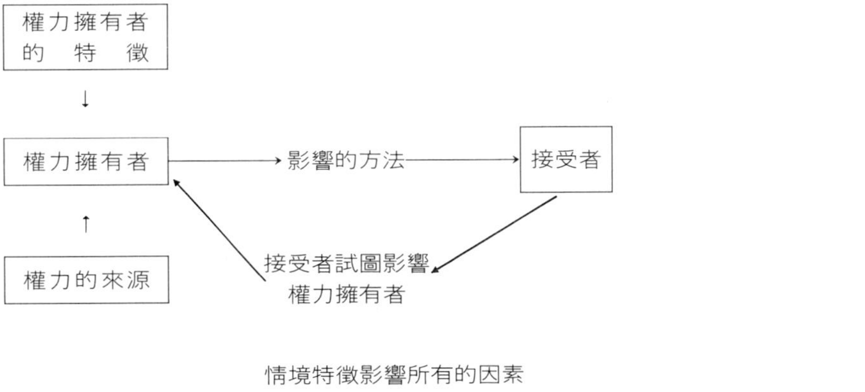

資料來源：Robert E. Callahan, C. Patrick Fleen or & Harry R. Knudson(1986). *Understanding Organizational Behavior: A Managerial Viewpoint.* Columbus: Bell & Howell. p.184.

3. *權力與權威*——

Max Weber(1947, p. 324)認爲「權威係指來自某一來源的某些特定命令(或所有命令)會被某一個人員或團體加以接受的可能性」。「權威」並不包括對他人使用權力或運用影響力之各種模式。合法的命令往往會獲得相當程度自願性的順從。權威意指法理；亦即是，權威就是一種法理的權力；更具體地說，權威乃是上司依法理發號司令，而爲部屬所接受的可能性。(Hoy & Miskel, 1987, p. 109)

如以學校組織而言，「權威」在領導者與部屬之間的關係具有二個主要的特徵：(1)部屬對合法化的命令具有順從的意願；(2)部屬對自己作決定的標準懸而不用，而接受來自組織的命令。(Hoy& Miskel, 1987, p. 109)

從上述有關權威的界定，權威的概念範圍比權力小，權力包括影響或控制成員行爲的各種形式，如使用隨職位而來的權威及運用隨個人聲望而來的影響力，都是權力的範圍。

第二節 權力的基礎與來源

要瞭解如何運用權力以影響他人或團體，先要瞭解有那些權力及這些權力是從那裡來的，也就是要瞭解權力的基礎與來源。

權力的基礎意指權力擁有者控制某些權力，而使其能操弄其他人的行爲，這些所被控制的權力就是權力的基礎。依John R. P. French, JR.與Bertram Raven(1959; 1985, pp. 337-349)的觀點，社會權力的基礎或類型主要有五種，即是獎賞權(Reward Power)、強制權(Coercive Power)、法職權(Legitimate Power)、參照權(Referent Power)及專家權(Expert Power)。Stephen P. Robbins(1993, pp. 409-410)則綜合Bacharch與Lawler(1960)及A. Etzioni(1961)的觀點，以強制權、獎賞權、說服權(Persuasive Power)及知識權(Knowledge

Power）爲權力的基礎。Gary Yukl(1994, pp. 197-207)則提出職權（Position Power）及個人權（Person Power）二種權力來源。

權力的來源係指權力的基礎來自何方，也就是權力的擁有者根據什麼而得以控制其所擁有的權力。一般而言，權力基礎主要的來源有四方面，即是職位、個人特徵、專業技能及接收與干擾資訊的機會。（Robbins, 1993, pp. 411-412）

茲分別簡述權力的基礎與來源如下。

權力的基礎

1.獎賞權——

當領導者擁有足以控制他人之具有價値的事物時，例如，薪資、陞遷、福利等，則領導者就擁有獎賞權。而獎賞權不限於物質的範圍，從動機理論而言，對部屬工作的認可、激勵也是另一種獎賞。當領導者越能自主性決定獎賞的權限範圍時，他的獎賞權就越大。通常獎賞權能提昇部屬的滿足感及降低部屬的抗拒。

2.強制權——

強制權係指某人具有懲罰他人而使受懲罰者身心受到傷害的權力。例如，當領導者責罵部屬或對部屬貶低工作成果，而使得部屬受到傷害，則領導者對部屬即是在運用強制權。

在有些組織裡會以降級或調職作爲懲罰的方式，但是除非是某些特殊的組織，如監獄、軍隊、運動團隊等，有時會予以身體上的懲罰外，其他一般組織已較少實施類似生理上的懲罰。但不論施予何種懲罰，使用強制權都會使得傷害者產生敵意和憤恨。

3. 法職權——

法職權係指某人藉由組織職位所擁有的法定權力，以規定他人行爲的權力。領導者以其法職權領導組織，使組織成員工作以完成組織目標。越具科層化或機械化的組織，其法規條例對組織成員執行公事的規定越爲清楚、具體明確；而較爲有機化的組織，法職權則較爲模糊。

4. 參照權——

參照權基本上是透過認同而來，假如A在某方面受B認同，則A對B就有參照權。參照權類似於魅力的概念，參照權通常涉及信任、相似性、接受性、情感、追隨者的意願及情緒上的投入。

參照權有時也顯現在模仿上。例如，當一位剛上任的年輕系主任，工作認眞有活力，系裡老師認爲此位系主任可爲學習模仿的對象，因此在工作時數與行爲方面都以系主任爲模仿的對象，這時候系主任就擁有參照權。

5. 專家權——

當某人擁有專門的知識技能足以處理某些事件，而使他人信服時，則

表13-1 French與Raven的權力分類

權力基礎或類型	權力焦點	組織的應用
獎賞權	物質及精神上的獎勵	薪資、陞遷、福利、鼓勵、關懷……
強制權	懲罰	記過、調職、降級……
法職權	法定的控制權	規定員工行爲的準則
參照權	認同、魅力	角色模仿
專家權	專門知識技能	工作專精化

此人具有專家權。專家權超越組織的職位或工作，而強調影響他人的知識或技能。通常越專精化或技術取向的工作，就越需要具有專家權的成員。

茲將French與Raven所提出的五項權力，及其權力焦點與組織的應用，簡列於表13-1中。

權力的來源

French與Raven的權力分類影響過去三十年來有關的權力研究，但是該分類並不完全包括領導者所有權力的來源(Yukl, 1994, p. 197)。因此，Yukl(1994, pp. 197-207)提出職權與個人權二種權力來源。此一觀點包含上述Robbins(1993, pp. 411-412)的範圍，茲介紹職權與個人權如下。

B. M. Bass(1960)及A. Etzioni(1961)於1960年代初期就提出職權與個人權。根據二因子的概念(Two-Factor Conceptualization)，權力一方面來自於個人在組織中的職位，另一方面則決定於擁有權力者的歸因，及擁有權力者與目標人物之間的關係。根據Yukl與Falbe(1991)的研究，職權與個人權二者各自獨立，且每一種權力都包含各自不同但有部分重疊的因素。二者以複雜的方式交互作用，但有時卻難以區別。(Yukl, 1994, p. 197)

1. 職權——

職權包括法定權威(Legitimate Authority)、控制資源與獎賞、控制懲罰、控制訊息、控制組織內外環境的生態。

(1)法定權威

法定權威來自於組織的正式權威，有時稱爲French與Raven(1959)的法職權。權威係對存在於組織或社會系統中某一特定職位有關的權力、義務與責任的基礎上。居於某一職位而擁有職權以影響某些特定目標人物，並要求特定目標人物服從。

(2)資源與獎賞的控制權

組織資源的控制有些係來自於正式權威。在組織權威階層中職位越高者，其對稀有資源的控制權也越大。對資源的控制權，上級主管依序大於中層管理人員及基層員工。上級主管有權決定各單位與活動之資源分配，並對以基層員工資源分配的決定有審查與修訂的權力。

另一種是獎賞的控制權，即是French與Raven所稱的獎賞獎。通常越居於高位者所擁有的獎賞權越大，而基層員工的績效表現有時會間接助長其單位主管獲得獎賞。例如，上級機關視某一單位績效卓著，而表揚該單位與其領導者。獎賞的來源有時來自於組織以外的單位，例如，教師申請國科會的補助而獲得獎助。

(3)懲罰控制權

權力的另一個來源是對懲罰的控制權，及防止某人所想要得到獎賞的能力，此種權力有時即是French與Raven所稱的強制權。通常越具有科層化的組織(如軍隊)，其懲罰權越具體明確，且越居高職位者所擁有的權限越大。但在類似學校之兼具科層化與專業化的組織中，懲罰權的運用常帶有教育性的涵義。因此當要懲罰員工或學生時，所考慮的因素較多，且在民主社會中，當組織員工受到懲罰後，已有申訴管道以作爲補救。

(4)訊息控制權

當個人能控制及運用重要訊息並將訊息傳播給他人時，此人就具有訊息的控制權。對訊息的掌握及瞭解與職位有關。例如，幕僚人員(如秘書)將訊息上通下達，但他只有建言權而不具有決策權。單位主管人員擁有較多的訊息，因他須綜觀全局，並作決策；中層管理人員則須將上級主管所傳達的訊息向基層員工轉達並予以解釋，同時也將基層員工的訊息向上級主管人員傳達。

決策者根據正確而充分的訊息以作決策非常重要，因此，如何建立訊息溝通網路俾使組織訊息得以迅速流通，且精確地傳達給決策者便極爲必要。如此才能使決策者(領導者)隨時瞭解組織的狀況及組織成員個人的需求，俾便運用訊息作最佳的決策。

(5)生態環境的控制權

領導者影響部屬行爲的重要權力來源之一係對工作的物理環境、技術及組織的控制。藉由這些物理和社會條件而間接影響他人的行為，有時稱為「情境工程學」(Situational Engineering)或「生態控制」(Ecological Control)(Yukl, 1994, p. 203)。

情境工程學可透過工作設計或組織結構的設計而影響部屬的行為，及提昇部屬的工作滿足感(見第十二章)。另一種方式係控制組織的軟硬體設備，營造有利於工作的環境，俾能影響組織的行為。

2. 個人權——

個人權包括執行任務的專門知能、友誼與忠誠、以及說服與魅力特質。

(1)專門知能

為解決組織中的難題或執行重要工作而有賴於專門的知識技能，此種權力的來源有時稱為專家權(見French & Raven, 1959)。當組織越有技術取向或工作專精化較高時，越需要仰賴專門知能。專門知能的需要性也顯現在待解決難題本身的重要性，或組織中專門知能人才的缺乏上。

(2)友誼與忠誠

當你與具有深厚情感的人做事，或是基於友誼而對某人忠誠，或有時是對所認同、模仿的對象，而發展出類似所認同者的行為，這些權力即是French與Raven(1959)所稱的參照權。

(3)魅力

當某人具有熱誠、說服力、令人信服的特質，並能規劃組織的遠景，而影響他人時，則此人即是具有魅力的人。具有魅力的領導者有時也是部屬認同、模仿的對象，並願意為其效忠。因此，魅力是個人重要權力的來源之一。

3. 權力的基礎與來源之概述——

綜上所述，權力的擁有者之權力來源主要有職位與其個人屬性，從職位中可獲取各種控制的資源、訊息與環境，以及法職權、獎賞獎、強制權等。從個人屬性而言，個人的魅力、人際關係、專門知能，使個人具有參照權與專家權等。

權力擁有者即從其職位與個人取得權力，而能有權力的基礎，二者之間的關係如圖13-2所示。至於如何運用則有賴於各種政治手腕。有關組織中的政治歷程或行爲於第三節中予以討論。

圖13-2　權力的來源與基礎

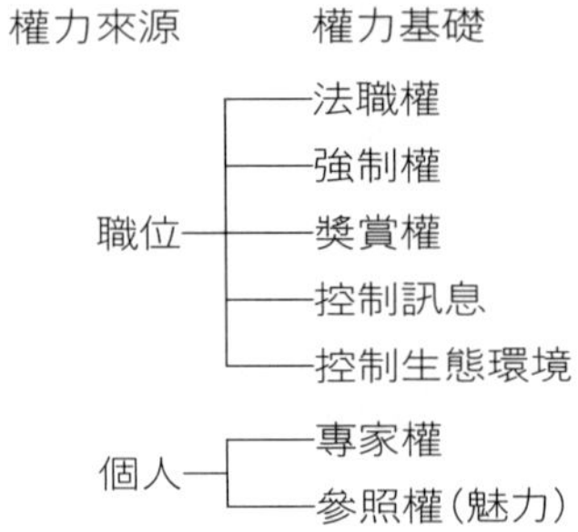

第三節 政治行爲的涵義與運用

視學校爲政治系統並以政治的觀點探討學校的管理，強調學校資源的分配與決策者、領導者所運用的談判、磋商、妥協、討價還價等政治手段(見第八章與第十九章)。該二章係從組織層次及組織管理的角度予以探討分析，本節將從個人、團體與組織三者互動的層次予以探討，而較偏向個人行爲的層面。底下分別探討政治行爲的涵義及其運用。

■ 政治行爲的涵義

一般在組織中只要將權力付諸行動就可稱之爲政治行爲。而組織行爲有許多的定義，大體而言都強調運用權力以影響組織中的決策，或強調員工爲追求私利而遂行組織所不能認可的行爲。因此，政治行爲包括正當性、合法性及不正當性、非合法性者。但是，是否正當性，或有無合法性，則視不同組織或個人、團體而有不同的看法。

本書第八章曾綜合數位學者的觀點，將政治或政治活動(Politics)界定爲「學校領導者運用權威與影響力，及以磋商、妥協的方式獲取社會資源，並解決學校所發生的問題，俾使政策合法化及達成學校目標的歷程」。此一界定係從學校組織的政治系統及領導者綜理全校校務的角度予以思考的，而磋商、妥協即是學校領導者的政治行爲，但強調正當的、合法性的政治行爲。

其他的學者如，Pfeffer(1981)將組織的政治活動(Organizational Politics)界定爲：「組織成員爲獲取、擴大或運用權力與其他資源，以得到其所想要的結果所遂行的活動，而此活動具有不確定性，且是未經協議的」。因此，Moorhead 與 Griffin(1989, p. 368)認爲政治行爲一般係指人們爲獲取某些事物，而試圖得到與運用權力的行爲。

Robbins(1993, p. 421)綜合學者的看法，認爲政治行爲涵義較爲周延且能蘊涵重要的關鍵要素之定義爲：「非員工本身職責所必須從事，但卻能影響或試圖影響組織利害事物分配情形的活動」。

此一定義所蘊涵的意義包括：

1. 當事人基於某種企圖，而運用他的權力基礎以影響別人，但這些行爲並非是其工作職掌範圍內所要求的。

2. 當事人藉由權力基礎，影響組織內利害事物分配中與決策有關的目標、準則或過程。

由此可知，此一定義所涵蓋的政治行爲包括諸如不讓決策者知道組織的主要訊息、散佈謠言、透露機密訊息給大眾媒體、不同當事者互換彼此利益，或爲某人某事而展開遊說或反對的活動等(參見 Robbins, 1993, p. 422)。本節將以上述的敍述作爲政治行爲的定義。

政治行爲的運用

個人或團體爲達成既定目標而運用政治手腕，這些手腕的運用常須仰賴所擁有的權力基礎，因此從權力的觀點而言，政治行爲可以說是權力戰術(Power Tactics)的運用。

Robbins(1993, p. 418)綜合學者的研究結果，認爲管理人員運用權力以得到他們所想要的事物時，有下面七項主要的權力戰術：

1. 論理(Reason)：以事實和資料爲基礎，並將其以合乎邏輯層次和合理性的方式提出所要表達的概念。

2. 逢迎(Friendliness)：在提出要求之前，先投其所好，表示諂媚親善，或謙卑、友善的一面。

3. 聯盟或聯合(Coalition)：尋求組織中其他人員的支持以擁護某種共同的需求。

4. 交易、討價還價(Bargaining)：透過利益或所想要的事物之互換而進行談判、磋商。

5. 果斷(Assertiveness)：運用直接且強硬的方式以影響他人，這些方式如要求對方服從、重覆提醒對方、要求對方去做你要他做的事、及提出必須遵守的規定。

6. 更高階層的權威(Higher Authority)：在提出要求之前，尋求更高階層人員的支持。

7. 威脅利誘(Sanctions)：運用組織的獎賞或懲罰以影響他人。例如，答應或不予加薪，若表現不好則在考績上給予不佳的評等，或視表現而決定是否陞遷。

此外，組織中的主要政治行爲尚包括：策訂決策標準以影響決策過程、推舉敵對與批評者參與決策、推選執行者或其他成員加入重要決策團體等(Yukl, 1994, pp. 212-214)。其他可運用的方法尚有責罵、攻擊別人、控制對自己有利的資訊、企圖控制別人對自己有好的印象而使自己有更好的形象(印象整飾)、藉助專家或顧問、或是制定遊戲規則等。(Callahan, Fleenor & Knudson, 1986, p. 189; Moorhead & Griffin, 1989, pp. 374-377)

第四節
政治行爲的個別差異

那些組織或個人較容易具有政治行爲的傾向，或對政治行爲有不同的看法，因不同的組織或個人而有差異。一般而言，政治行爲的個別差異或其助長的因素，可從組織與個人二個層面予以討論。

助長政治行爲的組織因素

Moorhead與Griffin(1989, pp.317-374)綜合學者的看法，認爲較容易產生政治行爲的組織因素主要包括模糊性的目標、資源缺乏、動態與複雜的技術與環境、不具規劃性的決定、組織的變遷。其他如組織文化具有不信任員工、角色模糊、績效評估制度不明朗、獎賞分配屬於零和性質的特徵，或是決策較爲民主化，或是組織對工作績效要求太高而使員工感受壓力，及有自私自利的領導者時，較容易產生政治行爲。(Robbins, 1993, pp.425-426)

1.模糊性的目標——

學校教育目標有時含有模糊的特性，尤其是教育在培養一位健全人格的國民或教學目標上，可能並不全都是具體明確的。這時候教師的行爲較有施展的空間，而爲了追求某種私利的目標，教師會僞裝某種行爲，因此較容易產生政治的行爲。

2.資源的匱乏——

學校組織的政治系統或類型，主要的特徵就是資源匱乏時所產生的衝突及如何分配資源的問題。優勢團體或獲得較多資源者爲維護既得利益，劣勢團體及獲得較少資源者爲爭取利益，較容易產生政治行爲。

3. 動態與複雜的技術與環境——

由於非例行性的技術及動態性、複雜性的環境，而助長組織的不確定性，如此不但影響組織的設計與活動，而且也促使組織的變遷。這些不確定性有助於政治行爲的產生，組織成員可從對環境的直接反應到感覺不確定性到純粹的政治行爲；組織領導者也可運用組織的改變而重建他的權力基礎。

4. 不具規劃性及民主性的決策過程——

由於組織具有不具規劃性及民主性的決策過程之特色，組織成員較有表達意見的管道和空間，因此爲爭取利益或滿足本身的需求，試圖制定出有利於個人目的的決策，因此，較容易有政治行爲產生。

5. 組織的變遷——

組織的變遷通常會帶給組織成員不確定及模糊感，且會導致組織資源重新分配，在此階段組織成員試圖利用組織重組的機會追求個人利益和目標，通常會有政治行爲，一直到形成組織的制度化爲止。

6. 不信任員工——

當組織文化有不信任員工時，員工爲維護權益，有時會聯合組成利益團體而有政治行爲產生，特別是不正當的政治行爲更容易發生。

7. 角色模糊——

假如組織沒有具體明確的工作規範，組織成員較不知道如何扮演好角色，因此他們所施展的政治行爲運作與範圍所受到的限制較小。

8.績效評估制度不明朗——

假如績效評估的標準越是主觀，則員工越會產生模糊感；評估若採單一標準，則員工越會朝該評估標準去表現；評估時間若拉長也會助長政治行爲。

9.獎賞屬於零和性質——

當獎賞或考績的給予屢次大多使某一群人受惠，則較容易使員工產生政治行爲，以維持或爭取利益。

10.工作壓力——

過度的工作壓力容易使員工產生心理上的抗拒，有時員工會以聯盟的方式與主管談判，以減輕工作壓力。假如談判不成，也會產生諸如抗議等不正當的政治行爲。

11.自私自利的領導者——

當組織的領導者較有私心時，有些員工爲投領導者之所好，常會有逢迎、拍馬屁、打小報告或以領導者所喜好的行爲，來獲取領導者的喜愛。通常這些人會圍繞在領導者的身邊，形成一非正式的小團體。

助長政治行爲的個人因素

Robbins(1993, pp.424-425)綜合學者的研究，提出助長政治行爲的個人因素主要包括：

1.個人的人格特徵：具有權威傾向、高度冒險傾向及外控的人，較有政治行爲。

2.個人的需求：有渴望權力、自主性、安全感或地位的人，較常有政治行爲。

3.個人在組織中的投資越多，希望未來的利益會越大，爲了保住利益；或員工認爲自己資源有限，欲達成的目標機會不大或沒有把握時，較不可能有不正當的政治行爲。

4.假如員工所學在就業市場中供不應求，或個人擁有特殊的技能，或能影響組織與外界的接觸，則員工較可能有不正當的政治行爲。

如同審美標準一樣，並不是甲認爲是政治行爲，乙也一樣認爲是政治行爲。是否爲政治行爲的看法實是見仁見智。表13-2分別列出「政治行爲」與「有效的管理」二種不同的觀點，而顯示出政治行爲因個人的看法而有個別差異性。

表13-2 「政治行爲」與「有效管理」看法差異之比較

政治行爲	有效管理
1.責備別人	1.確立職責
2.逢迎	2.正面強化
3.製造職責	3.建立工作上的關係
4.拍馬屁	4.表示忠誠
5.推卸責任	5.授權分工
6.搓圓仔湯	6.協商
7.掩飾眞相	7.決策歸檔
8.製造衝突	8.鼓勵變革與創新
9.聯合勾結	9.促進團隊精神
10.打小報告	10.改善效率

資料來源：Stephen P. Robbins (1993). *Organizational Behavior: Concepts, Controversies, and Applications* (6th ed.). New Jersey: Prentice Hall, p. 423

第五節 學校組織行爲的應用

根據本章所述，政治行爲可說是權力戰術的運用。不論是組織領導者或成員，根據權力的來源而擁有某些權力基礎，爲達成組織或個人的目標或需求，擁有權力者運用權力基礎遂行其政治行爲以影響他人。政治行爲受到組織及個人因素所影響而有正當性與非正當性者。有關權力與政治行爲的關係以圖13-3表示之。

圖13-3　權力與政治行爲關係圖

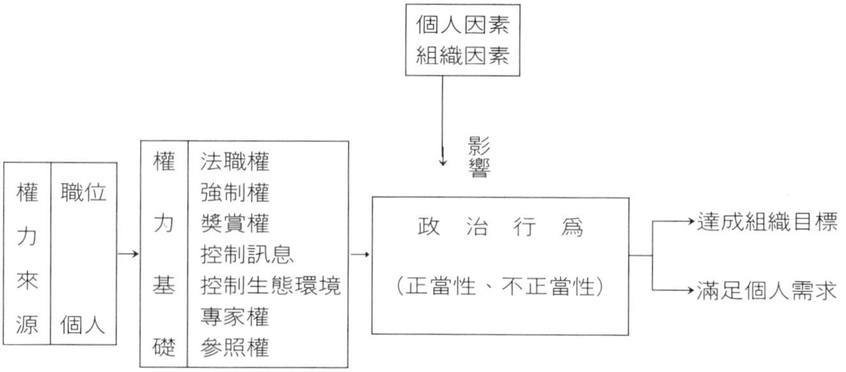

一般而言，權力來自職位與個人，而職位權力是最普遍的權力來源，根據國內許多研究顯示，校長採用高倡導高關懷的領導型態，教師的滿足感較高。因此校長宜善用法職權，不能僅用強制的手段，有時也要善待部屬，予以獎賞。領導者僅用職位權力只能算是「半權力」，若能兼用個人權力，才是一位「全權力」的領導者。

不論是校長或是教職員工於運用政治行爲時，除了運用權力的戰術外，更需要運用談判、磋商、妥協的政治策略，如此才能解決組織的衝突，及兼顧組織目標的達成及組織成員個人需求的滿足。

運用權力以影響他人的最主要關鍵在於建立受影響者對影響者的依賴關係，假如影響者所擁有的權力資源具有重要性、稀少性及不可替代性，則其間的依賴關係將更爲穩固。

雖然非正式的小團體在組織中是必然存在的，有時也扮演重要的溝通角色。但是，爲減少或避免不正當及非合法性的政治行爲，組織領導者宜用溝通的方式儘量減少具有破壞組織的非正式小團體存在。更重要的是，各種措施若能予以合理的制度化，則不正當或非合法性的政治行爲較能減少。

由於資源的有限、匱乏，及優勢團體、個人與劣勢團體、個人彼此之間爲維持或爭取利益，組織的衝突是必然的。因此，如何化解衝突是每位校長及學校所常遇到的問題。有關衝突的問題將於下一章予以討論。

第十四章

衝突與談判

不論是從那個角度來看，學校組織內的個人、團體之間，或學校與家長、社區及校外環境都存在著或多或少的衝突。幾乎每位校長或單位主管，甚至個人，每天都在處理大大小小的衝突問題。

衝突已是學校組織必然的現象，究竟衝突是如何產生的，其發展的過程如何，是否有利於組織的發展，及如何化解衝突等問題，都是本章所要討論的要點。

爲解決衝突，運用協商、談判的策略或技巧是很重要的，如何使衝突的雙方，經協商、談判的過程，而營造雙贏的協議，也是本章所要討論的重點之一。

本章將依序討論 1. 衝突的性質與觀念的演變；2. 衝突的來源與類型；3. 衝突的過程與模式；4. 談判行爲。

第一節 衝突的性質與觀念的演變

衝突的性質

對於衝突的定義因所持的立場或角度之不同而有不同的解釋。例如，心理學強調人們動機的需求不滿足時所知覺到的挫折感；當個體存在著二個(或數個)相對立的動機、欲望，彼此不能相容；或左右爲難，不知如選擇；或是受道德規範所約束等，個體無法獲得滿足，且又不願放棄部分的心理失衡現象，這些都是心理學對衝突的解釋。社會學則強調社會結構內優勢團體或個人與劣勢團體或個人，為維護或爭取權益，而形成的爭權奪利現象。

其實單從某一角度分析都不足以說明衝突的整體，衝突實際上兼容個人心理動機與社會互動的層面。茲分析如下：

衝突是一種過程，在此一過程中，某一個體或團體知覺到他們的動機、計畫、目標、信仰或行動受到或即將受到某種外在形勢，或另外的個體或團體所阻礙，而無法遂行其慾望、目標時所產生的挫折感。茲將其涵義說明如下：

1. 衝突要有主體存在：此一主體包括個人本身、個人與個人、個人與團體、團體與團體、或組織之間等。

2. 衝突與知覺有關：由於不同背景的個人或團體對於衝突情境的認知有所差異，因此不同個人或團體對同一或不同的衝突情境，所知覺衝突的程度也會有所不同。衝突的存在必須是被當事者知覺到或感受到才算數，雖然如此，有時被知覺到的衝突並不是眞實的，反之，有許多衝突的情境沒有被當事者知覺到，因此就沒有被認為是衝突。

3. 衝突包括對立性、匱乏性及阻撓性等觀念。亦即是衝突至少須包括對立的二方，且其目標、慾望互不相容，又因資源（經費、權力等）的匱乏，致使某一方阻撓另一方而未能達到目標，因此便產生衝突。

4. 衝突包括個人心理動機與社會互動中爭奪權利過程所產生的挫折。因此，衝突與個人及其所處的環境有關。

◼衝突觀念的演變

依據 Stephen P. Robbins（1993, pp.445-447）的分析，對於衝突在組織中所扮演的角色，從1930年代迄今歷經傳統的、人群關係及互動的三種不同觀點。此外，衝突與組織績效的關係也隨著衝突觀念的改變而有不同的變化。茲討論於後。

1. 傳統的觀點——

早期認爲組織的衝突是不好的，它與暴力、破壞、非理性等字同義，並對組織績效有負面的影響，因此應予以避免。此一觀點盛行於1930年代至1940年代之間，根據霍桑研究(Howthorne Study)發現，衝突係由於團體內溝通不良，組織成員之間缺乏坦誠與信任，管理人員對員工的需求與期望沒有給予適當的回應所導致的。雖然目前已有許多研究提出強而有力的證據駁斥衝突會降低高績效的看法，但是仍有許多人使用此種過時的標準來看待衝突。

2. 人群關係的觀點——

人群關係學派主張衝突在所有的團體或組織中是自然的，且是不可避免的會發生，因此應予以接受。人群關係學派將衝突的存在予以合理化，認爲衝突許多時候對團體績效是有所助益的，因此衝突不能予以去除。

3. 互動觀點——

互動學派與人群關係學派的比較，不僅是接受衝突的存在，且更進一步地鼓勵衝突的存在。互動論者主張，一個平靜、和諧、合作的團體可能會變得靜止、冷漠，且對變遷與改革無動於衷。因此，他們鼓勵團體的領導者應試圖使團體維持在最小的衝突水準以上，以使團體能夠保持活力、自我批評反省，並具有創造力。

另外，從組織衝突與組織績效的關係而言，也可就傳統與現代的觀點分別予以說明。

傳統的衝突觀點認爲對組織具有不好的效果，形成此觀點之原因一方面是霍桑研究發現衝突有反功能的結果(Dysfunctional Consequences)，另一方面是領導者與部屬的衝突所導致。整體而言，傳統的衝突觀點假定，當衝突增加時，組織的績效就會減退。

現代的組織衝突觀點認爲衝突既不是好的也不是壞的，而是不可避免的。衝突程度的高低與組織績效的高低有關，亦即是當組織衝突較小時，則其改革與創造的衝擊也較小；當組織的衝突達到最高點時，個人的精力已被耗盡，以致無法專注於組織工作的目標，但是這些衝突不致於破壞正常的工作行動。此種衝突的觀點有二個涵義：

(1)組織中許多衝突都是好的，因爲它可刺激人們發現處理事情的新方法。

(2)衝突的管理已成爲組織的關鍵性活動。(Gray & Starke, 1984, pp. 538－540)

茲將傳統與現代組織衝突的觀點以圖14-1及圖14-2表示如下。

圖14-1　傳統的衝突觀點

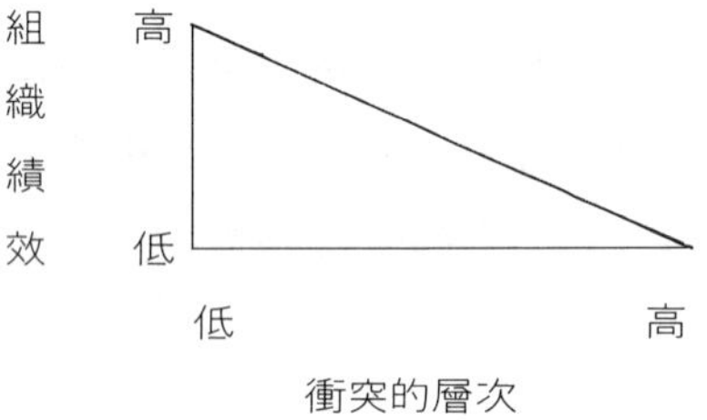

資料來源：Jerry L. Gray, & Frederick A. Starke,(1988). *Organization Behavior: Concepts and Applications* (4th ed.) (Columbus: Bell & Howell, 1984), p.539.

圖14-2　現代的衝突觀點

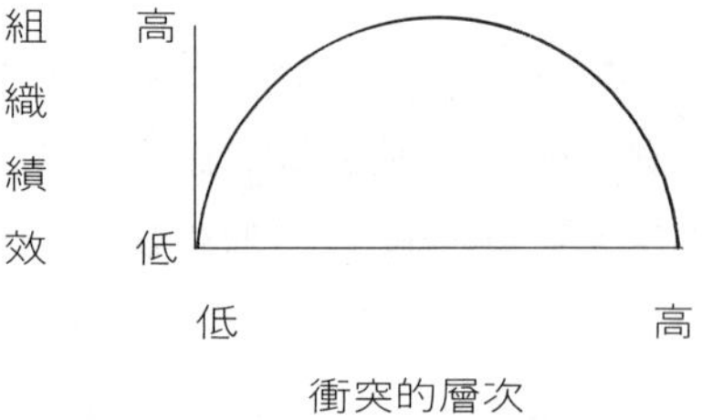

資料來源：同圖14-1, Gray & Starke (1984). p.540.

第二節

衝突的來源與類型

學校組織衝突的來源

學校組織內存在著許多衝突，且影響其成員的行為。學校組織衝突的來源主要包括由角色、規範、人格及目標所產生的衝突。如所常見到的是角色——規範、角色——人格、角色——目標、規範——人格、規範——目標、及目標——人格等的衝突。此外，組織的系統要素與環境之間也可能存有衝突。例如，學校的科層角色期望與社區民眾的價值、觀念可能會有衝突。(Hoy & Miskel,1987, p. 78)

圖14-3係學校組織衝突的主要來源。茲分別說明如後。

圖14-3　組織衝突來源

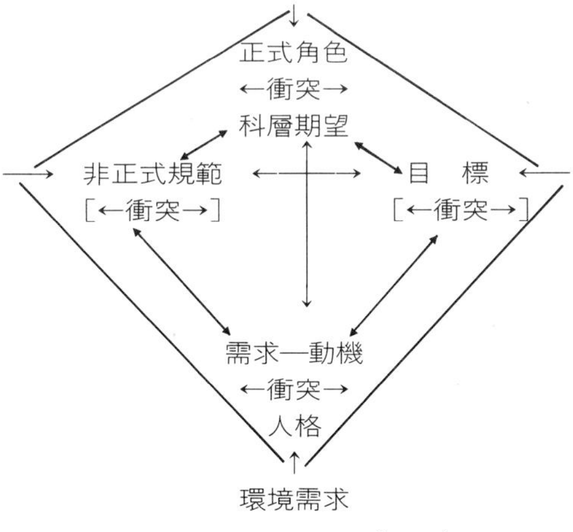

資料來源：Wayne K. Hoy & Cecil G. Miskel(1987). *EDUCATIONAL ADMINISTRATION: Theory, Research, and Practice*(3rd ed.). New York: Random House, p.79.

1. 角色衝突——

有關角色衝突已在第七章分析影響團體績效因素中討論過。學校正式組織企圖藉著科層規章和程序以減少角色衝突，但是，來自學校組織內外對角色期望的壓力卻常造成學校成員角色的衝突。

2. 人格衝突——

人格衝突是組織成員緊張的另一個潛在的來源，人格衝突不是人與人之間的衝突，而是起因於個人需求結構內的基本矛盾。此一衝突，基本上是個人人格的問題，例如，學校成員有二種以上需求時，會有雙趨、雙避、趨避及雙重趨避等的衝突，而影響其行爲。(參見第七章)

3. 非正式規範的衝突——

非正式組織內的規範衝突和正式組織的角色衝突有相同的作用，當非正式規範之間有先天的衝突和緊張存在時，規範衝突就會發生。非正式組織可能在其規範中造成矛盾——如正式組織在科層期望中所造成的一樣。

4. 目標衝突——

大多數組織都有各種不同的目標，但有時會有矛盾的現象。例如，若過於強調電腦操作可能影響學生社會——情緒的發展；有時學校正式目標可能無法運用在實際的運作上，如爲達成五育均衡發展的目標，但是由於家長、學校校長、教師的不同看法，有時在作法上可能會有所偏差。

5. 角色——規範衝突——

角色——規範衝突與正式組織和非正式組織之間的緊張有關，正式組織的成員不只是獨立的個體，而且常是非正式組織的一員。成員在正式組織和非正式團體間所扮演角色的衝突，以霍桑廠配線室研究裡，所提到的正式職務期望和非正式的工人團體規範之間的衝突，就是一個典型的例子。

6. 角色——人格衝突——

個人有時發現他所扮演的角色並不適合自己。例如，權威型的輔導、諮商人員、組織破壞型的行政人員和反智型的教師，都是個人需求與科層要求不能配合的例子。

7. 角色——目標衝突——

當學校組織正式的角色期望與成員實際所期望的結果不一致時，將會產生衝突的現象。例如，學校訂定至少有85%的學生能通過國語文能力抽測的目標，但實際上教師期望有95%的學生達到標準。因此，教師與組織二者的目標就有衝突產生。

8. 規範——人格衝突——

當個人的人格需求和非正式組織的規範是不一致時，就會產生規範——人格衝突。例如，帶有強烈支配需求的新進人員可能和非正式團體中原來的領導者產生衝突。大部分團體都期望新加入者服從並遵循業已建立的規範。

9. 規範——目標衝突——

非正式團體的規範通常是成員互動自然形成的，其規範有時與正式組織目標相一致，但有時卻是反對或抗拒正式組織的目標而來的。

10. 目標——人格衝突——

當學校正式組織目標，不符合其成員的需求、動機時，就產生目標——人格的衝突。例如，一位內向的教師不適宜擔任學校募款的工作或公關人員。

11.學校——社區衝突——

學校存在於環境之中，並受環境的影響。學校浸淫在社區和社會價值的文化中，且受廣大社會系統中的價值觀念所影響。而這些社區及社會文化都是造成學校壓力的來源之一。事實上，主要的社區價值觀念的確會和科層角色、個人人格和非正式規範三者發生衝突。保守派的家長委員會和自由派的校長；傳統的學校和進步的社區；保守的社區和開放的教師，都是此類衝突的例子。

衝突的類型

所有的衝突都可能涉及到個人或團體的動機、慾望、目標、認知、情感，並對組織成員的行為及績效產生某種程度的影響。因此，分析衝突的類型可依不同的角度予以歸類。

1.依衝突的來源歸類——

依衝突的來源將衝突予以歸類，除了上述有關組織角色、規範、目標及成員人格交互作用所產生的衝突外，尚可從成員的心理、目標、認知、情感及行為的角度予以歸類。

(1)動機或心理的衝突

個人由於動機或心理的需求未能達到，或不能滿足而產生挫折所引起的心理衝突，主要包括雙趨衝突、雙避衝突、趨避衝突及雙重趨避衝突等四種衝突。

(2)目標衝突

目標衝突係指個人或團體所希望達到的目標與其他的個人或團體不同時，在追求目標過程中所發生的摩擦。

(3)認知衝突

認知衝突係指個人或團體對某事物所持的理念或看法、意見與其他的個人或團體不同時，即是有認知上的衝突，這種衝突尤其常常顯現在政治觀點認知的對立上。

⑷情感衝突

情感衝突係指某一個人或團體在情感或動機、態度上與其他個人或團體不同時所產生的衝突。

⑸行爲衝突

當某個人或團體的行爲方式不能被其他人或團體所接受時所產生的衝突，即是行爲衝突。例如，某一群學生的穿著或語言，不能被另一群學生所接受時，就會產生衝突。

2.依衝突的層次或主體歸納——

衝突的層次或主體係指介入衝突的個數，例如，有個人本身的衝突、人際之間的衝突、或團體及組織之間的衝突等。茲說明如下：

⑴個人內在的衝突

個人內在的衝突係指個人內在動機或心理上的衝突，也就是上述的雙趨衝突、雙避衝突、趨避衝突及雙重趨避衝突等四種衝突。

⑵人際間的衝突

人際間的衝突係指在目標、認知、情感或行爲上相對立的主體均爲個人。此對立者可爲二人，或更多的人。但是由於個人可能有其所隸屬的團體或組織，因此個人之間的衝突很容易超越個人的層次而形成個人所屬團體或組織之間的衝突。

⑶團體之間的衝突

形成團體之間衝突的原因，除了人際衝突的因素外，通常是由於資源匱乏或分配不均所引起的。有時具有共同利益訴求的小團體會以聯盟的方式爭取共同的利益，或反對某一大的團體。總之，當有利害之爭時，團體之間的衝突就容易產生。

⑷組織之間的衝突

二個或二個以上的不同組織爲爭取同一目標物所產生的衝突即是組織之間的衝突。例如，高中爲爭取更高的升學率，二所國小同時向教育局爭取經費補助時，就產生了組織之間的衝突。

第三節 衝突的過程與模式

有關衝突過程較常被大眾所採用的代表性模式，有：

Louis R. Pondy的衝突模式

Pondy(1977, pp. 296－320; 1985,381－391)的衝突模式強調引起衝突的先前潛在因素及衝突所產生的不良影響，衝突的過程主要包括：潛在衝突〔Latent Cnflict (Condition)〕→知覺衝突〔Perceived Conflict(Cognition)〕與感受衝突〔Felt Conflict(Affect)〕→顯現衝突〔Manifest Conflict(Behavior)〕→衝突的不良影響〔Conflict Aftermath(Conditions)〕。

Kenneth W. Thomas的衝突模式

Thomas (1979, pp. 151－181; 1985, pp. 392-416)的衝突模式強調衝突的管理，在何種時機運用何種策略以解決衝突是其衝突模式的焦點。他提出二層面架構的衝突模式(A Two-Dimensional Model of Conflict Behavior)，不僅在滿足衝突對方的需求，同時也要滿足自己的需求之下，而提出衝突管理的策略。

Robbins的衝突模式

Robbins (1993, pp.448－457)的衝突過程模式包括潛在對立(Potential Opposition or Incompatibility)、認知與個人化(Cognition and Personalization)、

意向(Intention)、行爲(Behavior)及結果(Outcomes)等五個階段。

Jerry L. Gray與Frederick A. Starke的衝突模式

Gray與Starke(1984, pp.544－548)的衝突模式提出衝突的來源產生目標的不相容，再歷經各種介入的機會而產生衝突；其次，對衝突加以處理後，衝突會有建設性與破壞性的影響。

上述的四種衝突模式中，Robbins兼採Thomas的觀點，同時也包含其他二種模式的內涵。茲以Robbins的模式爲主要架構，並兼容其他模式的內涵，而以圖14-4分析衝突的模式如下。

圖14-4　衝突過程模式圖

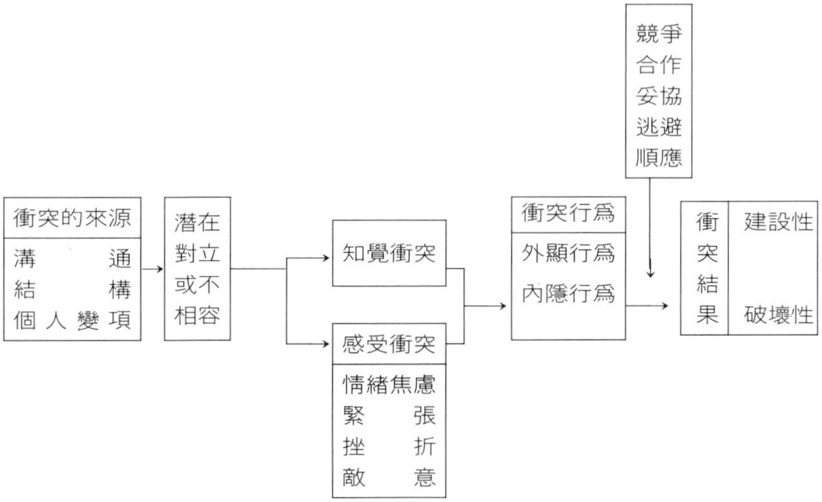

第一階段：衝突的來源

有關衝突的來源已在第二節中予以討論，這些衝突的來源可構成衝突的先前事件，但不一定就會產生衝突，它涉及了溝通、結構與個人變項等因素。

溝通的管道是否通暢，訊息交換是否正確充足，語意的表達是否能使對方瞭解等，若無法達到溝通的目的，都是構成衝突的先前條件。

組織結構與第二節所述的角色、規範、人格及目標有關，而組織結構也與團體的大小、團體成員工作的專門化程度、校長領導型態、酬賞系統及團體之間相互依賴的程度有關。這些因素互動的結果常是衝突的根源。例如，團體規模太大、團體成員工作過於專門化、校長採取高倡導的領導型態、不公平的獎賞及二個團體或個人須有高度依賴性時，都較容易產生衝突。

個人變項包括諸如心理動機、目標、慾望、人格、認知、價值觀、行爲等，這些若無法得到滿足都可形成衝突的因素。

第二階段：潛在對立或不相容

構成衝突的要件之一是須有對立的二方，不論是個人內在心理動機的對立，或個人與個人、個人與團體，或團體之間及組織之間，都須有某種程度的潛在對立或不相容者，而形成衝突的要件。

第三階段：知覺與感受衝突

此一階段涉及當事者的認知與介入。假如當事者的一方或雙方知覺到上述二階段的衝突來源時，衝突就可能發生。而另一層次則是情緒上的感受，此時可能會有焦慮、緊張、挫折或敵意的感受。

第四階段：衝突的行爲

當衝突表面化以後，會有內隱及外顯的衝突行爲，內隱的衝突大多是在個人內心動機不滿足的層面，而有退縮、迴避的現象。外顯的衝突行爲則從細微的、間接的、被控制的協談，到直接的、攻擊的、威脅、暴力及抗爭等，都是衝突的外顯行爲。

第五階段：解決衝突的方式

茲以 Thomas(1979; 1985, pp.394-398)的二層面衝突架構模式(見圖 14-5)說明如下。

Thomas所提出的五種衝突處理方式，包括合作性(Cooperativeness)與肯定性(Assertiveness)二個向度。合作性係指某一方試圖滿足對方需求的程度，而肯定性則是衝突的一方試圖滿足自己本身需求的程度。二個向度相配結果，可構成競爭(Competiting)、合作(Collaborating)、退避(Avoiding)、

圖14-5　衝突處理的二層面向度

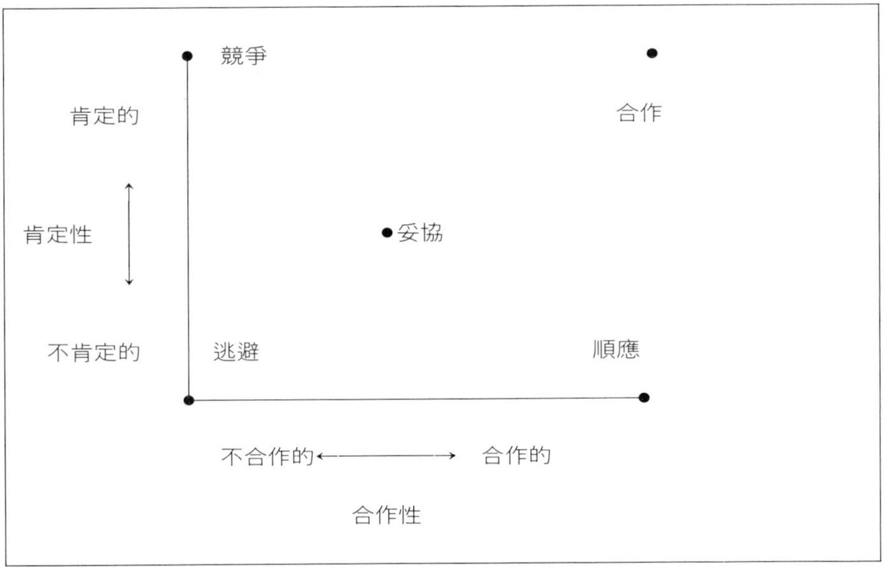

資料來源：Kenneth W. Thomas(1985). Organizational Conflict. in Tosi, Henry L. & Hamner, W. Clay(eds.) *Organizational Behavior and Management* (4th ed.). Columbus, OHIO: Grid, p.395.

順應(Accommodating)及妥協(Compromising)五種處理衝突的方式。

1. 競爭——

當衝突的一方只試圖滿足自己本身的目標或利益，而不顧慮衝突對方的影響時，就是衝突的方式。例如，處於零和競爭的情勢—我贏你輸的情況—就是衝突的雙方在競爭。

2. 合作——

合作係一種既滿足自己也滿足衝突對方的雙贏策略，衝突的雙方都在合則二利情況下，謀求問題的解決及澄清彼此的異同，而不是只順應對方的觀點。

3. 逃避——

當事人知覺到衝突，卻不去面對，而有退縮或隱匿的行爲時，即是退避。例如，試圖忽略衝突或避免與他人爭論，都是退避的行爲。

4. 順應——

爲維持某種關係而犧牲自己的利益，並把他人的利益擺在自己的利益之上時，即是一種順應的行爲。例如，教務主任與校長意見不合時，爲維護彼此的關係，教務主任常會把校長的利益置於自己的利益之上而順應校長。

5. 妥協——

當衝突的雙方彼此都願意放棄某些事物而分配利益，使得彼此的衝突得以暫時化解，就是妥協的行爲。妥協沒有輸贏，但衝突的雙方可能要付出代價，且通常只是獲得暫時性的滿意，等衝突解決後可能又會產生新的衝突。

上述五種衝突的不同處理方式各有其適用時機，茲以表14-1表示之。

第六階段：衝突的結果

衝突的結果可分成具有建設性的良性結果(Functional Outcomes)與破壞性的惡性結果(Dysfunctional Outcomes)。究竟那種結果是好的或是壞的，其對組織有何影響，茲討論如下：

衝突並不一定是不好的，決策者可以從衝突中瞭解成員的不同意見，以凝聚共識，集思廣益，作爲決策之參考。因此，衝突可以增進決策品質，激發創造思考力，鼓勵組織成員提供建言，並藉以發掘組織問題及發洩成員的情緒，同時也提供組織自我評量反省和變革的機會。

由異質性成員所形成的團體較同質性成員所組成的團體，成員的認知較不一致，興趣較廣，解決問題的能力較強。爲了使組織更具有活力，維持一定水準以上的衝突是必要的，只要是不足以影響組織成員的情緒與工作的衝突，都是具有一定建設性、良性程度的好衝突。

衝突如果太過於強烈，通常會阻礙溝通的管道，降低團體的凝聚力，影響成員工作情緒，而降低組織成員的工作滿足感及組織效能。

表14-1 五種衝突處理取向的適用時機

衝突處理取向	適用情境
競爭	1.特別需要快速、有決斷的行動時。 2.在重要的爭議上，需要介入不尋常的行動時。 3.與組織的福祉休戚相關，而且確定自己是對的時。 4.反對因採取非競爭行爲而獲益的人之時。
合作	1.當雙方的考慮都很重要又無法妥協，需要整合性的解決法時。 2.想要學習時。 3.想要合併不同的觀點時。 4.想要合併雙方的考慮達成共識，以取得承諾時。 5.想要讓關係不被干擾，以利解決問題。
逃避	1.問題很瑣碎，又有其他更重要問題迫近時。 2.當察覺到自己的需要無法獲得滿足時。 3.當潛在破裂的害處超過問題解決後的獲益時。 4.想要冷靜下來，重新考慮時。 5.當新獲的訊息取代了剛才的決定時。 6.當另有他人能夠更有效解決衝突時。 7.當爭論離題或是引發其他爭議的徵兆時。
順應	1.當發現自己是錯的之時—讓自己有較好的立場，要學習並顯示自己講理之時。 2.當爭論的主題對他人較重要時—滿足他人、保持合作。 3.爲未來的爭論先建立社會性信用時。 4.當技不如人或有所損失時，使損失降至最低。 5.當和諧與穩定是特別重要之時。 6.當部屬從錯誤中學習成長之時。
妥協	1.當目標很重要，但不値得更努力爭取之時。 2.當實力相當的對手承諾各自獨占目標時。 3.複雜的爭論暫獲解決之時。 4.在時間壓力下達到權宜之計時。 5.在統合與競爭都失敗時備用。

資料來源：Kenneth W. Thomas(1977). "Toward Multidimensional Values in Teaching: The Example of conflict Behaviors," *Academy of Management Review,* p.487

第四節

談判行爲

校園民主風氣促使學校成員更能各抒己見，相對地各種衝突也因而產生，爲解決衝突，談判已是常被運用的方式。本節將討論談判的內涵與特徵、談判的開始時機、基本原則、策略與技巧如下。

談判的內涵與特徵

談判係指共同商議解決問題，也就是當個人或團體、組織爲滿足自己的需要，而與其他的個人、團體或組織交換意見，經雙方同意，即是談判。談判亦稱爲磋商或協商，談判並不一定要上談判桌，它也可說是一種共同決策的過程，或是一種比較和選擇的過程。

談判具有下列四項特徵：

1. 談判是「施」與「受」兼而有之的互動關係。不論是主動或被動所進行的談判，都不是單方面的施捨或承受，它是一種「施」與「受」兼而有之的互動關係。

2. 談判同時含有「合作」與「衝突」的成分。參與談判的雙方，一方面爲達成協議，須設法獲得對方的合作，或主動與對方合作，但爲了使自己的需求能獲致較大的滿足，參與的雙方勢必處於利害衝突的狀態。因此，任何一種談判都同時含有某種程度的「合作」與「衝突」。

3. 談判是「互惠的」，但卻是「不平等的」。由於參與談判的雙方所擁有的資源籌碼和談判技巧不同，談判結果必定有一方所獲得的利益較多，另一方所獲致的利益較少。因此，談判雖然是「互惠」，但卻是「不平等」。

4. 只要是參與談判的雙方對談判結果均具有否決權，則不論談判結果是多麼「不平等」，但此種談判都是「公平」的。(參見呂俊傑，民80，頁13)

談判的開始時機

當衝突的雙方各自追求自己的利益，或某一方想要有所作爲卻被對方所阻礙。或是缺乏解決衝突的既定程序和規則，或是衝突的雙方都希望透過談判以避免發生不利的後果時，都是構成談判的條件。

雖然有談判的條件，但是眞正開始談判的時機常常還得待衝突的雙方都知覺到衝突已經到了無法忍受的僵局、無法自己解決，而須賴雙方透過商議以化解僵局時，才是眞正開始的時機。尤其是國人特別重視面子問題，且有逆來順受之耐性、韌性的文化層面，因此除非事態嚴重，否則很難眞正進行談判。

談判的基本原則

1.有備無患——

談判可以說是一種心理戰的過程，談判之前不僅要先瞭解自己的立場、籌碼，所追求的是什麼及如何進行談判。同時也要探究談判對方的虛實、思考模式，並進行沙盤推演，訂出談判不同結果的變通方案，而不要死守一條底線的作法。因爲談判過程是千變萬化的，隨時都會有突發狀況發生，因此要有「不怕一萬只怕萬一」的準備，而不要有「船到橋頭自然直」的期待。

2.培養定力——

只要有萬全的準備，才能有信心從事談判，也較能綜觀談判進行中的變化，而能處變不驚、愼謀能斷。因此在談判前作好各項工作及心理準備與計畫，進而培養出談判時的定力是非常重要的。「定而後能靜，靜而後能安，安而後能慮，慮而後能得」，及「做事心頭定」都可應用在談判上。

3. 寧可輸，也不要破裂——

參與談判的雙方都想站在最有利的地位以成爲贏家，但是在這種衝突情境下，雙方都不願損失利益，因此無法化解衝突的僵局，有時反而使得談判破裂。

爲了使談判得以不致破裂，參與談判者必須體認到，談判者須視己方資源的多寡而決定是否讓自己留下後路，否則一旦談判破裂，其所造成的損失可能比輸的談判還要大。因此，談判者宜視本身籌碼的多寡，抱持「留得青山在，不怕沒柴燒」的心理準備，對談判結果依序選擇「贏、和、輸、破裂」的策略。

4. 掌握談判開場關鍵——

談判開始的氣氛非常重要，談判者宜仔細觀察談判開始的氣氛，而妥善運用發問技巧，誘導或營造能使談判進行的氣氛。一般而言，談判的氣氛有以下四種：

(1)冷淡的、對立的、緊張的。

(2)漫不經心、老牛拖破車。

(3)熱烈的、積極的、友好的。

(4)平靜的、嚴肅的、審愼的。

5. 不要大幅讓步——

在談判過程中，切忌大幅讓步，假如大幅讓步，則必定註定談判失敗。若是爲尋求對方的合作，或是爲順應某種情勢時，宜逐步漸進地以附帶條件的討價還價方式慢慢讓步，如此才能使損失減少到最低程度。

6. 勇於面對困難情境——

任何談判都是一個新的、具有挑戰性的情境，因此困難是勢所難免的。假如談判者有任何畏懼，則談判過程必將遭受阻礙而無法遂心，有時也會被對方識破而處於不利的地位。

7.儘量使主控權操之在我——

掌握談判的主控權是談判致勝的條件，而善用談判策略與技巧則是掌握主控權的方法。談判策略強調談判的取向與目的性，而談判技巧則強調達成談判目的的手段、技術。談判策略與技巧可以綜稱爲談判計謀。

談判計謀

1.營造恐懼感——

對於談判的生手或經驗不足的談判對手，可以攻擊他們的弱點，使用的語句，如：「假如你不同意，以後就沒有機會了。」「假如你不同意，後果將自己負責。」

對於一位經驗豐富的談判者而言，因爲他們已經知道自己的缺點，且又是有備而來的，因此要使他們產生恐懼感不太容易。有時反而會被反擊回來。

2.適時反擊——

適時反擊的基本條件必須是：

⑴自己是個言行一致，說到做到的人。

⑵受到談判對方以恐怖的手段威脅時。

適時反擊係藉由談判對方先前所提出的恐嚇威脅，而予以還擊，也就是「借力使力」，所使用的語句，如：

- 「如果你想告我的話，我也有辦法讓你坐牢。」
- 「如果你想破壞學校名譽的話，我也會有辦法使你得到報應。」

3.試探——

在談判初期有必要瞭解談判對方的態度、立場或底線，以作為進一步運用談判策略與技巧的參考。這時候可使用以下的語句：

•「假定你與學校合作，你將會得到好處的。」

•「假定你與我們配合，孩子將會很快找得到。」

假如談判的對方以「假定……將會……」的語句試探時，宜思考其後果如何才決定回答的眞實程度。假如不願落入對方所設的圈套或避免不利的結果，則不宜照實回答；假如對方係尋求互惠、合作時，則可考慮讓步或合作的程度。

4. 攻擊要塞——

學校因某位學生被記過或勒令退學而須聯絡家長處理時，假如家長不明理，而以衆人之勢到學校與訓導人員談判時，此時訓導人員以「一對多」或「多對多」的方式與家長談判，就可使用攻擊要塞的技巧。

此時的要塞是指家長中最後決定的人，也就是針對此人予以說服，假如仍沒有辦法使其讓步，則須轉移至其他人員，使這些人員影響決策者，但是這些人員若是與其決策者的主張堅決且一致時，則要另覓談判技巧了。

5. 設圈套——

設圈套類似「帶答案問問題」，也就是談判者為達到某種目的，使對方直接而別無選擇地就所發問的問題回答你所要的內容。例如，校長請某位教師兼辦總務工作，但是該位教師沒有意願，校長與其商議時，可問他：「你會貪污嗎？」「你會認眞負責嗎？」「你願意與我做同事嗎？」此時該位教師較會朝積極面回答。因此校長就可順著他的回答而請該位教師不再猶疑推辭了。

6. 說服——

當試圖使談判對方接受自己的看法，或在商議過程中傳達某項訊息時，可運用說服的互動。在本書第四章中已討論影響說服溝通的因素，主要包括：說服者的特徵、說服訊息本身及受訊息影響的接受者。

什麼是成功的說服技巧，依日本大塚健次的分析，主要包括以下七項：

(1)掌握對方的立場和想法（占15%）。

(2)隨機應變能力（占10%）。

(3)選擇適合交談的空間（占10%）。

(4)本人的熱情及專注態度（占10%）。

(5)談話內容的組織架構能力（占10%）。

(6)表情及身體語言（占20%）。

(7)說話方式（占20%）。（鄭夙玲，82.2.1中時晚報，第八版）

7.利用轉折語——

在談判過程中以對方難以回答的問題使其無法拒絕，可運用「雖然……，不過……」、「但是……」、「然而……」、「雖然如此……」等的轉折語作爲前導。例如，我們可以說：

•「雖然你不喜歡談你的家庭生活，不過爲了能幫助學校老師進一步瞭解你平常如何教導小孩，我們希望你能提供較爲詳細的參考資料。」

•「雖然我們已經有了初步的共識，但是仍須在行動上更爲積極一些。」

•「雖然已經溝通過，然而這只是一個起點，我還是要你作進一步的保證。」

•「雖然如此，你還是要在協議書上簽名。」

8.借東風——

當萬事俱備只欠東風時，就須運用第三者的力量，使目的較容易快速達成。此臨門一腳通常可包括人、地、物或文件資料。

(1)人

當衝突的雙方不便面對面達成和解時，可利用第三者居中協調促成雙方妥協。如衝突的雙方中，有一方願意讓步時，可透過第三者傳達訊息，以探尋對方的旨意。決策者(如校長)爲實施某項政策，在作決定前可透過某人或非正式團體傳達訊息，以先試探學校成員的反應，俾作爲決策的參考。

一般而言，第三者的功能在於傳達訊息、居中協調、試探汽球等。談判者可視需要加以運用。

(2)地

當衝突的雙方存有僵局，或有強弱之爭，都不願意在對方所屬的地區進行商議時，可透過第三者的安排另覓地點進行協商，通常協商的地點是在第三者所屬地區進行。

(3)物

談判者爲營造協商氣氛，可施予對方一些禮貌上的見面禮物，但是在處理類似事件時，須事先探知對方的喜好，不要因送禮而造成反效果。

(4)文件資料

文件資料的蒐集與整理可幫助談判者增加說服的力量及信心，也可讓談判對方認爲你是有備而來的。因此，會使對方信心產生動搖，深怕你提出強而有力的證據使他們無法處於有利地位。但是在使用文件資料時，切忌不知資料如何查尋，以免使對方認爲所帶的文件只是一種儀式而已。

9.黑臉與白臉相互運用——

當所遇到的談判對方抱持非談不能解決問題，且須分二階段進行時，可採用「先黑臉，後白臉」的技巧。爲解決收回學校宿舍問題，可先由校長與占用宿舍的退休人員談判，而校長給退休人員留下不好印象，認爲校長是不好惹的人。其次，請總務主任代表出席談判，當遇到僵局時，總務主任可說「你們到底要和我談，還是希望請校長本人出面和你們談呢？」而使談判對方接受學校所提出的條件。

10.分期付款——

當確定所商議的問題無法一次解決，且還有足夠延緩的時間時，談判者寧可為自己留下後路，先就所達成的共識完成階段性的協議。這時候可說：

•「這是個好的開始，我們可先就初步的共識達成協議，以後的再慢慢談。」

11.緩兵之計——

為化解談判僵局，或使談判氣氛更為友善、良好，可運用休息、轉移陣地或脫離現場等的緩兵之計。

休息除了可改變僵局的氣氛外，也可藉由休息作私下溝通，或另外研究進一步的商議策略。通常談判的雙方可協議足夠休息的時間，如15分鐘或20分鐘等。

當完成階段性的談判，須另外再擇期進行另一階段的談判時，可互換協商地點，或另覓其他地點從事協商。

當自己認為談判處於較不利的地位時，決策者可藉故暫時離開現場，以減緩談判對方咄咄逼人的氣勢，同時可藉此機會緩和情緒或壓力。

12.利用期限效果——

談判有的是設有期限，有的則沒有設定期限。當越複雜及沒有亟須馬上決定者，通常沒有設定談判期限，可以慢慢談。假如設有期限者，則須善用期限的效果。設有期限的談判，通常在期限將到時才會對談判者產生壓力，尤其是處於較不利地位者更是如此。許多設有期限的談判，大多是在最後一刻才作決定的。因此，談判者可利用談判的期限，運用對方心理的不安與焦慮，提出「只剩下一天了，就等你點頭」、「我已不能再等下去了」等的話，使對方作決定。

對設限的容忍程度必須自己遵守，不能使自己失信，否則會被對方乘機而入。例如，「給你二天的時間考慮」，就須二天內完成談判。

談判過程中，不要「自我設限」，也就是不要顯露出還有其他事正等著你去處理的態度或表情。例如，「等一下要開會」，或「我必須在一小時內到達會場」等，都不可輕易說出，否則必會被談判對手乘機而入。

13.換檔——

換檔就是改變談判的中心議題。爲了掌握談判的主控權，可在談判過程中改變所訴求的主題，並在改變議題之前說明改變議題的背景和緣由。

14.妥協——

當籌碼不足且不想使談判破裂時，可稍作妥協以使談判能繼續下去。這是一種分配式的討價還價，其結果使雙方得失互見。

雖然資源有限，但是在合則兩利的情況下，爲尋求互利互惠，經雙方討價還價後，各自都作了妥協，這種合作式的討價還價使雙方都各有好處。

談判的幾個觀點

學校是一複雜的組織，而學校衝突是勢所難免的，只要不是具有破壞性的衝突，便是好的衝突。具有建設性的衝突，不但能激發組織成員的潛能，增進其互動與活力，也能促使組織更爲進步發展。

以協商的方式解決衝突的時代已來臨，在協商的過程中尤其以互利、互惠、合作的方式較適合學校組織，但無論是協調者或是當事者都要練習如何表達自己的意見，而使對方心悅誠服，最後達成協議解決問題。因此本章所討論談判的各項基本原則、計謀都可適當運用。

談判具有教育性，尤其在尋求合作的商議過程中，不僅成就他人，也可以實現自我，而達成雙贏的境界。因此，談判是學校每位成員所必須學習的。

第十五章

工作壓力

在一項對來自高屏地區(包括高雄市、高雄縣、屏東縣)及台北縣、市國小參與國立屏東師範學院八十二年暑期進修的116名教師的測驗中，作者請每位教師就其所服務的學校舉出一項亟待解決的問題，並運用組織、領導、管理等理論與研究綜合評析如何予以解決。統計結果，教師兼行政工作的調配；學校活動辦得太多，以致於教師不堪負荷；學校氣氛不佳；教師士氣低落；班級管理、編班及排課；教師值日夜、導護工作的調配……等，爲較多教師所提出的幾項亟待解決的問題。

從這些被提出的幾項亟待解決問題中顯示出，教師受到學生家長、校長及教育行政單位對學校的要求所產生的壓力是極大的。又從他(她)們所評析的論述中亦可知，教師大多不願因教學以外的其他行政事務而影響到教學的品質與時間。教師因爲受到內外在壓力的影響，因而有些學校的流動率較大，教師產生倦怠感，且對教師工作的滿意程度有降低的現象。

然而，由於校園民主的需求日盛，教師參與校務的決定亦爲教師所期望，但是並不是每位教師都喜歡或有時間參與校務決定，或對校務都能瞭解。因此，學校校長在兼重學校組織目標與個人需求之下，如何使教師的壓力及倦怠感減至最低程度，並增進教師的滿足感，發揮學校組織的效能，實在不是一件容易的事。

本章依序先分別就1.壓力的性質；2.壓力的來源；3.壓力的結果；4.壓力管理的策略等四部分討論分析如後。

第一節

壓力的性質

壓力在學術研究與組織的實務中已逐漸受到重視。有關壓力性質的問題，學者對壓力有不同的界定，而在英文中stress表示個體受到內外環境刺激所感受到的重擔或壓迫感，本文翻譯為壓力。而burnout則隱含著個體受到壓力後在心理、生理的疲憊及情緒方面所爆發出來的反應，在此翻譯為倦怠。

有關學者對壓力的界定方面，Randall S. Schuler (1980, pp.184-215) 對於組織中壓力的定義與概念之論述，可說是極具代表性的作品，並常為組織行為的學者所引用（如Robbins, 1993）。茲主要以Schuler (1985) 的論述所提出的概念為主，並參酌其他學者的觀點，將壓力的定義討論如後。

J. Selye (1956) 認為壓力是個體對任何需求的非明確性反應。D.T. Hall與R. Mansfield (1971) 認為壓力是組織或個人的一種外在力量的運作，此種外在力量包括壓力與緊張，且會產生個體緊張的現象。他們認為壓力與緊張是同義詞。而J.R.P. French, W. Rogers與S. Cobb (1974) 則將壓力界定為個人工作的技巧、能力與需求之間的不適應性，及個人對工作環境需求的不適應。R.D. Caplan等人 (1975) 認為壓力是工作環境的特徵對個人的威脅。G.L. Marogolis, W.H. Kroes 與 R.P. Quinn (1974) 採用 Cannon (1929) 生理學對身體穩定狀態的概念，認為壓力是工作與員工人格、生理及心理特徵交互作用下，對員工生理與心理穩定狀態瓦解的影響現象。

T.A. Beehr 與 J.E. Newman (1978) 對壓力研究作廣泛的評論後，將工作壓力界定為：和工作有關的因素對於增進或瓦解員工身心正常功能互動的狀況。而壓力會產生積極或消極的功能。

J.E. McGrath (1976) 認為壓力包括個人與環境的交互作用。某些「在當時或當地」所發生的事情，代表著個人行為的要求、限制或是一種機會。

McGrath指出，工作情境對員工有潛在的壓力存在，壓力就是個人知覺到工作的要求超過他們的能力，因而有威脅感，且因爲每個人的適應力不同，而在酬賞與付出的代價(壓力的指標)方面有實際上的差異存在。

C.L. Cooper與J. Marshall(1976)指出，職業上的壓力意謂著消極性的工作環境因素或壓力刺激物(如工作負擔過重、角色衝突或模糊、不好的工作條件等)與特定工作的關聯性。

從組織行爲與工業心理學的大多數壓力研究中，對壓力的定義很明顯地可看出，組織與個人的各種特質已成爲壓力的因素(如上述French, 1974; Cooper 與 Marshall, 1976; McGrath, 1976; Beehr 與 Newman, 1978)。也就是說，壓力是一種個人與環境(Person-Environment) (Lofquist & Davis, 1969)的交互作用，也可說是個人特徵與工作環境所可能產生的壓力來源之間的互動或角色適應。而組織以外的環境對個人壓力的重要性也常被討論。事實上，非工作環境的層面也是重要的，但是卻僅被簡略地提及而已。

上述有關壓力的定義一般是屬於個人與環境間適應的型態，但是仍有一種傾向，就是當環境的要求超過或威脅到個人的能力與處理事情的機智、策略，或是工作環境無法滿足個人的需求時，個人便處於壓力的狀態之下。如同 Linda, Murphy 與 Suzanne, Della Corte(1990)研究學校中特殊兒童與壓力的關係時，認爲壓力是社會對兒童賦予某種期望，致使其產生壓迫感，而在情緒和生理上有所反應一樣。也就是說持個人與環境間適應的壓力觀點，認爲壓力在下列二種情況中會發生，一方面是個人受到消極性工作環境的因素或壓力刺激物所控制時(如Cooper & Marshall, 1976)，另一方面則是在環境無法滿足個人的需求時發生。

因此，許多壓力的定義都給予壓力一種不好的名稱，且認爲形成壓力的過程是模糊的。此外，壓力的定義常常除了在陳述環境中「消極負面性」的因素及威脅或超過個人的能力之外，並不能表達或指出「爲什麼」會有消極負面性的環境因素。然而，French(1974)對壓力所下的定義強調個人的需求開始就在提出爲什麼環境的因素可能是壓力刺激物的理由。例如，壓力刺激物有助於決定需求的滿足與期望需求層次之間的適應情形。從這些壓力的定義所獲得的啓示就是：雖然組織成員有極大的滿足感，但並不是沒有壓力存在。只要組織成員處於不適應的狀態下，就會產生壓力。

基於以上所述，Schuler(1985, p.107)認爲，組織中壓力的概念實與組織的工作環境，及個人對工作環境的機會、限制及要求等的知覺或期望有關。因此，形成壓力的條件有其積極的一面(如機會)，也有消極的一面(如限制或要求)。而此一壓力的概念受到許多組織環境特徵的影響，同時也指出對組織所期望的效能及解決壓力的策略。

因此，Schuler(1985. p.107)認爲：

壓力是個人的動力狀態，在壓力中：

第一、個人面對他(她)所希望存在的或已有的或正在進行中的機會。

第二、個人面對他(她)所希望存在的或已有的或正在進行中的限制。

第三、個人面對他(她)所希望存在的或已有的或正在進行中的要求。

個人知覺到解決壓力是不確定性的，且將會導致重要的結果。

由Schuler(1985, p.107)對壓力概念的詮釋，我們可知壓力係指個體面臨與他所欲求事物有關的機會、限制或要求，而又知覺到其結果充滿不確定性與重要性時的一種動力狀態。這個定義顯得很複雜，茲將其要素做更詳細的探討如後：

壓力本身並沒有所謂「好」或「壞」的區別。雖然我們常談論它的負面效果，但是它也有正面價值。例如，運動員在沈重壓力的負荷之下，往往才能充分發揮他體能的極限。因此，在有潛在利益的情況下，壓力代表一種「機會」。

不過，壓力通常跟限制與要求有關。前者阻止你做你想做的事情，後者則使你想要的事物會有所損失。因此，當你在學校參加考試或你的上司在打年度考績時，你會感受到壓力，因爲你面臨了機會、限制與要求。考績好，你可能獲得加薪與晉陞；考績不好，你便可能喪失晉陞的機會，甚至還可能被炒魷魚。

潛在的壓力要成爲眞正的壓力，還有兩項條件。也就是事情的結果是「不確定」，而且是當事人認爲「重要的」。如果當事人對事情的結果，心中已有確定的譜兒，或是結果對他而言並不重要，那麼他就不會感受到壓力。(黃曬莉、李茂興，1991，頁463; Robbins, 1993, p.635)

第二節 壓力的來源

壓力的普遍性問題

在討論壓力的來源之前，先分析壓力的普遍性問題。我們知道許多人都有遭受壓力之苦的經驗，尤其是當某一件事攸關個人前途或是一生中的轉捩點時，常會造成當事人極大的壓力。如參加大學聯考的學生，當愈接近考試日期時，他(她)們愈會感受到壓力，因而造成生理或心理上的疾病。

雖然如此，並不是每一個人對同一件事情都會產生壓力，這要視個人對該事件的認知而定。假如某人將升入大學是項極重要的事，且又沒有把握(也就是前述的不確定性)，當然比那些抱持順其自然或視升入大學並不是唯一發展的途徑者所感受的壓力更大。

因此，我們愈無法控制，或認為對自己愈有重要性，或感受到時間的緊迫性、時效性，或有遭受到威脅感時，我們的壓力會愈大。然而，在我們生活周遭的外在環境，所處的組織及個人的各種因素中，似乎找不出沒有壓力的工作。雖然工作壓力是普遍存在的，而工作壓力的大小端視個人對形成壓力的事件所持有的認知而定。要切記的是，沒有一個人或任何工作是沒有壓力存在的，重要的是要如何調適壓力，而不致於影響到個人的生活步調。

在此以表15-1表示一項調查經理人對於壓力來源的評鑑，以顯示出壓力的普遍性。由表15-1可知，經理人認為造成超越平均水準的壓力主要是工作受到干擾、角色衝突及工作過度負荷等因素。又從測量尺度來看，「4」

代表「總是帶來沈重壓力」，而上述諸因素的評分仍距離「4」尚遠。由此可見，工作壓力雖然是個普遍的現象，但並不意味著這些工作壓力有多嚴重。

表15-1 經理人對於壓力來源的評鑑

壓力來源	所有回答者的平均值
干擾	2.8
角色衝突	2.7
工作負荷	2.6
工作時間的安排	2.4
組織中的政治行爲	2.3
找時間處理個人事務	2.3
督導部屬的責任	2.3
解僱某人	2.3
責備或處罰某人	2.3
工作與私人生活的平衡	2.2
應付高階人員	2.1
打考績	2.0
角色模糊（不確定別人的期望）	2.0
薪資待遇	1.8
面談與僱用	1.8
加班	1.7
預算的限制	1.7
利用電腦工作	1.5
出差	1.4

說明：評估尺度爲1至4，其中1表示「幾乎沒有什麼壓力」，4表示「總是帶來沈重壓力」。

資料來源：Stephen P. Robbins (1993). *Organizational Behavior: Concepts, Controversies, and Applications* (6th ed.). New Jersey: Prentice-Hall, p.638.

壓力的來源

從表15-1已隱約可見到壓力的來源有那些。一般而言，形成個人壓力的來源包括個人生活、組織及外在環境等部分(Callahan，等人……1986, p. 440; Robbins, 1993, pp.638-640)。茲以圖15-1表示如後，同時分別加以分析，並討論學校情境中工作壓力來源的有關研究。

圖15-1　壓力模式

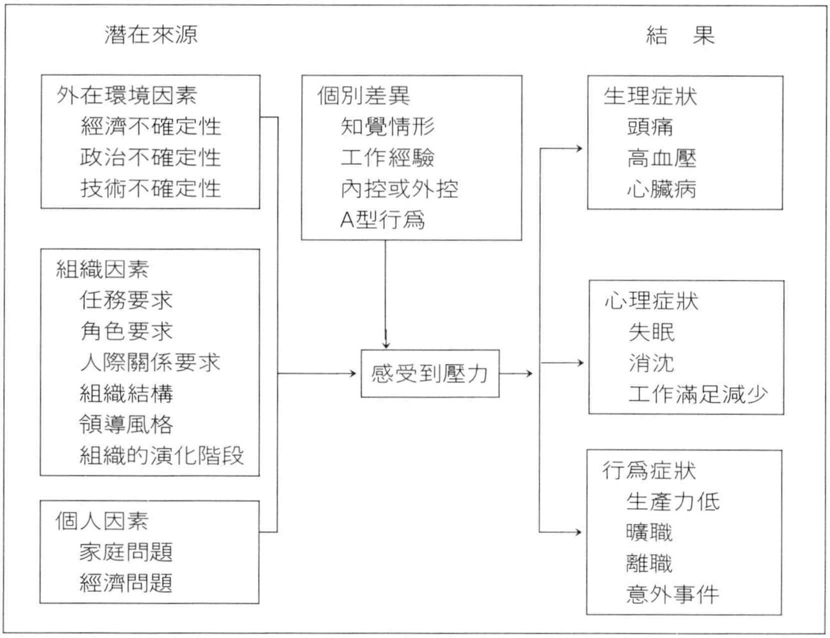

資料來源：同表15-1, Robbins, 1993, p.639.

1. 外在環境因素——

個人對外在環境因素所感受到的不確定性，通常包括經濟、政治及技術等方面。如：

⑴經濟的不確定

人民生活的首要問題是民生問題。人們工作的目的之一是要賺取金錢以使生活能滿足。但是當經濟不景氣時，人們常會擔心工作是否有所保障(如裁員、減薪等)，因而使人有壓力感，甚至有犯罪或自殺等行爲。

⑵政治的不確定性

政治的安定，可使民心穩定。然而政治不安定、政權的轉移或政治改革，常使人產生壓力。或許只要政權的轉移不致影響人民生活的穩定，人們的壓力便不致於太大。但是政治的不確定性卻比經濟的不確定更會使人產生壓力。

⑶技術的不確定性

由於科技的發達，我們必須具備諸如使用電腦以處理日常生活各種事項的能力。假如無法符合時代潮流趨勢，而有所謂功能性文盲，將會產生壓力。尤其是辦公室正進入行政電腦化時，更須有現代化的行政人員。

2. 組織因素——

在未討論有那些組織因素是形成壓力的來源之前，壓力與工作表現之間的連鎖性值得加以討論。在一項對中型食品公司86%員工的研究中發現，可能的壓力來源的變項有：

⑴情境的變項：工作的改變。

⑵工作的特徵：自主性、複雜性、相互依賴性、監管的緊密與否、例行性。

⑶對部屬的領導。

⑷工作的投入。

⑸工作的階層。

⑹個人特徵：性別、年齡、教育程度、服務年資。(Callahan等人，1986, p.442)

由上述研究發現顯示情境與角色有關的變項對形成工作壓力的重要性。當員工越投入工作、地位越低，感受到的壓力越小。但是當監管越嚴密時，員工的意見越少，越會引起挫折感，這也許可解釋爲當個人感受到無法控制時，就會將壓力反應在工作上。(Callahan等人，1986. p.442)

因此，Callahan等人(1986, p.445-446)將造成壓力的組織因素分成(1)改變工作；(2)溝通不良；(3)工作量負荷過重；(4)能力的浪費；(5)角色衝突；(6)角色模糊；(7)公司的政策、薪資與工作條件；(8)壓力的傳送(指某人的壓力對他人的影響)等八項。而Robbins(1993, pp.640-641)則將造成壓力的組織因素分成(1)工作的要求；(2)角色的要求；(3)人際關係的要求；(4)組織的領導方式；(5)組織的成長階段等五項。

上述二項分類的內容皆相似，茲主要採取Robbins(1993, pp.640-641)的分類架構，再參考教師壓力的研究討論分析如後。

(1)工作的要求

工作的要求包括工作設計(自主性程度、任務多樣化程度及自動化的程度)、工作條件及工作的物理環境。如自動化的程度若越高，則有減輕工作壓力的作用。至於工作場所的溫度、噪音及其他有危險性或造成不舒服感的工作條件也會導致員工的焦慮。此外，上班場所若過於擁擠或常有人爲的干擾，也會形成壓力。

此外，教師工作極重視專業的素養，因專業化是教師生涯中不可缺少的一項重要指標。假如教師在教學與研究上無法達到專業上的要求，則將會被淘汰，而無法立足於學校中，因此就會產生壓力。如C.R. Cardinell(1981)認爲，30至55歲之間的教師常有專業上的壓力，而有工作倦怠的中年危機。

Booney Vance等人(1989, pp.21-31)也提出缺乏專業上的認知是教師工作壓力的主要來源。Mark G. Borg(1991)的研究則認爲學生的不良行爲比教師專業認知上的需求更是教師工作壓力的來源。而郭明堂(民77)研究發現國小輔導教師以感受到來自專業知能方面的壓力最大。

(2)角色的要求

角色的要求與員工在組織中所扮演的特殊角色功能有關。如角色衝突指員工所扮演的各種角色，無法同時獲得滿足。角色過度負荷指員工因時間的限制，無法一一扮演各種角色。角色混淆指員工不清楚別人對他的角色期望是什麼，或不知道自己的角色期望是如何，因而不確定他到底該怎麼做。

(3)人際關係的要求

人際關係的要求指由其他員工所導致的壓力。缺乏同僚的支持或與同僚的關係不良，會帶來相當大的壓力，特別是那些社交需求強烈的員工更是如此。隱藏心事而絕少與親近的人討論，可能就會有社會孤立或疏離感的壓力。

(4)組織結構

組織結構決定了組織層級的多寡、法規條例所規定與管制的程度、以及決策權責歸屬的問題。太多的規定以及員工缺乏決策參與權，都會影響員工的感受，因此也是造成壓力的潛在來源。

(5)組織的領導

組織的領導型態指領導者的管理風格。例如，有一些領導者所創造出來的組織文化，會使員工感到緊張、害怕與焦慮，而使部屬產生壓力。

(6)組織的成長階段

組織在創立期、成長期、成熟期及衰退期等不同的階段裡，會有不同的難題，因而對員工造成不同的壓力。尤其在創立期和衰退期，員工承受的壓力最大。前者的特徵是充滿興奮與不確定性；後者的特徵是裁員、緊縮及不同性質的不確定性。至於在成熟期，由於不確定性的程度最低，因此壓力最小。

3.個人因素——

個人的特徵影響壓力的強度，且有其個別差異存在。茲分成知覺、工作經驗、人格特質、A型行爲、年齡與服務年資、婚姻與家庭、任務地區、學校規模、行政職務、性別與教育背景、生活適應等變因分別分析如下。

(1)知覺

每一個人對同一事件有不同的認知，如某位員工對上司所賦予的工作指示會覺得難以施行，而產生壓力並有懼怕的感覺。但另一位員工或許認爲是對自己能力的一次最好的考驗，並能嘗試予以突破，因爲對他而言此次或許是一次危機，同時卻也是一次轉機，雖然也會感受到壓力，但是他會加以調適，而使壓力減至最低程度。

其次，個人所感受到自主性的程度也影響到壓力的量。當員工的角色與行爲的活動區域擴大時，也就是較有自主性時，就能更有效的處理具有壓力的工作。

(2)工作經驗

有許多教師第一次進教室講台上課時，事前會感受到壓力，因爲他們從沒有類似的經驗，且對未知的經驗抱著期許和不確定感。又某些員工或教師在同一單位服務已有一段時間了，但是當初次承辦新的業務時，也會因爲缺乏辦理該項業務的經驗而產生壓力感。

雖然如此，在職經驗往往跟工作壓力成負相關。例如，經過自然淘汰之後，那些認爲壓力太大的員工會辭職而去，至於繼續留在工作崗位上的員工，均屬較能抗拒壓力的人。其次，人們終究會培養出一種適應壓力的機制。因爲適應需要時間，所以越是資深的員工，越有適應能力，所以感受壓力的程度也較輕。(黃曬莉、李茂興，1991，頁471; Robbins, 1993, p.643)

工作經驗與服務年資亦有關。底下將另作說明。

(3)人格特質

M. F. R. Kets de Vries (1979) 認爲人格特質是組織中產生壓迫感的一項相當重要的中介變項。M. Friedman 與 R. H. Roseman (1974) 研究指出人格亦爲壓迫感的來源，他們認爲西方文化助長了人格特質的發展，因而導致壓迫感和早期冠狀動脈疾病。

A. Zaleznik 等人(1977) 發現依賴性越高者其情緒性壓迫感亦顯著地升高。D. C. Mellelland (1961) 指出成就動機高的人，做事非常積極，能夠抗拒組織的壓迫感。而Beehr等人(1978) 以一家位於美國中西部的製造公司抽出79位男性與64位女性員工爲對象，其平均年齡爲34歲，每年收入大約爲美金9800元，經調查結果發現成就需要與工作不滿足、疲勞及焦慮三個工作壓力感層面有正相關的顯著差異。T. W. Johnson與J. E. Stinson (1975) 以

90位的市政人員作研究，結果發現成就需要與滿足呈現負相關的情形，而依賴性亦是和滿足層面呈現負相關，即表示依賴性愈高者，其不滿足層面也越高。

陳甦彰(民70)以台北市郊一家金屬工廠的116位員工進行問卷調查，結果發現成就需要與工作壓迫感呈負相關情況，而社會外向程度在焦慮、疲勞、憂慮三層面上呈現正相關，惟在不滿足、低自尊二層面則呈現負相關，但就綜合層面來看，社會外向較高者，其工作壓迫感也較大。

郭明堂(民77)研究發現：

①國小輔導人員的人格特質在「經費設備」的壓力感受上無顯著關係存在，亦即大家普遍感受「經費設備」之壓力。

②人格特質取向偏向愈有責任心、情緒較穩定、社會關係好、做事愈謹慎之國小輔導人員，在「同事關係」、「工作負荷」、「督導評鑑」、「決策參與」、「專業知能」之壓力感受較小，此研究與王秋絨(民70)的研究相符合。

③人格特質中支配性、責任性、情緒穩定、社會性、謹慎、獨創性思考、人際關係和精力等八個變項與「專業知能」工作壓力因素有密切關係，換句話說，人格特質高分組在「專業知能」壓力感受上均比低分組來得小。

當內控型及外控型的人遭遇同樣壓力時，內控型的人相信他們可以顯著的影響最終的結果，因此他們會去尋求控制各種事件的可能性；至於外控型的人，則較可能採取被動及防衛的態度，不去試著降低壓力，而只是默默的承受。因此，內控型的人在工作中感受壓力的程度較輕；而外控型的人在面臨壓力時，較可能感到無助，而且較可能感受到壓力。(黃曬莉、李茂興，1991，頁471; Robbins, 1993,pp.643-644)

(4)A型行爲

A型行爲已受到廣泛的注意，它是我們常說的完美主義者的行爲特徵，可說是跟壓力最具密切關係的中介變項。

A型行爲的特徵是，當事人感受到時間的緊迫，並且具有過度的競爭驅力。A型行爲的人可以用「攻擊性」來形容，他會不斷的試著以最少的時間完成更多的事物，在必要時，會儘可能排除其他人或事物的阻擾。

A型行為有以下的特徵：

・總是迅速的移動、走動及吃東西。

・對許多事情進展的速度感到不耐。

・試著同時思考或做兩件以上的事情。

・不知如何打發休閒時間。

・信仰數字，認為成功是以獲得每種事物的多寡而定。

A型行為的相反就是B型行為，其特徵如下：

・從未有時間緊迫的感覺，而且也不會感到不耐。

・認為沒有必要誇耀或討論自己的成就，除非場合有此要求。

・遊戲是為了放鬆自己及感受其中的樂趣，而不是為了展示自己在花費上的優越感。

・可以毫無罪惡感地放鬆自己。

很顯然地，A型行為的人不論在上班或下班時，都較可能感受到壓力。(黃曬莉、李茂興，1991，頁471-472; Robbins, 1993. p.644)

(5)年齡與服務年資

年齡較大的員工比年輕的員工所感受到的壓力較小。這種情形可能的解釋是越成熟(一般與年齡有關)的員工越有壓力的容忍度。且成熟者有處理壓力情境的不同方法，並對組織中所能做的事項之期望較有務實性。

林幸台(民 75)亦有相同的發現，認為國中輔導工作年資較短(三年以下)是教師在專業知能上較年資較長(七年以上)者感受到較大壓力。

余木蘭、陳甦彰(民70)、劉焜煇等人(民73)及呂勝英(民74)的研究均發現年齡較輕者工作壓迫感較大，但年資因素與工作壓迫感的關係，卻呈現相反的結果，前一研究發現年資愈高的員工，其工作壓迫感愈大，但後一研究卻發現年資愈淺的女性護理人員感受愈強烈的工作壓力；而在劉焜煇等人(民73)的研究中，則發現年資不同其感受的壓力來源與反應層面各有不同。但是王秋絨(民70)研究發現不同年齡與服務年資組的教師，在角色衝突的程度上相當一致，沒有顯著的差異。

(6)婚姻與家庭

美國的一項全國性的調查報告指出，「家庭」與個人是密不可分的。因此，諸如夫婦感情失和、離婚或喪偶，以及彼此對管教子女的看法不同等，都會導致壓力，並且還會將此壓力帶到工作的情境中。至於經濟問題則指員工的財務狀況入不敷出。這也會導致員工的壓力，並使他無心工作。（黃曬莉、李茂興，1991，頁469）

⑺任教地區

幾項報告發現國中教師任教於城市內比任教在市郊有更多的壓力。（New York state united Teacher Association, 1980; F. C. Feitler & E. Tokar, 1982; John McCormick & Robert Solman, 1992, pp.215-216.）而在國內林幸台（民75）研究發現鄉村地區國中輔導人員，在經費設備方面感受的壓力都較都市地區（各轄市）爲大。郭明堂（民77）的研究發現鄉村地區與院轄市國小輔導人員，在專業知能方面感受的壓力較縣轄市爲大。

⑻學校規模

根據少數的研究顯示班級人數的多寡與壓力的高低有關；班級人數較少教師工作滿足感較高，成就感也較大，較少耗竭的現象（C. Kyriacou & J. Sutcliffe, 1978; E. Lorton等人，1979）。因此，可能教師任教於較小的班級經驗到的壓力也較少。然而，國內林幸台（民75）的研究卻指出學校規模愈小（29班以下），輔導人員在專業知能、經費設備所感受的壓力較大。郭明堂（民77）研究發現在學校規模方面，除了60班以上的學校外，其餘在經費設備上均感受到較大的壓力。

⑼行政職務

王秋絨（民70）指出兼任行政之國中教師，其角色的過度負荷、角色衝突及整個角色壓力均比專任教師小。他認爲這是因爲兼任行政者較有機會參與校務，對學校的認同感可能比一般教師高，較願意負擔額外的工作，且與校長接觸頻繁，較易溝通。然林幸台（民75）認爲國中專任輔導教師在參與決策、督導評鑑、物質報酬方面所感受的壓力較輔導主任或組長大。至於小學輔導人員方面，郭明堂（民77）研究發現，國小輔導主任在同事關係、督導評鑑所感受的壓力較輔導組長或輔導老師大，甚至於輔導組長在同事關係的壓力也大於輔導老師。

表15-2　社會適應評定量表—生活事件與其壓力評等

等級	生活事件	平均值	等級	生活事件	平均值
1	配偶死亡	100	23	兒女離家出走	29
2	離婚	73	24	姻親的麻煩	29
3	夫婦分居	65	25	傑出的個人成就	28
4	牢獄之災	63	26	配偶開始或停止工作	26
5	家庭成員去世	63	27	學校開學或停課	26
6	個人傷害及疾病	53	28	生活條件改變	25
7	婚姻	50	29	個人習慣的修正	24
8	解僱	47	30	與老板間的糾紛	23
9	婚姻和解	45	31	工作時數或環境改變	20
10	退休	45	32	居住的改變	20
11	家庭成員健康受損	44	33	學校的改變	20
12	懷孕	40	34	娛樂的改變	19
13	性困擾	39	35	教學活動的改變	19
14	家庭成員增加	39	36	社交活動的改變	18
15	企業重整	39	37	低於10,000的抵押或融資	17
16	財務狀況的改變	38	38	睡覺習慣的改變	16
17	好友過世	37	39	家人聚會人數的改變	15
18	改變到不同工作線	36	40	飲食習慣的改變	15
19	與配偶爭吵次數的改變	35	41	假期	13
20	抵押超過$10,000	31	42	聖誕節	12
21	抵押或貸款的流當	30	43	輕犯法律規定	11
22	工作職責的改變	29			

資料來源：Thomas H. Holmes & Richard H. Rahe (1967, August). "The Social Readjustment Scale," *Journal of Psychosoratic Research,* 11, p.216. cited by Robert E. Callahan, C. Patrick Fleenor, & Harry R. Knudson (1986). *UNDERSTANDING ORGANIZATIONAL BEHAVIOR-A MANAGERIAL VIEWPOINT.* Columbus: Bell & Howell Company. p.441. cited by Stephen P. Robbins (1993). *Organizational Behavior: Concepts, Controversies, and Applications* (6th ed.). New Jersey: Prentice-Hall, p. 655.

⑽性別與教育背景

就教育背景而言，有些研究發現學歷愈高角色衝突愈大（教育背景與角色衝突成正相關)(Fisher & Gitelson, 1983; Wolfe & Snock, 1962)；另有些研究則顯示教育背景和角色衝突成負相關或沒有顯著相關。(王秋絨，民70；鄭世仁，民73; J. R. Rizzo等人，1970; Schuler, 1977)

林幸台(民75)發現輔導科系畢業並修畢輔導研究所四十學分之國中輔導人員在督導評鑑、專業知能、經費設備方面所感受的壓力均較其它輔導人員爲低。郭明堂(民77)研究發現：研究所畢業的國小輔導人員，在督導評鑑所感受的壓力均比師大(院)、師專、師範畢業的輔導人員爲大。

J. W. Thompson (1980)發現，就男性而言，學歷較低者所感受的壓力較大，而女性則無差異。

(11)生活適應

美國華盛頓大學心理學家Thomas H. Holmes與Richard H. Rahe (1967, pp. 213-218)，以「社會適應評量表」(Social Readjustment Rating Scale; SRRS)對5000名因壓力接受治療的病患調查研究他們生活事件的變化情形。

經由訪問與問卷調查所獲得的資料，他們對每一個生活事件給予一個數值，並依病患病歷的輕重加以排列等級。每個事件的平均值代表該事件的重要性，數值越高的事件導致越高的壓力，因而越需要調整適應(見表15-2)。研究發現在生活變化索引得高分者越有可能隨著該生活事件而生病。分數超過300分的人，其患病的可能性有80%，而分數在150分和300分之間的人，其患與壓力有關疾病的可能性有53%。但是社會適應評定量表卻未說明個人適應及處理壓力的能力。(Callahan, 1986, pp.441-442)

4.其他有關教師工作壓力來源的研究——

Booney Vance 等人(1989, pp.21-31)針對美國專爲印地安人、西班牙人及白人設置的三十所學校進行工作壓力的研究發現，不論種族和性別如何，教師工作壓力的主要來源爲薪資不足、缺乏專業上的認知及時間管理上的問題。

Pauline R. O'Connor與Valerle A. Clarke (1990, pp.41-51)研究發現澳大利亞小學和中學教師教學工作壓力係來自於下面四個因素：(1)單位時間的工作負荷量；(2)學生；(3)學校行政及職員所引起的緊張；(4)所擔任工作與社區的互動關係。

Barbara M. Byrne (1991, pp. 197-209) 研究指出，性別、年齡和學生的類型是影響小學、中間學校、中學與大學教育工作人員工作倦怠和壓力的最顯著因素。這些影響隨著其所擔任教學層級和特定的情緒爆烈因素之不同而有變化。同時也指出組織行政因素是產生壓力的一種重要來源。

Mark G. Borg 等人 (1991) 的研究認爲小學教師工作壓力的主要來源有下列四項：(1)學生的不良行爲；(2)時間安排與資源取得的困難；(3)專業認知上的需求；(4)關係不和諧。而其中以學生的不良行爲是工作壓力的最主要來源。

Barry Farber 與 Carol Ascher (1991) 研究認爲市區學校從事改革可使學校較不具科層化，並授予教師更多的權力，且可解決大多數教師的問題，但下列的各項改革卻會使教師感受到挫折感。如：

(1)以學校爲基礎的管理 (school-based management) (註：意指擴大教師、社區人士、家長…,…等人參與學校校務決定的層面) 雖然可以增進社區人士對學校的期望，但是，假如新的管理措施未能使學校獲致清楚明確的好處時，反而會增加教師的壓力和挫折感。

(2)實施績效責任制度可能會增加教師的壓力，且會隱約地提昇教師之間的競爭。

(3)當實施生涯階梯制度的晉陞標準模糊不清或有缺失時，會增加教師的壓力與痛苦。

(4)當學校內資源稀少而卻有緊張的氣氛和強烈的專業要求時，會加劇教師的緊張、徇私和競爭，這乃是由於學校內教師的認知與有限的資源之間的競爭，再加上科層化與壓力的關係所導致的。

(5)假如沒有教師的研究發展和提供參考準則，以及同僚的參考意見，實施課程的改革創新時，會產生教師的壓力。

(6)由於實施彈性的課程表及協同教學仍存有競爭性，因此效果並不好。

雖然上述的所有改革都能改進市區學校的教育，但是只有課程的改革能增進教學與學習的效果。然而卻全都會造成教師的壓力。

學生在學校裡也有壓力存在，同時教師也有責任協助學生處理壓力的問題。如學校中特殊兒童(如學習困難的學生)的壓力來源主要是父母不切實際的期望、不知如何結交朋友及無法適應環境的變化。(Murphy & Della Corte, 1990)而 Barbara J. Helms 與 Robert K. Gable (1990)以學校情境量表(School Situation Survey; SSS)調查 3-12 年級的學生有關學校帶給他們壓力的問題。此一調查表包括四個有關壓力來源的分量表(教師的互動、學業壓力、同儕互動及學業上的自我概念)，以及三個有關壓力症狀的分量表(情緒、行爲及社會心理)。研究顯示教師與職員能幫助學生處理壓力問題，以使學生能學習結交朋友，並認識及處理各種不同類型的壓力，同時教師與職員也能幫助學生處理可能遭遇壓力之前的情境。

第三節 壓力的結果

我們已知壓力是具有普遍性的，但並不是每一個人對同一事件都會有相同的反應，或都認爲是一種壓力來源。可見每一個人對壓力的認知是有個別差異的。我們也可以說，壓力的來源不只是繁重的工作而已，與我們主觀上看待並處理自己職責與行爲的方式更攸關重大。有某些人格特徵的人(如A型人格)無論生活與行爲，都比較可能感受到大而危險的壓力。如同Robbins (1993)所說，其關鍵乃在於個人的知覺、工作經驗、內控與外控的人格及A型行爲等中介變項的影響。

其次，就壓力對個人產生的影響而言，至少可包括生理、心理及行爲等三部分(Schuler, 1985, pp.104-105; Robbins, 1993, pp.644-646)。茲分別討論如後。

壓力與個人的身心健康及壓力所產生的行爲有密切的關係。Murphy與

Della Corte (1990)認爲學校中特殊兒童受到壓力會有退縮、退化、害怕、恐懼、生病及引人注意等的反應。T. Cox (1978)將壓力所產生的結果分成：1.個人主體；2.行爲；3.認知；4.生理；5.組織等五類(cited by Callahan, 1986, pp.446-447) (見表15-3)。而Schuler (1985, 66.104-105)將個人因壓力而產生的徵候分成：1.生理；2.心理的反應(包括情感和認知)；3.行爲(包括個人行爲和組織行爲) (見表15-4)。Robbins (1993, pp.644-646)則將其分爲生理、心理與行爲等三部分。而工作倦怠也是壓力的結果之一，且此字在心理學家Herbert Freudenberger (1974)創用後，已成爲衆所週知的字詞(Grgory Moorhead & Ricky W. Griffin, 1989, p.207)。茲綜合1.生理；2.心理；3.個人與組織行爲；4.工作倦怠等四部分評析如後。

表15-3　壓力的結果(T. Cox的分法)

編號	類別	壓力的症狀
1	個人主體	焦慮、攻擊、冷淡漠不關心、倦怠、沮喪、疲累、挫折、罪惡與害羞、易怒、壞脾氣、憂鬱、自尊心低、緊張、神經質與孤單寂寞
2	行爲	易遭意外、使用藥物、情緒暴躁、飲食過度或缺乏食慾、飲酒過度與抽煙、容易激動、行爲衝動、言語具有傷害性、神經質的笑、好動與疑懼
3	認知	不能作決定、注意力不能集中、常常忘記、神經過敏、心理障礙
4	生理	血和尿的鄰苯二酚胺及腎上腺酮增加、血糖增加、心跳加快、血壓增高、口乾、冒汗、瞳孔擴大、呼吸困難、忽冷忽熱、情感被壓抑猶如魚鯁在喉、手腳部分失去知覺及有刺痛之感
5	組織	曠職、勞資關係不良、生產力不高、意外事件頻率和員工流動率高、組織氣氛不佳、工作中有派系敵對現象及工作不滿足

註：本表係根據T. Cox (1978)對壓力結果的分類(cited by Robert E. Callahan, C. Patrick Fleenor, & Harry R. Knudson (1986). *Understanding Organizational Behavior-A Managerial Viewpoint.* Columbus: Bell & Howell. pp.446-447)整理。

生理上的影響

從醫學的觀點而言，壓力會使人的內分泌有所變化，通常壓力越大的人，越會有心跳和呼吸加快、臉紅、發熱、血壓增高、胃痛、頭痛等症狀。但是由於身體症狀的複雜性及檢驗上的困難，醫師常會建議患者兼從藥物和心理二方面加以治療。

心理上的影響

Robbins（1993）採取Beehr與Newman（1978, p.687）的觀點，認爲壓力最簡單、明顯的心理症狀是工作的不滿足。然而，壓力仍會產生其他諸如緊張、焦慮、易怒、無聊及倦怠等心理症狀。

例如，Cooper與Marshall（1976）研究發現，當工作上有各種不同的要求且有衝突時，或者工作的職責與職權含糊不清時，員工的壓力與不滿都會增加。J. R. Hackman與G. R. Oldham（1975）的研究指出，員工越不能控制自身工作的步調，則壓力與不滿會越大。儘管需要做更多的研究以澄清其間的關係，但是研究證據顯示，工作的多樣化、重要性、自主性、回饋性與完整性等程度低時，會產生壓力及對工作的不滿。

如表15-4所示，上述的心理症狀實與個人的情感、認知有關。當個人的期望與其實際所獲得的結果二者間的差距越大時，就越不滿意（這就是所謂的差距假設）。而個人的期望則與認知的結果有關，不管是工作的不確定性、重要性或個人對工作的自主性，都視個人的認知而定。例如，我們常說心滿意足、知足常樂、不要好高騖遠或是務實等，都隱含著對周遭環境的認知程度，假如有這些認知則會「常樂」，也就是較不會有壓迫感，也就較會有滿足感了。

表15-4　個人壓力症狀

1. 生理方面
  - 短期性者：心律不整、gsr、呼吸困難、頭痛。
  - 長期性者：高血壓、心臟病突發。
  - 非特定性者：腎上腺素及新腎上腺素分泌不良、胸腺及淋巴腺抵抗力減弱、胃酸、促腎上腺皮質激素。
2. 心理反應（情感與認知）
  - 好鬥或退縮。
  - 冷淡漠不關心、順從、倦怠。
  - 退化。
  - 固著。
  - 投射。
  - 有反抗心理。
  - 幻想。
  - 對許多事或每一件事都表現厭倦。
  - 健忘。
  - 對人有判斷錯誤的傾向。
  - 不信任別人。
  - 無法將自己組織起來。
  - 對於自己的責任和角色有混淆的現象。
  - 不滿足。
  - 對於模糊的容忍度不高，不能好好處理新的或危機狀況。
  - 視野狹窄。
  - 作決定一開始就有優柔寡斷的傾向。
  - 聲音抖顫有煩憂的傾向。
  - 注意力不集中。
  - 易怒、反應過敏。
  - 拖延。
  - 有迫害感覺。
  - 無法解釋爲何會有不滿足感。
3. 行爲

A.個人行爲的結果
- 食慾不佳。
- 突然注意體重的升降。
- 突然改變外貌，如：
  改變以往衣著不整現象。
  突然改變膚色（病黃色、臉紅、粉刺）。
  突然改變頭髮的型式和長度。
- 呼吸困難。
- 突然改變抽煙習慣。
- 突然改變使用酒精。

B.組織行爲的結果
- 工作績效（質或量）低落。
- 工作投入程度低落。
- 缺乏責任感。
- 不關心組織。
- 不關心同僚。
- 缺乏創造力。
- 曠職。
- 自動離職。
- 有意外事故的傾向。

資料來源：Randall S. Schuler(1985. "DEFINITION AND CONCEPTUALIZATION OF STRESS IN ORGANIZATION," In Henry L. Tosi & W. Clay Hamner (eds.) (1985). *ORGANIZATIONAL BEHAVIOR AND MANAGEMENT* (4th ed.). Columbus, Ohio: Grid Publishing, Inc., pp.104-105.

當個人的努力和期望未能獲得既定的酬賞時，會產生壓力和不滿足。此時除了影響個人身心方面的症狀外，也會使個人對組織的工作產生倦怠感且工作績效不彰，甚至會離職，誠如Van Sell等人(1979)的研究指出，壓力越大(如由角色衝突和模糊所引起者)，越會有曠職和更換工作的現象(cited by Schuler, 1985, p.119)。此種情形將會形成所謂組織平衡的問題。

雖然員工的期望與組織所給予員工的需求無法獲得平衡，員工會感受到壓力與不滿足，但是壓力也有其正面的功能。如有些研究已證實，壓力和工作績效之間呈現倒 U 字形的關係(見圖 15-2)。(Schuler, 1985, p.107; McGrath, 1976; R. D. Allen, M. A. Hitt & C. R. Greer, 1982; Robbins, 1989; Robbins, 1993, p.646.)也就是說，低中程度的壓力會刺激個體，提高其反應的能力。於是個體通常會表現較好，更積極認眞，處理事情的速度也較迅速。但是如果壓力太大，因爲無法達到要求或限制無法突破，工作績效反而會降低。

圖15-2　壓力與工作績效的關係

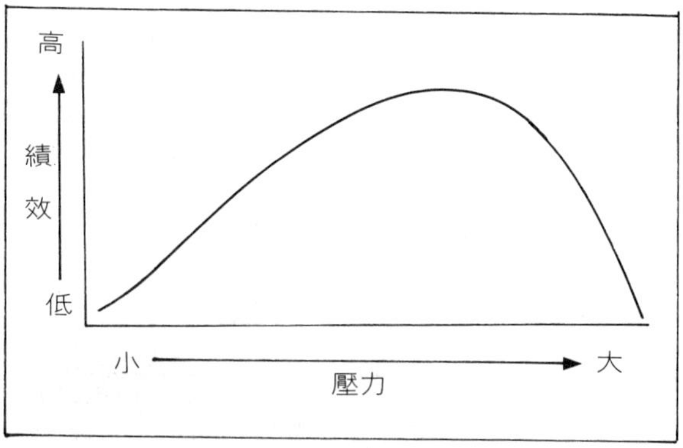

資料來源：Stephen P. Robbins (1993). *Organizational Behavior: Concepts, Contro-*

另外，S. M. Sales (1969, pp.325-336)的研究發現，增進工作績效會與增加工作壓力的負荷量有關。然而，這僅指工作量而言。假如就工作的品質而言(如犯錯率)，則工作壓力增加反而會使工作績效下降。McGrath (1976) 則指出「假如吾人考慮到工作任務的困難度時，將只是一味地要求和注意到增進工作績效」(cited by Schuler, 1985, p.119)。Scale和McGrath對工作績效與工作壓力關係的看法不同，Scale強調該二者的關係決定於工作績效的差異性，而不是工作的特徵所使然，而 McGrath 則是認爲係工作特徵的差異性所導致。雖然如此，這些研究結果所指出的是，個人工作績效乃隨壓力的增加而增加，但也僅止於簡單的工作和量化的工作績效而已。而這種研究結果卻與 W. E. Scott (1966)的催化理論(Activation Theory)有不一致的地方，Scott (1966)認爲工作績效最後會由於刺激的增加而降低。假如工作是困難的且不斷地增加壓力時，則工作績效的質或量達到頂點後就會降下來。

由於個人的需求、價值判斷、能力、經驗及人格等特質與其對壓力的認知和感受有關(Schuler, 1985, pp.109-111)，而其中個人人格的A型行爲和B型行爲的分類，對工作績效有何涵義，已引發學術界相當大的注意(Robbins, 1993, p.646)。研究結果往往指出，A 型行爲和B 型行爲的人在績效的品質和努力的程度上，存在著顯著的差異。A型行爲的人動作迅速，他們追求數量勝於追求品質。對於簡單的任務，或對於那些需要持久堅持性的工作而言，A型行爲的人表現較好。而必須謹愼小心、步調較慢及須面面顧到的工作，B型行爲的人表現較佳。

工作倦怠

工作倦怠是教師在專業上的一種中年危機，當個人感受到太大的壓力，且滿足感太低時就會發生。工作倦怠在其生理、心理及行爲與態度上都有其徵候存在。當個人產生工作倦怠時將會無法適應工作上的要求，生產力、工作滿足感及士氣都會下降。(有關教師工作倦怠的性質、理論與研究將於第十六章中詳細討論。）

第四節
壓力管理的策略

雖然適度的壓力會提高工作績效，但高度壓力與持續性的低度壓力則會降低員工的工作表現，而且領導者與部屬對壓力的大小有不同的認知，領導者視為合理的壓力，部屬或許就會視為工作負荷過重了。因此，在減輕工作壓力方面，通常可分為個人的和組織的二種策略。

個人的策略旨在改變因工作壓力而產生的心理症狀、生理症狀、個人行為與個人的工作環境。而組織的策略則強調改變組織、角色及工作的特徵或狀況。也可從第三者改變感受壓力的個人和組織談起(Callahan, 1986, pp.458-459)。在個人的策略方面，Robbins(1993, pp.646-650)提出時間管理、運動、練習放鬆及擴展社會的支持等策略。在組織方面則提出改善人事甄選與職位安置、設定切合實際的工作目標、重新設計工作內涵、改善組織內部的溝通情形、以及擬訂與執行員工身心保健計畫等。John L. Luckner (1990, pp.4-12)提出五項教師壓力管理的策略，分別是：1.增進對自我的瞭解；2.減少孤立感；3.重建對事情的新觀點與平衡點；4.重新界定問題的情境；5.實施某一種行動的計畫。Murphy與Della Corte (1990)則認為應給予教師同僚的支持及足夠的薪資等。

在此也提出家長與教師如何幫助兒童消除壓力的方法？家長可透過下列的方式減少兒童壓力。如將家庭組織成員與家事予以重新組織起來，也重組兒童的每天活動內容，並教導兒童表達自己的情感，使兒童每天都有好胃口，並給兒童有適當的睡眠、運動及健康的照顧。而教師可鼓勵並給予兒童成功的機會，且可設計私人教師的課程和設計、改進家庭作業。(Murphy與Della Corte, 1990)

茲綜合上述，提出壓力管理的策略如後。

個人的策略

1. 時間管理——

教師的壓力來源常是他們除了教學外，還要兼行政工作，且有些教師(尤其是大學教師)須不斷作研究工作，因此，教師常常覺得無法掌握時間，許多事情因此而延誤。在此提供運用時間的方法，最重要的是要善用零碎時間，且可隨時彈性地處理不同的事情，也就是類似於車子的「換檔」。此外，針對某一件事情可運用目標管理(Management By Objectives; MBO)或計畫評核術(Programe Evaluation and Review Technique; PERT)的精神，俾知道處理事情的先後順序、預定完成的時間等。

2. 運動——

有氧舞蹈、散步、慢跑、游泳及騎單車等不具競爭性質的運動，是渲洩壓力的良方，這些運動可以增進心肺功能及轉移工作壓力所造成的過度專注。許多學校輔導或諮商人員常會建議當事人做各種適合當事人的運動以減輕壓力所帶來的痛苦。

3. 練習放鬆——

瞑想法、催眠、深呼吸、瑜珈等方法，可令人達到深層放鬆的狀態。每天做15至20分鐘的深層放鬆，除了可以釋放緊張情緒之外，更可以穩定心跳、血壓及其他生理病痛現象。

4. 社會性支持——

在壓力過大時，找朋友、家人或同事傾訴，有減輕壓力的效果。在社交上若能獲得高度的支持，則工作壓力較不可能使人感受彈性疲乏。

5. 正確的認知——

壓力常是導因於對事情的錯誤判斷或無知，只要能對事情有正確的認識，則較能減輕由於無知所帶來的不確定感及壓力。

組織的策略

1. 知人善任——

由於個人缺乏工作經驗，或是外控型的人格、A型行為的人則較會產生壓力，因此領導者於用人時宜先瞭解各人的特質，如此俾使部屬皆能適才適用。依其特質有的人可置於較高的決策單位，有的人則較適於執行性、運作性的工作。

2. 校長與教師共同設定目標——

此一策略是擷取目標管理的特性，目標管理強調組織目標是由上下層級的有關人員共同參與決定的，經由設定組織的總目標後，再細分各單位、各相關人員的目標，設定每一工作項目預期完成的時間，同時也激勵員工朝目標來完成組織和個人的目標。如此使員工的角色和工作不致有衝突或模糊不清的現象，因此較能減輕工作壓力。

3. 重新設計工作——

將工作重新設計，使教師能負更多職責且更能參與決策，工作內容更有意義及自主權，如此教師會覺得受到尊重，而可以減低壓力，因為這些因素都可以使教師更能掌握其各項工作活動，而不必太過於仰賴他人的配合。但是並非所有的教師都希望有更多的工作，因此必須因人施設，才不會弄巧成拙。

4. 組織的溝通——

增加與教師之間的溝通，可以減少角色模糊與角色衝突所帶來的不確定性。在壓力與反應之間的關係中，知覺扮演著重要的角色，因此校長可以藉著有效的溝通來塑造教師對所處情境的知覺。使教師對實際情況的要求、威脅或者機會有正確的知覺。因此，校長若能透過有效的溝通，將可以影響他們對情境知識的解釋。

5. 身心保健計畫——

學校定期提供各種研習會，以協助教師對自己重新擬訂未來的工作計畫，並從心理、日常生活習慣、進修及舉辦各項運動項目，喚醒教師重視因自己工作壓力所產生的各種生理、心理及在學校中的不適應行爲。

6. 校長的支持——

雖然壓力增加會帶來疾病，但是校長有給予關懷及支持，仍會減輕教師因壓力所產生的疾病。因此，校長的支持是有其正面積極的效果。

7. 調整薪資結構——

教師的壓力有部分係來自於經濟上的因素，爲使教師有較充足的經濟來源，並使其工作量與薪資所得有較合理的配合，宜調整教師的薪資結構俾減輕其壓力。

第十六章

工作倦怠與滿足感

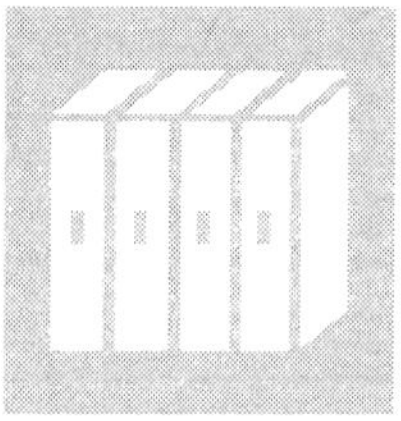

Burnout一字為心理學家Herbert Freudenberger在1974年首創，如今已成為衆所週知的字彙(見第十五章)。在我國，該字的翻譯，有疲乏(張曉春，民72a，頁66-79；民72b，頁179-201；李垣武，民77)、透支(黃曬莉、李茂興，1991，頁475)、倦怠(周立勳，民75；周甘逢，民82)等。本章則翻譯為倦怠。它是研究學校組織行為的一重要變項。

滿足感也是組織行為所常被廣泛研究的變項，且常是判定組織效能良窳的一種指標。又如前章所述，因為壓力的結果會影響個人態度的改變，而有否倦怠與滿足感則是壓力結果在個人態度改變上的重要指標。所以，壓力、倦怠與滿足感三者也常是研究組織行為的重要變項。

教師的倦怠與滿足感是與教師所從事的工作有關的態度。當教師所期望的事件與其實際所得差距越大時，就越不滿足。假如壓力太大，則常會有不滿足與倦怠的現象。

在學校以外的各種單位內，員工因倦怠或不滿足，會有罷工、曠職或離職等現象。但是教師如果因對教學、研究、學生問題、自己本身的福利問題，或對學校各種情境不滿，甚至倦怠時，是否可以罷教的話題，最近幾年來已在社會和校園內受到討論。雖然學者、民意代表、家長、學生、教育行政人員等各界人士對此問題的觀點不一致，但是可以確定的是教師對其工作所產生的倦怠與滿足感已是學校組織裡的一種重要行為，且是一項值得加以探討的課題。

究竟工作倦怠與滿足感的性質如何？有何理論基礎及相關研究等都是本章所要加以分析討論的。因此，底下將就1.工作倦怠的性質；2.工作倦怠的理論基礎；3.工作滿足感的性質；4.教師工作倦怠與滿足感的相關因素；及5.提高教師工作滿足感的方法等分別討論分析如後。

第一節

工作倦怠的性質

就工作倦怠的性質而言，我們可從工作倦怠的來源與過程及其徵候予以界定。但是工作倦怠的來源、過程與徵候有其連續性，實不易區分。在此綜合分析如後。

工作倦怠是個人受到壓力後在態度上改變的一種現象。個人會喪失自信心，降低對事件的期望與動機，且心理上會有退縮、無法適應工作上的要求等現象。

D. L. Hamann(1990, pp.30-33)認爲工作倦怠是個人在內在心理、行爲態度及期望上發生變化的一種現象，它常有諸如沮喪、不舒服、精神官能症等負面的反應，並常導致情緒及生理上的耗竭以及缺乏人性和低成就感。

謝月英(民78)認爲工作倦怠者對所服務的對象關心的程度會降低、表情冷漠、工作情緒低落且缺乏個人的成就感，並會失去工作動機而產生工作疏離感的現象。

工作倦怠也可解釋爲「因工作所引起而逐漸喪失理想、精力、目標和關心等結果的一種狀態」(Boy & Pine, 1980; Cummings & Nall, 1982; Hamann, 1989)，在此狀態下教師的人格容易變得混亂，且自我貶損而缺乏人性(Maslach, 1978)。也就是說，工作倦怠是教師沮喪、焦慮及憤怒所形成的一種理想幻滅的現象。(周甘隆，民82，頁21)

有些學者的看法卻認爲教師工作倦怠是因教師覺得教學工作變得像例行公事一般，因而喪失了成就感及新鮮感，而使教師個人感覺每天所面對的人、事、物均是單調、缺乏挑戰性的工作，最後產生厭倦並想離職(W. G. Cunningham, 1982)。黃淑珍(民77)則指出，工作與個人的感覺、態度、動機及期望均有密切關係，而工作倦怠更是高度個人性的內在心理經驗，使人對工作本身產生厭倦與退縮。

張曉春(民72a，頁72-73)綜合學者對工作倦怠的論說，歸納整理為下列四項要點：

1. 工作倦怠，是工作情境中各種因素，歷經長期互動而形成的，其形成的過程包含工作壓力、心理緊張及防衛性抗衡三個階段。這三個階段是一個緊接著一個而來的，而且一定要邁入第三個階段才會形成工作倦怠，亦即儘管有工作壓力和心理緊張存在，但員工若非採防衛性抗衡，工作倦怠就不會出現。

2. 工作壓力是形成工作倦怠的根源，它是員工在工作情境中，由於需求與資源不能相互對稱、均衡而導致。

3. 工作倦怠的形成過程，實即是對工作壓力的抗衡過程。由於員工運用防衛性的抗衡手段，以保護自己免於受傷害，其結果是工作背離專業性工作的特質。所以，工作倦怠的形成過程，也就是喪失工作專業性的過程。

4. 工作倦怠的防衛性抗衡，就其手段而言，在本質上可說是逃避現實的，因為其並非針對問題而去解決問題。因此，工作倦怠本身變成自我增強，也就是失敗、挫折、再失敗、再挫折，無止境不斷循環。

同時，張曉春(民72a，頁73)根據Cherniss(1980)的觀點，對工作倦怠及與其有關的現象，就其彼此間的不同予以釐清如下：

1. 工作倦怠不同於疲累。疲累可能是工作倦怠的早期徵候，但並不一定演變成工作倦怠，而且工作倦怠不僅是身心疲竭、緊張而已，更重要的是員工對工作行為與態度上已產生改變，亦採取了防衛性抗衡的手段。

2. 工作倦怠異於社會化或涵化(acculturation)。固然工作倦怠與社會化或涵化都是行為與態度的改變，不過社會化或涵化的目的，在於促使個人接受社會規範，而工作倦怠則是因工作壓力與工作緊張引起的反應，藉以改變行為與態度來適應工作的情境。

3. 工作倦怠並非必定導致離職。員工陷於工作倦怠的困境，或離職或留職，決定於諸如待遇是否提高、安全感是否充分、是否有其他更好的工作等條件。不過，一個機構離職率高，則可能是其員工之中存在著工作倦怠的事實。

4.工作倦怠與沮喪相異。雖然工作倦怠有時會有沮喪的情形出現，但其徵候卻異於沮喪。

最後，張曉春(民72a，頁73)認為工作倦怠是一種過程，這種過程是因長期或過度的工作壓力而引起的。通常工作壓力導致工作緊張(例如，緊張、疲乏、易怒等等)，員工因而產生工作疏離感，並且以冷漠、憤世嫉俗等防衛性抗衡手段面對工作壓力，而形成工作倦怠。

第二節 工作倦怠的理論基礎

本節依序就1.壓力形成論；2.中年專業危機論；及3.工作——動機論分別討論如後。

一 壓力形成論

工作倦怠是個人受到壓力影響的一種結果，而教師壓力的來源已在第十五章中有詳細的討論，有關工作倦怠所形成的一般過程，可用圖16-1表示如後。

當個人對諸多事情中有某種高度期望及動機，受到組織壓力的影響，卻又無法滿足個人的需求時，就會使個人的期望與動機受到挫折。其中最明顯的徵狀是個人感受到的壓力特別大、疲倦、挫折與無助。個人進而減低其期望與動機，喪失自信心，並產生心理上的退縮，最後則產生工作倦怠的現象。

圖16-1　工作倦怠的過程

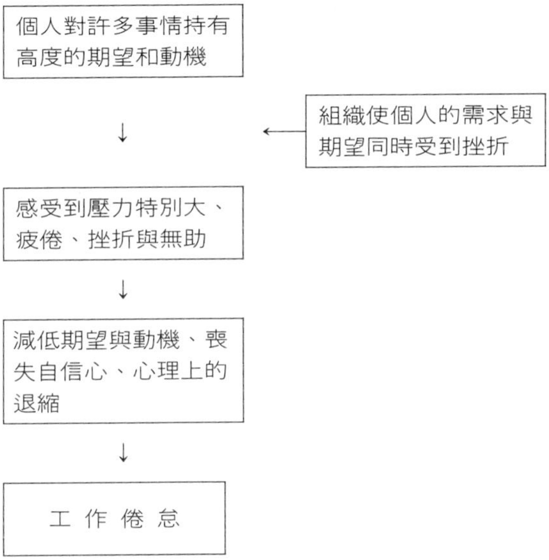
個人對許多事情持有高度的期望和動機
組織使個人的需求與期望同時受到挫折
感受到壓力特別大、疲倦、挫折與無助
減低期望與動機、喪失自信心、心理上的退縮
工 作 倦 怠

資料來源：Gregory Moorhead & Ricky W. Griffin (1989). *Organizational Behavior* (2nd ed.). Boston: Houghton Mifflin Company, p.206.

中年專業危機論

工作倦怠已廣泛地被視為個人嚴重生活事件的徵狀(如中年危機)。許多研究指出，由於許多30至55歲之間人們的職業、地位及生活受到限制而無法實現期望與動機，因而面臨了中年危機。為什麼專業人員在中年期間會有職業上的危機呢？C. F. Cardinell(1981)在有關教師滿足感研究的文獻中，以Abraham H. Maslow的需求層次論為觀點作了二項假設：

假設1：在教師工作的過程中，教師對專業的投入與他們從生活、工作中所獲得的滿足感不一致。而有關研究也指出，此種衝突是正常的，有其發展性，且在成人發展階段中是可預期得到的。

假設 2 ：當人們經過此一發展階段時，危機就會顯示出來。危機的發生是由於基本的生物、心理——社會、社會的主要課題和個人的任務發展併同在那時產生所致。而現有的研究(特別是以學校爲背景的研究)也極爲支持此種教師滿足——投入的衝突假設。

Cardinell(1981)引用Katherine K. Newman(1979)的研究，以圖16-2表示工作倦怠的形成與年齡間的關係模式如下。從圖16-2可發現，年齡在30～50歲間，爲工作倦怠的危險年齡，他們從工作中所面臨的挫折可能高於從工作中所獲得的滿足感。由於個人的專業、所處社會情境、健康、年齡、家庭等的交互作用，使得教師在處理工作滿足與工作投入之間的衝突時，會進入所謂的危機階段。

圖16-2　工作倦怠形成與工作者年齡間的關係模式
(工作滿足對工作投入趨勢)

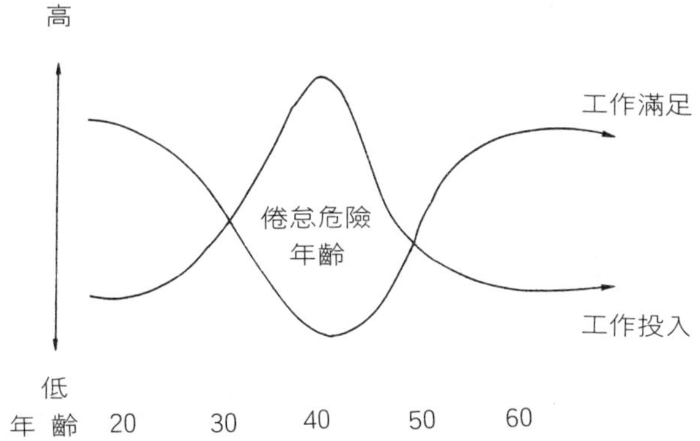

資料來源：C. F. Cardinell (1981). "Mid-Life Professional Crisis : Two Hypotheses," Paper presented at the Annual Meeting of the Nation Conference of Professors of Educational Administration (35th, Seattle, WA. August 17), p.7.

■ 工作——動機論

Joseph J. Blase(1982)曾提出形成教師工作壓力與倦怠之社會心理學基

礎理論，來探討工作倦怠的形成。此一理論又稱爲教師工作表現——動機理論(Teacher Performance-Motivation Theory; TP-M 理論)，其模式如圖 16-3。(參見Blase, 1982, pp.93-113; 周甘逢，民82，頁25-26)

圖16-3　教師工作倦怠形成模式

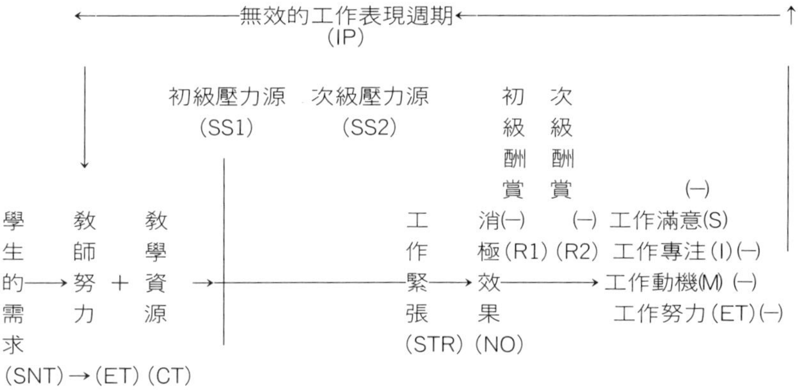

資料來源：Joseph J. Blase (1982). "A Social-psychological Grounded Theory of Teacher Stress and Burnout," *Educational Administration Quarterly,* 18 (4), p.99.

教師根據學生的需求(Student Need, SNT)，奉獻出自我的努力(Teacher Effort, ET)及利用教學資源(Coping Resources, CT)以從事教學，並要求學生達到教師期望的有價值結果和教學目標。但是，教師的努力和教學策略有時因學生的差異或行政上的干擾而無法克服，因而受到有關壓力來源(Stressor, 包括ss1及ss2)的影響，導致某種程度的工作緊張(Stress, STR)和消極的結果(Negative Outcomes, NO)。如此，教師的長期努力到最後僅得到消極的結果，使教師的工作滿足(Satisfaction, S)、工作專注(Involvement, I)、工作動機(Motivation, M)與工作努力(Effort, ET)顯著降低，此時若無法調適，經長期的累積，工作倦怠便油然而生。

其中，初級壓力源(SS1)是指教師在教學中所遭遇到的問題，包括學生反應冷漠、教室管理問題、學生學習情緒低落、資料整理工作、教學準備工作、不盡責的協同教師、強人所難的行政監督人員、以及缺乏家長的支持等。以上這些易使教師逐漸失去工作動機和熱忱，並感受到挫折與無助感，因而影響教學目標的達成。

次級壓力源(SS2)是指非直接阻礙教學目標達成的間接壓力，此間接壓力會影響教師的動機、專注與努力的問題。例如，薪資低，並不會直接對教師的工作專注有影響，但卻會造成教師的心理不愉快。

初級酬賞(Primary Rewards, R1)代表因教師的努力而獲得有價值的結果(如學業、道德目標的達成)。

次級酬賞(Secondary Rewards, R2)指教師、學生教學互動關係以外的教師酬賞而言，如行政讚賞、個人職位的擢升、薪資增加等。

由上述模式得知，教師的自我要求會影響工作表現，而其表現的效果則受到師生互動的影響。若教師努力的程度愈高，而所獲得的結果卻愈低時，則此差距會使無效工作表現程度加大，進而形成工作倦怠。

第三節 工作滿足感的性質

工作滿足感(Job Satisfaction)的概念是Robert Hoppock(1935)所提出的。他認爲工作滿足感難以被界定，但仍將其界定爲：「使一個人說出：『我對我的工作滿意』的任何心理、生理和環境狀況的結合」(p.47)。也有的學者將工作滿足感視爲個人目前所扮演的工作角色的情感取向(Victor Vroom, 1964, p.99)。或「個人對工作或工作經驗予以評價以後所產生的愉快或積極的情緒狀態」(Edwin A. Locke, 1976, p.1300)。而Wayne K. Hoy與Cecil G. Miskel(1987, p.401)則認爲，教育情境中的工作滿足感是「教育人員在評鑑其工作角色時，所產生的現在和過去取向的情感狀態」。

早期在評量組織效能時，滿足感就已被視爲評量組織效能的指標之一。如John P. Campbell(1973)就將滿足感作爲評量組織效能的指標之一，並將滿足感界定爲「個人對其組織的角色或工作之滿意感覺程度，而此種程度是個人從他們的工作條件及所隸屬的組織中，各種不同層面的酬賞所感受到的」(cited by Steers, 1977, p.41)。吳璧如(民 79，頁 104)亦將工作滿意作爲評量學校組織效能的指標之一，並採取Locke(1976)的觀點，將其界定爲：「學校成員對工作或工作經驗予以評價後,所產生的愉快或積極狀態。」

除了上述概念性定義外，有關工作滿足感的操作性定義，J. P. Wanons與E. E. Lawla(1972)所提出的九種測量方式頗具參考價值，茲臚列如後：

1. 工作滿足是工作者在工作上所有層面滿足的總和。

   JS1＝Σ1(各層面滿足)

2. 工作滿足是工作上各層面的滿足與其重要性乘積的總和。

   JS2＝Σ1(各層面滿足×重要性)

3. 工作滿足是目前在工作上需求滿足程度的總和。

   JS3＝Σ1(目前的滿足)

4. 工作滿足是目前在工作上需求滿足的程度與其重要性乘積之總和。

   JS4＝Σ1(目前的滿足×重要性)

5. 工作滿足是個人認爲應得之滿足與實際所得滿足的差距之總和。

   JS5＝Σ1(應得的滿足－實際的滿足)

6. 工作滿足是個人認爲應得之滿足與實際所得滿足的差距，乘以每一需求重要性的總和。

   JS6＝Σ1 [(應得的滿足－實際的滿足)×重要性]

7. 工作滿足是個人希望得到的滿足與其實際所得滿足的差距之總和。

   JS7＝Σ1(希望的滿足－實際的滿足)

8. 工作滿足是個人希望得到的滿足與其實際所得滿足之差距，乘以每一需求的重要性的總和。

   JS8＝Σ1 [(希望的滿足－實際的滿足)×重要性]

9. 工作滿足是需求的重要性與目前實際滿足的差距之總和。

   JS9＝Σ1(需求的重要性－實際的滿足)。(洪清香，民 68；吳幼妃，民69，頁77-78)

第四節

教師工作倦怠與滿足感的相關因素

從前一章與本章所述，教師工作倦怠常由工作壓力而來，而有無工作滿足感則視有無壓力與倦怠感而定。因此，工作壓力、倦怠與滿足感三者關係極為密切。

壓力是一種普遍存在的現象，其來源主要有外在環境、組織及個人等因素，且在生理、心理、組織與個人行為上產生影響。工作倦怠即是壓力的結果之一，而表現在工作不滿足上。因此，本節主要係以分析教師工作的滿足與不滿足感之相關因素為主，同時也輔以工作壓力與倦怠的討論。

工作滿足是多向度的(Multi-Dimensional)，而不是單一向度的，影響工作滿足的因素，主要包括工作特性及個人因素二大類(吳幼妃，民69，頁82)。Thomas J. Sergiovanni(1967, pp.66-82)及E. A. Holdway(1978, pp.30-47)即指出，職業取向、成就與整體的工作滿足等「內在因素」(Intrinsic Factors)，及導致工作不滿足的社會態度、行政與政策等「外在因素」(Extrinsic Factors)，二者之間有相關。同樣地，J. Smilansky(1984, pp.84-92)研究發現，滿足與諸如一般自我能力(General Self-Efficiency)等內在因素(Internal Factors)有關，而不滿足與在工作環境中，壓力所產生的外在因素(External Factors)有關。David Mercer(1993, pp.157-158)從過去的有關研究，綜合歸納校長工作滿足與不滿足的相關工作特徵，包括組織與個人二個層面(見表16-1)。因此，綜括教師工作滿足與不滿足的因素不外是組織(含組織內外的環境)與個人因素，而且二者相互關聯。茲分別討論如後。

■組織因素

組織因素包括諸如教師教學的工作成就、工作特性、師生間的互動、組織結構、校長的領導……等個人本身以外的因素。茲分別討論如後。

1.教師工作成就——

Patricia C. Whiteford 等人(1990)認爲教師滿足感是教學職業生涯決定過程中的一項重要的要素。教師滿足感的來源包括諸如喜歡幫助學生學習、感覺有效能、與同事之間有積極良好的關係、令人滿意的工作條件、校長的領導型態及教學有關的聲望與尊榮等來源。而教學表現的工作滿足與積極性的自我評鑑是教師工作滿足感的主要因素。

在師生互動的成就方面,Blase(1982, p.107)研究發現,教師的滿足感低與其所感受到與學生之間無法有效的互動有關,不滿足程度與教師所努力及其結果之間的差距有關,而不滿足大部分是教師感受到失敗的結果所導致的。

依劉慶中、沈慶楊等人(民82)對台灣地區國小教師工作成就方面的研究發現:

(1)國小教師對於「學生進步情形」表示滿意者約近五成,而對於「自己的勝任情況」及「工作表現與考核成績的相符情形」表示滿意者約達六成或超過60%以上。

(2)就年資而言,資淺者對於工作成就之滿意狀況較低。

(3)就性別而言,男性教師對工作成就表示滿意者之比例略高於女性教師。

(4)按城鄉區分,山地鄉與離島地區之國小教師對於「薪資待遇與實際工作量相比」表示滿意者之比例較其他地區之教師爲高,但對於「學生進步情形」之滿意比例,則以山地爲最低。

(5)對於「未來陞遷與發展」表示滿意者之比例,仍以山地鄉與離島地區較其他地區爲高。

(6)國小教師對於目前工作成就方面最不滿意的因素依序爲:

①行政主導教學,卻又不瞭解實際教學。

②家長的干涉導致教導成效不彰。

③學生素質不佳，學習成就不符教師之期望。

④尊師重道式微，未肯定教師之貢獻，反將社會道德之低落歸咎於教師。

⑤特殊兒童及行爲適應不良學童之輔導成效不彰。

⑥教學成效無法立竿見影，工作成績缺乏客觀之評量及獎勵，只倚賴年資晉級毫無成就感。

2.教師工作自主性——

在合作氣氛與提高教師專業自主權方面，是教師滿足感的重要因素。如Valerie E. Lee等人(1991, pp.190-208)研究認爲教師專業效能與其所處的環境有關。學校組織的差異形成教師專業效能的不同。而校長的領導與社區間的組織是教師滿足感的要素，爲提高教師的滿足感，應培養合作的環境，及賦予教師在教室中的合理自主權。

由此可知，提高教師自主權是教師工作滿足感的重要因素。在國內，劉慶中、沈慶楊等人(民82)對國小教師的研究發現：

(1)整體而言，約有45.40%之國小教師對其工作之自主性表示滿意或非常滿意；有41.98%表示尚可；而表示不滿意或非常不滿意者僅占12.62%。

(2)年資深淺與工作自主性滿意度並無顯著關係。

(3)就性別而言，男性教師對現況表示滿意者高於女性教師，其中尤以「對學校提供使用的資源與設備」一項之滿意度爲然。

(4)就學校大小而言，以服務於1～6班的小型學校教師之滿意程度最高。

(5)台灣省所屬國民小學若按城鄉區分，則離島地區教師對於工作自主性表示滿意者比例最高；而服務於省轄市所屬國民小學者，表示滿意之比例最低，表示不滿意之比例則最高。

(6)有關工作自主性對於教師工作滿意度的影響程度，約有82.09%的教師表示重要或非常重要；17.27%的教師表示普通；僅有6.4%表示不重要或非常不重要。

(7)教師認為造成工作自主性的障礙，主要是「學校行政工作太多，影響教學」、「校外人士的干預」、「部頒課程內容、份量及進度的一致化」、「教育行政主管機關交辦活動影響教學」及「教育法令規定不合時宜」等項目。

3.學校組織結構——

有關學校組織結構與工作滿足感關係的研究方面，(王秋絨，民70；方德隆，民75；吳宗立，民82；吳清基，民68；吳麗芬，民75；黃耀卿，民74；蔡培村，民74；謝文豪，民76；蘇育任，民74)大略可歸納為：學校組織結構愈趨於專門化、正式化，則教師的工作滿足感較高，職業倦怠感較低；學校組織結構愈趨於集中化、傳統化、標準化時，則教師的工作滿足感較低，職業倦怠感較高。也就是說，學校愈以教師專長安排教師工作(即是所謂的適才適所)(專門化)，及對教師的行動有明確的規定，教師的行為依法有據，知道如何處理事情(正式化)，則教師的滿足感較高。例如，學校的決策權集中在少數高階層人員(集中化)或墨守成規(傳統化)，則教師的滿足感較低。

4.校長領導——

Hassell(1985)研究大學行政與非行政人員結果顯示，校長領導與工作滿足、組織效能的知覺有顯著相關，且校長領導是工作滿足與組織效能的顯著預測變項。諸多研究均發現，校長採用高倡導高關懷的領導型態，教師的工作滿足感較高。(如林新發，民 72；陳淑嬌，民 79；曾燦燈，民 68；廖素華，民67等)

校長領導特質較佳，應用參照權與專家權者，學校氣氛較佳，教師工作滿足感愈高；若校長運用法職權與強制權者，則教師工作滿足感較低(蔡培村，民74)。國民中小學校長的功能權力是決定教師工作滿足感的最主要權力因素，尤其是國小校長的功能權力幾乎是決定教師工作滿足感的唯一權力因素(林坤豐，民71)。

5. 學校外在環境——

在政府的政策、政府與學校的關係等外在因素方面，可能兼行政的教師所感受到的工作負荷量較大，因此，專任教師比兼行政教師更爲滿足。(McCormick & Solman, 1992, p.219)

劉慶中、沈慶暘等人(民82)在國小方面的研究發現：國小教師對於教師工作所受到之社會性支持表示滿意者高於不滿意者，而對於社會性支持表示重視者之比例極高。如：

整體而言，國小教師對「校內同行的彼此支持」表示滿意或非常滿意者之比例最高，超過70%；其次是「學生家長的支持」(約占45%)，再次爲「社區給予之尊重」、「即時獲得之諮商與協助」，表示滿意者之比例最低的項目是「教育行政機關給予之支持」，約僅占26%。至於對上述各項社會性支持，表示不滿意或非常不滿意者之比例則反是；有 80%以上之教師認爲各種社會性支持對教師工作滿意度具有重要或非常重要之影響。

在國民中學的教育情境中，吳宗立(民82，頁114-115)研究發現，社會因素、組織因素、教師角色行爲等負向壓力，常是導致教師情緒耗竭、無人性化和缺乏個人成就感等職業倦怠的現象。而在教師的社會生態模式情境下，校長及行政人員、同事、家人親友的積極關懷與體諒包容是其社會支持的主要來源。教師從信賴中充分的開放自我，進而分享管教學生的辛酸苦樂。因之，教師整體性的社會支持成爲預測職業倦怠的最佳變項。

就服務年資而言，年資越淺者對「教育行政機關之支持」表示滿意之比例越低。除此之外，對其它方面的社會性支持，則不同年資並未有顯著的差異。

就性別而言，男性教師對各項社會性支持表示滿意者比女性教師略多。

按城鄉區分，服務於省轄市立小學的教師對「教育行政機關的支持」表示滿意者之比例最低，而服務於山地鄉者最高。

教師對「家長的支持」表示滿意者所占比例，以山地鄉和離島地區爲最低，但是這兩種地區的教師對社區中所給予之尊重，表示滿意者之比例卻又較高。

國小教師最不滿意而亟待改善的因素依次為：「家長未充分配合學校教育措施，反而干涉學校教學及行政」、「社會人士將國小教師視為教育成敗的墊腳石，多責備而少鼓勵」、「學校行政支援不夠充裕」、「人事福利制度尚乏合宜之規範」、「教育行政機關面對社會不當之壓力時，缺乏擔當」等項。

表16-1　校長工作積極與消極的特徵

工作滿足	
組織層面	個人層面
問題獲得解決	有責任感
工作富有變化性	從事有價值的工作
與較高階層管理團體工作	認同學校
建立尋求組織革新的結構	得到正面的綜合評價
與管理人員、家長、社區等共同參與工作	改進學生對未來前膽性的看法*
	分享他人的成功*
	受到教職員的忠誠擁護*
	成為廣大社區的焦點人物*
工作不滿足	
組織層面	個人層面
必須處理正常情況下無法控制的問題	有日復一日的問題尚待完成
受到所有周遭人員所痛罵	在有限的時間內要完成太多的工作
政府法規所要摒除的對象	沒有能力去除不適任的職員
沒有能力控制現場，如惡意破壞及侵犯他人房屋的行為	必須與其他學校和大學共同完成某件事
必須參加太多的會議*	惡意破壞的行為
缺乏時間坐下來與別人談話*	

*表示相等的等級

資料來源：David Mercer (1993). "Job Satisfaction and the Headteacher: a nominal group approach," *SCHOOL ORGANIZATION*, 13(2), P.158.

6.學校文化——

McCormick與Solman(1992, p.220)研究發現，女性教師比男性教師對於學校文化的層面更爲滿足，而幼兒學校與小學教師比中學教師更爲滿足。吳璧如(民79，頁252)研究發現具有創新信念與價值的國小，其教師工作滿足感較高，而教育工作本身能激勵教師努力，教師工作滿足感也較高。

個人因素

1.心理因素——

Blase(1982, p.107)研究認爲教師的滿足感是一種積極的、主觀性的情緒表現，主要是從與學生的互動中所獲得的適當且足夠的內在酬賞有關。而教師滿足感較低者，經常是與怨恨、挫折、厭煩、急躁、生氣、停滯、無助，有時也與嚴重的沮喪等感覺有關。

2.服務年資——

John McCormick 與 Robert Solman(1992, p.219)研究英國幼兒學校、小學、中學的教師後發現，服務年資10年以下的教師顯示最爲滿足，服務11年至15年的教師工作滿足感有減少的現象，而在服務15年以上時又有增加的現象。就服務11年至15年的教師而言，可能與他們的管理者經驗有關，且其本身已有許多經驗了，因此，對新的事項已感到不足爲奇。而那些服務超過15年以上的教師則可能達到主管的職位。

在服務年資方面有不同的研究結果，如剛任教的教師有較不穩定的自我觀念，並被評定其教育能力較差，因此，所受到的教學壓力也較高，教學中也表現較多的情緒問題，往往表現較多的心身症反應(Doherty, 1980，轉引自周甘逢，民82，頁34)。在國內也有研究，不論是國小教師(李垣武，民77；劉慶中、沈慶楊等人，民82)、國中教師(吳宗立，民82；黃淑珍，民77；廖貴鋒，民75)，教師的年資愈低，愈容易有工作倦怠的現象。年資淺的教師一方面要將所學應用到實際情境中，無法得心應手，而在另一方面則是因尚未熟悉本身的工作且又充滿理想，對自己訂定過高的期望而無法達成，因此工作的前幾年往往是形成工作倦怠的關鍵期(黃淑珍，民77)。

3. 薪資待遇——

在教師的薪資收入方面，兼行政工作的教師比專任教師收入較高，因此，在收入方面滿足感較高。且女性教師顯著地比男性教師更爲滿足。傳統上男性是經濟的主要來源，但目前男女性別角色有所轉變，因而有上述的現象產生。(McCormick & Solman, 1992, p.219)

4. 兼任行政職務——

McCormick與Solman (1992,pp. 219-220)研究英國學校教師的工作滿足感後發現，在職位的陞遷方面，兼行政的教師比專任教師更爲滿足。而幼兒教師及小學教師比中學教師更爲滿足。這可能因爲兼行政的教師，兼行政工作已能勝任愉快，而幼兒學校與小學教師比中學教師有更多兼行政的人員所致。

國內國小教師對於「陞遷發展機會」的滿意狀況最低，但對於此項影響教師工作滿意度的重視程度亦最低。(劉慶中、沈慶楊等人，民82)

第五節

提高教師工作滿足感的方法

綜合教師工作壓力、倦怠與滿足感的理論與研究結果，提出如何提高教師工作滿足感的方法如後。

1. 減輕教師工作壓力——

教學是教師的本職，但是有些學校教師(尤其是國小教師)常因兼學校行政業務，負荷量過重，而影響他們的教學品質，以致於對教學產生倦怠與不滿足感。

升學壓力的競爭，是他們壓力的來源之一。這些壓力常來自於學校校長、家長、社會人士的要求，假如學生的學業成就無法達到某一水準，教師自然會產生壓力，而沒有成就感。

班級學生數過多，致使教師無法對每一位學生都面面俱到，又學生個別差異極大，因此，教師無形中就會產生壓力。

爲減少教師工作壓力，可從教師行政工作分配的合理性、班級師生比例，校長、家長、社會人士對學生學業成就要求的態度，及其他社會性支持著手。

2. 尊重教師的專業自主權——

學校組織與一般工商企業組織不同之處，在於教師的專業化特徵，而專業化最重要的特徵之一便是專業自主權。本章有關的研究一致發現，學校愈能使教師適才適所，依個人專長授課(即是專門化)及提高教師專業自主權，則教師的滿足感愈高。因此，尊重教師的專業自主權是提高教師工作滿足感的重要方法。

3. 擴增教師參與校務決定的機會——

許多研究皆一致發現,若學校決策愈操縱在少數領導者身上(即是學校組織的集中化)，則教師的滿足感愈低。又國內不論是大學、師範校院、高中、國中、國小的校長大多採用官僚模式處理校務，但教師卻大多期望校長採用同僚模式，由此可知，大多數的教師較喜歡參與校務的決定，他們可從參與校務的決定中，獲得滿足感。

雖然並不是每位教師都喜歡參與校務決定，或每位教師都熟悉校務狀況，但學校教育由下而上的決策過程是校園民主精神的一種趨勢，學校校長不能忽視。

4.校長領導宜兼重倡導與關懷的層面——

從社會系統理論可知，學校本身有既定的規範、角色與期望，而學校的教師有其人格與需求，爲達成學校教育目標，並滿足教師的心理需求，校長宜兼重倡導與關懷層面的領導型態。從許多有關校長領導型態與教師工作滿足關懷的研究中，大多一致發現校長採取高倡導高關懷的領導型態，教師的工作滿足感較高，就可獲得證明。

5.校長宜運用轉化領導的策略——

教師若壓力過重，以致於對工作有倦怠及不滿足時，校長宜運用轉化領導的策略激勵教師提昇其動機，協助解決問題等方面著手，並激發教師的道德與責任心，使教師原本不願意做的事，轉而樂意去嘗試，且做得很好，最後獲得滿足感。

6.營建具有創造性及價值性的學校文化——

不論從學校文化或學校結構的層面所作的研究，皆一致發現學校若愈墨守成規，不求創新（即是學校組織結構的傳統化），則教師的滿足感愈低。因此，營建具有創造性、有價值性的學校環境，俾滿足教師心理需求，激勵其動機、發揮潛能，是提高教師工作滿足的重要取向。

7.提昇教師工作的成就感——

從有關的研究可知，教師工作愈有成就感，則其滿足感愈高。如何提昇教師工作的成就感，可從教師的薪資待遇、陞遷發展、滿足在職進修的慾望等方面著手。如此才能提高教師的工作滿足感。

第陸編

組織運作層次

第十七章

領　導

什麼是領導？可說是見人見智。不同的人對領導會有不同的界定。領導這個名詞從一個普通字彙轉化爲科學學科的字彙時，若沒有再給予明確的界定時，它的意義將會是曖昧不明確的。此外，領導之所以混淆，乃係由於有人用一些諸如權力、權威、管理、行攻、控制與視導等模糊的字眼來形容相同的現象所致（Yuk1, 1994, p.2）。誠如Bennis（1959. p. 259）探討領導的文獻後，作了以下的詰論：

> 領導的概念似乎總是難以捉摸且複雜的，所以我們會用無限多的術語來加以解釋處理……但仍不足以對領導加以界定。（cited by Yukl, 1994, p. 2）

雖然如此，Yukl（1994， pp. 2－3）仍舉出下列七個具有代表性的領導定義：

- 領導是「個人引導群體活動以達共同目標的行爲。」（Hemphill & Coons, 1957）
- 領導是「一種特殊的權力關係，其特徵爲團體成員覺得另一團體成員有權規定他們的行爲，而作爲團體成員的一份子。」（Janda, 1960）
- 領導是「施於某一情境的人際影響力，透過溝通過程來達成特定目標。」（Tannenbaum, Weshler & Massarik，1961）
- 領導是「人與人的互動，其中一人以某種方式提供某種資訊，使另一人深信他若照做時成果會更好。」（Jacobs, 1970）
- 領導是「在期望的互動中，創建結構並維持組織的結構。」（Stogdill，1974）

- 領導是「在組織例行指引的機械式服從之上，影響力的增進。」(Katz & Kahn, 1978)
- 領導是「組織團體爲達旣定的目標、成就，領導者影響組織活動的過程。」(Rauch & Behiling，1984)

又Estela M. Bensimon等人(1989，p.7)認爲傳統上領導的研究主要可分爲六個類型。這些類型的界線是可流動的，它們旣不互相排斥，也不互爲矛盾。這些類別包括：1.特質論(Trait Theories)；2.權力與影響理論(Power an Influence Theories)；3.行爲理論(Behavioral Theories)；4.權變理論(Contingency Theories)；5.文化與符號理論(Cultural and Symbolic Theories)；6.認知理論(Cognitive Theories)。其中，(1)特質論係試圖辨明作爲一位成功的領導者，所具有的個人特徵爲何；(2)權力與影響理論則認爲領導係領導者以有效的權力資源觀點，及領導者與部屬經由片面的或互惠的活動，而影響激勵部屬；(3)行爲理論認爲領導的研究係探究領導者的活動型態、管理目標及行爲的類型，也就是研究領導者實際的行爲是那些；(4)權變理論強調諸如團體成員工作表現及外在環境的性質等因素，對領導效能上的重要性；(5)文化與符號理論則研究領導者維持或重新解釋賦予組織生命意義的共同信念與價值；(6)認知理論指出，領導是一種社會歸因，並允許吾人瞭解不確定的、變動的及複雜的世界。

茲以Bensimon等人(1989，pp.7－26)的文獻爲架構分別探討上述六種領導理論，其次探討學校領導的有關研究如後。

第一節 特質論

有關領導特質論的基本假定是：

1. 成功的領導者必定具有若干異於不成功的領導者之人格特質。

2. 可以利用科學的方法發現這些有利於領導的理想人格特質，俾作爲選拔及培訓領導人才之參考。(黃昆輝，民81，頁374)

此一理論指出有效能的領導者與部屬的區別，乃在於領導者有獨特的特質。這些特質也許包括生理上的特徵(如身高、外表、年齡、精力)、人格(自尊、優越感、情緒的穩定性、主動進取、持久性、挫折容忍力)、社會背景(教育程度、社會地位)及能力(普通智力、語文流暢、知識、創造力、社會洞察力、認知的複雜性)。

特質有些是與生俱來的，有些則是後天發展而成的。雖然有些特質(如果斷、獨立性、持久性、自信)及技能(如語文流暢、創造性、具有說服性、圓滑)是成功領導者的特徵，但並不是具有這些特質的人領導就能有效，也不會因缺乏這些特質，領導就無效。其他的情境因素似乎對領導是否有效更具有決定性的因素。

此外，領導者的特質與其領導效能之間的因果關係值得懷疑，且其評量也是困難的。例如，自信的人可能成爲領導者，而領導者可能是一位自信的人，則似是合理的。同樣地，對於自信仍沒有有效和可靠的評量「單位」，究竟要有多少自信才是好的，或別人看來是自大傲慢的態度，也是不可能評量的。多年來數以百計的研究文獻分析顯示，特質並不是成功的領導所必備的要素，而特質論也不再是組織研究的主要重點。對此一傳統的適當座右銘即是「人格特質並非對有效的領導是最有助益的」。(Fiedler & L. E. Garcia, 1987，p.21)

第二節 權力與影響理論

第二種研究，係強調有效能的領導者如何運用權力。此種研究有二項討論的主題。1. 採取社會權力的途徑(Social Power Approach)，研究領導者如何影響部屬；2. 係社會互換的途徑(Social Exchange Approach)，強調領導者與部屬之間彼此影響的互惠關係。

官員、非正式領導者與正式領導者三類人員的區別，乃在於領導者以其職務所賦予的社會權力影響部屬者，可視爲官員，如果係完全以其人格影響他人者，則稱爲非正式領導者。若兼以職務及其人格二者而影響部屬者，則爲正式的領導者。在學院與大學等組織裡，主要係依賴象徵性的符號，而非採取強制性或財政上的補償，並經由激發及協調參與者的配合，而其組織的控制通常是由正式的領導者所運作，並非由官員或非正式的領導者所運行的。(Etzioni, 1961，1964)

John R.P. French與Bertram Raven(1968)提出五種社會權力的基礎。該五種權力分別爲：

1. 法職權(Legitimate Power)：領導者經由社會及法定的系統所賦予的合法性權力而影響他人。

2. 獎賞權(Reward Power)：領導者以獎賞的能力影響他人。

3. 強制權(Coercive Power)：領導者藉由威脅懲罰而影響他人。

4. 專家權(Expert Power)：領導者藉其自身的人格及所獲得的專門知識以影響他人。

5. 參照權(Referent Power)：領導者以其人格而受他人的認同。

Yukl(1994)的研究指出，個人權力的運用方面，專家權與參照權促使部屬更爲滿足，且工作表現良好(同時可假定的是此二種權力也會增進組織的效能)。法職權與部屬工作表現沒有相關，而強制權則與部屬的工作表現成負相關，在獎賞權與部屬工作表現相關上的研究發現則不一致。但是此一發現主要係以階層化團體爲基礎而所從事的研究，因此其因果關係不明確。例如，領導者較少運用法職權及法定權威時，可能會增進工作表現：而當團體成員的表現良好時，領導者較少依賴法職權，也可能是事實。

社會權力理論強調單向的影響，而社會互換理論(Social Exchange theories)則強調領導者對團體需求的服務，與部屬認可及服從領導者要求二者間相互影響與互惠關係(Blau，1964；Homans，1958)。因此，領導不是片面的、單向的過程，而是具有循環性的，是一種「動力的雙向過程，在此過程中領導者與部屬之間不斷地一再互動，以建立、重新穩固或改變彼此間的關係」(Zahn & Gerrit Wolf，1981，p.26)。領導者以其職位及人格而累積權力，但他們的權威則受制於部屬的期望(Hollander，1985)。本質上，團體成員同意減低他們本身的自主權，而接受領導者的權威，以換取領導者所能給予他們的酬賞與利益(社會的贊同、財政上的利益、競爭上的優勢)。如此做並不意謂部屬放棄其潛在的權力及影響。事實上，一些互易理論的模式中也指出領導者能藉由授權而增加他們的權力(Kanter，1983)。

領導者也藉由專門知識以累積權力，並公平地分配部屬所期望的酬賞。因此，領導與部屬的期望有關。一位成功的領導者不是要滿足部屬的期望，就是改變其期望(Blau, 1964；Hollander, 1964，Price & Howard Garland,1981)。滿足或改變部屬期望之間的差異是互易領導及轉化領導(Transactional and Transformational Leadership)之間差異的核心所在。(有關互易領導與轉化領導將在第七節中另予分析)。

第三節 行爲理論

領導的行爲理論所著重的是領導者實際上所表現的行爲型態或類型，這是從分析領導者的內隱心理特質，轉到領導者外顯行爲的探討。一般從事領導者行爲型態的研究，包括單層面與雙層面領導者行爲的研究。茲簡要撮列如後。(黃昆輝，民81，頁391-398)

單層面的領導行爲理論

1. Kurt Lewin的民主式——放任式領導型態——

Lewin研究發現：

(1)民主式領導，組織成員表現較主動，士氣較高昂，工作品質較好。(2)獨裁式領導者所領導的團體成員工作表現較好，但其士氣較低、較少滿足感，當領導者不在時，較容易受到瓦解分裂的傷害，也較會減低工作表現的程度。(3)放任式的領導，成員所完成的工作較少，品質較差。

2. Jack Gibb的自衛式——自足式領導型態——

自衛式領導(Defensive Leadership)根據X理論，認爲組織成員是懶惰的、不負責任、被動的。因此，須給予控制，是一種「低信任」的領導。

自足式的領導(Self-Adequate Leadership)根據Y理論，認爲組織成員是主動積極的，對工作忠誠、負責，領導者採取擴大參與決策，廣開溝通管道，減少管制措施的領導方式。因此，是一種「高信任」的領導。

3. Jacob Getzels的偵探式——科學家式領導型態——

偵探式領導(Detective Leadership)缺乏創造性，只是等待處理已發生的問題，其領導僅能作些因應及權宜措施。

科學家式領導(Scientist Leadership)主動發掘問題、解決問題、防患未然，是一種積極的領導行爲。

4. Robert Tannebaum與Warren Schimidt的校長中心式——教師中心式領導型態——

此一領導型態係爲一種領導行爲連續理論,校長的領導行爲只是在「以校長爲中心人」和「以教師爲中心」兩端之間的程度有所差別而已。

5. Rensis Likert的系統一到系統四領導型態——

Likert所發展的四種不同的領導系統分別爲：

系統 1——剝削權威式領導(Exploitive Autocratic Leadership)。

系統 2——仁慈權威式領導(Benevolent Autocratic Leadership)。

系統 3——商討式領導(Consultative Leadership)。

系統 4——民主式領導(Democratic Leadership)。

組織的生產力假定從系統 1 與系統 2(由上而下的溝通、集中化的控制、部屬對計畫或目標缺乏影響)至系統 3 與系統 4(由下而上的溝通、非集中化的控制、部屬對計畫或目標有高度的影響)不斷地增加。

圖17-1　Tannebaum領導行為連續論圖

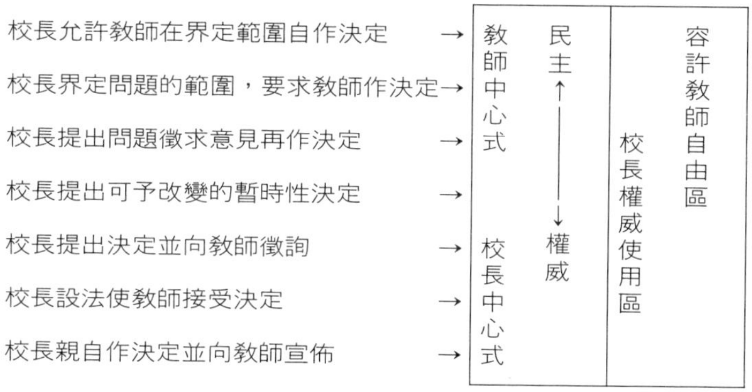

資料來源：黃昆輝（民81）。《教育行政學》。台北：東華書局，頁395。

雙層面的領導理論

1. 俄亥俄州立大學的研究——

有關領導者行為研究最負盛名的是1940年代於美國俄亥俄州立大學所開始從事的領導者行為描述問卷(Leader Behavior Description Questionaire; LBDQ)之研究。此項研究最早係由 John K. Hemphill 及 Alvin E. Coons 所發展出來的，後來領導者行為描述問卷經由 Andrew W. Halpin, B.J.Winer 及 Manual Stogdill 等人加以改進，並研究認為領導行為包括「倡導行為」(任務取向) (Initiating Structure、Task Oriented) 與「關懷行為」(關係取向) (Consideration、Relationship Oriented) 二個主要層面(Hoy & Miskel，1987，p.p. 276

-277)。其中，倡導取向的領導者強調指示的、協調配合、計畫及問題解決的行爲。而關懷行爲的領導者則強調以友善、體諒、支持、商議及開放的態度對待其部屬。

早期運用領導者行爲描述問卷的研究指出，倡導與關懷看似分離及不同的層面，而不是相同連續的對立兩端。亦即是，它們只是程度的不同而已。因此，此種領導型態可由縱座標及橫座標的平均分數而形成如圖 17-2 的四種象限圖。

圖17-2　運用LBDQ所形成的象限圖

倡導 \ 關懷	低（－）	高（＋）
高（＋）	象限II 低關懷（－） 高倡導（＋） II＝（－,＋）	象限 I 高關懷（＋） 高倡導（＋） I ＝（＋,＋）
低（－）	象限III 低關懷（－） 低倡導（－） III＝（－,－）	象限IV 高關懷（＋） 低倡導（－） IV＝（＋,－）

資料來源：Wayne K. Hoy & Cecil G. Miskel(1987). *Educational Administration—Theory, Research and Practice*(3rd ed.). New York: Random House, p.278.

Haplin將俄亥俄州立大學的LBDQ的研究發現概述如下：

(1) LBDQ 所研究的是領導者行爲的倡導與關懷二個主要層面。(2)有效的領導者常是兼具高倡導與高關懷者。(3)長官與部屬於評估領導者行爲層面的效能時，有對立的傾向。長官傾向於強調倡導的層面，而部屬則較強調關懷的層面。因此，領導者常有角色衝突的現象。(4)高倡導高關懷的領導型態（第一象限）與團體的和諧、關係良好、程序清楚等特徵有關，且團體的態度會作有利的改變。(5)在領導者的言行及部屬的言行之間，僅有稍

許的關係。(6)不同的機構背景環境有增強不同領導型態的傾向。(Hoy & Miskel，1987，P.278)

2. 密西根大學的研究——

與俄亥俄州立大學同時研究的，是密西根大學研究中心所從事的領導者行爲的一系列研究。但密西根大學的研究主要是對諸如保險公司、製造公司、銀行與工商業組織的領導者的行爲作研究，有時也研究醫院、政府機構及公用事業機構領導者的行爲。

密西根大學研究的整體目的，在於調查領導者的諸多相互關聯的特性，並依其性質加以類集，同時亦探討各種不同類型特性與組織效能標準間的相互關係。這些效能標準包括工作滿足、人事異動、怠工曠職、生產力及工作效率。

最初，密西根大學的研究構想，是把成果取向與員工取向兩種領導行爲當作是同一個連續體的兩端。成果取向的領導者強調執行任務或工作，及工作的技術層面。他們特別強調完成任務所發展的計畫及程序。而員工取向的領導者授權部屬作決定，並創造支持性的工作環境，以協助部屬滿足其需求。此外，他們也關心部屬的個人生長、進步與成就。

嗣後經不斷的研究與分析，卻發現這兩種領導行爲確分屬同一連續體的兩個不同層面，這種情形就像俄亥俄州立大學所發展之倡導與關懷兩個層面是一樣的。

雖然密西根大學作了許多有關領導行爲的研究，不過卻不易作一精簡的結論。惟大致而言，下列三個一般性概念頗得學術界的支持：

(1)較有效能領導者比較無效能的領導者，傾向於支持他的部屬，並且能夠增強部屬的自尊。(2)較有效能的領導者比較無效能的領導者，不用個人對個人的方法，而是用團體的方法，從事視導與作決定的工作。(3)較有效能的領導者比較無效能的領導者，傾向於設定較高的工作目標。(Hoy & Miskel，1987，p.283)

總之，密西根大學有關領導行爲的研究發現，補充了俄亥俄州立大學的研究。不過，這兩個研究都未考慮情境因素對領導行爲的影響。

3.哈佛團體領導的研究——

美國哈佛大學(Harvard University)社會關係實驗中心在Robert F. Bales主持下，於1947年從事一項有關領導行爲的研究。此一研究係安排小團體成員於實驗的情境中，以直接觀察法，研究領導者的社會行爲。

此一實驗研究發現正式組織的領導者不容忽視團體中其他領導者的存在。Bales認爲在小團體試圖解決問題時，領導者具有「任務領導者」(Task Leader)與「社會領導者」(Social Leader)的角色。其中，「任務領導者」設法並維持團體致力於任務的達成，而「社會領導者」則在維持團體的團結，並且設法使團體成員知道其爲獨立個人的重要性，同時他們的特別需要和價值也受到尊重。這兩種領導角色都是團體有效運作所不可缺少的，可是，能夠同時掌握這兩種角色的人卻不太多。(Hoy & Miskel，1987，pp.283-284)

4.管理方格理論——

Robert R. Blake與Jane S. Mouton(1964)提出頗具影響力的管理方格理論(Managerial Grid)，該理論係以二平面的排列及二個量尺的軸所組成。在此理論中，個人的領導型態可由格子中九點量尺的關切績效(任務取向)軸，及另外關切人員(關係取向)的九點量尺之軸上予以定出。假如領導者在二個軸上的分數皆是低的，即是Blake與Mouton所認爲的(0,0)分數系統，則表示領導者完全沒有效能，並對任務及成員的關係皆不關心，此種領導取向被認爲是不健全的。假如領導者在一個量尺上的分數是高的，但在另一軸上的分數是低的，如(9，0)或(0，9)，則因他們不是忽視組織的關係層面，就是忽視組織的任務層面，因此其效能是較低的。有的領導者處於組織關係及任務的衝突、妥協下，其在各量尺的分數上則是居於平衡的狀態(5,5)。最有效及可欲的領導型態則是在量尺的二個軸上分數都是高的(9，9)，此種領導在績效與人員關係二方面皆有所強調。此種研究途徑主張「最佳方式」的領導係與獨特的任務、環境的性質或參與者無關，因此常被批

評。(Bensimon, Neumann & Birnbaum，1989，P.13)

茲將管理方格理論以圖 17－3 表示如後。

圖17-3　管理方格理論圖

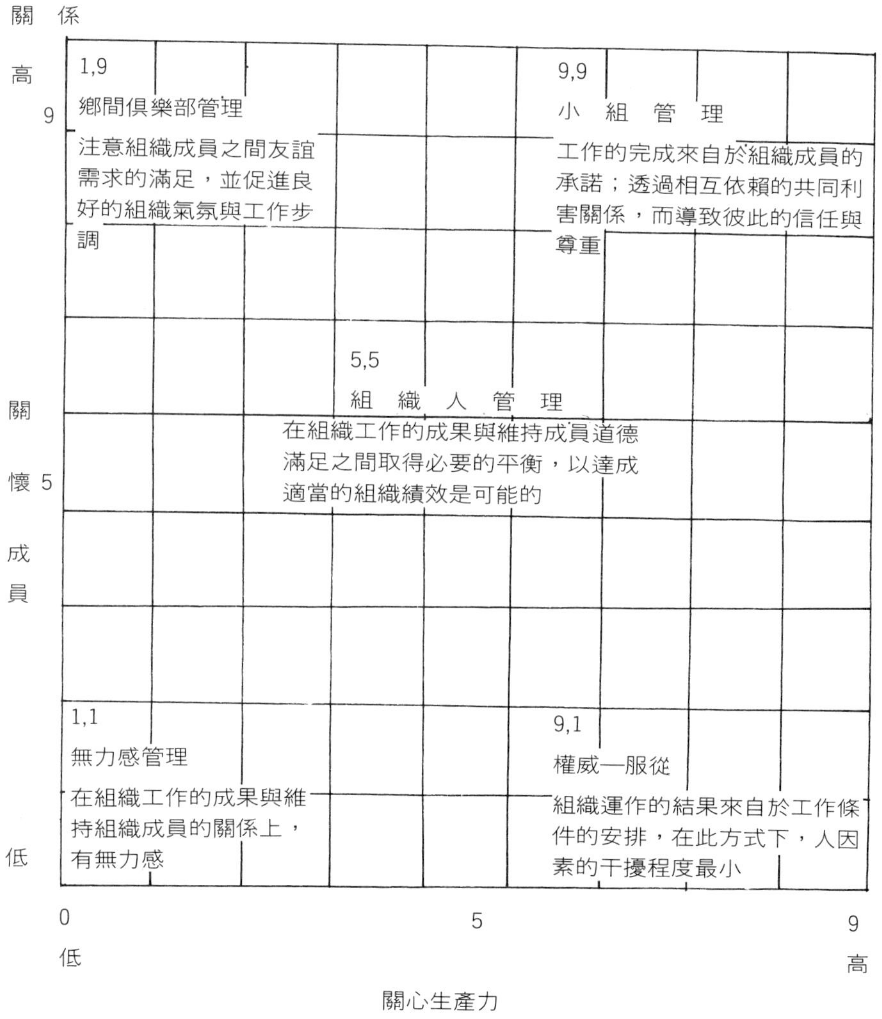

資料來源：Wayne K. Hoy & Cecil G. Miskel(1987). *Educational Administration —Theory, Research and Practice*(3rd ed.). New York: Random House, p.300.

第四節

權變理論

權變理論假定：對領導者而言，不同的情境需要不同類型的領導特質與行爲，領導始能有效，有效能的領導行爲須視情境而異。也就是權變理論探討何種領導行爲在何種情境中始較爲有利。本質上，權變理論認爲，沒有單一的領導途徑是最佳的，但同時也不是所有的領導途徑都一樣有效。對「什麼是有效的領導？」之問題的答案，即是「那要看情況是什麼而定了」。

茲根據Bensimon、Neumann與Birnbaum（1989，pp.14－20）的架構，就權變理論中，有關1. Fred E. Fiedler的權變理論（Contingency Theory）；2. Fiedler與Garcia的認知資源理論（Cognitive Resource Theory）；3. 情境領導理論（Situational Leadership Theory）；4. Robert J. House的途徑——目標理論（Path-Goal Theory）；5. Victor H. Vroom與Phillip W. Yetton的參與決定模式（Model of Decision Participation）；6. Gary A. Yukl所提出的領導者效能多元連結模式（Multiple Linkage Model of Leader Effectiveness）；7. Steven Kerr與John M. Jermier的層級領導替代品（Substitutes for Hierarchical Leadership）等，分別探討如後。

Fielder的權變理論

Fiedler的權變理論（Fiedler，1967、1971）提出領導者的行爲主要係由任務及關係取向二者之一所激發的。二種領導取向的效能則有賴於特殊情境中領導者與成員之間的關係（支持性或非支持性）、任務結構（清楚明確的或含混的），及職位權力（高或低）而決定。

領導者在上述三種因素的各種不同方式交互作用下，其領導類型即從高控制(領導者與部屬有好的關係、結構性的任務及高的權力)迄低控制(領導者與成員之間的關係是非支持性的、不明確的任務及低的權力)等情境依序排列。任務取向的領導者在高的及低的控制情境中是最有效能的；而關係取向的領導者在中等控制的情境中則最有效能。

權變理論指出改進領導的最有效方式並不是改變領導者的個人人格，而是將領導者置身於適合其領導取向的職位上，或使其改變所處的情境，俾發揮其應有的效能。

有關情境與領導型態之交互作用與領導效能的關係，詳如圖 17－4 所示如後。

圖17-4　情境、領導型式與領導者效能關係圖

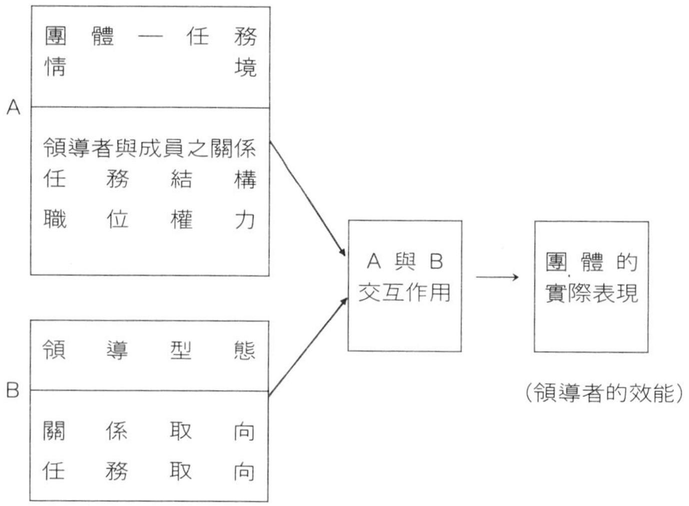

認知資源理論

Fiedler 更進一步地將已大量被忽視或發現與領導者無關的工作表現、才智、能力及經驗等因素，予以併入領導者的人格特質與情境二種因素內，俾發展權變模式(Fiedler & Garcia，1987)。此種新的研究途徑稱爲認知資源理論。

認知資源理論假定有才智及能力的領導者其所作的計畫及決定較爲有效，且有才智及指示性的領導者在低壓力的情境下比才智較低的領導者也較有效能。然而，假如領導者處於高壓力的情境下時，領導者的注意力將從問題轉到壓力的來源。其次，其工作表現將與領導者的工作經驗有關，而與其才智無關。因此，才智和經驗與領導者的效能之關係乃依下列幾個因素而定，如壓力的層次、團體支持性的程度、領導者指示性或非指示性的取向、領導者強調任務或關係的動機。

認知資源理論也指出有關團體成員的智能及領導者可能會影響團體工作表現的關係。團體成員能力與其工作表現呈負相關時，高能力的領導者也許有效能。但是當領導者與團體成員二者的能力皆高時，他們之間的競爭與敵對可能抑制團體成員的工作表現。

情境領導理論

情境領導理論認爲領導者的適當行爲與部屬的成熟(成就動機、負責的意願、教育與經驗)有關(Hersey & Blanchard，1977)。當部屬對工作的態度仍非常不成熟時，領導者應以指示性及專制的角色對待部屬，並建立客觀的標準和程序；而當部屬較爲成熟時，領導者則應予以相當多的關係取向行爲，及適度的指示性與組織工作；再則，當部屬非常成熟時，領導者就應充分授權並給予部屬相當大的自主權。

途徑——目標理論

途徑——目標理論指出，有效能的領導者明瞭完成目標的途徑，並協助部屬克服待解決的問題，而藉以增進部屬的滿足感及生產力(House，1971)。此一理論特別強調領導者如何影響部屬之工作目標、個人目標及達成目標的途徑等方面的知覺。依其觀點，領導是否有效，須視領導者能否提高部屬的動機層次及部屬對他的接納與滿意程度而定。亦即是說，愈能激發部屬的工作動機，愈能讓部屬接納，且愈能讓部屬感到滿意的領導者，其領導就愈具效能。

途徑——目標理論有二個基本的主張，即是：

1.領導者行爲能否被部屬所接受並使他們得到滿足，就要依部屬把它看作是獲得立即滿足的來源，或是未來會獲得滿足的工具之程度而定了。

2.領導者激發部屬工作表現的程度，取決於：(1)部屬從工作表現效能的需求所獲得的滿足感。(2)提供給部屬有關任務環境的教導、輔導、支持及酬賞。(Hoy & Miskel，1987，p.294)

因此，領導者應依任務、工作環境、部屬特徵的不同，而強調運用倡導或關懷的行爲。例如，當任務不明確時，領導者應使其具有結構性；當任務明確又有結構性時，領導者的行爲應是關懷的及支持性的。

圖17-5　以任務結構作爲權變因素時，指示性領導行爲與部屬工作滿意程度之假設關係圖

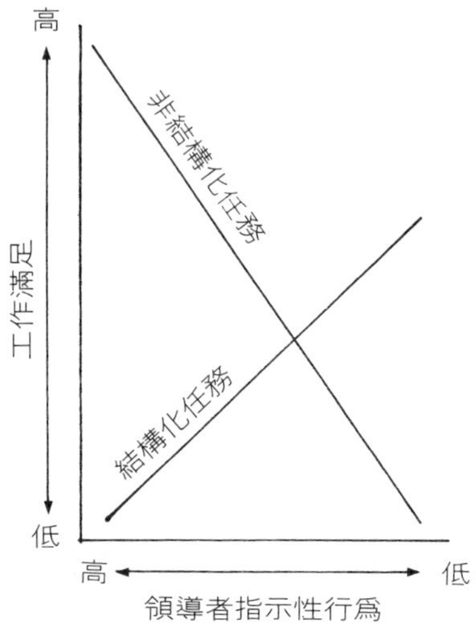

資料來源：Wayne K. Hoy & Cecil G. Miskel(1987). *Educational Administration —Theory, Research and Practice*(3rd ed.). New York: Random House, p.295.

茲將以任務結構作爲權變因素時，指示性領導行爲與部屬工作滿意程度之假設關係，列如圖 17-5 所示。並將途徑——目標理論中有關原因變項、調節變項及結果變項的假設關係詳列如圖 17-6 所示如後。

圖17-6　途徑一目標理論的假設關係摘要圖

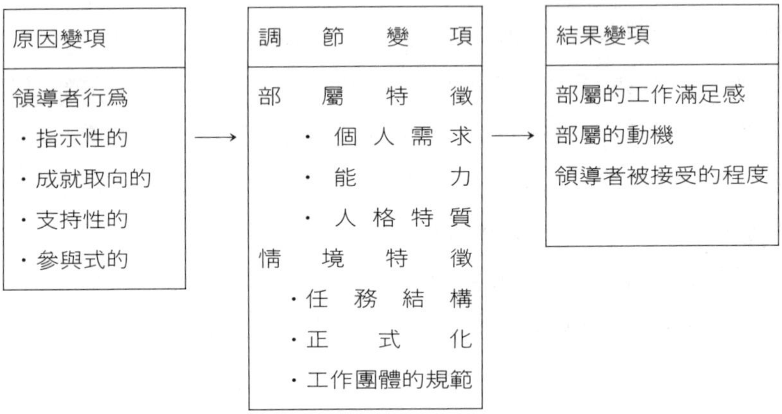

資料來源：Wayne K. Hoy & Cecil G. Miskel(1987). *Educational Administration—Theory, Research and Practice*(3rd ed.). New York: Random House, p.295.

參與決定模式

Vroom 與 Yetton 的參與決定模式與領導者的效能，及允許部屬參與決定的程度有關(Vroom & Yetton，1973)。此一模式以分析領導者作決定的行爲如何影響其作決定的品質，及部屬接受該決定的程度爲基礎。部屬接受決定並有效地予以完成，決定的客觀性影響團體成員的工作表現。領導者與部屬間從無接觸到部分及全部接觸，在作決定上有五種程序可運用。其決定的方式有二種是專制式的，二種是商議式的，一種是參與式的。

此一模式認爲作決定的效能視決策歷程與情境變項相互配合的程度而定，如與決定品質的重要性及部屬接受的程度、領導者與部屬所擁有相關資訊的總數量、部屬接受專制式決定的可能性有關，假如允許部屬參與決定時，其與領導者合作而作出好的決定之可能性，及部屬對其可選擇變通方案的程度也需考慮。

◧ 領導者效能多元連結模式

領導者效能多元連結模式指出領導者行爲在團體工作表現上的任何短期效果，係由中介變項所居間促成的。這些變項包括諸如資源與支援服務、強調任務與角色的組織、團體的凝聚力與協調合作、與外在環境的合作，及領導者與部屬之關係等團體的特徵；及部屬的努力、角色的澄清、技能等個人的特徵。(Gary A. Yukl，1989，p.p. 124–125)

領導者的效能取決於在工作單位中對不同中介變項的修正情形，此一模式有二個基本的主張，其中之一係當領導者修正任何中介變項的缺陷時，其短期的領導效能較好。然而，此一模式假定，長期而言，領導者能改變某些情境的變項，並以策略計畫、制定政策、專案發展、組織的變革及工作單位以外的政治活動等方法創造更有利的情境。(Yukl，1989，pp. 126－127；Bensimon, Neumann & Birnbaum，1989，p.18)

◧ 層級領導替代品

大多數的權變理論試圖描述任務取向或關係取向領導可以改進團體的工作表現。而Kerr和Jermier的層級領導替代品探討的情境性質，認爲任務取向與關懷取向的領導皆不影響部屬的滿足、動機與工作表現。(Howell, Dorfman & Kerr，1986；Kerr & Jermier，1978)

此一模式區分「替代品」(Substitutes)與「中和物」(Neutralizers)二種情境的變項。其中，替代品使領導者的行爲變得不需要且多餘，這些替代品包括諸如部屬、任務或組織的特徵，它們能使部屬明瞭本身的角色，知道如何辦事，受到高度激勵而能有效地做事，並且對其工作感到滿足。中和物係指任務或組織的特徵，以某一特殊化的方式阻礙了領導者的行爲或抵消其領導的效果。

例如，缺乏獎賞權致使領導者無法運用獎賞以鼓勵部屬特殊的工作表現，部屬對領導者的獎賞不感興趣則抵消了部屬潛在的動機。假如部屬注意到類似專業的贊同、認知及工作表現的標準時，諸如受過訓練及有經驗的部屬等特徵，可作爲工具性領導及支持性領導的替代品或中和物。各種不同的任務歸因可作爲工具性領導的替代品(例如,工作簡單而重覆或可提供內在回饋時)，而假如部屬對工作是有興趣且是愉快時，就能作爲支持性領導的替代品，這時領導者的角色就不那麼重要了。

組織的特徵也可作爲領導的替代品。組織的正式化程度可作爲領導者指示性行爲的替代品。假如規則和政策缺乏彈性，則可作爲領導者的替代品及中和物，因此，領導者不能有所變革，因其無法助長部屬的努力。領導者與部屬之間的凝聚力及彼此間較少接觸，也可作爲領導者的替代品或中和物。

這些要素顯示「給予關係取向或任務取向的領導不僅是不可能,而且也是不必要的」(Kerr & Jermier，1978，p.396)。例如，當組織參與者有依賴的需求、專業的取向或對組織的獎賞不感興趣時；或當工作本身令人滿足、組織係封閉式且工作團體有凝聚力；領導者無法控制獎賞權或領導者與其所希望受影響者之間存有距離時，關係取向的領導者將難以施予影響力。類似如此某些因素也限制任務取向的領導者影響其部屬超越其工作表現。此外，當參與者有特殊的能力、知識、經驗、受過良好的訓練或工作的完成可給予他們自己回饋時，任務取向的領導將較無效能。

組織的領導是重要的,但可能使吾人誤解的是所有的領導必定來自「領導者」。在許多的組織裡——特別是專業化的組織——許多的指引和支持可能是由參與者、工作的性質或組織本身的特徵所引發的。「其他可能的來源不充分，居高階層的領導者扮演支配者的角色……正式領導應該是重要的。其他來源提供充足的結構和衝擊，高階層的領導者較少機會施予部屬影響」。(Kerr & Jermier，1978，p.400)

第五節

文化與符號理論

在有關組織與領導上，文化與符號的研究途徑代表一種典型的改變。此一理論假定組織結構和過程是創造出來而不是被發現的。組織本身係由其成員以有限的理性能力，共同對不確定的、流動性的及複雜的世界賦予意義。而有關對組織事件事實描述的重要性或其因果關係，並不在於該事實係屬「存在之物」，而是在於對事實事件所賦予的解釋。這些理論指出在複雜的社會系統中，其參與者試圖發現他人有意義的行爲類型。

非理性世界領導(Leadership in a Nonrational World)、轉化領導、質的領導——10P領導原理及領導密集理論(Leadership Density Theory)，強調卓越的學校須有符號力與文化力的驅動，此皆可能爲文化與符號的領導。

除了轉化領導與互易領導將在第七節討論外，底下針對其他三項分別予以探討如後。

一、非理性世界領導

Jerry. L. Patterson, Stewart. C. Purkey與Jackson. V. Parker(1986)認爲學校環境已日趨多元化，且學校文化也逐漸受到重視，此爲非理性(Nonrational)的現象。但是非理性並不是無理性或失去理性(Irrational)，而是指依學校中各種情況，不斷地呼應社會的變遷，且使學校不再只是因循傳統的理性規則與不變的目標而行事。茲將組織的理性——非理性分析如後。

Patterson 等人(1986)認爲理性模式與非理性模式對組織分析的主要差別在於：

1. 前者主張組織目標是明確、一致性、由領導者所訂定的；而非理性模式則主張組織改變，其目標也隨之改變，組織目標係由組織內外環境所形成，並經由磋商、妥協而訂立的。

表17-1　理性與非理性模式對組織眞相描述對照表

眞相	理性模式	非理性模式
目標	1. 一律以相同之目標提供一致性之方向 2. 目標敘述清楚且詳細 3. 學校目標長期穩定不易置換 4. 組織目標是經由邏輯的與問題解決方式訂立的 5. 目標是由組織的領導者們所決定的	1. 多重的且具競爭力的目標提供組織方向 2. 目標通常是曖昧不清且具通則性的本質 3. 情境改變而目標亦隨之改變 4. 組織目標是經由磋商與妥協而訂立的 5. 目標是來自組織內外不同的力量而訂立的
權力	1. 組織結構表中最上位者具有權力而使事情成爲事實 2. 權力中心位於組織表最上端 3. 教室內所須執行的與教室外教育當局所要求的有直接關聯	1. 以獲取資訊管道、支持與資源作爲權力基礎而使事情成爲事實 2. 權力遍及整個組織 3. 教室內教師可控制教室外教育當局所要求事項達成的程度
決定	1. 受到注意的問題皆是在某一時段具相當重要性 2. 決定的過程須確定所有可行方案皆被考慮過 3. 決定過程不讓對決定有負面影響之外在壓力介入 4. 決定過程中所產生的是使組織目標最能達成的最佳決定	1. 受到注重的問題是被迫即刻須解決的問題 2. 常受限於政治、經濟與財政因素而對一些方案在決策過程中不予考慮 3. 決定的過程中須包容各種不同壓力甚而改變最終的決定 4. 決定的過程有妥協與退讓，而最後的決定也許不是具教育性的最佳決定
外在環境	1. 當組織內部作決定時，學校外在環境仍保持被動型態 2. 學校外在環境之異動是一穩定且可預測的型態 3. 外在環境能尊重與順從校方專業知識與其職權 4. 外在環境承認學校組織具有決定的權力	1. 外在環境積極、活躍地參與組織事務 2. 外在環境具某種程度的不穩定性與不可預測性 3. 外在環境質疑組織的專業能力並對職權挑戰 4. 外在環境在決定的過程中有干預之行爲
教學	1. 有一套最佳的教學方法可使組織目標易於達成 2. 有一套最佳的辦法以改善學生的學習 3. 教育政策的擬定直接影響教學與學習	1. 未有一最好的教學方法明顯地達成組織目標 2. 有各種不同的有效方法來提昇學習 3. 教育政策的擬定與教室中的教與學未有明顯的直接關係

資料來源：Jerry. L. Patterson, Stewart. C. Purkey & Jackson. V. Parker(1986). *Productive School Systems for a Nonrational World.* VA: Association fornsupervision and Curriculum Development, pp.40-41.

2. 理性模式認為權力在於領導者；非理性模式認為權力遍及所有的組織。

3. 理性模式的決定過程係屬合理性的最佳決定；非理性模式的決定過程則考慮各種內外在因素的影響，以及其磋商、妥協的決定過程。

4. 在組織的外在環境方面，理性模式認為組織外在環境是穩定的、可預測的，組織的決定過程不受外在環境的影響；而非理性模式則認為組織的外在環境是不穩定的、不可預測的，並會影響組織決定過程。

茲將理性模式與非理性模式對組織分析的比較觀點，列表如 17-1 所示。

非理性模式的領導者處在變遷與衝突的環境中，其對組織的領導首先

表17-2　非理性世界領導的觀念架構

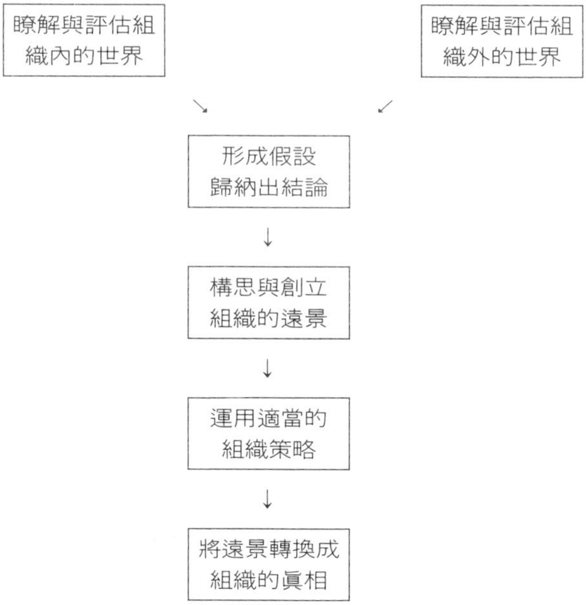

資料來源：Jerry. L. Patterson, Stewart. C. Purkey & Jackson. V. Parker (1986). *Productive School Systems for a Nonrational World.* VA: Association fornsupervision and Curriculum Development, p.86.

在於瞭解及評估組織內外的世界，俾對組織的全貌及各種事項的意義有所認識，再對組織的目標、權力運用、決定過程、內外在環境的交互作用、教學活動……等形成假設及結論，同時也規劃出組織的前瞻性遠景，並善用適當的領導策略，而使領導者心中的遠景表現在組織的日常實際生活中，也就是說，非理性模式的領導者扮演著文化經營者的角色，他將其對組織的遠景轉化在組織的文化中。

茲將非理性世界領導的觀念架構，列表如17－2所示。

◘ 質的領導——10 P領導模式

Thomas J. Sergiovanni（1984 a）認為領導最終的意義是文化的表現，領導技術與領導策略宜並重，領導者的主要目標在於導引組織文化。因此，吾人必須提昇領導的品質，而領導的品質可由下列的公式表示出來：

QL＝LS(LA＋LM＋LCE)

QL: 領導品質

LS: 領導技術

LA: 領導前題

LM: 領導涵意

LCM: 領導乃文化的表現

茲將Sergiovanni（1984，p.108）的10P領導原則，列表如17-3所示。由表17-3可知，Sergiovanni所提出的10P領導模式，包括領導技巧、領導前提、領導涵意，最後則表現在組織文化上，同時也包含下列十個不同的層面：

1. 必備的技術（Prerequisities）：所指的乃是在發展與維繫基本領導知能時所必須具備的領導技巧。如應用權變領導理論、衝突管理方法、參與決定模式等，處理組織日常生活例行之人、事、物之問題等。

2. 透視或洞察（Perspective）：係為領導者辨識策略與戰略間不同的要

表17-3　10P領導模式

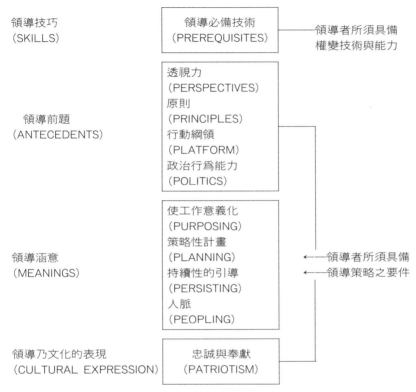

領導技巧 (SKILLS)	領導必備技術 (PREREQUISITES)	領導者所須具備權變技術與能力
領導前題 (ANTECEDENTS)	透視力 (PERSPECTIVES) 原則 (PRINCIPLES) 行動綱領 (PLATFORM) 政治行爲能力 (POLITICS)	←—領導者所須具備 ←—領導策略之要件
領導涵意 (MEANINGS)	使工作意義化 (PURPOSING) 策略性計畫 (PLANNING) 持續性的引導 (PERSISTING) 人脈 (PEOPLING)	
領導乃文化的表現 (CULTURAL EXPRESSION)	忠誠與奉獻 (PATRIOTISM)	

資料來源：Thomas J. Sergiovanni(1984). *Leadership and Organizational Culture: Leadership as Cultural Expression*. Chicago: University of Illinois, p. 108.

求，及它們兩者之間關係的能力。

3. 原則(Principles)：乃爲領導者所抱持的理想、態度與形象。

4. 行動綱領(Platform)：係將某人的原則藉由行動引入操作架構中。

5. 政治行爲(Politics)：外交手腕是領導最後考慮的一項手段，政治外交力是領導行動中不可或缺的要素。

6. 使工作意義化(Purposing)：此爲衍生工作者日復一日的生活意義。它有助於詮釋一些人們所做的貢獻、成就、努力與失敗。

7.策略性計畫(Planning)：係將工作的意義化導入具體且長程的工作計畫中。

8.持續性的引導(Persisting)：為領導者對重要原則、主張、目標與成果的專注、毅力與堅持。

9.人脈(Peopling)：領導者在缺少別人的支持與鼓勵時，將鮮少成就大事。

10.忠誠(Patriotism)：領導為文化表現的一個重要關鍵。它是投入、奉獻的最高表現形式。

表17-4　領導力階層

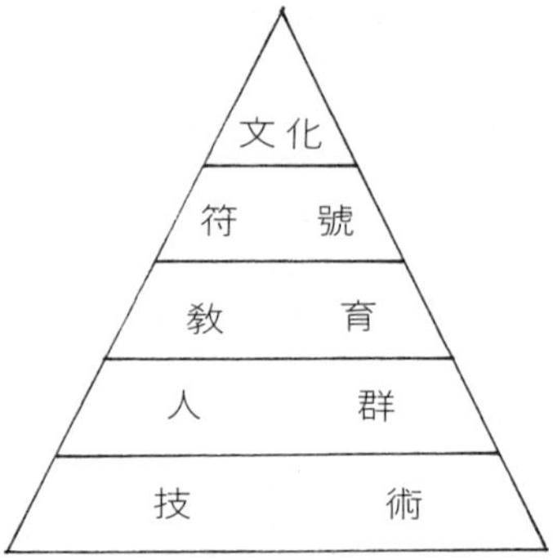

資料來源：Thomas J. Sergiovanni(1984b)"Leadership and Excellence in Schooling," *Educational Leadership.* 41(5),p.9 And also cited by Lawrence F. Rossow(1990). *The Principal-ship: Dimensions in Instructional Leadership.* New York: Prentic-Hall Inc. p.19.

■ 領導密集理論

領導須涵蓋多種層面，Sergiovanni(1984b，p.6)認為學校領導者於推動校務時，有下列五種領導力可予以運用：技術、人群、教育、符號與文化。

這五種領導力由低而高構成領導力階層(Leadership Forces Hierarchy)。茲將領導力階層及其與領導角色、相關理論等提昇學校卓越性的關聯性，列表如17-4及表17-5所示。

表17-5　領導力與學校卓越性

領導力	領導角色	理論建構	實例	部屬反應	與學校卓越性之關聯
1.技術力	管理工程師	・計畫與時間管理技術 ・權變領導理論 ・組織結構	・計畫、組織、協調與進度 ・控制策略與掌握情境以求效能	將人視爲機器的管理引起部屬對效率要求之漠然，但對無效率之管理則採低容忍的態度。	如呈現此二種動力僅表有能力達成或維持日常校務，尚不足以達到卓越境界。 如未表現此兩種力量則學校未具效能，同時士氣低落。
2.人群力	人群工程師	・人群關係視導 ・聯結了動機原理 ・人際關係能力 ・衝突處理 ・群體團體	・給予支持 ・鼓勵成長與創造 ・建立與維持士氣 ・參與決策	人際需求高度滿足 喜愛領導者與學校，並持積極的人際態度推展校務，令人愉悅的校園氣氛。	
3.教育力	臨床實踐家	・專業知識與態度 ・有效教學 ・教育計畫 ・臨床視導	・診斷教育問題 ・教師諮商 ・視導與評鑑 ・提供進修 ・課程發展	服從領導者專業能力並能提高工作動機，感謝所提供的幫助與關心。	對卓越性而言，較前二項更具有關聯性。
4.象徵力	首長(教頭)	・選擇性的關注 ・目地化、意義化 ・塑造模範、榜樣	・巡視校園 ・教室訪問 ・認識學生 ・主持各項活動與典禮 ・提供一致性的遠見	瞭解什麼對領導者與學校是重要的，有層次與方向感，樂與他人共享此種感覺，以提高動機與奉獻爲回應。	若無學校卓越性必具之壓力，對學校之效能亦無負面影響。
5.文化力	主教	・組織氣候、大家族、文化 ・緊密結合的價值，鬆散組織結構系統 ・意識型態 ・動機理論	・闡揚學校目標與使命 ・新進人員社會化 ・敍述故事與加強想像或創造之人或事物 ・標明組織特色 ・發展或呈現象徵系統	成爲學校一意識形態的信仰者，爲強勢文化中的一員，具有個人重要性與意義性，引起強烈動機做有意義性之工作	

資料來源：Thomas J. Sergiovanni(1984) "Leadership and Excellence in Schooling," *Educational Leadership,* 41(5),p.12. And also *Dimensions in Lnstructional Leadership.* New York: Prentic-Hall Inc. p.19. pp.21-22.

領導的文化與符號觀點指出，組織的參與者經由長時間的互動，而發展並創造出足以影響他們知覺和行動的各種共識。可將這些共識界定爲組織的「文化」，也就是具有支配性質的價值、規範、哲學、規則及氣氛，而這些文化能視為語言使用的方式、權力的分配與作決定的方式，特別是具有組織意義的符號、過去的事蹟、神話及傳記文學等(Deal & Kennedy，1982；Selznick，1957)。文化也可被視為「連結組織的社會性或規範性黏膠物，並代表組織成員所共享的價值或社會概念及信念」(Smircich，1983，p. 344)。

有些學者和分析者提出，一位成功的領導者之所以成功乃是由於他們能闡明並影響文化的規範和價值。創造新的象徵符號和神話、發展組織的偉大故事(Clark，1972；Martin et al., 1983)、建立及增強一致性的價值，並以其他的方式改變組織文化的性質(Deal & Kennedy，1982；Peters & Waterman，1982；Schein，1985)。這些都是期望領導者能形成文化的途徑，並據以導致增進對組織的承諾、參與者的動機及組織的卓越性。領導者管理文化使之適應組織策略的目的，這種領導被認為是「意義的管理」(the Management of Meaning)。(Bensimon，Neumann與Birnbaum，1989，p.21)

領導者能影響文化，可是事實上文化是「經過管理的」。文化可視為迫使個別的領導者作決斷，而不是任由領導者的操弄。不以非凡的或英雄式的領導而發展組織的意義是不正常的，更確切的說，其意義的發展乃經由組織成員每日不斷的行動與互動而來。領導者若不對組織文化的期望有所鑑賞及運作時，也許就會失去他們的影響力及權威。

第六節 認知理論

領導的認知理論與符號研究途徑關係密切，並強調領導係源自於組織的社會認知。在許多方面，領導是一種社會歸因——由觀察者運用解釋，以協助他們對組織的事件賦予意義。此種解釋通常係由具備領導職位的個人角色所直接引導的。領導者可經由下列的各種因素而體會到形成組織的因素。如：部屬的期望；領導者所具有與眾不同的特色；人類重視社會秩序的需求及尋求形成仇恨事件及後果的成因；或是領導者順應部屬對其所期望的標準模式等。(Bensimon, Neumann & Birnbaum，1989，p.23)

領導與增強組織意義結構的神話相關聯，而此神話有助於參與者相信個人控制的效能，並影響領導者和部屬的知覺，所以領導者可能會對他們自己本身的績效，產生誇張性的信仰。如領導者的特徵，或許是較從知覺而來的比從領導的方式獲得更多。「經驗似乎顯示，較能感受控制情境的結果，可能更會增進個人達成工作目標的信心。」(Fiedler & Garcia，1987，p. 41)

有選擇性地專注某一事務及判斷傾向的認知過程能使領導者成功而享盛名，並將成功歸因於能力與努力等內在因素，若是失敗時，他們會將失敗歸因於運氣及工作的困難度等外在因素。(Bradley，1978，pp.57－71)

認知傾向容許部屬「看」到領導效果的事實，即使此事實不存在時亦須如此(Bensimon, Neumann & Birnbaum ，1989，p.24)。例如，當團體成員獲知在工作上成功時，則比獲知失敗時更能感受到他們有好的領導者。即使在缺乏支持性時，極端好的或壞的組織工作表現可能會將其歸因爲領導者的因素。若僅強調對某人注意而作爲事件的可能形成因素，將影響判斷該人在形成事件因素上的程度。若期望領導具有創造性的角色，部屬可能將組織的效能歸因爲領導者行爲的結果。而吾人也可能相信領導者將會導引事件的發生。成功的領導能區分他們與組織是否失敗及成功之間的關聯性。他人對領導者效能的評估或許與領導者的工具性行爲(即是領導型態)較不關聯，而與部屬對領導者之領導的知覺較有關。

第七節

領導的新典範——轉化領導

Bryman(1992，p.113)認爲1980年代以後，領導已成爲組織研究的主要焦點，探討組織領導的主題雖然有稍許的差異，但大多在分析領導者所具有的遠景、授權、激勵部屬、對組織現況的挑戰及採取積極前瞻性的視野，也就是分析領導者激發部屬工作動機，及提高組織成員對組織的投入與增進工作績效。Bryman (1992) 將這些領導的研究稱爲「新型領導」(The New Leadership)。

Bryman (1992) 對「新型領導」的分析，歸納出下列的主要特徵：

1. 強調對組織具有的遠景及任務感，而不僅是作計畫。

2. 強調組織的遠景具有激發部屬的特性，而不僅是權責的分配。

3. 激發並提昇部屬工作動機，而不僅是予以控制及解決問題。

4. 創建變遷與改革的契機，而不僅是依往例行事及維持組織的平衡。

5. 授權部屬而不僅是保留權力。

6. 營造及激發部屬對組織的參與、投入，而不僅是使部屬服從。

7. 激發部屬能作額外的努力，而不僅是強調部屬做份內的工作。

8. 強調組織成員之間的利益和領導者的直覺，而不僅是公平與合理性。

9. 強調對環境採取積極主動、未雨綢繆的態度，而不僅是被動的反應。

新型領導者的特徵，在 1989 年代以後，Bass (1985)、Bennis 與 Nanus (1985)、Peters 與 Waterman (1982)、Tichy 與 Devanna (1990) 等的轉化領導研究中都可發現。但是依 Bryman (1992) 的分析，「新型領導」尙包括魅力領導 (Charismatic Leadership)、遠景的領導 (Visionary Leadership)。然而研究者依文獻的分析，有的學者 (如Burns，1978) 不喜歡魅力 (Charisma) 此術語，而以「英雄式的領導」(Heroic Leadership) 取代之，並視爲轉化領導者的行爲表現。Bryman (1992，p.104) 的研究指出有的學者(如Avolio & Gibbons，1988) 認爲魅力與轉化領導有混淆重疊之處，而稱爲「魅力／轉化領導」(Charismatic／Transformational Leadership)。但依Bass (1985) 的研究，魅力與遠景都是構成轉化領導的要素之一。

轉化領導者是組織文化的導引者、型塑者，他的領導行爲具有某種象徵性的意義，同時轉化領導者也包含 Bryman (1992) 所謂「新型領導」的特徵。因此，轉化領導的研究可說是組織領導研究的新典範，並與組織文化有關，而其研究的目的之一則在探討如何使組織更有效能。

圖17-7　領導者與部屬在轉化領導中關係圖

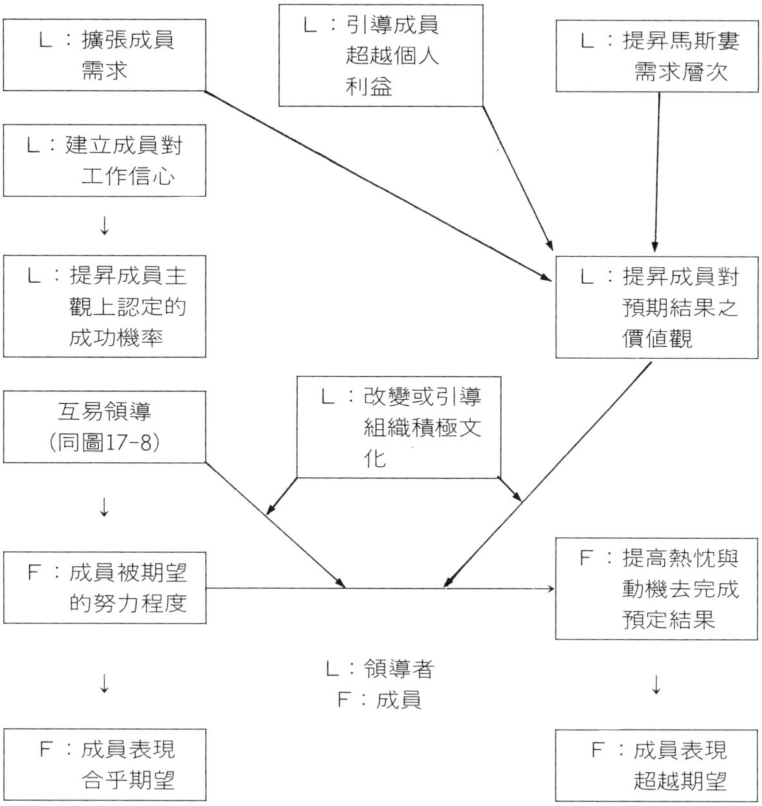

資料來源：Bernard M. Bass (1985). *Leadership and Performance Beyond Expectations.* New York: Macmillan. p.23.

■ 轉化領導的涵義

Burns於1978年首先提出轉化領導（Transforming Lerdership）與互易領導的概念，Burns (1978) 的Transforming Leadership強調領導者提昇部屬積極正面的道德價值與更高層次的需求。Bass (1985) 所提出的轉化領導（Transformational Leadership）則強調領導者激發部屬的動機，並促使部屬對組織更忠誠，且Bass並不排斥部屬較低層（如安全、生存及經濟上）需求之滿足。

轉化領導強調領導者運用領導策略，激發部屬提昇工作動機，並提昇部屬工作滿足的一種領導。Bass（1985，p.23）將領導者與部屬在轉化領導中的關係，以圖17-7表示之。由圖17-7可知，領導者引導部屬超越其個人的利益，及提昇其需求的層次與對工作預期結果的價值觀。而部屬受到激勵後提高熱忱與動機去完成預定結果，且超越其期望。

學者依轉化領導的內涵與特徵而賦予特定的名稱，例如，轉化領導是一種附加價值的領導（Value-Added Leadership）（Sergiovanni，1990a；1990b）、非常特別的領導（Extraordinary Leadership）（Kirby、Paradise與King，1992）、進步取向的領導（Progressive Oriented Leadership）（Liontos，1993）、倫理道德的領導（Ethical Leadership）（Nolan，1993）、遠景的領導（Visionary Leadership）（Rodgers，1994）。其中Sergiovanni所提出的附加價值領導，事實上已包含所有轉化領導的內涵。茲將附加價值領導內涵（Sergiovanni，1990a，pp.14-29）所強調的層面撮要如下：

1. 強調「領導」而非僅是「管理」——

領導所強調的是「做對的事」（Doing the Right Things），管理則是「把事情做對」（Doing Things Right）；領導旨在解決問題，是偏重策略的層面；而管理則係遵循指示而行事，是偏重技術的層面。

2. 強調進一步的「工作表現」而非僅是「參與」——

工作表現的本質是內在的，組織成員對其工作有較深的滿足感，而參與則是一種契約性的需求，具有外在的性質。

3. 強調「符號與意義」而非僅是「操弄情境」——

領導應是創造組織象徵性符號的意義與文化層面，而不僅只是注重操弄情境而已。

4. 強調「目的性」而非僅是「計畫性」——

成功的學校領導應是在所有的成員中建立共識，而此共識一方面旨在指引學校的方針，另一方面則提供所有成員的機會，以發現學校生活的意義。

5. 強調教師和學校的能力而非僅是給予的方向——

不僅要使教師具備對其工作有辨明、支持、導引的能力，同時更重要的是校長、教師、家長、學生等皆有能力建設具有特質的學校。

6. 強調「績效責任」而非僅是「監控」——

教師與學校實作表現的監控並不能替代眞正的績效責任，它僅是績效責任的一種過程。

7. 強調「內在的動機」而非僅是「外在的動機」——

傳統的管理理論強調外在的動機，具有以物易物的性質，其所依據的原則是：「要獲得什麼酬賞就怎麼做。」(What Gets Rewarded Gets Done)而附加價值領導則是與道德及心理有關，強調內在的動機，其所持策略是「酬賞係在工作的意義中」(What Is Rewarding Gets Done)，而且要激發並提昇部屬更高層次的道德與心理層次。在此種領導之下，即使是別人沒有看到，或外在酬賞稀少，或酬賞不存在時，部屬都會因該事件的重要性而去行使。

8. 強調「同僚的合作關係」而非僅是「意氣相投」——

學校氣氛若是友善的、愉快的及和諧的，則僅表示學校會有意氣相投的團體(Congeniality)。而這種意氣相投雖然能令人愉悅，但並不表示學校會有較好的工作表現或具有某種特色，而須視對學校教育的價值與信念而定。同僚的合作關係(Collegiallity)係強調教師與校長共享工作的價值，彼此在工作上親近和互相協助。附加價值的領導視意氣相投爲建立同僚合作關係的一種副產品，而不是一種目的。

9. 強調「爆發性的領導」而非僅是「計利的領導」——

成功的領導者對組織的事項會花費額外的時間去處理，並為達到某一目的而付諸強烈的情緒，且能把握事情的主要關鍵。他們對組織賦予極深的情感，但當事情的進行不順利時，他們也會爆發出非常不悅的情緒。

此種爆發性的領導(Leadership by Outrage)是一種象徵性符號的附加價值領導，其所隱含的溝通及其所代表的象徵意義是重要的，且其所獲得的回饋並不全都是可計利的。

圖17-8　領導者與部屬在互易領導中關係圖

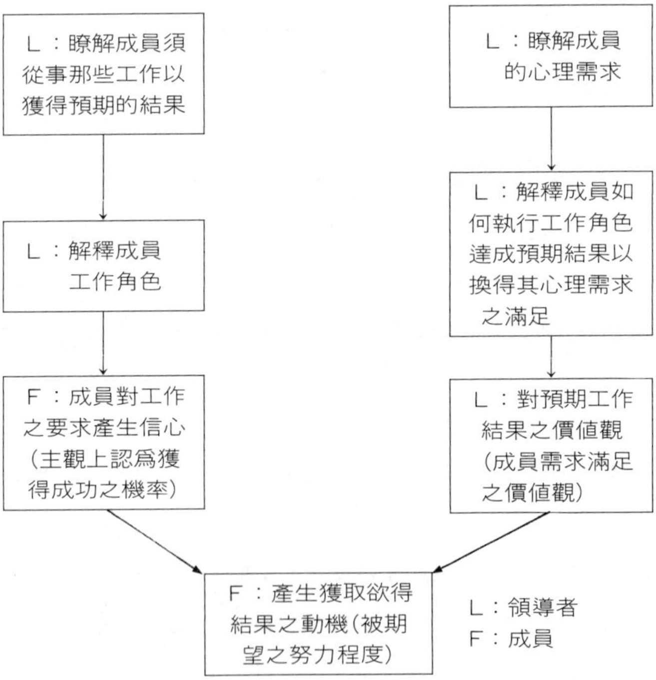

資料來源：Bernard M. Bass(1985). *Leadership and Performance Beyond Expectation.* New York: Macmillan. p.12.

互易領導涵義

互易領導強調領導者與部屬之間的關係是互惠的，且是基於經濟的、政治的及心理的價值之互換。領導者以磋商、妥協的策略，滿足部屬的需求，以使部屬工作的一種領導。因此，互易領導是一種以物易物的領導。(Leadership by Bartering)。(Serviognni，1990a，1990b)

Bass(1985, p.12)將領導者與部屬在互易領導中的關係以圖 17-8 表示之。由圖17-8可知，互易的領導者瞭解及澄清部屬為獲得預期結果所扮演的角色和工作，並給予部屬充分的信心以作必要的努力，俾使部屬獲得需求上的滿足。因此，部屬被期望的努力程度可轉變為被期望的工作表現(Bass, 1985, p.12)。

圖17-9 互易與轉化領導模式

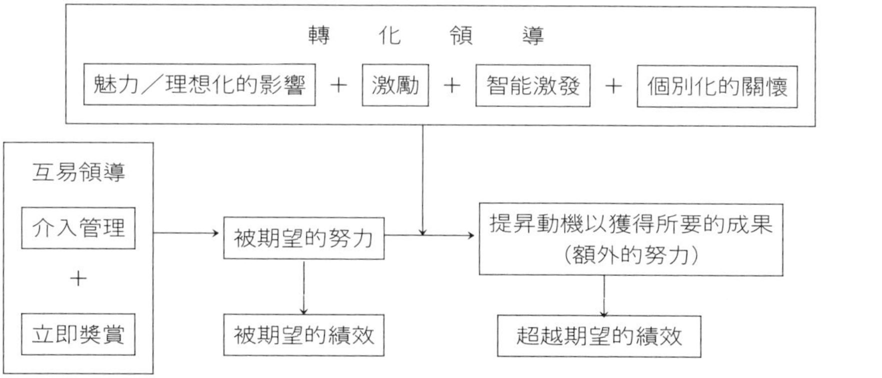

資料來源：Bernard M. Bass & Bruce J. Avolio(1990). *TRANSFORMATIONAL LEADERSHIP DEVELOPMENT: Manual for the Multifactor Leadership Questionnaire.* Palo Alto, California: Consulting Psychologists Press, Inc.. P.12.

■ 轉化領導與互易領導的模式與比較

轉化領導與互易領導二者的差異，主要在於轉化領導係在提昇部屬的期望與需求，領導者與部屬間的關係是由領導者所導引的，改變組織的文化，領導者是一具有遠景的變革者。互易領導則強調領導者與部屬間的關係是基於互惠的原則，僅在於滿足部屬的期望與需求，領導者傾向於運用磋商過程的管理角色，維持組織既有的文化。

有關轉化領導與互易領導二者的模式，Bass與Avolio (1990,p.12) 以圖17-9表示之。由該圖顯示，轉化領導（含魅力／理想化的影響、激勵、智能激發、個別化的關懷等層面）者付出額外的努力，旨在提昇部屬動機，以獲得所要的成果，組織的績效超越原來的期望。

在互易領導（含介入管理與立即獎賞）中，部屬的努力僅是在預期範圍之內，且組織的績效也僅是與部屬的努力相等而已。假如轉化領導與互易領導的策略併同運用，則會達到超越原來所期望的績效。

在轉化領導與互易領導的差異比較方面，研究者綜合文獻後，以表17-6將轉化領導與互易領導的理念比較如後。

表17-6　轉化領導及互易領導比較摘要表

	轉化領導	互易領導
領導者與部屬之間的關係	1.經由提昇部屬對工作預定結果之重要性與價值的瞭解與知覺，而激發部屬去做比他們原先期望更多的事 2.鼓勵部屬爲組織而超越其自身的利益 3.改變部屬在馬斯婁的需求層次，或擴充他們需求的範圍	1.認識並瞭解部屬的需求是什麼 2.對部屬的努力所要求的獎賞予以承諾和互易 3.部屬從工作中獲得立即的自我利益
特徵	1.提昇並超越部屬的需求與期望 2.領導者與部屬之間的關係主要是由領導者所導引的，強調道德與心理的層面。 3.改變組織文化 4.做對的事 5.強調領導的層面 6.附加價值的領導 7.文化與符號的領導 8.道德的領導 9.具有領導魅力 領導者透過諸如自信、意識型態上的態度、似戲劇性及情緒上的表現而令人尊重與信任，或領導者具有吸引力等的個人動力，以激發部屬對組織忠誠及參與的能力，並具有前瞻性的遠景，領導者有令部屬心悅誠服的特質或行爲 10.鼓舞部屬的領導 領導者對部屬寄予厚望，並以簡單的方式表達重要的目的，及藉由象徵性符號及具有情緒性的說服力，而增進部屬對目標進一步的瞭解與努力 11.智能的激發 領導者提供部屬智能的及問題導向的指針，並以創新的方式處理舊的問題，及強調以合理性解決問題 12.個別化的關懷 領導者關心部屬個人的需求；爲激發及創造學習經驗，領導者充分授權；領導者尊重每一位部屬	1.滿足部屬的需求與期望 2.領導者與部屬之間強調互惠及相互影響的關係，並以磋商、討價還價的過程達到意見的某種一致性 3.維持組織文化 4.把事情做對 5.強調管理的層面 6.以物易物的領導 7.互惠獎賞 領導者使部屬淸楚地知道，要獲得怎樣的獎賞就必須完成某種程度的工作；領導者與部屬彼此爲工作結果的獎賞而互相約定；互相協議的工作越有績效獎賞越好 8.介入管理 在積極方面，領導者能注意並瞭解事務的推行未能符合約定的標準時，而作必要的介入或修正；在消極方面，當部屬將所約定的事情做錯時，領導者給予負性的回饋

資料來源：張慶勳（民85）。〈國小校長轉化、互易領導影響學校組織文化特性與組織效能之研究〉。國立高雄師範大學教育學系博士論文。頁38。

第十八章

決 定

不論是何時、何地、任何領域，作決定是一種普遍存在的行爲。任何時間我們都是在可供選擇的變通方案中作選擇，也就是在作決定。作決定是所有行政人員的主要責任。如同所有正式組織一樣，學校基本上是一種作決定的結構。因此，作決定的過程對所有學校行政人員而言是必要的條件。

「作決定是行政歷程的中心所在，作決定更是任何行政組織運作成敗的重要關鍵」(吳清基，民 78，頁 3)。Thomas J. Sergiovanni 與 Fred D. Carver (1980 P. 306) 指出「作決定是行政與教育活動的中心，也是瞭解行政效能的基本概念」。而學校行政決定是學校行政運作的中心功能，它貫串作決定之抉擇與執行，攸關學校行政運作之成敗至深且鉅，更是今日學校行政探討的重點所在。

由於作決定是行政組織的一個重要功能，從最廣泛的政策事件到最偏狹的專門技術問題，都將涉及到作決定的過程。且組織中的任何行爲都將與作決定有關。

本章主要是從作決定的模式綜合探討學校組織的決定行爲。爲了要分析作決定過程的模式，宜先瞭解決定的性質，因此，本章分別就決定的性質與種類加以討論，並分析作決定的過程模式(亦稱決策模式)如後。

第一節 決定的性質

英文的「Decision Making」在國內的譯名不一，且其本質、目的皆有所不同。茲將國內外學者對Decision Making的界定撮列如表18-1所示。同時根據黃昆輝(民81，頁406)的歸納與吳清基(民78)的比較說明如後，俾對Decision Marking有一概略的認識。

表18-1　Decision Making的譯名與性質

翻譯者	譯名				性質
	決策	作決定	決定	行政決定	
易君博(民64)	∨				決策是一種過程，即指決策者爲達到想像中未來事務的狀態，從社會所限制的各種途徑中選擇一個行動計畫的過程。
朱承武(民66)	∨(作決定)				決策（作決定）就是選擇，即是基於某些標準，從數種不同的可能行動或策略中，擇取一個行動或策略的程序。
張金鑑(民67)				∨	行政決定是一個機關爲達成其任務時，在實際活動中，就若干可能的行動與方法作最佳的抉擇過程。
王家通 曾燦燈(民75，頁345)	∨				意指包括大小行政事務的決定，而不限於高層次的政策決定。
張潤書(民79)				∨	行政決定的意義，是指一個機關爲達成任務或解決問題時，就若干可能的行動與方法作最佳的抉擇過程。
謝文全(民79，頁121-122)			∨		決定(decision making)泛指所有的抉擇；決策(policy-making)則只指政策的決定而已。
吳清基(民78，頁13-14)		∨			作決定乃指具有相對權責的個體或組織，在面臨問題解決或行爲抉擇之際，依據一定的價值標準或目的期待，從許多不同的可行變通方案中，試圖去找尋一種最佳的或令人滿意的可行變通方案，以期求獲致理想有效的問題解決結果的行動過程。
蔡培村(民79，頁175)			∨		決策與決定二詞在意義上，並無絕對的差異，政策(policies)係建立了行動的方向，用以指引執行各項作爲所須作的各項決定(decisions)，而決策乃指政府在制定重大施政計畫所做的決定。
黃昆輝(民81)			∨		見本章相關敘述

說明：本章將決定意指各種大小不同層面的抉擇過程與執行該抉擇的行爲；決策意指政策性的決定。

在國外學者方面，最常被提到的有下列幾位，如：

Herbert A. Simon (1960, P.1)：認爲Decision Making 與管理同意，它是在可行變通方案中作選擇(choice)的最終行動，且是整個決定(decision)的過程。

Chester I. Barnard (1938, P.185)： Decision Making 係爲了達成某一目的，從兩個以上的待決方案中選擇一個方案的合理行爲。

Donald Taylor (1965, P.48)：「做決定乃是在可行變通方案的行動方向中，對抉擇結果的思考。」

Wayne K. Hoy與Cecil G. Miskel (1987, P.306)：Decision Marking不僅是在作成決定，而且是要付諸實施的過程。

Alvar Elbing (1978, P.9)：Choice Making 即是 Dicision Making 的主要特徵。抉擇可以在簡單情境中，亦可以在複雜的情境中，但不管如何，在所有可行的變通方案中作一選擇，似是作決定的主要概念。

Gregory Moorhead與Ricky W. Griffin (1989, P527)：Decision Making 是在幾個變通方案中作一選擇。

黃昆輝(民 81，頁 466)歸納國內外學者對 Decision Making 的翻譯與界定，而分成下列四項說明如後：

1. 界定的名詞方面

部分學者用「決定」二字，亦有用「決策」一詞者，另外若干學者則用「行政決定」一詞。

2. 決定者方面

有的認爲是行政機關，也有的泛指一個人，更有些在定義中根本未予提及。

3. Decision Makind的本質

有的認爲作決定(或行政決定)是一種選擇(或抉擇)的過程，但也有人認爲是一種選擇(或抉擇)的行爲。

4. Decision Making的目的

在定義中，有的敍述了爲何作決定，而有的卻隻字未提。

由此可知，各家對Decision Making所下定義，在基本內涵及實際精神上，可說相當接近，甚至大致相同。他們都一致認爲行政決定，乃是在數個變通方案(辦法)中作一個較佳的選擇。(黃昆輝，民81，頁466)

最後，黃昆輝(民81，頁466-467)，將「教育行政決定」界定如下，並作要點的分析。此一界定與分析可供學校人員參考。

「教育行政決定，乃是教育(學校)行政人員爲圖教育的發展與進步，對一個待決的問題，依其權責，透過正式組織的運作，研求若干變通方案或方法，並從而作較確當合理之裁決的一種過程。」

從這個定義中，可以作下列五點分析：

1.教育行政決定的旨趣，在於謀求教育的發展與進步，亦即是教育行政的目標。

2.教育行政人員須依其權責作決定，不宜作別人應作的決定。

3.既依權責作決定，則每位行政人員皆有作決定的機會，只是所作決定之性質有所分別而已，有的作政策性決定，有的則作一般性決定。

表18-2　決策與決定之比較表

名稱 項目	決　策	決　定
範　圍	小	大
性　質	特定政策性	一般事務性
主　體	階層較高	包括各階層
兩者關係	決策是決定的一部分	

資料來源：王政彥(民79)。〈論教育決策的參與〉。《現代教育》。第18期，頁72。

4. 作決定有時雖須藉助於非正式組織，但任何決定須透過正式組織的運任，才能具有法定效力。

5. 要作確當有效的決定，宜針對問題，思索研求若干變通方案或方法，並權衡其利弊得失，最後作最佳的裁決。

由於對Decision Making的譯名與界定不一。有關決策、決定的區別，吳清基曾將「決策」與「決定」二者加以比較，茲列表如18-2所示。

圖18-1　作決定的基本要素

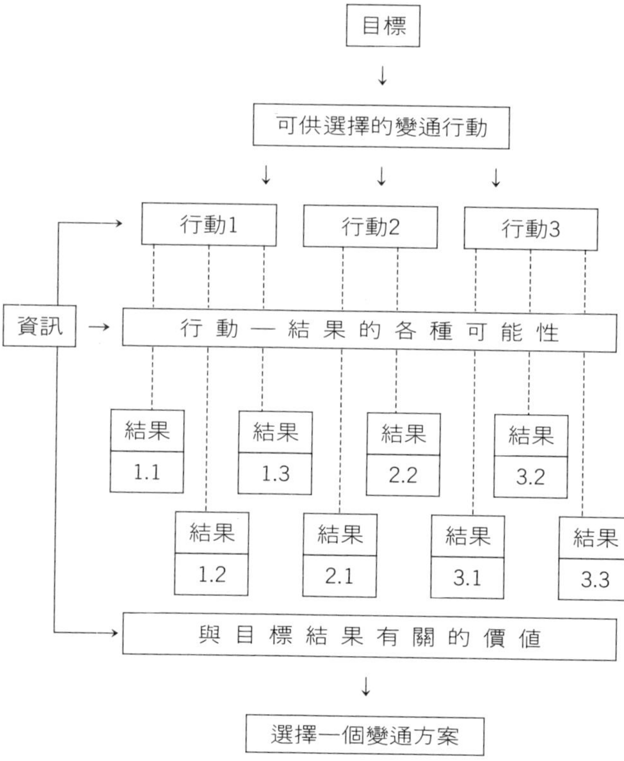

資料來源：Gregory Moorhead & Richy W. Griffin(1989). *Organizational Behavior.* Boston: Houghton Mifflin. p.528.

Moorhead與Griffin (1989, P.527) 認爲Decision Making係在幾個變通方案中作一選擇，因而他們將Decision Making的基本要素列圖如18-1所示。依該圖可知，作決定者的行動係受目標所引導的。每個可供選擇變通行動與各種不同的結果相聯結，訊息可在變動方案中加以有效利用，而每一種結果都可能發生，且每一種結果的價值都與目標有關。

第二節

決定的類別

有關決定的種類，可依不同的標準而有不同的類別。如1.依決定的主體可分爲組織的決定(Organizational Decision)與個人的決定(Personal Decision)；2.依決定資訊來源的確定性與否，而可分爲確定性決定(Certainty Decision)、風險性決定(Risky Decision)與不確定性決定(Uncertainty Decision)；3.依決定的態度可分爲積極性決定(Positive Decision)與消極性決定(Negative Decision)；4.依決定的技術可分成程式化決定(Programmed Decision)與非程式化決定(Unprogrammed Decision)；5.依決定的時機可分成居間的決定(Intermediary Decision)、請求的決定(Appellate Decision)與創造的決定(Creative Decision)；6.依決定的層次可分成策略性決定(Strategic Decision)、行政性決定(Administrative Decision)與運作性決定(Operating Decision)；7.依決定的呈現形式可分爲敍述性決定(Descriptive Decision)、類比性決定(Analogic Decision)與符號性決定(Symbolic Decision)；8.依決定的問題性質可分成事實的決定(Factual Decision)與價值的決定(Value Dision)。(黃昆輝，民81，頁474-483)

上述的分類係依不同的標準所作的分法，然而每一種分法並不是全都屬於某一種類別的決定，有時尙兼及其他種類的決定，例如，組織中的個人可作非程式化的決定，而組織的決定常是屬於程式化的決定等。雖然如此，黃昆輝(民81，頁483)仍認爲作決定的分類依據，最主要應包含兩項劃分的標準：即決定的組織層級和決定的問題性質。亦即是說，要區分任何一項決定的不同，不但要看此項決定是由何層人員所作，而且還要看所處理的問題究竟屬於何種性質。因爲唯有根據這兩種分類的標準，所作決定的分類，才較能切合組織運作的實況及分工的要求，也較可掌握作決定的性質。據此而論，決定可分爲兩大類：即政策性決定與非政策性決定。而非政策性決定又可分成執行性決定與事務性決定。

茲將決定的類別加以比較如後。(見表18-3)

表18-3　決定的分類比較表

<table>
<tr><td>比較內容種</td><td colspan="4">決　定　的　類　別</td></tr>
<tr><td>分類標準類</td><td colspan="2">組　織　的　決　定</td><td colspan="2">個　人　的　決　定</td></tr>
<tr><td rowspan="1">決定的主體</td><td colspan="2">1. 組織成員經授權，共同致力達成組織目標
2. 偏重政策性或原則性問題
3. 旨在達成組織目標</td><td colspan="2">1. 組織成員未經授權，完全依個人身分或意圖作決定
2. 作決定者有絕對獨立的自主權和自由意志
3. 偏於個人目標的達成</td></tr>
<tr><td rowspan="2">決定的資訊</td><td>確定性決定</td><td colspan="2">風險性決定</td><td>不確性決定</td></tr>
<tr><td>1. 有完整的資訊來源
2. 對所作決定的後果較有把握</td><td colspan="2">1. 未能完全掌握資訊來源
2. 未能完全確定決定的結果
3. 決定結果有一定的範圍或可能的機率可評估</td><td>1. 完全無法獲得資訊來源
2. 對決定的結果完全無法掌握，也無一定的範圍和機率的可能性可言</td></tr>
<tr><td rowspan="2">決定的態度</td><td colspan="3">積　極　的　決　定</td><td>消　極　的　決　定</td></tr>
<tr><td colspan="3">決定作某些事件、指示行動、終止行動、防止行動</td><td>不作決定的決定</td></tr>
<tr><td rowspan="2">決定的技術</td><td>特　徵</td><td colspan="2">程式化決定</td><td>非程式化決定</td></tr>
<tr><td>決定的型態
頻率、次數
目　標
資　訊
影響的重要性
組織的層級
解決問題的時間
解決問題的基礎根源</td><td colspan="2">極具結構性
重覆的、例行性的
清楚的、專門化的
迅速有效
次要的
較低層級的人員
短暫
決定的原則、制定程序</td><td>結構化較不足
新的、不經常性的
模糊不清的
無法有效利用、管道不清楚
主要的
高層級人員
比較長
判斷與創造性</td></tr>
</table>

表18-3 決定的分類比較表（續）

<table>
<tr><td rowspan="2">決定的時機</td><td>創造的決定</td><td>請求的決定</td><td>居間的決定</td></tr>
<tr><td>1. 由單位主管本身的創意所作的決定
2. 無中生有</td><td>1. 來自於部屬的請求或平息爭端及組織不夠健全</td><td>1. 來自上級機關或長官的指示
2. 強調執行命令
3. 具有承上啓下的性質</td></tr>
<tr><td rowspan="2">決定的層級</td><td>行政性決定</td><td>運作性決定</td><td>策略性決定</td></tr>
<tr><td>1. 由中層管理人員所作的決定
2. 強調將策略性的決定轉化爲具體的辦法</td><td>1. 由運作層級人員所作的決定
2. 強調實際業務的執行</td><td>1. 由組織的高層次人員所作的決定
2. 強調組織的動態平衡
3. 確定組織的大原則、方針
4. 不重視技術或方法的決定</td></tr>
<tr><td rowspan="2">決定的呈現形式</td><td>敍述性決定</td><td>類比性決定</td><td>符號性決定</td></tr>
<tr><td>以敍述說明方式，說明所作決定的內容</td><td>以圖形表示所作決定的內容</td><td>以特定的符號表示所作決定的內容</td></tr>
<tr><td rowspan="2">決定的問題性質</td><td colspan="2">事實的決定</td><td>價值的決策</td></tr>
<tr><td colspan="2">1. 亦稱「描述性決定」
2. 所處理的問題，以事實問題爲主，而不涉及價值判斷</td><td>1. 又稱「規範性決定」或「倫理性決定」
2. 強調以價值判斷作決定而非以純事實的描述作決定</td></tr>
<tr><td rowspan="3">黃昆輝的分法</td><td>政策性的決定</td><td colspan="2">非政策性的決定</td></tr>
<tr><td rowspan="2">1. 所作的決定是屬政策性的
2. 問題較大
3. 決定的層次較高
4. 涉及的價值較深
5. 影響較爲深遠
6. 過程意見較多</td><td>執行性決定</td><td>運作性決定</td></tr>
<tr><td>1. 由組織的中層人員負責
2. 屬承上啓下的性質
3. 注重政策的轉化與實施的溝通
4. 比政策性決定較單純</td><td>1. 由基層人員負責
2. 所處理的事務是屬於例行性的、經常性的、反覆性的、個別性的、事務性的問題
3. 有例可援、依法有據，較容易處理</td></tr>
</table>

說明：本表綜合下列二書歸納而成

1. 黃昆輝（民81）。《教育行政學》。台北：東華書局，頁474-487。
2. Gregory Moorhead & Richy W. Griffin(1989). *Organizational Behavior.* (2nd ed.) Boston: Houghton Mifflin. pp.529-533.

第三節

決定過程模式

作決定除了是組織的中心功能外，並貫通組織運作的歷程。此外，我們也可以說，作決定也貫通我們生活的每一歷程。因爲我們每天都在解決各種不同的問題，而作各種大大小小不同的決定。

Jonh Dewey (1916) 認爲思考的歷程，都是以一些正在發展的事物、尚未完成或尚未實現的事物爲出發點，然後再去推想事物將來的演變及結果 (P. 146)。他提出解決問題的五個思考步驟，分別爲 1. 問題的發現；2. 情境的觀察；3. 認爲需要解決問題；4. 對解決問題形成合理審慎的假設；5. 驗證假設 (P.163)。這種思考過程與決定所具有的選擇變通方案及解決問題的性質有相關聯，也與我們將討論的決定過程模式有關。

有關模式的性質，蔡培村 (民79，頁170) 認爲「模式是一種經驗場合、抽離主要概念或形式的代表，具有眞實的特性，是一套對眞實世界所做的相互關聯的預測」。而林水波與張世賢 (民80，頁18) 對於模式性質的分析，可供吾人參考，茲將其二人的分析條列如下：

1. 模式的建立，是解決人類問題的基本及分析資料價值的先決條件；是瞭解決策過程的關鍵，發現重要變數的良方。

2. 決策者在建立與瞭解某一個問題的過程中，模式提供考慮問題的構架。所以它是一種指南，不致使研究者迷失方向。

3. 模式具有啓發性的功能，它幫助人類組織思想，顯示我們的知識與實際社會的鴻溝，導引我們如何尋求變項間的關係。

4. 模式只是眞實社會的一種類比，而類比不能期望其爲全眞。因爲，我們一方面不得過於重視模式，因一個完美的模式並不意謂其爲眞，模式既不眞也不假，只是所探討的問題之相對而已；另一方面，模式也可能過於簡化而縮小一個人透視的角度，而致使他忽視與其理論或觀察有關的重大問題，以及未考慮到但可能產生的例外。

有關如何作決定的過程或步驟，學者已提出諸多模式可供參考。如：Moorhead與Griffin (1989, PP.533-545) 提出合理性模式 (the Rational Model)、行爲模式 (the Behavioral Model)、實際模式 (the Practical Model) 與 Irving Janis 及Leon Mann的衝突模式 (the Conflict Model)。

Wayne K. Hoy 與 Cecil G. Miskel (1987, PP.316-336) 比較古典模式 (the Classical Model)、行政模式 (the Administrative Model) 與漸進模式 (the Incremental Model) 的區別，並介紹Irving Janis與Leon Mann的決定衝突理論。

林水波與張世賢(民80，頁18-52) 根據 T. R. Dye、A. Etzioni 與 Y Dror 的分類和論點，將公共政策分析的基本模式分成八大類：即是1. 理性決策模式；2. 漸進決策模式；3. 綜合決策模式；4. 機關組織決策模式；5. 團體決策模式；6. 菁英決策模式；7. 競爭決策模式；8. 系統決策模式。

對於林水波與張世賢(民80，頁18-52) 的分法，邱祖賢(民74) 曾以該八種決策模式爲理論基礎，而探討我國高等教育行政決策究竟係屬於何種決策的模式。而蔡培村(民79，頁170-182) 也以該八種模式爲基礎，並參酌有關學者的觀點，而綜合歸納教育政策制定的過程可分爲：1. 問題分析；2. 決策分析，及3. 潛在問題分析等三大階段。

Michael D. Cohen, James G. March與Johan P. Olsen (1972, PP.1-25, also see Michael D. Cohen and James G. March, 1986, PP. 81-91, 211-212, and James G. March, 1988, P. 294-334)依組織所具有的特徵，提出垃圾桶模式 (the Garbage Can Model)。

另外，從學校組織特徵與管理的觀點而言，官僚、同僚與政治模式的決定過程可供吾人參考。(見第十九章) 此三種模式是團體動力學的應用，可供吾人在探討學校組織行爲者的決定歷程時作爲參考。

茲分別就上述1. 理性決策模式；2. 漸進決策模式；3. 綜合決策模式；4. 行政決策模式(滿意策略)；5. 機關組織決策模式；6. 團體決策模式；7. 菁英決策模式；8. 競爭決策模式；9. 系統決策模式等有關決策的模式，綜合論述如後。

理性決策模式

理性決策模式即是Hoy與Miskel(1987, PP.316-317)所提出的古典模式。此一模式假定決定應該是完全合理性的(Rational)，而所謂的理性(Rationality)就是指「一個人在眞實世界或既定的場合中，爲追求心中的目標，根據可用的資料，選擇達成目標的手段的理性行爲」(蔡培村，民79，頁171)。決策者運用最佳的、最經濟有效的可能變通方案之策略，而使目標達到最大的成就。

就理論而言，此種模式所強調的重點有二：1.爲廣博性——決策者須依據完整而綜合的資料對每一個可能的方案進行評估；2.爲理性——所謂理性即是指政策能達成目標的有效程度，愈有效則理性程度愈高(蔡培村，民79，頁171)。但是，這僅是一種理想而已，事實上，古典的／合理性的模式實際上並不存在，決策者幾乎無法獲知所有可能變通方案的資訊，同時也受到個人因素(如價值觀念、學驗背景、人格特質、思維習慣、知識的殘缺不全、預期的困難、行爲可能性的範圍、……)及組織因素(如來自外在的壓力、組織成員的關係、組織對外界的正式承諾、組織內部的傳統、組織過去所作的決定、組織資訊系統的靈通……)的影響，而使決定的合理性形成了有限性。(有關影響決定的因素，見吳清基，民78，頁42-59;Simon, 1976, PP.80-84等。)

雖然理性決策模式有其限制，但是吾人基本上仍是在尋求最經濟有效的變通方案，以獲得最大的利益。下列學者所提出的決定過程，可作爲理性決策模式的例子。如：

Hoy 與 Miskel(1987, PP. 316-317)認爲古典模式的決定過程包括下列七個連續性的步驟：

1.認定問題。

2.建立目標與目的。

3.產生所有可能的變通方案。

4. 考慮每一個所有可能變通方案的結果。

5. 以目標與目的評估所有可能的變通方案。

6. 選擇最佳的可能變通方案，也就是使目標與目的達到最大的效果。

7. 將決定付諸實施並加以評估。

Robert E. Callahan, C. Patrick Fleenor 與 Harry R. Kundson(1986, PP. 429-250)舉出下列四個例子，作爲合理性模式決策過程的步驟。如：

I. E. Robertshaw, S. I. Mecca 與M. N. Rerick(1978)提出的決策過程包括一個前提，三個問題解決的步驟與一個結果。即是：

1. 困擾、需求或問題。

2. 界定問題。

3. 產生各種變通方案。

4. 評估各種變通方案。

5. 解決問題。

Simon(1960, P.2)指出決定包括下面三個階段：

1. 情報(Intelligence Activity)。

2. 設計(Design Activity)。

3. 選擇(Choice Activity)。

Elbing(1978)提出決定有四個步驟：

1. 判斷問題。

2. 發現解決問題的各種變通方案。

3. 分析及比較各種變通方案。

4. 選擇變通方案並付諸實施。

H. I. Ansoff(1971)則提出決定過程有十個步驟：

1. 認識及辨識問題。

2. 判斷問題。

3. 分析及產生可供選擇的變通方案。

4. 策略性的決定。

5. 規劃分析與逐步計畫。

6.規劃的決定。

7.計畫的溝通與領導。

8.各種可能結果的評量。

9.趨勢的評估。

10.提出未來的遠景。

上述的四個例子中，Simon的三個階段相當於Elbing的四個步驟及Robertshaw 等人的五個步驟，與 Ansoff 的前面四個步驟。其中，Ansoff 的觀點已超越了在決定中作立即性的選擇，且包括作決定的第二個層次，即是決定的貫徹執行與追蹤。Callahan 等人(1986, P.250)認爲執行與追蹤通常是作決定(Decision Making)與解決問題之間差異的所在。也就是說，作決定被視爲是解決問題過程的一部分。Callahan 等人(1986, P.250)認爲作決定與解決問題是可以互換的。

又上述的四個例子所提出的決定模式都具有處方性的(Prescriptive)共同特徵，且都告訴吾人「應該」如何作決定。

由上所述，理性決策模式是一種有系統、逐步的決定過程，它假定決策者擁有完全的資訊和目的，並以目標爲導向，而採經濟有效的方法，俾作最佳的決定，以謀取組織最大化的結果。世界上任何組織都會運用理性決策的過程以解決困難的問題，因此，此一模式具有國際觀(International Perspective)的特徵。(Moorhead & Griffin, 1989, P.533)

茲以 Moorhead 與 Griffin(1989, PP.533-534)所提出的理性決策過程圖爲例，將此一決策模式的過程以圖18-2顯示如後。

漸進決策模式

漸進決策模式最初係由 Charles E. Lindblom(1959)所提出的。此一模式強調對政策作持續性的、漸進式的修正，它係以現行的計畫、政策及已有的經驗爲基礎，而致力於增刪或修正現行計畫，而不是全盤檢視各項政策方案。

圖18-2　理性決策過程模式圖

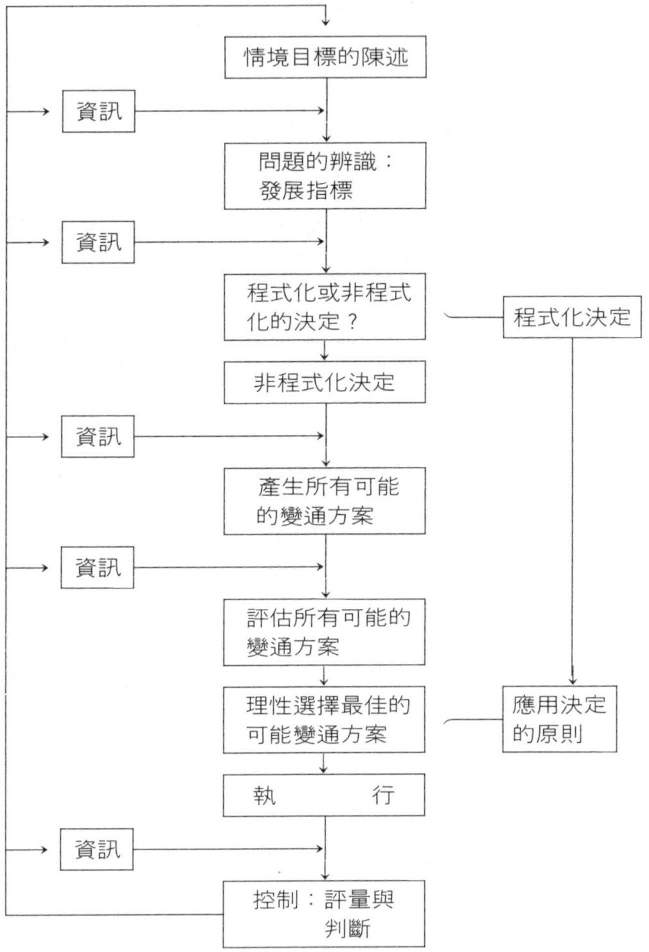

資料來源：Gregory Moorhead & Richy W. Griffin(1989). *Organizational Behavior* (2nd ed.). Boston: Houghton Mifflin. p.534.

此一模式的基本假定係小的漸進之改變將不會對組織產生較大的、不可預測的負面結果。Lindblom指出採取此一模式的決策過程或方法，具有邊際調適科學(Science of Muddling Through)之意味，假如所遭遇的問題是複雜的、有較高的不確定性或衝突時，這種方法也許是確實可行的。若對漸進決策過程的最佳描述，則它是一種連續性的、有限制性的，且與新舊方案作比較的特徵。它並不需要對各種變通方案與結果作客觀性、徹底廣泛的分析，也不須分析那些是樂觀的或滿意結果的決定因素。相反地，決策者僅是對非常有限的變通方案或現有的情境作考量，並以現行的方案爲基礎，而比較其他新方案，俾作修正或增加那些新方案而已。

Lindblom 認爲決策者在決策上的基本策略爲漸進變遷，而這種變遷應是最安全的。因爲人類所擁有的可靠知識，乃是過去經驗的累積，唯一不遭遇風險的變遷之道，乃是繼續以往的方向，限制考慮政策的方案，而只考慮那些與現行政策稍微不同的政策方案。因此，此一模式具有下列三個先決條件：

1. 若現行政策的成果，大體上能滿足決策者與社會各階層成員的需求，則邊際變遷在政策成果上，方能充分地顯示其業已達到可接受的進展程度。

2. 決策者所面對的問題，在本質上必須具有高度的持續性。

3. 決策者在有效處理問題的方法方面，也須具有高度的持續性。(林水波與張世賢，民80，頁30)

由於此一模式並未每年評估整個現存的和被提議的政策，及全盤探討社會的目標，且未依據成本利益的比例，對於每一政策方案列出優先順序，以及基於所有有關的資料作成抉擇。其所以如此，乃是下列的因素所形成：

1. 決策者並沒有足夠的時間、智慧或經費，用以調查所有的政策方案；再者，決策者雖處於電腦化的新時代裡，並未具有充分的預測能力，以獲悉每一項政策方案的將來後果。

2. 由於重大變革之政策將引起嚴重的衝突情況，爲求穩定而採取漸進決策模式。

3. 受到「沉澱成本」(sunk cost)的影響，而排除了任何根本上的變革。(林水波與張世賢，民80，頁25-26；蔡培村，民79，頁172。)

Hoy 與 Miskel(1987, P.330)將漸進決策模式與其他模式比較，而歸納出漸進決策模式具有下列五項特色：

1.所設定的目標與供選擇的變通方案係同時發生的,因此,手段——目的的分析是不適當的。

2.好的決策，係由決策者對變通方案所作的一種認同，但對達到目標而言，卻不是一項最好的手段

3.由於變通方案僅是考慮類似於目前狀況的事件，因此，許多可供選擇的變通方案和結果因被忽略掉，而急劇減少。

4.對此一模式的分析受到現有情況與所提出的變通方案之間的差異所限制。

5.此一方法摒棄理論，而對具體的、實際的變通方案所作的連續性比較予以支持。

雖然漸進決策模式有其適用時機與特色，但是仍有其缺點，茲撮述如後：

1.此一模式的效度有限,在一個相當穩定承平的社會裡,其效度較高。反之，在急速變遷的社會，漸進變遷實不能滿足環境的需求，其有效度較低，亦即是不適用於激烈變遷的社會。

2.此一模式只是墨守成規，維持現狀，不謀求社會革新，而著重於短期的目標和追求過去政策的有限變遷。雖然任何小步驟的累積，均可能導致重大的變遷，然此一模式並未提出累積的良方。

3.所處理的問題必須具有高度的持續性，但是社會是處在變遷的過程中，並非每一項事務皆具有此項特徵，因此其適用時機仍是有限。

茲將漸進決策模式的內涵與過程，以圖 18-3 表示之。圖 18-3 說明了決策者決策過程已予簡化，並化約了價值問題，縮減了全部決策過程的複雜性及問題的解決，而只在於邊際的比較，決策者於邊際之間作選擇，並不全盤考慮每一項計畫或每一方案。

圖18-3　漸進決策模式圖

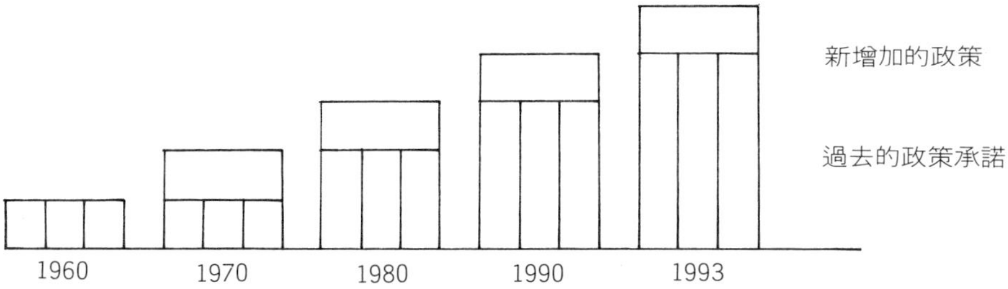

資料來源：修改自林水波、張世賢（民 80）。《公共政策》。台北：五南圖書出版公司。頁 28。

綜合決策模式

綜合決策模式係理性決策模式與漸進決策模式二者的綜合。由於理性決策模式太過理想，常超越決策者的智識與能力範圍，而漸進決策模式又過於守成，有時無法掌握到社會的脈動，接觸到社會的核心問題，因而兩者皆各有所偏。因此，為解決該二種模式的缺點，而有綜視決策模式的產生。

此種模式的決策過程以照相原理來比喻最爲明白，決策者面臨決策場合時，首先利用廣角視野來檢視所有可能的決策方案，但不拘泥於細節，不鑽牛角尖，其次再以狹角的視野來針對第一步驟所檢視過而須特別檢視的地方做深度的探索，而後再下決定。綜視決策模式擷取理性決策模型之長而補漸進決策模式之短，反之亦然。決策者須視實際的情況而定兩者被重視的輕重（蔡培村，民79，頁173）。也就是說，此一模式綜合了理性與漸進兩模式，一方面進行理性模式能做的檢視，但並不徹底地檢視決策者所面對的全部面向；另一方面根據漸進模式的要旨，縮減審查的範圍（林水波與張世賢，民80，頁37）。

綜上所述，綜合決策模式具有下列的優點：

1. 綜合模式擷取理性決策模式之長，補漸進決策模式之短；反之亦然。它完全視實際的情況而定兩者被重視的輕重。

2.綜合模式可以調適急速變遷的環境，它具有制訂適應特殊環境的政策之彈性。有的情況漸進模式勝任有餘，有的情況則非徹底的理性不可。

3.綜合模式顧慮到決策者的能力問題。一般而言，每一位決策者並不具備同樣的能力，凡是能力愈高者，愈能進行更廣博的檢視層次，一旦檢視愈詳盡，決策的過程就愈有效。

不過，決策者究竟在何種情境中宜採用理性決策模式或漸進決策模式，或應用此二種模式的程度應如何？實需要決策者除了要有主觀的條件(如基本智識的培養、想像力的提高、科學的理論訓練)爲基礎外，還要有客觀的條件(如實際的決策經驗)來磨練，方能運用之妙存乎於心了。(林水波與張世賢，民80，頁38-39)

■行政決策模式——滿意策略

在此所提出的行政決策模式即是 Simon(1976)的滿意策略。(Hoy & Miskel, 1987, P.307; Callahan, 1986, P.250)

Hoy 與 Miskel(1987, PP.317-320)認爲 Simon 的滿意策略係以下列的六個基本假定爲基礎。該六個基本假定分別爲：

基本假定 1

> 「決策歷程是一種事件的循環，此一循環包括：某一困難問題的辨認與診斷，經過深思熟慮然後形成計畫以減低困難，開始實施計畫，評鑑執行的結果。」(P.317)

此一基本假定指出，決策的歷程包括五個連續的步驟：1.認識並界定問題；2.分析現況中的困難；3.建立解決困難的標準；4.發展行動計畫或策略，包括各種可行方案的具體說明，及每一種可行方案可能結果的預測、愼思熟慮與可行行動方案的選擇；5.開始實施行動計畫。

茲將Hoy與Miskel(1987, P.320)所列出的決策行動環，以圖18-4表示如後。

圖18-4　決策行動環

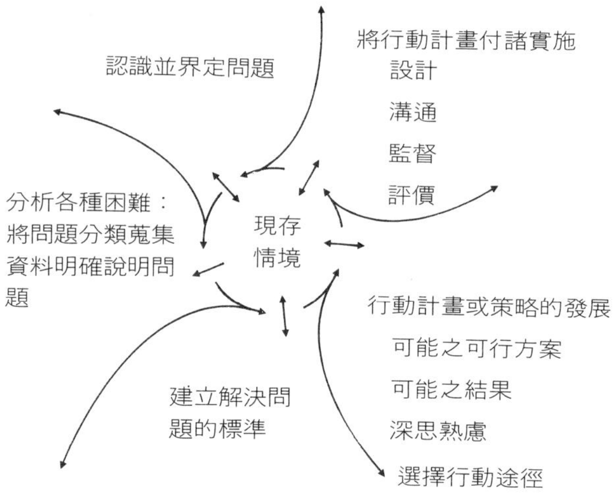

基本假定 2

「行政就是個人或群體在組織結構中進行決策之歷程的行爲表現。」(P.318)

基本假定 3

「完全合理的決策事實上是不可能的，因爲行政人員沒有足夠的知識或能力將決策的歷程擴張至極限，故只能尋求滿意的決策而已。」(P.318)

基本假定 4

「無論從個人或組織的觀點來講，行政的基本功能是提供每一部屬一個作合理性決策的內在環境。」(P.319)

基本假定 5

「在所有的工作中都可發現到決策的歷程具有共同的行動類型。」(P.319)

基本假定 6

「在大部分複雜的組織中，決策歷程實際上均屬於相同且是一般化形式。」(p.320)

茲將 Simon 滿意決策模式的要義擷述如下。

Simon(1976)首倡以「行政決定理論」做爲研究組織理論取向的焦點，而提出「行政人」的「有限理性」、「滿意利潤」，取代「經濟人」的「全知理性」、「最大利潤」的觀點(PP.xxix,39)，爲其滿意決策模式的中心。依 Simon 的觀點，他認爲「經濟人」在實際的組織情境中是不存在的，組織中的個人於作決定時，不能像「經濟人」之具有全知理性，並求取最大化的利潤，而是以其「有限理性」，求取當時認爲是滿意的或夠好的利潤之決定而已，但是「行政人」的行爲仍是要不斷地「企圖理性」，以使所作的決定或所受到限制減低至最低程度。

Hoy 與 Miskel(1987, P.331)曾將理性的(古典的)、行政的(滿意的)及漸進的決策模式比較如表18-4所示。

表18-4　古典、行政與漸進決策模式比較一覽表

古典的	行政的	漸進的
目標的制定先於可供選擇變通方案的提出	目標的制定經常先於可供選擇變通方案的提出	目標的制定與可供選擇變通方案的提出相互糾纏在一起
好的決策是以最佳手段達成最終目標的決策（對決策持樂觀態度）	好的決策是以滿意手段達成最終目標的決策，並在所建立解決問題標準的條件之內（對決策持滿意的態度）	好的決策是決策者所能同意的變通方案，而不是達成目標的最佳手段（對決策的方案採取逐步漸進比較的態度）
從事於綜合性的分析；對所有的變通方案和所有的結果都加以考慮	對於發生問題者加以研究，一直到合理的變通方案被辨識出爲止	對於研究與分析受到極大的限制；強調變通方案與現有的狀況相類似。許多變通方案與重要的結果受到忽略了
極依賴導引作決定的理論	極依賴導引作決定的理論與經驗	基本上，理論不適用於複雜的問題，逐步漸進的比較減少或終止了對理論的需求。

資料來源：Wayne K. Hoy & Cecil G. Miskel(1987). *Educational Administration: Theory Research and Practice*(3rd ed.). New York: Random House. p.

機關組織決策模式

教育政策與政府機關組織的關係，非常密切，嚴格言之，一個政策須經某些政府機關採納、執行與推展。而政府機關賜與教育政策三個顯著的特性：

1.政府賦與政策的合法性：一般而言，政府的政策是有法律義務的，並得以命令全體國民遵守。吾人可能認爲政府之外的團體之政策，也極爲重要，甚至有拘束力。然而，這類政策只能拘束其所屬的成員而已，惟有政府的政策才具有廣博的法律義務。

2. 政府政策的普遍性：只有政府的政策適用於社會上全體的人，其他團體或組織的政策，僅能達及其所屬的成員而已。

3. 政府壟斷社會的強制力：只有政府能將違法者刑之於法，社會上其他的團體或組織所能加諸其成員的制裁者，通常是有限制的。

總之，政府有能，命令全體公民遵守，執行統治整個社會的政策，壟斷合法力的使用，用以激勵個人與團體，執行其所偏好的政策。(林水波與張世賢，民80，頁39-40)

此種決策模式源於政府機關的結構，在某一套結構的特性下，個人或團體可能獲得更大的權力，進而言之，政府機關的結構對於政策的形成，具有重大的影響。此一模式強調機關結構的影響力，而學校教育政策即是學校組織的活動，但卻對於環境因素的影響力較少顧及。

團體決策模式

團體決策模式強調任何時期的行政決策乃是各種利益團體競爭後所達成的均衡狀態。此一均衡狀態取決於利益團體的相對影響力。(如成員的多寡、財富的多寡、組織能力的強弱、領導能力的高低、決策者的接近或遠離，以及團體內部的凝聚力等。)此一模式的基本命題認為團體間的交互影響為政治活動的中心，且是一種事實的存在。因此，此一決策模式係以團體的政治系統為考量的。團體間的相對影響力一旦發生變化，決策即可能隨之改變，決策者必須在團體間的折衝之間，做成各方均衡的決策。

政治系統的主要任務在於建立團體競爭的規則、安排妥協與平衡利益、制訂政策或遊戲規則，而用以規定妥協的方式、執行妥協以解決團體間的衝突。(有關學校政治系統的分析，請參見本書第八章所述。)

要之，團體決策模式乃在於依據團體競爭原則，描述所有有意義的政治活動。決策者在受各利益團體的相對影響力之下，運用磋商、妥協、討價還價的策略，並在各種利益團體的資源分配或利益衝突中，謀取各團體妥協後所認可的平衡點，因此，政策是團體相互折衝後所導致的均衡結果。

此一模式所具有的優點至少有下列二項：

1. 團體可向政府提出威脅到他們福利的問題，促使政府做成必要的決策，俾幫助他們維持生存與發展。

2. 團體視爲其個人與政府的重要橋樑。

有關缺點部分，撮列如後：

1. 決策者受利益團體的壓力，要折衝尊俎不同的要求，易因處理不當而得罪另一方。

2. 決策者在決定時，深受團體之間各種壓力的影響，因此，其所作的決策只是利益團體折衝後暫時性的均衡，又由於事後各團體不斷的繼續互動，其間的衝突與再次的折衝仍是不能避免的。

茲將團體決策模式以圖18-5及圖18-6表示如後。

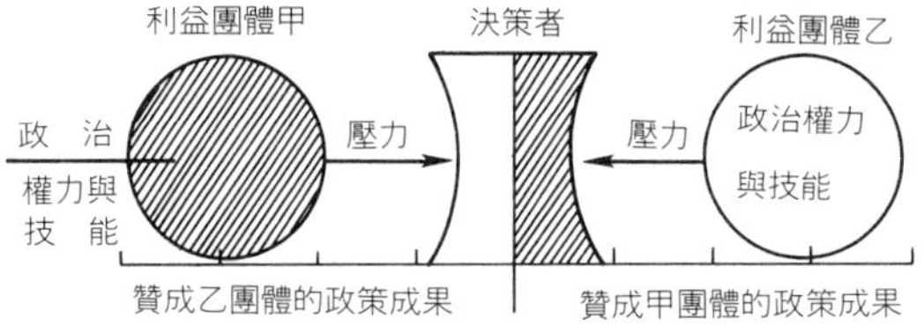

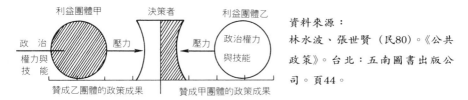

資料來源：林水波、張世賢（民80）。《公共政策》。台北：五南圖書出版公司。頁44。

圖18-5 團體決策模式圖（I）

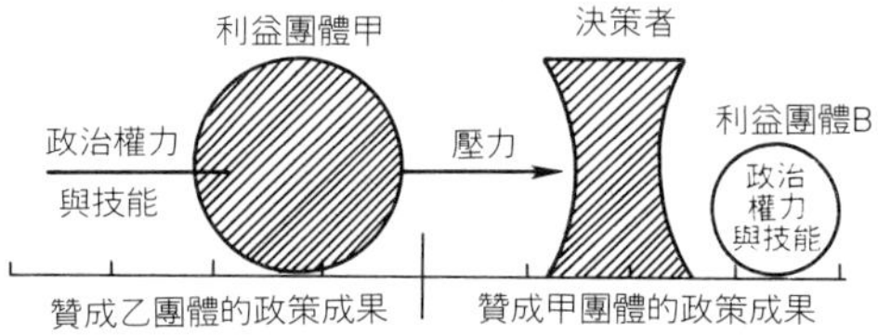

資料來源：同圖18-5。

圖18-6 團體決策模式圖（II）

■ 菁英決策模式

菁英決策模式(Elite Model)係由 T. R. Dye 與 L. H. Zeigler(1975)所提出

的。此一模式認爲社會是由統治者與被統治者所組成。其中，統治者人數較少，他們控制著諸如權力、財富、教育、威望、地位、領導技能、訊息等，且他們是來自社會的上層階級。被統治者係屬於大多數的民衆，且受統治者的指揮與控制。

菁英決策模式認爲社會是由菁英所統治，教育政策所表現的爲菁英的偏好與價值(如圖18-7)。教育人員只執行菁英所決定的政策，政策流程爲菁英到大衆。此種模式強調了少數菁英的影響力，對於大多數實際執行者之意見則較少顧及，在民主理念普及的開放社會中，運用此一模式則須特別謹愼。

圖18-7　菁英決策模式圖

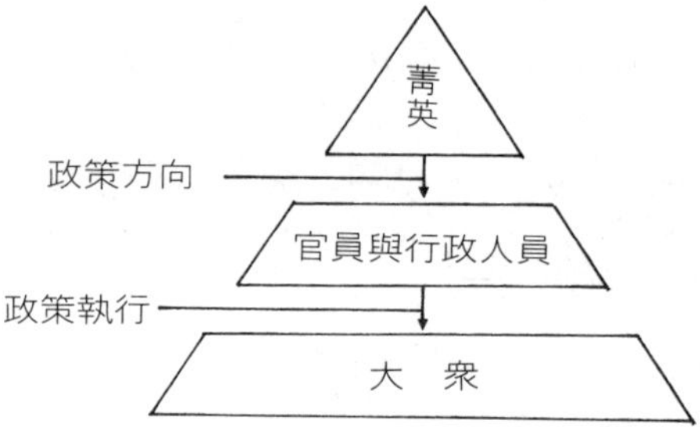

資料來源：同圖18-5，頁47。

競爭決策模式

競爭決策模式係用以分析衝突的情況，在這種情況下，兩個或兩個以上的行爲者彼此競爭爭取價值，這些競爭的對手，在相互競爭時，各自推出自己的策略，造成不同的得失。一般而言，決策者應用競爭模式來幫助他在某一特殊的場合下，建構最佳的策略。

此一模式具有幾個基本的假定：競爭者(players)可確定，各自擁有各自的策略；每一配對的策略有一數值的成果；在充足的資訊條件運作之下，競爭者持有保守的理性，亦即是，假定競爭者或決策者在某一個競爭的場合裡，企圖確保最高平均收益或最低平均損失。(林水波、張世賢，民80，頁48)。簡言之，在此一模式之下，政策為競爭情況下的理性抉擇。也就是我們所常提出的"Game Theory"(在國內的譯名，有博奕理論、遊戲理論、賭賽理論等)之運用。

1. 競爭者可以是個人、團體或政府。

2. 競爭行為不但反映自己的慾望與能力，且反映自己對他人可能的期望。

3. 收益：每一位競爭者所接受的價值，該價值為自己與對手的抉擇之成果。

4. 決策者考慮其對手所可能採取的行動後，在一套達成最佳收益的行動中，做成合理的決定。

5. 理性的策略取決於兩個原則：縮小最大損失或儘量擴大最低的收益，但不企求最大的收益，以免冒太大損失的危險。

在此一模式中，由於競爭者(可以是個人、團體、政府……)有明確的目標且有理性的行為，且各有其策略，這種資訊的提供是公開明確且理性的，有助於抉擇的選擇。

競爭決策模式是理性主義的一種型態，只不過其應用在競爭衝突的場合，且由於決策者的權力大，競爭決策仍須取決於其他競爭者的作為，而不僅決策者自己的行為而已。

此一模式最好的例子就是當二人比賽象棋時，競爭的雙方各自都考慮對方所運用策略，進而自己也運用其認為可贏對方的謀略。雖然競爭的目的是要獲取勝利，但是假如輸時，也不要輸得太慘。這就是我們常說的「零和遊戲」。又我們常說的，「漢賊不兩立」、「不是朋友就是敵人」、「不是你死就是我活」等，都是此種模式的應用。

■ 系統決策模式

系統決策模式為 D.Easton 最早提出來的，此一模式可供我們思考教育政策的另一個方向，教育系統爲了適應周遭的環境壓力，必須隨時採取對應措施，作成必要的決策；環境中所產生的壓力影響教育系統的穩定者爲投入(包括需求與支持)；環境則爲任何條件或情境，被界定在教育系統的境界之外者；教育系統爲相互關聯的結構與過程所形成的團體，其功能在爲某一個社會從事權威性的價值分配；教育系統的產出爲系統的權威性價值分配，以及這些分配所構成的教育政策。政策形成之後加以施行，並且作出回饋反應的評估，然後視個人或團體對教育政策的需求，與接受支持政策結果而再次的投入。茲以圖18-8顯示系統模式中，政治活動與教育政策的概念。

圖18-8　系統決策模式

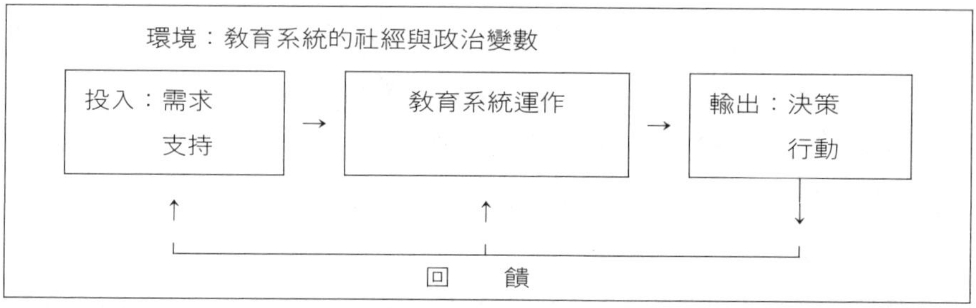

此種模式認爲教育政策爲系統的輸出，雖較易說明行政現象的複雜性、動態性與靜態性，但就制定某些重大政策而言，則很難應用投入——輸出的概念來解釋，因爲有時決策的產生並不一定是由系統中的分析提出的需求所產生的，而是政府自行認爲當然而作成決策。

第四節
學校教育決策模式的研究與流程

各種不同的決策模式併存於學校組織內，任何一種決策模式並不能適用於所有的問題，更恰切地說，要解決問題須視不同的階段或問題的不同性質，而採取不同的決策模式，並權變運用之，如此才能達成解決問題的目標。

任何決策過程並無固定不變的流程，本節將提出邱祖賢(民 74)的研究，及蔡培村(民79)所歸納的教育決策模式，與筆者所擬的決策模式俾供參考。但解決問題的決策流程並無固定的模式，而係依解決問題的不同時段、性質，採用不同的模式，或同時兼採二種以上的模式，因此本節所提出的模式僅供參考，讀者可依自己的問題自行擬訂解決問題的決策模式。

邱祖賢(民74)的研究

邱祖賢(民74)曾以林水波等人對決策模式的分類爲基礎，再以Rarl W. Deutsch 等人認爲目前常用的決策模式——飄浮模式(Drift Model)與導航模式(Steering Model)。其中，飄浮模式--即對特定事件的發展，依照其現行的動力或方向繼續進行，不採取任何決策，任其自然發展飄浮；導航模式係對特定事件的發展採取干預行動(管制或引導)，這種行動通常需要考慮干預的可能性、干預的方法、干預可能產生的結果等因素(頁206)，而分析我國高等教育行政決策模式。邱祖賢(民74，頁206-207)綜合我國高等教育的決策技術和決策流程的各項特質，發現：

1. 行政制度規劃和學校制度規劃等二類的決策取向，係以理性決策和漸進決策爲主要模式。
2. 課程和計畫發展的規劃取向爲導航的模式。
3. 學籍管理規劃的決策取向，以漸進式的決策模式爲主。
4. 學術評審規劃的決策取向則以理性的決策模式爲主。

由於模式乃是一套對眞實世界所作的相互關聯的臆測，因此，各類規劃的決策取向亦非單獨互不關聯。茲將我國高等教育行政決策模式，按各類不同之規劃及其決策模式歸納如表18-5所示。

表18-5　我國高等教育行政決策模式分析表

模式 取向 類別	行政制度規劃類	學校制度規劃類	課程及計畫發展規劃類	學籍管理及甄試保送規劃類	學術評審規劃類
理性決策模式	▲	▲			▲
漸進決策模式	▲	▲	▲	▲	∨
團體決策模式		▲		∨	
系統決策模式	∨	∨	▲		▲
飄浮模式			∨		
導航模式	∨	∨	▲		

蔡培村(民79)的教育決策模式

蔡培村(民79，頁177-182)綜合國內外學者的有關看法，將教育政策制定的過程大致分為三大階段，茲簡要分述如下。

1.問題分析階段——

(1)確定問題

當教育實施與預定的理想，產生差距，或者教育事業的推展，產生困境或不滿意現象，主管教育行政人員，或自己體察，或專家反映，或民意反映，獲致有問題存在，進而確定問題。

(2)分析問題的原因與癥結

確定問題後宜由主管單位就問題的重要性及其急迫性，設定時間進行問題分析，以探求問題偏差的事實，形成差距的原因，並印證可能的原因。而這種活動應透過民意的瞭解、實務的座談、專家的診斷，若時間許可，更須做詳細的調查報告，以客觀地顯現問題的癥結。當問題所在已加以確定後，主管單位宜初放教育危機訊息，讓大衆感覺問題，期望改善，而政府也順勢進一步，發布政策聲明。

2. 決策分析階段——

當教育實施與目標所產生的差距，或教育實施的期望目標與現況之差距被確認後，即進行解決問題的分析。在此階段中，須經過下面四個步驟。

(1)確定目標

主管人員宜衡酌人力、財力、物力、時間、方法等各條件做最適宜的目標，以期能實際達成預期結果。同時，主管單位宜將問題解決的決策目標，向公衆聲明，並說明將研擬各項方案，做最佳決策。

(2)蒐集資料

目標確定後，宜以科學態度與方法，進行實徵性研究，以獲致客觀資料，並參酌各國發展狀況及理論基礎，俾研擬各項方案。

(3)研擬並評估方案

透過專家學者論據、輿論的調查、公開評估，以期在競爭中，有較周全的設計，俾研擬可供選擇的變通方案。

(4)選擇最佳方案

當各項方案評估後，應將各項方案選定優先順序，送請決策者做智慧性的決定。決策者在制定政策時，宜掌握最佳時機做成決定，以期政策的推展性較無阻力。而政策一旦制定，就應透過各種管道或媒體加以宣傳，形成共識，使大家共同努力推動政策。

3. 潛在問題分析階段——

此一階段旨在根據決策分析所做最後決定的措施中，預測未來可能發生的變化，而尋求事先預防。也就是在政策制定後，應立即規劃具體的執行方案。並藉助各類科人才，做整合性設計，以使執行方案能具體可行，且能周延地、均衡地發展。而方案進行中則須成立聯合監督小組或委員會負責控制工作進度及行動的標準；同時若遇危機或執行偏差，則由危機處理小組做因應措施，以確保政策的品質。最後，俟方案執行完畢，仍須對各項決定的實施成效進行評估。評估工作亦須訂定客觀標準以爲依據，並以達成目標爲標準。評估結果，除可發現決策的優劣外，亦可從中發現問題，以做爲進一步決策之參考依據。

圖18-9　教育政策制定決策流程

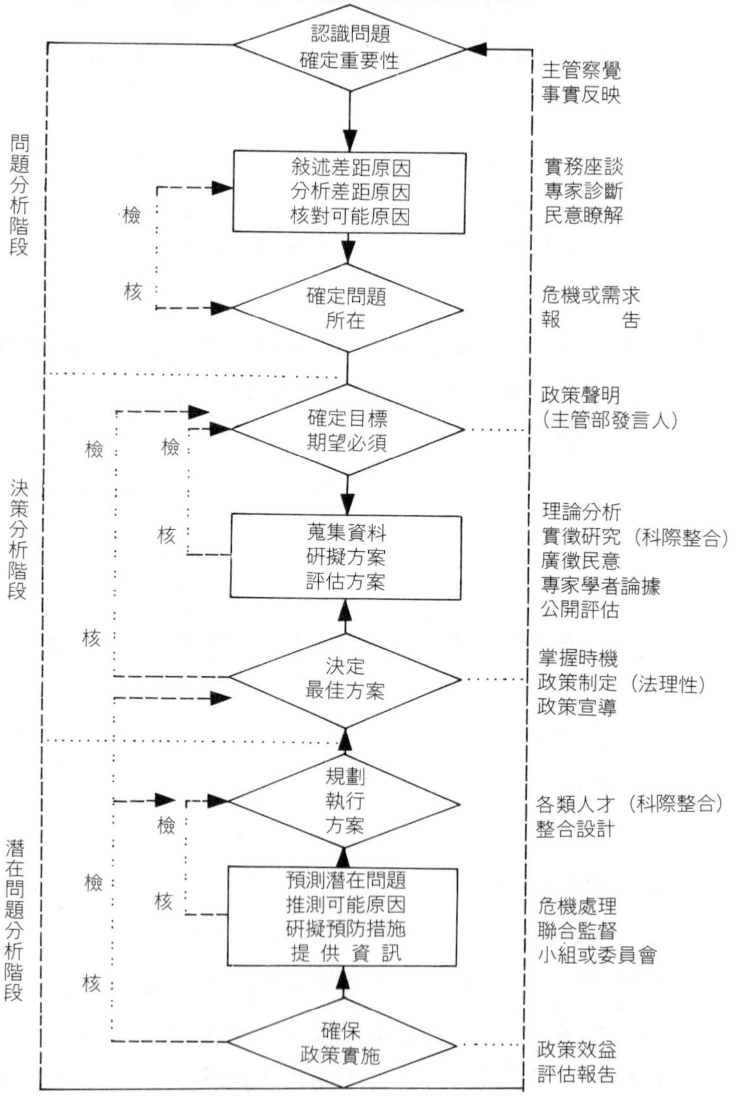

資料來源：蔡培村（民79）。〈從開放社會的決策過程檢討我國的教育政策〉。中國教育學會主編，《開放社會的教育政策》。台北：臺灣書店，頁180。

茲將蔡培村（民79）所提出的教育政策制定決策流程以圖18-9詳示之。

作者所提出的決策過程模式

茲綜合轉化領導、互易領導的策略，及權變運用官僚、同僚與政治管理模式及本章所討論的決策模式，以圖 18-10 表示學校（教育）決策流程如後。

圖18-10主要是綜合領導、管理及決策模式，並與問題的發展相結合而構成的決策流程。茲分別討論如下：

1. 發生問題——

問題的發生原因可能來自於上級機關的指示、部屬的反應、外在壓力、產生困境……等。

2. 界定問題——

當發生問題後，校長運用同僚模式，從教師、學生、職員……等各種不同的管道，蒐集資料，藉以界定所發生問題的原因、性質、重要性、危機狀況、困難性等。

3. 建立解決問題的標準——

當界定問題後，校長可先採取同僚模式廣徵學校內外有關人員的意見，擬訂建立解決問題的目標或對該問題的期望，其後再召集數位相關人員（如處理該問題的小組會議）集會以決定解決該項問題的標準。

4. 蒐集資料——

當知道如何解決問題的目標與期望後，仍以同僚模式，從學校內教職員工生，與校外學者專家、家長等蒐集解決問題的相關資訊。

5. 選擇一個可行的變通方案——

在此一過程中主要是從諸多方案中，選擇一個當時認爲是較爲合理可行的方案。校長或許在抉擇時，會遇到阻礙，因此，他宜以同僚模式爲基礎，然後在官僚模式(科層體制)的遊戲規則下，運用磋商、妥協、討價還價的政治策略，而選擇一個當時認爲滿意的結果。爲使此項方案能予以合法化，以形成政策，校長權變運用轉化領導與互易領導的策略是必要的。

6. 政策合法化——

此一階段旨在使所提出的方案能經由法定程序，以形成政策。因此，主要是以官僚模式爲主，但在合法化的過程中仍宜兼採同僚模式與政治模式，俾使阻力或衝突減低至最低程度。

7. 政策說明——

政策既已形成，就要向學校內外有關人員說明政策的內容，此時要採用機關決策模式，發揮政策的影響力及學校的公權力。但是，假如仍有阻力存在時，校長仍須運用轉化領導的策略化阻力爲助力。

8. 政策執行——

此一階段主要在執行及發揮政策的影響力，但是在執行的過程中宜兼顧情、理。因此，此一階段宜以機關決策模式、官僚模式爲主，同僚模式爲輔。

9. 政策評估——

政策的評估旨在評鑑政策推行的績效，俾瞭解學校是否有效能。此一過程可採取目標管理的精神，運用工作分析、網狀圖、甘特圖等技術予以評估。

10.回饋——

每一解決問題的階段都可作為前一階段的回饋。因此，校長所運用的決策模式是屬於權變的模式，也就是視回饋訊息的結果而權變運用各種不同的決策模式。如遇有阻力或利益衝突時，可採用轉化領導及互易領導的策略；假如循序改進某一問題而不作大幅度改變時，可運用漸進決策模式。

圖18-10 教育決策流程圖

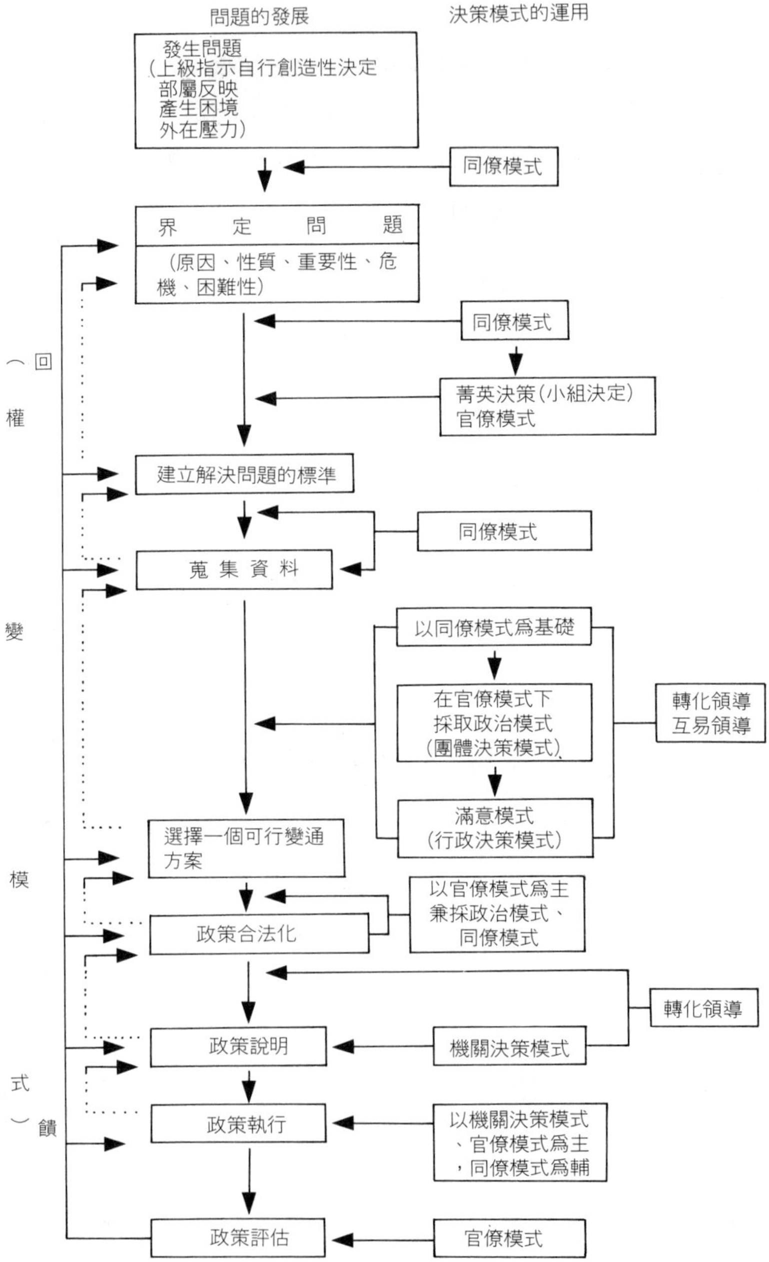
問題的發展
決策模式的運用
發生問題
(上級指示自行創造性決定
部屬反映
產生困境
外在壓力)
同僚模式
界定問題
(原因、性質、重要性、危機、困難性)
同僚模式
菁英決策(小組決定)
官僚模式
建立解決問題的標準
同僚模式
蒐集資料
以同僚模式爲基礎
在官僚模式下
採取政治模式
(團體決策模式)
滿意模式
(行政決策模式)
轉化領導
互易領導
選擇一個可行變通方案
以官僚模式爲主
兼採政治模式、
同僚模式
政策合法化
轉化領導
政策說明
機關決策模式
政策執行
以機關決策模式
、官僚模式爲主
,同僚模式爲輔
政策評估
官僚模式
回饋
(權變模式)

第十九章

管 理

組織是由人所組成，從傳統的古典組織思想來說，組織中的成員具有「經濟人」的特色，其目的在求組織最大的效果。繼之而起的人群關係運動則強調組織中成員的心理需求，視組織成員是一種「社會人」。然而，組織實具有靜態、心態、動態及生態的特色，尤其是自組織行爲運動以後，「複雜人」可說是組織成員的特色。

學校是何種組織，具有那些特徵，應如何管理，是學校領導者所應瞭解且宜善加運用的。本章將介紹1960年代以後，盛行於美國學校組織（尤其是高等教育組織），且頗受注意的官僚模式（Bureaucratic Model）、同僚模式（Collegial Model）與政治模式（Political Model）。

該三種模式係由張建邦（民71）首先將其引介至國內，並在公私立大學從事第一個有系統化的研究。隨後有葉重新（民76）在高中、國中，吳清山（民78）在國小及張慶勳（民78）在師範校院的研究。

官僚、同僚與政治三個模式各有其應用的時機與限制，且皆可視爲決定的模式，並可權變地加以運用。本章將探討該三種模式的涵義及其在學校組織中的運用並加以評析。

第一節

官僚、同僚與政治模式的涵義

官僚模式的涵義

官僚模式亦即科層模式，係在組織中以普遍的規準及正式的權威爲基礎而作決定，以達成組織目標的一種管理模式。此模式主要係以Weber的科層體制理論爲基礎，亦即是基於法理之基礎以追求組織的效率和合理性。

在學術領導上，官僚模式強調領導者的職位權威、豐富的專門知識及解決問題的獨特能力，重視計畫結果的執行，領導者被視爲英雄。本模式除了具有科層體制之特性外，其本質上是機械的，且具有理性的、層級化的、程式化的、例行化的、量化的活動與結構之特徵。

科層組織的決定歷程，係以科學管理與系統分析的方法及法理的原則爲基礎，經由合理性的決定選擇最佳之行動變通方案，以求組織最大化的效率俾達成組織的目標。

同僚模式的涵義

同僚模式係指組織中的決策乃基於成員之共同參與和商議，俾獲得意見的和諧一致性，領導者被視爲「同等間之首要者」，此模式強調學術界應管理自己的事務，主要以Paul Goodman、John D. Millett及G. Lester Anderson等人爲代表。其本質上是有機的，且具有分享的、參與的、共同規劃決定的、團體意見和諧一致的活動與結構之特徵。

同僚模式的特性主要有下面七項：

1.學術界自己管理自己的事務。

2.專業能力的權威受到重視。

3.決策過程採取共同擔負、參與或其他均權方式。

4.強調研究與改變，及以問題爲中心的決策方式。

5.教授與行政人員之間彼此坦誠、互信。

6.教授有發自內心的滿足感。

7.強調人文教育。(張建邦，民71，頁6-7)

■政治模式的涵義

就學校而言，政治係學校領導者運用權威與影響力，及以磋商、妥協的方式獲取社會資源並解決學校所發生的問題，俾使政策合法化及達成學校目標的歷程。

政治模式假定學術組織爲一政治系統，認爲複雜的社會會產生多重的壓力，許多權力和壓力的資源及形式影響決策者，合法的階段將這些壓力轉換成政策，而政策的執行階段則產生回饋及潛在的新衝突。因此，爲解決組織內外不同利益團體的衝突，應付組織外在壓力及不同的政治爭執，經由談判、妥協、交涉與討價還價、磋商等歷程而作成最滿意決定之管理模式。在此一模式之下領導者被視爲協調者、談判者、政治家、觸媒者，其代表人物有Herbert A. Simon、James G. March、J. Victor Baldridge及Graham T. Allison等人。其本質是動態的並具有談判的、磋商的、討價還價的、協調的、彼此妥協的、溝通的、滿意的活動與結構之特徵。

在政治模式之下，Baldridge認爲領導者是一位協調者、談判者、學術的政治家。Cohen與March (1974, pp.38-39)則認爲在團體磋商歷程中，校長所扮演的角色，一爲：試圖在學校利益團體之間協調討論並協助他們發現相互間的滿意協議；二爲：監督協議的履行及滿足雙方磋商結果的彼此利益，同時校長藉由瞭解系統的操作及發掘實際解決問題的方法而完成他的目標。我國張建邦(民71，頁111-112)最早應用官僚、同僚與政治三個模式從事大學管理的研究，他研究發現政治模式強調大學行政的外在壓力磋商策略，其組織結構具有混亂的特徵，既需次級系統之高度分化又需整體系統之整合，因此，最適合於機構的社會系統。秦夢群(民77，頁327)則認爲此模式適合於設有學校董事會而容易受外界或內部利益團體壓迫的學校。茲以圖19-1的「政治歷程模式簡圖」凸顯政治模式的精義如後。

圖19-1　政治歷程模式簡圖

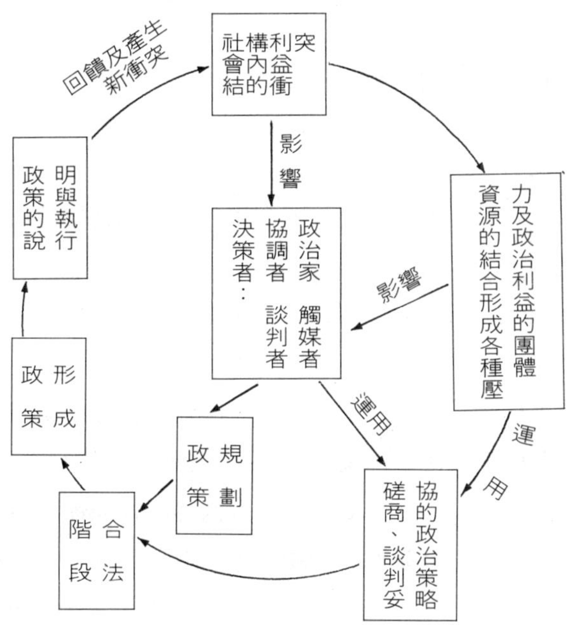

資料來源：張慶勳（民78）。〈師範校院官僚、同僚與政治管理模式之研究〉。國立高雄師範學院教育研究所碩士論文。頁122。

第二節

官僚、同僚與政治模式的運用與評析

官僚、同僚與政治模式的運用

依吳清山(民 78)在國內 190 所公立國小的研究發現，官僚、同僚與政治管理模式在國小中有不同程度的運用。如在國小行政管理中，100所學校中約有12所學校除了重視權威階層、服從紀律、執行法規、專長分工等方面外，也兼顧專業能力的肯定、決策過程的共同參與、成員間彼此坦誠及維持各方面的利益。而在國民小學行政管理上，採用高同僚低政治或低同僚高政治的管理方式較爲少見。(頁246)

在管理模式對學校效能的影響方面，吳清山(民 78，頁 247)的研究發現，在學校的行政管理中，若能重視權威的領導、法規的遵行，又能兼顧協商歷程和各方利益，將可表現出學校的績效；反之，若是不重視權威、法律、參與、妥協等方面，則這所學校便可能無法發揮行政效能。吳清山(民78，頁248-249)進一步指出，若要提高學校的效能，領導者不一定要完全採用參與管理式權力分享的觀念，但是，重視權威、法規、專長分工、個人表現化解衝突、維持不同利益，則是絕對必要的。當然，在化解衝突或維持不同利益的歷程中，需要不斷的商議與妥協，這可能有同僚模式的色彩在內。

根據葉重新(民 76)對台北市立中小學教師及各級行政人員的研究發現：

1. 台北市立中小學最常以科層模式處理校務，其次是同僚模式，而最少以政治模式處理。

2. 高中、高職與國中比國小多採科層模式處理校務。

3. 擔任不同職務的學校人員，對管理模式有不同的期望，主任組比其他各組更期望採行科層模式，教師組比其他各組更期望採行同僚模式。

4. 男性學校人員比女性學校人員更期望採取科層模式。

5. 台北市立中小學人員期望的管理模式與事實相符的比率約爲55%。(摘要，頁1)

在高等教育的研究方面，張建邦(民71)對國內六所公私立大學的研究及張慶勳(民78)對國內十二所師範院校的研究，皆一致發現，教師感受校長以官僚模式處理校務的爲較多(張建邦與張慶勳研究發現的比例分別爲81.25%及45.53%)，依次爲同僚模式(二者研究發現的比例分別爲12.5%及27.71%)、政治模式(二者研究發現的比例分別爲6.25%及26.76%)。然而，在教師的期望方面，張建邦(民71)與張慶勳(民78)皆一致發現，教師期望校長採用同僚模式者較多(56.25%及42.18%)，其次爲官僚模式(43.75%及30.13%)。此外，張建邦(民71)的研究結果顯示，教師幾乎沒有期望校長採用政治模式者。

在國外的有關研究文獻方面分別就1. 組織結構取向；2. 校長角色取向；3. 決定歷程顯著性差異的比較等三部分分析如後。

1. 組織結構取向——

Frederick C. Kintzer(1980)在討論美國二年制學院的結構模式和組織型式後，指出官僚模式與參與模式(The Participative Model)二者併存於該類學院中，前者是社區學院最初五十年發展的主要特色，後者則強調側面和斜面的(lateral and oblique)溝通系統與教師學生、職員間參與的決定。

2. 校長角色取向——

就校長領導的角色而論，校長是一位「科層體制的組織人」(Bureaucratic Organization Men)或是「談判的政治家」(Negotiator Statesmen)，Edward A. Duane與William M. Bridgeland(1980)曾在問卷調查和訪問美國密西根州的小學校長後，發現：(1)社區衝突與校長的疏離感成正相關；(2)官僚比「談判者」為數較多；(3)校長受校內的影響比校外政治的干擾更大。他們推究其原因認為校長缺乏教育歷程課程的訓練，因此主張教育行政部門必須有包含各學科領域的社會科學研究途徑，如社會組織理論、政治過程與團體動力的分析。

3. 決定歷程顯著性差異的比較——

Thomas R. Dougan (1984) 以三個中等後教育機構(包括私立學位授與學校、公立學位授與學校、公立社區學院)內的總務、學術與學生事務單位共 270 人為研究對象，並以鄧肯氏多重差距考驗(Duncan Multiple Range Test)考驗Baldridge的政治決定模式與Weber的官僚決定模式，及Millett的同僚決定模式之間的顯著性差異後，有下列五項主要發現：

(1)行政人員作決定時，並不僅是運用 Baldridge 之政治決定模式，所有的三個決定模式均是有用的，且提供決定的架構。

(2)學術與總務單位人員在使用官僚的決定時彼此無顯著差異，但兩者均顯著地比學生事務單位更喜歡運用官僚的決定。

(3)私立學位頒授機構的行政人員，顯著地比公立社區學院及公立學位頒授機構的行政人員，更喜歡運用同僚的決定。

(4)公立社區學院與公立學位頒授機構的行政人員在運用政治決定模式時並無顯著差異，但是二者均比私立學位頒授機構的行政人員更喜歡運用政治模式。

(5)總務單位作決定時較傾向於運用官僚的決定，而較不運用同僚和政治的決定。

由國外的研究可發現，雖然校長較多採用官僚的決定模式，但是官僚、同僚及政治決定的管理模式併存於學校中，不同單位的人員採用不同的決定模式。總之，它們均是有用的管理模式。

官僚、同僚與政治模式的評析

在官僚模式之下，領導者位於權力角錐體的頂端，部屬視其爲英雄人物，並期望他對組織有豐富的專門技術知識，與解決問題的獨特技能。他的主要任務在評估問題、考慮行動變通方案及作合理的選擇。亦即是在組織的正式結構與權威、專職分工及標準的作業程序之下，以科學的方法藉理性選擇最佳之行動方案，俾達成最有效的組織目標。大學裡官僚模式的管理標準常是偏重量化而缺乏質方面的考慮，如頒授過多少學位？有多少學分的時數？教授在教室裡花多少時間？舉辦過多少次演講？有多少個學生？教授發表過多少論文等，均注重秩序與效率的概念。

雖然經由上述的分析，諸多學者肯定官僚模式在大學中的價值，但是在大學組織具有不明確的特性下，官僚模式的作決定歷程是否仍完全能適用？Baldridge認爲官僚的典範(Bureaucratic Paradigm)具有下列五項缺點：

1. 官僚的模式告訴我們許多有關「權威」(合法的、正式的權力)，但卻沒有提到關於以非合法的威脅、群衆運動、專家的評估報告、及以情緒和感情之傾向爲基礎的權力。所以當試圖以此來處理非正式權力的型式和影響力時，Weber的典範(The Weberian Paradigm)顯然是微弱的。

2. 官僚的典範闡釋許多有關正式的「結構」，但卻很少提及機構中行動的動力「歷程」。

3. 官僚的典範處理某一特定時間內的正式結構，但卻沒有闡釋其他時間所發生的變化。

4. 官僚模式並無廣泛地處理有關政策規劃形成過程之重要性工作，它只闡釋政策制定後如何最有效地實施，卻少談及有關政策第一步建立的歷程。

5. 它沒有處理像大學裡團體促使政策決定偏向某一特徵利益之政治問題。(Baldridge, 1983, pp.47-48)

Simon認爲官僚模式理論所含之原則缺乏實證的基礎，且March與Simon

均認為此一模式忽略個人行為的動機因素。

而Robert A. Merton則考慮到個人在組織中因正式權威的影響，忽視組織中個人的關係並使個人容易將法令規章予以內化，使原本是達成目標的手段變成目的本身，以致造成目標置換(Displacement of Goals)的問題，養成組織內成員消極被動不求創新的態度。(轉引自張建邦，民74，頁80)

雖然探討專業主義的文獻支持同僚組織的主張，但同僚模式在大學複雜的組織特性中仍有其缺點，綜合學者(Baldridge, 1983, p.50; Willian M. Cave & Mark A. Chesler, 1975, pp.417-418; Yukl, 1989, pp.209-210；秦夢群，民77)的觀點歸納如下：

1.同僚模式的文獻無法辨明大學「是」(is)一個同僚團體或「應該是」一個同僚團體，因此常混淆於描述性及規範性的計畫中(Baldridge)。

2.同僚模式之非正式作決定的概念並沒有眞正反映在大多數機構現存的眞實歷程中。發展層次內可能有許多同僚作決定的例子，但是在較高層次裡則較無類似的例子(Baldridge)。

3.同僚模式雖然強調「意見和諧一致性的動力」，但卻忽視獲得一致性之前在團體之間長期競爭的事實，因此在處理衝突問題方面仍是不適當的(Baldridge)，它可能使潛在的衝突表面化，以致阻礙了決定的進行(Cave & Chesler)。

4.參與的程序通常比獨裁的決定需要更多的時間。因此參與常浪費許多時間，且在緊急須立即決定時也不適用(Yukl)。

5.參與某些決定使部屬興起影響其他決定的期望。因此，部屬可能得寸進尺，超乎領導者所願意的參與程度(Yukl)。

6.過度使用參與會使人覺得管理者沒有能力、缺乏主動與自信，而使上上下下認為該管理者是個柔弱的領導者(Yukl)。

7.極端參與(如團體決定與授權)可能使決定品質減低，尤其是部屬不具有關的專業知識、不關心決定、或其目標與價值觀和領導者不同時(Yukl)。

8.團體決定使責任不明，不曉得應由何人負成敗之責。因此，最後的抉擇可能是相當冒險而爲組織所不喜歡者(R.D. Clark)。此外，團體決定有效時，也不知應如何依個人解決問題的能力獎勵何人或陞遷何人(Yukl)。

9.領導者欲有效地運用參與決定，特別是團體決定時，本身須具備許多能力。如果能力不足時，反足以壞事，倒不如獨自作決定(Yukl)。

10.教授是否有專業與行政能力管理校務仍值得存疑，是否每位教授都有參與意願則是未知之數。因此同僚模式立意雖佳，但卻不能普遍應用(秦夢群)。

11.決定的品質可能因廣泛地參與而遭破壞(Cave & Chesler)。

12.參與的幅度有時未能與預期的幅度相符合(Cave & Chesler)。

13.參與者有時會發現自己缺乏有效參與的技巧和價值，或難以作決定(Cave & Chesler)。

14.個人可能發現參與不能滿足個人的及人際關係的需求(Cave & Chesler)。

從上述研究可知，在高等教育學術組織內以政治的觀點探討教育的管理已是不可避免的趨勢，其決定過程大多係運用團體磋商的政治策略。

Baldridge 認爲此一模式視大學是一種政治系統而予以管理，強調對問題的認識與專注、注意到決定權的歸屬、及在決定中支配衝突歷程的定位點是什麼，它闡釋大學內複雜決定網的發展，如委員會網路的決定是融合專業和科層影響所作合法的反映，且委員會、會議及內閣的決定取代了以往科層官員個人的決定，中央集權的決定已由分散的決定所取代，選擇變通方案的時間和範圍常是短暫且受限制。

政治模式—學術組織政治系統，強調作決定不是一種孤立性技術，而是另一種必須完成更大政治面之批判過程，它也與Allison所提出經由規則化的途徑以磋商策略而獲致政治性的結果相似。在政治模式之下，領導者是一位協調者、談判者、學術的政治家(Baldridge)、觸媒者(秦夢群，民77，頁327-328)。在團體磋商歷程中，校長所扮演的角色，一爲：試圖在學校利益團體之間協調討論並協助他們發現相互間的滿意協議；二爲：監督協議的履行及滿足雙方磋商結果的彼此利益(Cohen & March, 1974, p.38)。政治模式最適合於機構的社會系統(張建邦，民71，頁111-112)，以及設有學校董事會而容易受外界或內部利益團體壓迫的學校(秦夢群，民77，頁327)，其組織結構具有混亂的特徵，既需次級系統之高度分化又需整體系統之整合(張建邦，民71，頁111-112)，校長在此種混亂組織中是一位觸媒者，他藉由瞭解系統的操作及發掘實際解決問題的方法而完成他的目標。(Cohen & March, 1974, p.38)

政治管理模式仍有其缺點，如秦夢群(民77，頁327)認爲學校成員流動性高，權力易被一小群留守職位的人把持。Baldridge、David V. Curtis、George P. Ecker與Gary L. Riley(1977, pp.18-19)認爲有下面的三項缺失：

1. 本模式低估大學內部例行官僚程序與領導的衝擊，因爲許多決策的制定是依標準作業程序，而非在熱烈的政治爭論中產生。

2. 它未能強調遠程決策，亦無法提供任何明確的結構或過程，以有效達成政治的協調。

3. 本模式難以解決內部政治過程與外交補助之間對立的難局。

第三節

官僚、同僚與政治模式之適用時機與比較

官僚、同僚與政治模式可說是一種管理模式，亦可說是一種決定模式，係爲達成某項目標而作決定，俾提出策略以解決衝突或問題的過程。然而，就學校組織所具有的複雜特徵，及在專業化與科層化間之衝突，與官僚、同僚與政治模式之研究比較可知，該三種模式併存於學校內，且視不同的校務或處理的階段，而採用不同的決定模式；或是同一事務，依其發生或延續的不同階段而採用不同的決定模式予以解決。因此，該三種模式常是混淆的，不易有彼此排斥的情況。

學校的主要特徵在於目標的不明確，同時，學校是一種具有服務性的組織，其目標常是不清楚且具有競爭性的，而技術又是非例行性的。因此，

須有獨特的專業人員與組織。對於社會環境而言，學校又常顯示其脆弱的一面，因與外界利益之分配與決定權力之歸屬問題，而有衝突現象發生，故學校常被視爲一種鬆散的組織。在科層化與專業化之間產生衝突。

以官僚、同僚及政治模式運用於學校組織的管理上，各有其利弊，應如何運用之則成爲領導者所須面對的重要問題。然該三種模式併存於學校內，且具有模糊性，不易分辨何時或對何種校務應採用何種決定模式時，是否每位學校成員皆有參與決定的意願，及是否學校成員對學校的校務皆容易產生共識，是值得探討的課題。尤其，正當社會急速變遷，學校領導者面對學校內外的各種壓力，應如何扮演其領導者的角色，俾達成學校的目標，是領導者亟須克服的難題。

然而，以我國社會而言，較理想的決定模式乃是以強調共同參與及意見和諧一致性的同僚模式爲基礎，而後在官僚模式(科層體制)的規則化下運用談判、磋商、妥協的政治策略較爲妥當。此時領導者除了應具有專業權威及解決問題的能力外，更重要的是應扮演協調者、磋商者的角色。如此才能兼顧法治與民主，並促使學校內部發展與減輕學校的外在壓力，而獲取社會資源。故領導者在學校的複雜組織上，應善用官僚、同僚與政治的決定模式，俾發揮有效能的行政領導。

茲將官僚、同僚與政治模式的比較列如表19-1所示。

表19-1　官僚、同僚與政治模式比較一覽表

特徵 模式 層面	官僚模式	同僚模式	政治模式
基本理論基礎	1. Weber科層體制理論與學校的正式組織 2. 傳統的組織理論—科學管理學派 3. McGregor的XY理論中的X理論 4. 科層體制與合理性的決定	1. 人群關係學派 2. McGregor的XY理論中的Y理論 3. Millett的「社群」概念—意見和諧一致性的動力 4. 專業權威與同僚權威 5. 參與決定	1. Simon的有限理性決定理論 2. 學校政治系統的理論 3. Allison的政治模式理論 4. March的組織政治結合理論 5. 當代的組織衝突理論 6. 衝突學派的觀點 7. 符號互動論 8. 俗民方法論 9. Megley的Z理論
適用的組織結構	1. 階層的科層體制 2. 正式的 3. 機械性的 4. 集權制 5. 高度整合 6. 大學中的行政管理次級系統（管理層級）	1. 同僚團體 2. 非正式的 3. 有機性的 4. 自主 5. 分權制 6. 高度分化 7. 大學中的專業學術次級系統（技術層級）	1. 混亂組成的組織既需次級系統之高度分化又需整體系統之整合 2. 大學中的社會制度次級系統（制度層級）
決定過程	1. 合理性的決定 2. 標準化的操作程序 3. 最佳的決定	1. 意見和諧一致 2. 參與決定 3. 同僚間共同決定	1. 談判 2. 磋商 3. 政治影響 4. 政治的經紀人 5. 校外的影響 6. 有限性的決定 7. 滿意的決定
決定的循環	1. 界定問題 2. 研究變通方案 3. 評鑑變通方案 4. 估量變通方案 5. 選擇變通方案 6. 實行變通方案	如同官僚模式，但另外強調決定過程中專業同僚間的參與	1. 社會環境產生問題 2. 利益的結合 3. 產生衝突 4. 合法的過程 5. 政策的實行 6. 回饋
目標	1. 確定 2. 少爭論	1. 含糊不清 2. 競爭 3. 不一致	1. 含糊不清 2. 競爭 3. 不一致

表19-1　官僚、同僚與政治模式比較一覽表（續）

技術	1.明顯 2.例行化 3.技術以經驗及勤練爲主	1.不明顯 2.有問題 3.技術以知識能力爲主	1.不明顯 2.整體性
環境	1.較確定 2.約束多	1.較不確定 2.約束少	依環境及工作要求而定
領導者	英雄	同等間之首要者	協調者、談判者、政治家、觸媒者
領導技巧	1.權威領導 2.工作取向	1.民主領導 2.關係取向	首長和政治家的領導
管理	科學管理	意見和諧一致的管理	決定的策略
期望	很高：人們相信英雄的領導者能解決問題，且他也試圖扮演此一角色	中等：領導者是專業人員間意見和諧一致的發展者	中等：領導者引導政治行動，但受制於其他團體經紀人的努力

資料來源：張慶勳（民80)。〈官僚、同僚與政治模式在大學組織管理上的運用與折衝〉。《台灣省第二屆教育學術論文發表會論文集》（下册），新竹師範學院。頁94-95

說明：有關官僚、同僚與政治模式的理論基礎，請參見何福田、張慶勳（民81)。〈官僚、同僚與政治模式的理論基礎〉。中華民國人文科學研究會，《人文學報》，第15期，頁25-46。

第二十章

溝　通

溝通存在於學校的每一部分，溝通對於學校組織猶如血液對身體之重要性一樣。溝通管道通暢，且傳送訊息者及訊息接收者都能瞭解訊息的意義，則學校目標較容易達成。我們可說沒有溝通，團體與組織就無法存在。因此，建立學校組織的溝通體系是極重要的。

雖然溝通對學校組織是如此的重要，但是由於組織溝通的體系不健全，或組織成員知覺上的差異，或對溝通有錯誤的觀念，溝通仍有其待克服的障礙。因此，學校組織效能的最大絆腳石，可說是缺乏有效的溝通。

本章將就 1. 溝通的性質與模式；2. 溝通的方式與網路；3. 溝通的類型；4. 影響溝通障礙的因素；5. 提高有效溝通的策略等討論如後。

第一節 溝通的性質與模式

溝通具有模糊、多元化性質，且遍及整個學校組織的所有層面。由於溝通所涉及的層面及範圍甚廣，因此溝通的定義極爲分歧。例如，Frank E. X. Dance (1970) 發現溝通的定義就有 95 種之多，這些定義至少包括 15 個主題，且其研究方法各異，甚至相互衝突。(Hoy & Miskel, 1989, p.357)

基本上，溝通係傳達訊息者與訊息接收者雙方企圖形成共識進而達成目標的過程。此一定義中，至少包括下列七項要義，這些要義構成溝通的過程模式(見圖20-1)。

圖20-1　溝通過程模式

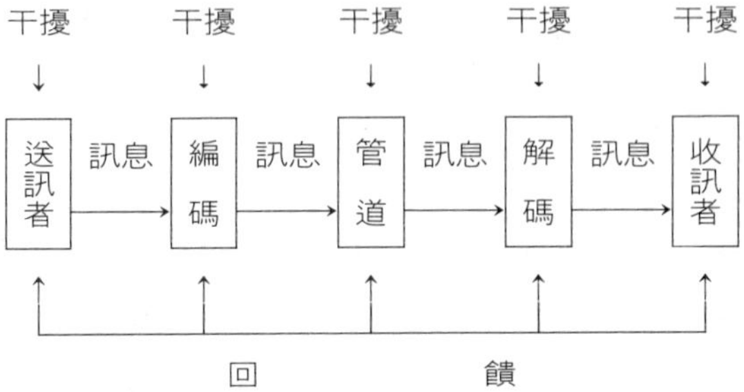

1. 送訊者與收訊者——

溝通的成立須包括傳送訊息者與訊息接收者。不論是送訊者或收訊者都可包括個人、團體或組織。溝通的雙方即是個人、團體及組織三者之間的互動。若要使溝通有效，送訊者與收訊者宜有相類似的知識、態度、文化背景。

2. 訊息——

送訊者所傳送的訊息包括語文訊息(如文字、圖表……)與非語文訊息(如肢體語言……)，這些訊息係送訊者將所擬傳送的訊息內容，透過其心向或編碼而以其意旨傳達給收訊者。收訊者與送訊者對訊息須有共同的認知，否則不能達到溝通的目的。因此，溝通雙方對訊息意義的瞭解比訊息內容本身更爲重要。

3. 訊息傳達管道——

訊息傳達管道主要的途徑可爲報章雜誌、電視、廣播等大衆傳播媒體或人際間面對面的溝通。同時，傳達訊息的管道也可分成正式的或非正式的二種。其次，訊息的流通可分成權威階層的上下垂直途徑，或同一層級的水平途徑。

4.解碼——

解碼係指送訊者將訊息傳遞給收訊者之前，將訊息轉換為收訊者所能瞭解的符號，俾使收訊者能瞭解送訊者的原意。

5.干擾——

溝通的每一個過程都可因情境或溝通雙方個別的因素而形成干擾。只要是對溝通有任何大小不同程度的干擾都會造成溝通的障礙。影響溝通的最大干擾因素通常是諸如室內溫度不舒適、噪音、溝通雙方之間的距離等物理因素。而溝通雙方的個人、團體或組織的個別因素也形成溝通的障礙。

6.回饋——

回饋係指收訊者對接收訊息後的反應。回饋不僅可提供溝通是否有效的線索，同時也可以作為以後溝通的修正參考。

7.溝通的目的——

溝通的目的在建立共識以達成個人、團體或組織的目標。因此，有效的溝通能提昇學校成員的滿足感及增進學校組織效能。

第二節 溝通的方式與網路

溝通方式

常用的溝通方式主要有運用文字、圖表或口語的語文溝通(Verbal Communication)與透過肢體動作、臉部表情或音調的非語文溝通(Nonverbal Communication)。其中以文字、圖表及口語較爲明顯，而肢體動作、臉部表情及音調較不明顯。溝通方式的明顯與否影響溝通的效果，但是溝通方式是否明顯有效則有賴於送訊者的表達能力及收訊者所瞭解的程度。茲分別討論語文溝通及非語文溝通如下。

1. 語文溝通——

(1)文字圖表

送訊者常將所要傳遞的訊息透過文件、信函、傳眞、公布欄、電子網路(Electronic Networks)，以及其他足以代表訊息意義的文字圖表作爲溝通的方式。此類溝通可永久保存並可供查證，但較無人性化且費時，收訊者較無法瞭解送訊者所要表達意旨的企圖心，雖然如此，此類訊息應力求簡明扼要，使收訊者易懂。

(2)口語

凡是演說、討論，或以語言傳達旨令、平行單位或團體之語言溝通，或非正式的傳言等以語言傳遞訊息的方式，都是口語的溝通。

口語溝通既迅速且能獲得收訊者的回饋，但是當須經由多人以傳遞訊息時，則常會扭曲送訊者的原意。口語溝通常與文字圖表或身體動作、音調等併同使用(如電視廣告)。

2. 非語文溝通——

凡是不以文字或語言表達訊息的方式即是屬非語文的溝通。例如，眼神的接觸、臉部表情、點頭、手勢等的身體動作或說話的聲調及人際之間的距離等，都是非語文的溝通。

(1)身體動作

任何肢體的動作、姿勢、臉部表情……等身體動作的強弱都代表送訊者對所傳遞訊息意旨企圖心的程度。這些都是訊息的象徵性符號，代表著訊息的意義。

(2)聲調

不同的聲調使相同的訊息代表不同的意義。例如，同一句話若以溫柔及尖銳的聲調表達時，就可使人有截然不同的感受。而假如溝通無效時，改變溝通的內容比提高音量或改變聲調更能增加溝通的效果。

(3)人際之間的距離

「保持距離，以策安全」原係指二輛車子避免碰撞所造成的傷害，由此引申至人際間的溝通亦可適用。假如溝通的雙方感受到勢力被侵犯，則有緊張和壓力或受到攻擊的感受。但何種距離才是最適當，則視溝通雙方的文化背景或熟悉程度而定。

溝通網路

溝通網路係指組織或團體成員訊息流通的管道或模式。有關溝通網路的研究大多在實驗室實施，因此在應用上仍有其限制。一般常見的正式溝通網路有鏈狀、環狀、交錯型及Y字型五種。

1.正式溝通網路——

(1)鏈狀溝通網路：此種網路係以權威隸屬關係所進行的向上或向下溝通，且大多係以任務有關的訊息爲主。

(2)輪狀溝通網路：此一網路係以領導者爲溝通的核心，部屬與領導者互動，但是部屬之間並沒有互動。

(3)環狀溝通網路：此種網路係成員與其鄰邊同伴的互動，其中可包含領導者與部屬之間的溝通及部屬與部屬之間的溝通。

(4)交錯型溝通網路：此種溝通網路的成員彼此交互作用，且沒有領導者出現，所有的成員都具有平等的地位和相同的身分。

(5)Y字型溝通網路：此種網路係由相同層級的不同人員與同一上層人員溝通，而此一上級人員又以鏈狀網路方式與其更上層人員相互溝通。

上述五種溝通網路中，鏈狀、輪狀與Y字型由領導者所控制，而交錯型網路爲環狀網路進一步擴大層面的運用，且彼此地位相等。

茲將上述五種溝通網路以圖20-2表示之。

圖20-2　常見的溝通網路圖

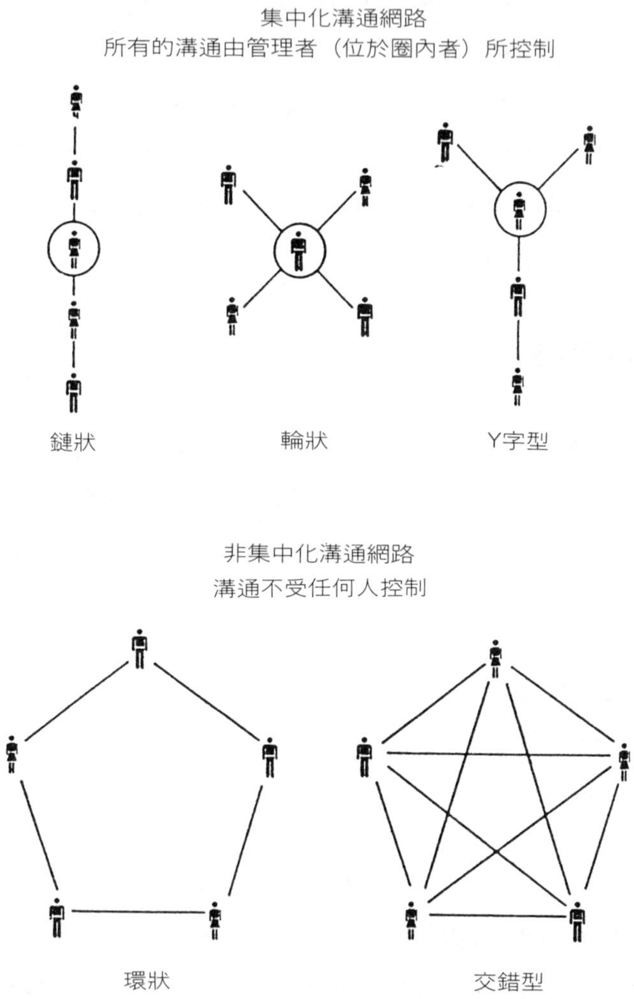

資料來源：Robert E. Callahan, C. Patrick Fleenor, and Harry R. Knudson(1986). *Understanding Organizational Behavior: A Managerial Viewpoint.* Columbus: Bell & Howell, p.134.

2. 非正式溝通網路——

非正式溝通網路如同所熟知的「傳言、謠言、馬路消息」(Grapevine or Rumors)一樣，互動的成員可自由移動，不重視權威層級，而強調滿足成員的社會需求(Robbins, 1993, p.332)。

傳言在組織或團體內無所不在，其訊息有時是不眞確的，有時具有眞實性，但唯一共同點就是傳遞非常迅速。傳言所產生的因素主要在於滿足組織或團體成員的社會需求，尤其是組織或團體中發生衝突，或有異常事件，或成員無法從正式溝通管道獲得滿足時，及某人故意製造的謠言。

謠言的傳遞一般都是在某一團體內流傳，且都會有某些固定的聯絡人，其溝通網路通常爲「叢鍊式」(Cluster Chains)的(陳彰儀，民84，頁192)。(見圖20-3)

圖20-3　非正式溝通網路的例子——叢鍊式

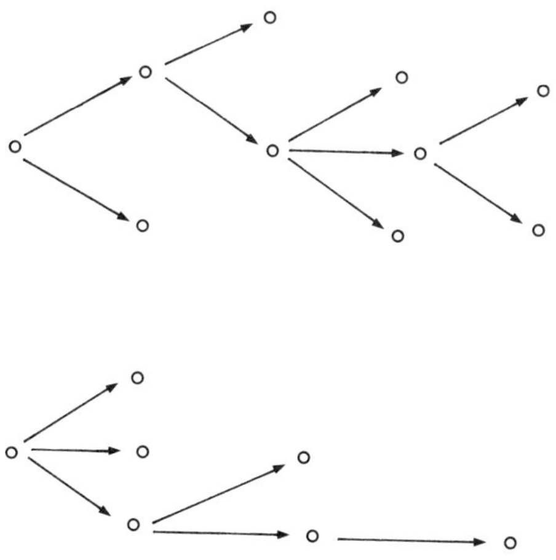

資料來源：陳彰儀（民84）。《組織心理學》。台北：心理出版社，頁193。

組織領導者爲能充分掌握及滿足成員的社會需求，宜深入瞭解組織內小團體的存在與其成員的結構，及所謂的「線民」，俾能迅速獲得各種傳言的訊息，有時亦可在作決策之前以「試探汽球」的方式，瞭解「輿情」的反映，而作較佳的決策。

第三節 溝通的類型

溝通的類型依不同的分類標準而有不同的類型。茲將溝通類型分別依組織系統、溝通流動的方向、溝通的媒介及送訊者與收訊者的交互作用等討論如下。

依組織系統分

學校組織系統大略可分為行政系統與教學系統二大部分，在大學裡，行政系統為教務處、學生事務處、總務處及其他各室、處、館、部、中心等，而教學系統則為各所系等。這二大系統分別具有科層化與專業化的特色，也就是此二系統的成員各自為其目標或學校共同目標進行溝通以解決問題。

依溝通流動的方向分

組織內的溝通方向可分成向下溝通、平行溝通及向上溝通三種。

1. 向下溝通——

向下溝通係領導者為使其部屬瞭解組織的政策與目標，或傳達某一命令，或提出某一理念，而向部屬傳送訊息。但是類似由上而下的溝通方向常將原訊息來源的原先涵義予以曲解，以致於使訊息的意義有失真的現象。

2. 平行溝通——

平行溝通係由組織內同層級的不同單位或人員，爲某一工作內容或程序所作的溝通。許多平行溝通的目的在於協調彼此不同單位工作的內容或作業程序。溝通的單位有跨組織之間或組織內不同單位，此種溝通可補向下溝通及向上溝通的不足。

3. 向上溝通——

當部屬向領導者報告，或提供建議、爭取某種權益等，都是屬於向上溝通。但是向上溝通訊息的正確性與否，常取決於送訊的部屬對訊息蒐集的齊全與認知的熟悉程度及部屬與領導者之間的關係。假如部屬所傳送的訊息不齊全或瞭解不夠，則所傳送的訊息必定會失眞。當領導者對部屬的陞遷影響較大，部屬爲投領導者之所好，其所傳達的訊息有時會失眞。

依溝通的媒介分

依溝通媒介或管道分，溝通網路可分成會議溝通、文書溝通、電子網路溝通及其他的溝通等。

1. 會議溝通——

會議溝通爲學校常使用的溝通媒介，一般的會議有定期會議(如校務會議、行政會議、各處室會議)及爲處理某一事件而召開的不定期會議等。學校內的許多校務都藉由會議予以溝通解決，並作爲參與決定的一種過程。

2. 文書溝通——

學校內外的文書溝通除了信函外，主要係以公函的方式彼此溝通，例如，一般的函、簽、公告、通知……等，都是學校內外的溝通媒介，而這些文書都依其溝通的對象與目的而有其一定的格式。

3. 電子溝通網路——

隨著科技的發展與資訊大量的擴展，以電子佈告欄(Bulletin Board System; BBS)爲主要溝通網路的電子溝通網路已深入校園內。電子佈告欄具有信函、談話、郵件、公告及瀏覽資料等的功能，爲校園溝通網路的發展趨勢。

4. 其他溝通媒介——

除了以上的溝通媒介外，電話或傳眞機及面對面的溝通，都是常使用的溝通媒介。

依送訊者與收訊者的交互作用分

1. 單向溝通——

送訊者傳遞訊息給收訊者時，送訊者沒有追蹤的行動，收訊者也沒有任何回饋，是爲單向溝通。

2. 雙向溝通——

送訊者留意收訊者的反應，俾作爲是否進一步提供訊息的參考。收訊者則對送訊者的訊息提供回饋，此種溝通即是雙向溝通。

第四節 影響溝通障礙的因素

促使溝通產生障礙的因素有過濾作用、選擇性知覺、情緒、語文、非語文線索、參考架構、負荷量過大、地位差異、時間壓力等(Callahan et al.,

1986, pp.136-141; Robbins, 1993, pp.337-340)。茲分別討論如下。

1. 過濾作用——

過濾作用係指送訊者爲某種目的而操縱所傳遞的訊息。例如，部屬爲謀求陞遷，於傳遞訊息給主管時，會將訊息重新組合，或選擇部分訊息，以投主管之所好。其他如送訊者有缺乏安全感、企圖威脅他人、自己有選擇權時，都會將訊息加油添醋或予以濃縮，以達其傳遞訊息的目的。

一般在正式組織的溝通中，向上溝通及權威層級較多者，比向下溝通及權威層級較少者，有較多的過濾作用現象。

2. 選擇性知覺——

如同個體對情境衆多的目標物，無法同時間予以知覺，而僅能選擇部分的目標物作知覺的作用一樣，收訊者對於接收訊息時也會受收訊者個人的喜好，而選擇其所認爲最重要或對其最有利者的訊息，因此對訊息完整的溝通效果產生障礙。

3. 情緒——

當收訊者情緒正處於極端或不穩定狀況時，其對所接收的訊息常會作情緒化的判斷。例如，高興或沮喪時對訊息的判斷都具有情緒化的結果。

4. 語言——

如何透過訊息而使收訊者瞭解自己的意思，是送訊者所常思考的問題，但是由於送訊者與收訊者因教育程度、年齡及文化背景的不同，在語言的表達技巧及對語言的解釋方面就會有所不同。

當一位博士學位者以其具有專長領域所提出的專有名詞或術語，高中畢業生很難予以瞭解。不同領域的人員都各有其「行話」，而小團體或同儕團體也都因其次級文化而形成其獨有的同儕語言，這些都不是其他團體成員所能瞭解的。

5. 非語文線索——

溝通者之間的空間距離、位置、肢體語言、臉部表情等都影響溝通的品質。例如，當領導者與部屬見面溝通時，不宜在領導者身邊或桌子的側邊，以免侵犯對方的勢力範圍，讓對方有壓迫之感。假如向校長表示認錯時，可隔著桌子面對面談話，這時或許可使長官認爲你有認錯的誠意。校長爲培養溝通的默契，可在辦公室擺設小型會客桌椅或會議桌，以拉近與部屬溝通之距離，減少溝通的障礙(見圖20-4)。

圖20-4　非語言訊息的物理空間位置

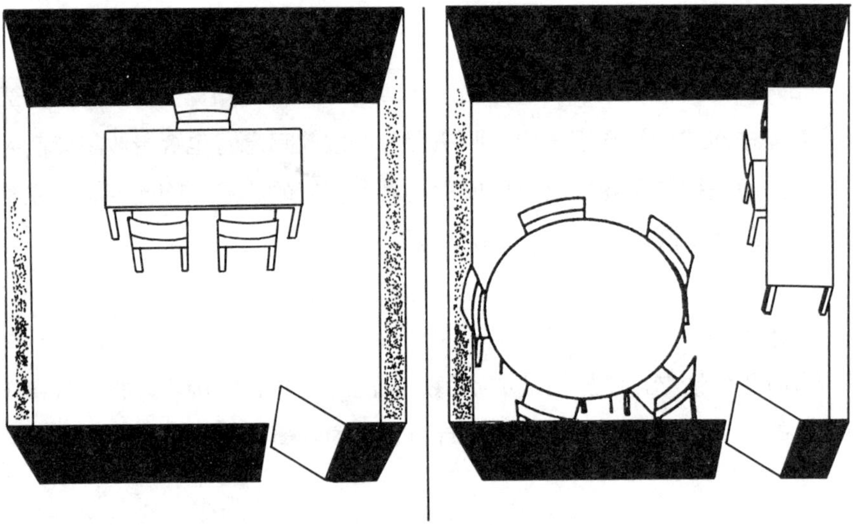

「我是老闆」　　「忘了我是老闆，我們暢談。」

資料來源：Robert E. Callahan, C. Patrick Fleenor, and Harry R. Knudson (1986). *Understanding Organizational Behavior: A Managerial Viewpoint.* Columbus: Bell & Howell, p.138.

送訊者的肢體語言或臉部表情有時候容易使人瞭解，如高興或沮喪。但是當非語文線索不易令人瞭解，或與口語訊息不一致時，則會使收訊者感到混淆，而影響到訊息的眞實性。

6. 參考架構——

由於送訊者與收訊者文化及經驗的不同，對相同的訊息會有不同的知覺。例如，不同國家的人民、師生之間、長官與部屬等都可能因爲參考架構的不同而產生溝通上的障礙。

7. 訊息負荷量過大——

雖然收訊者對訊息有選擇性知覺，但是當訊息太多又複雜時，收訊者仍有可能難作整理及決定的現象。尤其是當處理危機時，更須留意訊息過載所發生的問題。

8. 時間壓力——

當訊息給收訊者有感受到時間壓力太大或沒有任何壓力時，較無法達到溝通的效果。例如，校長要求教師在一個月後完成教學觀摩會計畫，因校長的指令與完成任務的時間相隔太長，因此其效果必定不佳。但是假如校長要求教師在二天內辦理教學觀摩會也會因不切實際而達不到預期效果。

第五節 提高有效溝通的策略

綜合本章所述，提出下列五項提高有效溝通的策略。

1. 推展言教——

送訊者爲達成溝通的目的，須將所要傳遞的訊息先予以組織整理，再透過各種足以表達訊息涵義的象徵性符號予以呈現出來。其中以口語溝通是較爲常使用的溝通方式，因此如何表達訊息的內容是送訊者所須思考的一項重要課題。

在學校中，校長及各單位主管的下行溝通、教師授課使學生瞭解教材內容、及學校成員彼此之間的人際互動等，都須以口語表達的方式進行溝通，因此，校長可推行言教，透過各種語態表達及課程設計，訓練學校成員會說話、能說話，以使學校溝通效果良好。

2. 教育及培訓溝通人才——

溝通具有教育性，是可學習的。爲使學校溝通有效，有必要培訓溝通人才。校長可聘請專家學者設計溝通課程，以訓練學校成員。例如，舉辦溝通演講座談，課程的內容可強調如何傾聽、良好的溝通技巧、如何克服溝通的障礙、如何利用電子網路……等。

3. 妥善利用電子網路——

自從辦公室的行政電腦化後，電子佈告欄已在許多校園內廣受使用，學校人員可利用此一電子網路系統進行信函、郵件、對談、查詢……等的各種溝通。雖然較不具有人性化，但也節省許多時間。

4. 加強科層化與專業化之間的溝通——

學校的行政人員(職員、工友)與教學單位人員(教師、學生)常因彼此的業務與立場之不同，而有衝突的現象，爲使學校科層化與專業化之間的衝突減低至最低程度，校長宜予協調，並透過溝通訓練課程，加強科層化與專業化之間的溝通。

5. 擴充溝通管道——

爲使校園溝通有效，多元化的溝通管道是有其必要性的。只要是學校成員有任何正面或負面的訊息須傳遞時，則瞭解透過何種溝通管道向那一單位、那個人傳遞，同時也知道獲得回饋的時間和方式是有其必要的。因此，學校宜在行政與教學單位廣設溝通管道，俾便提高校園溝通的效果。

第柒編

組織變革與發展層次

第廿一章

學校組織的變革與發展

不論古今中外，教育與政治、文化、經濟……等因素互爲因果且相輔相成。尤其近年來，社會變遷對學校教育的衝擊更爲明顯。政府與民間人士、學者專家、民意代表、教師……等都提出教育改革的訴求。例如，全國教育會議的召開，教育改革委員會及民間人士對教育改革的訴求，「師資培育法」及「教師法」的公布，各級各類學校教育的改革……等，無不說明學校組織的變革與發展正隨著社會的變遷而邁進中。

學校要進步須有某種程度的變革，但變革並不一定會帶來進步。學校組織的變革受學校內外各種因素的影響，並有其獨有的特徵，且學校組織的發展有其階段性、連續性，因此如何因應學校組織的變革與發展而領導學校是值得探討的課題。

本章將依序討論：1.組織變革與發展的理念；2.學校組織變革與發展的特徵；3.影響學校組織變革與發展的因素；4.學校組織變革與發展的模式如下。

第一節 組織變革與發展的理念

組織變革(Organizational Change)係指組織受其內外在因素影響後，在有計畫性或非計畫性之下，從事組織個人、團體或組織相關層面的改變。組織變革主要歷經突破現狀、推動改革及回歸穩定平衡狀態三個程序或階段。

組織發展(Organizational Development; OD)乃在從組織的結構、制度迄

組織內團體及成員的各項心理互動與輔導等的前瞻性、系統性、計畫性的改變中，而促使組織適應內外在環境的變遷、增進組織效能、營建組織文化及提昇組織成員的滿足感。

組織發展的理念特別重視人性，講求民主，例如，對人尊重、信任與支持，維持權力平衡，鼓勵參與決定，並朝良性正面的方向發展。

組織發展與組織變革並非同義詞。組織發展不僅是一種組織變革的過程，同時也在不斷地變革中修正發展的過程。組織發展須作某種程度的組織變革，但組織變革卻不能保證組織發展必定成功。組織變革與組織發展關係密切，在組織行為的領域中是一種值得探討的課題。

第二節 學校組織變革與發展的特徵

學校組織的變革與發展因學校組織本身的特徵及組織內外因素的影響，其所具有的特徵主要有下列六項。

爭議性大，影響層面廣

學校的任何變革與發展所影響的層面比其他任何組織都還要廣，爭議性也較大，且受一般大衆的注意與關切。例如，國中自願就學方案及大學推薦甄選入學制度的實施，所影響的層面極廣，其中尤其以國中自願就學方案的爭議性更大，受到家長、學校校長、教師、學者及教育行政人員的熱烈討論。而教授治校的理念在大學校園中產生衝突現象，因此也頗受爭議。其他如國民中小學學制的改革，綜合中學制度的實施等所影響層面都是極廣的。

組織變革的複雜性

學校組織變革與發展受學校以外的政治、經濟、文化、國家行政體制與教育政策、社會發展趨勢、教育改革、教育法案……等的影響，同時校長的教育理念與領導風格、學校組織文化等學校內在因素也影響學校組織的變革與發展。這些學校組織內外的因素顯示影響學校組織變革與發展的複雜性。

學校組織變革與發展的複雜性也顯現在各級各類學校的不同目標上。例如，國民教育旨在培養德、智、體、群、美五育均衡發展的健全國民，但有部分家長或民間團體人士對於現行學制或課程及教育方法仍有不同意見，因此有人本教育或開放教育理念的教育改革訴求，而在現行學制外有毛毛蟲學校的實施。

師範教育旨在培養健全的師資，「師資培育法」公布前，國民中小學師資係由師範校院負責培養，可謂是師範教育一元化的時期。但是自從「師資培育法」於八十三年二月七日公布後，師範教育已由一元化朝多元化發展，除了師範校院外，設有教育學程的一般大學也可培養國民中小學師資。師範教育的多元化對師範校院的衝擊最大。例如，校內併存著公自費生，因此學生結構有明顯地改變。其次，師資培育的課程也不斷地更新，加上師範校院是否併入一般大學或仍維持原有的功能及體制，已在學校內外廣受討論。這些都使師範校院的組織產生前所未有的變革。

其次，學校組織變革與發展所具有的複雜性特徵也顯露在學校組織本身所具有的複雜性上。例如，學校組織兼具科層化與專業化，正式組織與非正式組織的特徵，同時也是一社會系統、政治系統、聯結鬆散系統，或可分成結構性、人群資源、政治及符號等架構類型。因此，任何一所學校的變革與發展都涉及學校組織本身的複雜性。

■ 實驗與研究

學校組織的變革與發展與其他組織所不同者乃特別強調實驗與研究。從事學校教育的改革大抵上所遵循的決策模式爲：發現問題→界定問題的性質與原因→從事實驗或研究→撰寫實驗或研究的報告→教育行政或學校領導者根據報告所提出的結論及建議擬訂政策，最後則使政策合法化。

教育部、廳、局的決策者於廣徵建言的過程中，除了學者專家所實驗研究的書面報告外，也蒐集民意代表的提案及辦理公聽會、座談會等方式以蒐集資料，俾制訂政策以改革學校教育。

■ 學校組織兼具計畫性與非計畫性的改革

學校組織的變革所影響的層面既深且廣，所以必須對組織的變革作有計畫性地規劃，不宜朝令夕改，而影響學生的權益。學校教育的改革除了先透過諮詢、實驗研究外，所提出的實施方案大都係選擇某些縣市或學校先作爲試辦的地區及對象，其後將實施結果經檢討後再視實際情況予以停辦、修正或擴大辦理。

有計畫性的改革旨在增進學校因應社會環境改變的能力，如學制、課程、升學制度的改革等。同時也尋求改變學校教職員工生的行爲，以提高其工作績效及教學品質，如減輕教職員工的工作壓力，進行生涯專業發展的規劃與輔導……等。

非計畫性的學校組織變革則指學校組織中偶發事件的處理，及處理類似事件後對組織成員行爲的改變。例如，學校職員建議按規定停放車輛，則學校訓導單位隨即公告全校教職員工生一律按規定停放車輛。

評鑑困難

學校組織發展旨在增進學校組織效能，提昇學校因應社會變遷的能力，以適存於社會環境中。但是學校組織效能的評鑑標準因各級各類學校之不同而有所差異，同類型或同級學校有其共同的評鑑標準，但是也因個別學校的文化、地理因素，各校有其獨特的效能標準。此外，同一所學校內也因校長、教職員工生、家長等的不同觀點而有不同的評鑑指標。例如，學校組織效能的評鑑指標可分成靜態、心態、動態、生態四個層面(張慶勳，民85)，其他在國小、國中、高中及大學也各具有不同的評鑑指標(參見第十章)。因此，學校組織效能因學校教育目標之差異性及學校組織本身的複雜性與獨特性，在效能指標的評鑑上很難有全然一致性的評鑑標準及工具。

學校教育的對象爲學生，且學校組織的所有成員有時亦爲評鑑的對象，這些受評鑑的對象具有人性化，在組織運作過程中具有動態性，其成果不像其他一般企業組織的產品那麼具體可見，而是具有抽象、不具體、不明顯的特徵。這些特徵使得學校組織變革與發展的評鑑產生困難。

學校組織變革與發展的評鑑困難之處顯示於組織成員個人的動機、態度、人格……等個人屬性，或組織成員個人、團體之間的互動，及行爲的改變、組織文化……上。這些特徵或屬性都不是顯而易見，因此較無法作精確的觀察與測量。

學校組織重視教師的生涯專業發展

學校教師的在職進修素爲師範教育重要的一環，而教師的在職進修爲其個人生涯專業發展的一部分，教師的生涯專業發展能影響教師的教學及組織行爲，並促使學校組織產生變革，帶動學校組織的發展。

一位有前瞻性的校長常對其組織成員(特別是教師)進行生涯規劃的輔

導，教師也在其個人的成就動機及任教職志上從事生涯專業發展的規劃與執行，而影響學校的組織行為。因此，學校組織的變革與發展中所特別重視的教師生涯專業發展是其他一般組織所不同之處。

第三節 影響學校組織變革與發展的因素

綜合而言，影響學校組織變革與發展的因素至少有下列十一項，這些因素彼此相互關聯互為影響，茲分析如下。

政治

政治的意識型態影響學校組織的變革。例如，當一強勢政黨執政時，學校教育常有黨化教育之嫌；當多個勢力相當的政黨因利益妥協互換時，常會將政黨的意識型態有意無意地融入學校課程內。有時政黨的輪替因宣布教育政策，而改變或影響學校教育的實施。例如，英國工黨執政時採取「全民中等教育」的理想與「教育機會均等」的原則，而實施綜合中學的政策就是一例。當執政者係由一黨專政走向多元政黨競爭的民主化時代時，學校也會由一元化、單軌制朝向多元化、多軌制發展。

經濟

國家經濟發展與國家建設人才息息相關。因此，在經濟條件許可下設立各級各類學校或提昇教師的教育程度以培養國家棟樑，為政府倡導教育改革的目標之一。例如，為提昇國小教師教育程度為大學畢業，政府於76年將培育國小師資的五年制專科學校改制為師範學院。同時政府於評估國家人力需求市場後，有計畫性地改革後中等教育學制為綜合中學，並加強技藝教育，提昇技術教育水準。這些受經濟因素影響所產生的教育改革，在學校組織方面產生重大的變革。

文化

不同國家有其不同的文化背景，較具多元及創新性文化的國家，學校大都爲多軌制。較重視升學主義的國家，學校較偏向加強智育的教育，而影響學校組織成員的互動。

學校組織的運作受學校組織內外文化所影響。依張慶勳(民 85)的研究，國小校長大都認爲校長的領導受創校以來的學校文化影響較爲深遠，而學校所位處的地理環境及人文背景形成學校特有的文化，並影響校長的領導及學校組織的運作。同時，校長領導透過學校組織文化特性而影響學校組織效能。

教育史的背景與發展

從我國教育史的發展予以分析，學校教育與國家考試制度密不可分。不論是西周至孔子時期的貴族教育；孔子至秦的私家自由講學；秦及兩漢的國家教育時期；或是魏晉南北朝至隋唐五代的門第與寺院教育；或是兩宋迄元明清初的書院講學；或是近代的我國教育，莫不以參加考試取得更高學歷及獲得官職。因此，學校組織的變革自古以來即受到國家選才制度的影響。

社會發展趨勢

目前社會的發展趨勢具有開放性、多元化、民主化、資訊化、科技化的特徵。學校是小型的社會，自然也具有社會發展趨勢的特徵。在這些特徵之下，學校教育廣受重視，就學人口增多，學校成員互動頻繁，要求參與校務決定，單親兒童人數增加，學校組成份子的結構產生巨大的變化，假如學校無法滿足組織成員的需求及因應社會發展的趨勢，學校若不予轉型將會被淘汰。

國家行政體制與教育政策

行政體制爲中央極權或聯邦制、均權制的國家，其學制會有不同。例如，美國採取聯邦制、總統制，教育制度則以「聯邦參與－州的權力－地方運作」的模式，因此全國並無一致性的學校制度。英國爲內閣制國家，行政對立法負責，內閣由國會多數議席的政黨組閣，因此執政黨對教育較具有影響力。如前政治因素所述，英國工黨組閣時，實施綜合中學制度即是一例。

西德自1949年成立聯邦政府，其基本憲法確保各邦教育權責，因而促成各邦各自爲政，而使學校制度紛雜不一，至1970年代以後，由於聯邦與邦共設「聯邦與邦聯合教育計畫委員會」，才使其學校教育更加朝統一性發展。我國憲法規定教育採均權制，但是行政體制較偏向中央控制者，因此學制採取單軌制。近年來，由於民主發展及政府的鬆綁，學校教育已邁向多元化的方向發展。

教育改革

不論是政府或民間團體、人士，都爲因應社會變遷及國家的需要而提出教育改革方案。例如，教育部於83年6月召開第七次全國教育會議，而提出我國教育制度、國民教育、高中教育、技術職業教育、師範教育、大學教育、社會教育、學術交流、教育經費、體育發展、學校課程改革等的發展與評估。近年來教育部、教育改革委員會與民間團體也陸續提出教育改革，如國中自願就學方案、大學推薦甄選入學方案、教育鬆綁理念、毛毛蟲學校……等，可謂對學校教育產生重大的影響。

教育法案

國家的教育法案影響學校組織的變革與發展至深且鉅。例如，57年政府宣布延長義務教育爲九年，當時以「九年國民教育實施條例」作爲實施準繩，其後在68年5月23日公布「國民教育法」，而奠定我國國民教育法定的基礎。另由於「大學法」的修正公布(83年1月5日)及「師資培育法」的公布(83年2月7日)，使得高等教育的學校組織內部師生結構、組織行爲產生重大的變革，而師範教育由一元化朝多元化的方向發展。其他諸多相關的教育法案對學校組織的變革與發展也產生重大的影響。

領導者的教育理念與領導風格

領導者的教育理念影響學校教育的實施。例如，我國首任教育部部長蔡元培先生亦曾主持北京大學及創設中央研究院，其世界觀教育的理想，提倡「學術自由」及「思想自由」深深影響高等教育的實施。

張慶勳(民85)的研究發現，校長領導是學校組織運作的啓動者，同時校長也是學校組織的主要設計者。因此，校長的行政及教學領導是影響學校組織變革與發展的重要因素。

由於前後任領導者的教育理念及領導風格的不同，學校組織的變革與發展也受政府領導者或校長輪替所影響。這種由領導者輪替所產生的學校組織改變，是否會促使學校進步，端視改變是否符合學校組織發展的需要性而定。

學校組織的內外壓力

依張慶勳(民85)的研究，校長領導是影響學校組織文化特性與學校組織效能的導引者，而校長領導又受到學校所在地區的民風、家長職業結構、家長種族背景、家長社經地位，及教育行政機關、民意代表、社區人士、家長會等外在壓力的影響。因此，這些學校組織的外在因素影響學校組織的變革與發展。

學校組織內成員個人及團體的訴求，或對組織措施的抗拒等，都可形成組織現況的壓力來源。爲了突破現狀以滿足成員的需求或減低組織成員對組織措施的抗拒，學校組織須作某種程度的變革。

學校規模

學校規模的大小與學校組織變革與發展關係密切。以國小而言，學生人數不斷增加時，學校常有增班或設分校或另設學校的情形。假如學生人數逐年下降時；則學校會有計畫性地減班及教師調校的情形。這些因學生人數的增減所產生學校組織師生比例或結構的改變，對學校組織變革與發展影響極大。

究竟要多少的學生人數是最適當經營的規模，已爲教育學者所熱衷研究。近年來，民間團體基於人本教育理念曾提出小班小校的教育改革訴求。雖然如此，學校的經營仍須考慮成本及效益的分析，例如，每位學生單位成本的計算，學校所在地區與學校規模的適切性，及學校組織效能等的關係，都是值得探討的課題。這些都是影響學校組織變革與發展的學校組織內在重要變項。

第四節 學校組織變革與發展的模式

學校組織的變革與發展受學校組織內外環境因素所影響，而激發學校組織的變革與發展。茲以圖21-1表示學校組織變革與發展的模式，並分別討論如下。

圖21-1　學校組織變革與發展模式圖

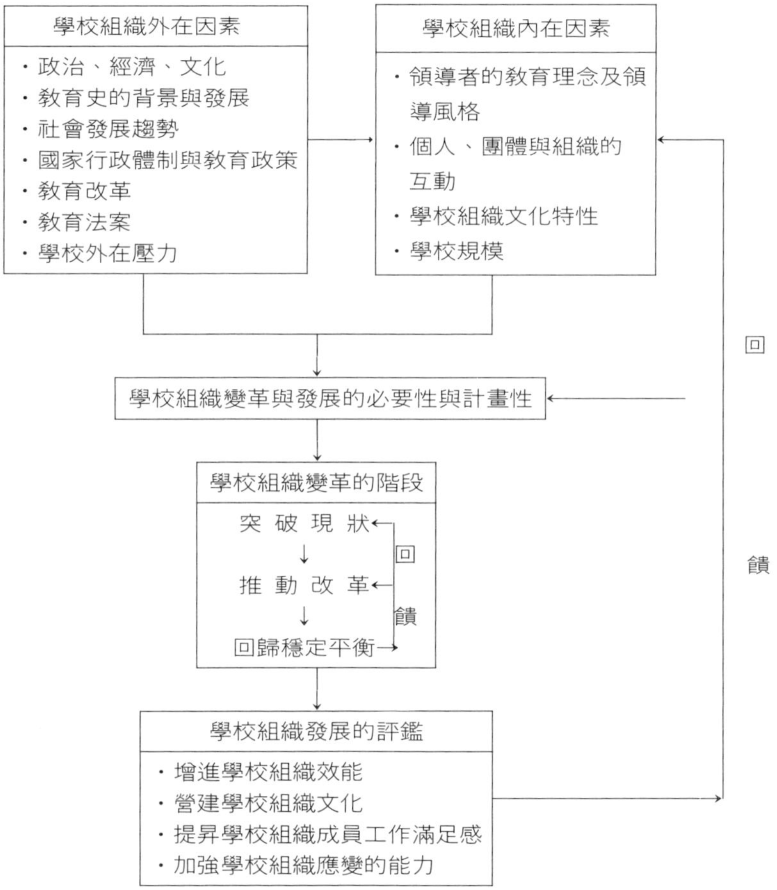

影響學校組織變革與發展的因素

1. 組織外在因素——

有關影響學校組織變革與發展的學校組織外在因素，已於本章第三節中討論。這些因素主要包括政治、經濟、文化、教育史的背景與發展、社會發展趨勢、國家行政體制與教育政策、教育改革、教育法案及外在壓力等。

2. 學校組織內在因素——

影響學校組織變革與發展的學校內在因素主要包括校長的教育理念與領導風格；學校組織中個人、團體及組織的互動；及學校組織文化特性、學校規模等，這些組織內在變項也受學校組織外在因素所影響。

校長的教育理念與領導風格攸關學校組織未來發展的取向，而學校組織行爲則是學校組織內之個人、團體及組織三者互動的結果，這些變項互動的結果也塑造成各該學校組織文化的特性。

學校規模除了與教育投資的經濟效益相關外，也與校長領導、學校組織氣氛、文化……攸關，什麼才是最適經營的學校規模，是改革學校教育所常討論的課題。

組織變革與發展的必要性與計畫性

當學校組織受到內外因素影響而有壓力的衝擊時，改革組織便有其必要性。然而，學校組織的改革所影響的層面廣且受大衆關注，爲減低學校組織變革產生負面的影響，學校組織的變革須作有計畫性的規劃。

學校組織變革的階段

學校組織變革可分成：1. 突破現狀；2. 推動改革；3. 回歸穩定平衡三個階段，但是這三個階段並不易截然劃分，有時亦有重疊現象。茲分別討論如下。

第一階段：突破現狀

欲改革學校組織，須突破學校組織中所要改革的現狀，但是任何一項改革皆會遭遇某種程度的抗拒或阻力。一般而言，形成學校組織變革的阻

力來源，可分成個人與組織二大類。例如，

(1)來自個人的抗拒或阻力方面：主要有個人已安於現狀不希望有任何新的改變、缺乏對改革措施的認識和參與、維護個人暨其所屬團體的既得利益、個人擔心增加工作量……等。

(2)來自組織方面的抗拒或阻力：主要包括組織本身結構的僵化、組織內各部門之間的競爭及衝突所產生的不和諧、過去組織變革的失敗或負面影響、擔心組織變革後打破組織各部門之間已有的權力平衡……等。

在校長運用領導策略以改變學校組織文化方面，不論是國內(如張慶勳，民85)及國外的研究，校長運用轉化領導比互易領導更能改變學校組織文化，且更具有領導效能。因此，校長可運用轉化領導的策略以突破學校組織現狀，進行改革工作。

第二階段：推動改革

校長針對學校組織的複雜性特徵，及對學校組織層面(如組織結構、組織設計、組織文化、組織效能……)、組織內個人與團體層面(如組織成員行為的改變、滿足組織成員心理的需求、提昇組織成員的工作滿足感、教職員的生涯規劃與輔導)、及組織技術層面(如工作設計等)三大層面進行改革工作。

學校組織的變革除了由校長及組織成員的互動所進行外，亦受政府的教育政策及教育法案所推動。例如，教育部為落實大學校園民主精神及學術自主，修正並公布「大學法」，而由各大學自訂各校的組織規程，以改革大學以往的體制。教育部為改革高中教育，在修正「高級中學法」中，將高中校長由官派改為遴選，在學制的型態方面亦改革為綜合高中、完全中學及單科高中三種。這些都使學校組織結構產生重大的改變。

第三階段：回歸穩定平衡

不論是在學校組織，或個人、團體及技術層面的改革，經組織的運作後，終將使組織回歸至穩定平衡狀態。也就是使組織制度化及組織成員新行為的永久化。

■ 評鑑

學校組織變革與發展的評鑑，因各級各類學校目標的不同及改革重點的差異，其評鑑的指標有其共同性及獨特性。雖然如此，學校組織變革與發展仍以良性正面的發展爲評鑑取向。大體而言，學校組織變革與發展是否成功，乃在於學校是否有增進學校組織效能、營建組織文化、提昇組織成員工作滿足感及提昇組織應變能力等。

學校組織變革與發展的評鑑有其困難性，但爲評估學校組織變革與發展是否成功，仍須克服困難，以計畫、執行及考核的行政三聯制，就學校組織的靜態、心態、動態及生態等各層面予以評鑑。

參考書目

王受榮(民68)。<國民中小學教師角色取向之研究>，國立台灣師範大學教育研究所碩士論文。

王秋絨(民70)。<國民中學組織環境對於教師角色壓力的影響>，國立台灣師範大學教育研究所碩士論文。

王保進(民82)。<高等教育表現指標之研究>，國立政治大學教育研究所博士論文。

王政彥(民79)。<論教育決策的參與>，《現代教育》，第18期，頁71-84。

王家通、曾燦燈校訂(民75)，霍伊與米斯格(Wayne K. Hoy, : Ceil G. Miskel, 1982)著。《教育行政學——理論、研究與實際》〔*Educational Administration: Theory Research and Practice* (2nd). New York: Random House〕。高雄：復文圖書出版社。

王進焱(民80)。<高雄市國民小學教師非正式組織之研究>，國立台灣師範大學教育研究所碩士論文。

方德隆(民76)。<國民中學組織結構與組織效能關係之研究>，國立台灣師範大學教育研究所碩士論文。

呂木琳(民67)。<國中校長領導方式與學校氣氛之關係>，國立台灣師範大學教育研究所碩士論文。

呂俊傑(民80)。《談判專家》，台北：絲路。

李明堂(民76)。<常模參照回饋、自我參照回饋對國小學童成敗歸因、成就動機、測試焦慮影響之研究>，國立高雄師範學院教育研究所碩士論文。

李垣武(民77)。<臺灣省國民小學教師工作疲乏與其背景因素差異之研

究〉，國立台灣師範大學教育研究所碩士論文。
李茂興、李慕華、林宗鴻合譯(民83)。Stephen P. Robbins原著。《組織行爲》(*Essentials of Organizational Behavior*)，台北：揚智文化。
何福田、張慶勳(民81)。〈官僚、同僚與政治模式的理論基礎〉，中華民國人文科學研究會，《人文學報》，第15期，頁25-46。
林水波、張世賢(民80)。《公共政策》，台北：五南圖書出版公司。
林生傳(民79a)。《教育社會學》，高雄：復文圖書出版社。
——主持(民82)。〈中等教育階層化之研究——高級中學升學率之實徵分析與檢討〉。行政院國家科學委員會專題研究報告。
林金福(民81)。〈國民中學校長領導型式與學校效能關係〉，國立政治大學教育研究所碩士論文。
林坤豐(民71)。〈國民中、小學校長權力運用方式與教師工作滿足感之關係的比較研究〉，國立高雄師範學院教育研究所碩士論文。
林淑梨、王若蘭、黃慧眞譯(民80)。《人格心理學》，台北：心理出版社。
周甘逢(民73)。〈不同制握大學生社團參與及其行爲適應之分析研究〉，國立高雄師範學院教育研究所碩士論文。
周立勳(民75)。〈國小教師工作壓力、控制信念與職業倦怠關係之研究〉，國立高雄師範學院教育研究所碩士論文。
吳幼妃(民69)。〈工作滿意理論之發展及有關研究概述〉，《教育文粹》，第9期，頁76-87。
吳武典(民66)。〈制握信念與學業成就、自我概念、社會互動之關係及其改變技術〉，《國立台灣師範大學教育研究所集刊》。台北：國立台灣師範大學教育研究所。第19輯，頁163-176。
吳清山(民78)。〈國民小學管理模式與學校效能關係之研究〉，國立政治大學教育研究所博士論文。
——(民81)。《學校效能研究》，台北：五南圖書出版公司。
吳清香(民68)。〈工作特性對教育行政人員工作滿足之影響〉，國立政治大學教育研究所碩士論文。

吳清基(民68)。〈國民中學組織結構與教師工作滿意之關係〉，國立台灣師範大學教育研究所碩士論文。

——(民78)。《教育行政決定理論與實際問題》，台北：文景出版社。

吳璧如(民79)。〈國民小學組織文化與組織效能關係之研究〉，國立高雄師範學院教育研究所碩士論文。

吳麗芬(民75)。〈國民小學組織結構正式化、集中化與教師工作動機之關係〉，國立台灣師範大學教育研究所碩士論文。

邱祖賢(民74)。《我國高等教育行政決策之探討》，高雄：復文圖書出版社。

施柏生(民74)。〈台北市國民小學教師輔導專業知能滿意與角色認知及人格特質之研究〉，國立台灣師範大學教育研究所碩士論文。

陳春雄(民75)。〈國民中學教務主任角色之研究〉，國立台灣師範大學教育研究所碩士論文。

陳淑嬌(民78)。〈國民中學校長領導型式、教師工作投入與組織效能關係之研究〉，國立高雄師範學院教育研究所碩士論文。

陳彰儀(民84)。《組織心理學》，台北：心理。

陳慶瑞(民75)。〈費德勒權變領導理論適用性之研究－以我國國民小學爲例〉，國立高雄師範學院教育研究所碩士論文。

——(民78)。《費德勒權變領導理論研究》，台北：五南圖書出版公司。

——(民80)。〈國民小學校長領導效能之分析與評鑑——以闡述模式爲例〉，《國教天地》，第90期，頁37-44。

陳麗珠(民84)。〈小班小校的迷思：談學校最適當經營規模〉，《國民小學最適經營規模學術研討會論文集》。屏東：國立屏東師範學院，頁52-60。

郭明堂(民77)。〈國小輔導人員背景變因、人格特質、工作壓力與輔導成效關係之研究〉，國立高雄師範學院教育研究所碩士論文。

許勝雄(民64)。〈國中校長的基本職務與領導方式之調查分析〉，國立台灣師範大學教育研究所碩士論文。

張春興(民76)。<智商不代表智力>，《中國論壇》，第25卷，第2期。
——(民80)。《現代心理學》，台北：東華書局。
張建邦(民71)。《台灣六所大學官僚同僚政治管理模式之研究》，台北：驚聲。
張德銳(民80)。<台灣省中小型國民中學組織效能與工作滿意、組織氣氛、校長行政能力與敬業精神之調查研究>，新竹師院學報，第5期，頁99-148。
張慶勳(民78)。<師範校院官僚、同僚與政治管理模式之研究>，國立高雄師範學院教育研究所碩士論文。
——(民81)。<美國學校行政互易領導與轉化領導理念之探討及其對我國的啓示>，發表於中央研究院歐美研究所主辦之「美國教育現狀及其趨勢」學術研討會。民國81年3月21日，又收於郭實渝主編(民82)，《中西教育專題研究》。台北：中央研究院歐美研究所。頁197-229。
——(民82)。<大學校長角色的探討>，《屏東師院學報》，第6期，頁53-82。
——(民85)。<國小校長轉化、互易領導影響學校組織文化與組織效能之研究>，國立高雄師範大學教育學系博士論文。
黃三吉(民81)。<台北市國民小學組織結構與教師工作倦怠關係>，國立台灣師範大學教育研究所碩士論文。
黃昆輝(民81)。《教育行政學》，台北：東華書局。
黃純敏(民79)。<台灣省延教班學生教育回應及其自我概念之研究>，國立高雄師範大學教育研究所碩士論文。
黃隆民(民75)。<國民中學教師角色衝突與工作滿意之關係>，國立台灣師範大學教育研究所碩士論文。
黃耀卿(民74)。<國民中學組織結構與組織氣氛關係之研究>，國立台灣師範大學教育研究所碩士論文。
黃曬莉、李茂興合譯(民80)。《組織行爲——管理心理學理論與實務》(*Organizational Behavior: Concepts, Controversies, and Applications*)，台北：

揚智文化。
葉重新主持(民76)。<台北市立中小學領導系統與管理模式之研究>，台北市政府研究發展考核委員會委託，市政建設專題研究報告第165輯。
曾燦燈(民68)。<國中校長領導型式與教師服務精神之關係>，國立台灣師範大學教育研究所碩士論文。
楊永全(民75)。<國民小學資優班教師角色期望與角色踐行之研究>，國立台灣師範大學教育研究所碩士論文。
楊宏仁、于瑞珍(民80)。<如何提升教師的工作滿意度——理論與實施方法>，《初等教育研究》，第3期，頁289-308。
廖春文、李皓光(民84)。<國民小學學校效能評量指標之研究>，發表於八十四學年度師範學院教育學術論文發表會，84.11.3。國立屏東師範學院。
廖貴鋒(民75)。<國中教師角色衝突、角色不明確與工作倦怠之研究>，國立台灣師範大學教育研究所碩士論文。
廖鳳池等(民80)。《教育心理學》。台北：心理出版社。
蔡培村(民69)。<國中校長領導型式、教師人格特質與學校組織氣氛之關係>。政大教育研究所碩士論文。
——(民74)。<國民中小學校長的領導特質、權力基礎、學校組織結構及組織氣候與教師工作滿足關係之比較研究——台灣地區國民中小學校組織行爲之比較研究>。政大教育研究所博士論文。
——(民79)。<從開放社會的決策過程檢討我國的教育政策>。中國教育學會主編。《開放社會的教育政策》。台北：臺灣書店。頁163-193。
鄭世仁(民74)。<國民中學教師角色衝突調查研究>。國立台灣師範大學教育研究所碩士論文。
鄭彩鳳(民79)。<高級中等學校校長領導行爲取向、教師角色衝突與學校組織氣氛關係之研究>。國立高雄師範大學教育研究所碩士論文。
鄭進丁(民65)。<台北市國小校長角色之調查分析>。政大教育研究所碩士論文。

潘文章(民81)。《企業管理：導論、功能、革新》，台北：三民書局。

劉春榮(民82)。〈國民小學組織結構、組織承諾與學校效能關係研究〉，國立政治大學教育研究所博士論文。

劉慶中主持(民82)。〈台灣地區國民小學教師結構及工作滿意狀況調查報告〉，台灣省政府教育廳，《台灣地區國民小學教育調查報告(一)》。

謝文豪(民76)。〈國民中學組織結構與組織溝通之關係〉，國立台灣師範大學教育研究所碩士論文。

謝州融(民73)。〈國民中學導師角色踐行之調查研究〉，國立台灣師範大學教育研究所碩士論文。

蘇永柳(民82)。〈台北市立國民小學學校事務行政管理與學校組織效能相關之研究〉，國立政治大學教育研究所碩士論文。

蘇育任(民74)。〈國民中學組織結構對教師疏離感之影響〉，國立台灣師範大學教育研究所碩士論文。

Adams J. S. (1963). "Toward an Understanding of Inequity," Journal of Abnormal and Social Psychology. 67, pp.422–436.

——(1965). "Inequity in social exchange." in Leonard Berkowitz (ed.). Advances in experimental social psychology. (vol 2). New York: Academic Press, pp.276–299.

Alderfer, Clayton P. (1972). Epistence, Relatedness, and Growth: Haman Needs in Organizational Settings. New York: Free Press.

Allen, R. D., Hitt, M. A., & Greer, C. R. (1982, Summer). "Occupational Stress and Perceive Organizational Effectiveness in Formal Groups: An Examination of Stress Level and Stress Type," Personnel Psychology, pp.359–370.

Anderson, Carolyn S. (1982). "The Search for School Climate: A Review of the Research." Review of Educational Research, Fall 1982, pp.368–420.

Ashforth, Blake E. (1985). "Climate Formation: Issues and Extension," The Academy of Management Review, 10, pp.837–847.

Atkinson, J. W. (1964). An introduction to motivation. New York: Van Nostrand.

——& Feather, N. T. (1966). A Theory of Achievement Motivation. New York: Wiley.

Baldridge, J. Victor, Curtis, David V., Ecker, George P. and Riley, Gary L. (1977). "Alternative Models of Governance in Higher Education," in Riley, Gary L., & Baldridge, J. Victor (eds.). Governing Academic Organizations: New Problems New Perspectives. California: McCutchan, pp.2–25.

——& Deal, Terrence (1983) (eds.). The Dynamics of Organizational change in Education, California: McCutchan.

——(1983). "Organizational Characteristics of Colleges and Universities," in Baldridge, J. Victor & Deal, Terrence. (1983) (eds.). The Dynamics of Organizational Change in Education. California: McCutchan. pp.35–59.

Barley, Stephen R. (1983). "Semiotics and the Study of Occupational Cultures," Administrative Science Quarterly, 28 ( ), pp.393–413.

Barnard, Chester I.(1938). The Functions of the Executive. Cambridge, MA: Harvard University Press.

Bass, Bernard M.(1985). Leadership and Performance Beyond Expectation. New York: Macmillan.

——& Avolio, B. J.(1990). Transformational Leadership Development: Manual for the Multifactor Leadership Questionnaire. Palo Alto, California: Consulting Psychologists Press, Inc.

Bass, Bernard M. & Ryterband, Edward C.(1979). Organizational Psychology(2nd ed.). Boston: Allyn and Bacon.

Becker, H. S., Geer, B., Hughes, E. C. & Strauss, A. L.(1961). Boys in White: Student Culture in Medical School. Chicago: University of Chicago Press.

Beehr, T. A. & Newman, J. E.(1978). "Job Stress, Employee Health, and Organizational Effectiveness: A Facet Analysis, Model and Literature Review," Personnel Psychology, pp.665-699.

Bennis, W., & Nanus, B.(1985). Leaders: The Strategies for Taking Charge. New York: Harper & Row.

Bensimon, Estela A., Neumann, Anna and Birnbaum, Robert(1989). Making Sense of Administrative leadership: The "L" Word in Higher Education. ASHE-ERIC Higher Education Report 1.

Bensimòn, Estela M.(1987). "The Meaning of" Good Presidential Leadership" : A Frame Analysis. ASHE Annual Meeting Paper,"(ERIC Document Reproduction Service No. ED 292416).

——(1989). "The Meaning of" Good Presidential Leadership": A Frame Analysis," Review of Higher Education 12(2), pp.107-123, Winter 1989.

Blase, Joseph J.(1982). "A Social-psychological Grounded Theory of Teacher Stress and Burnout," Educational Administration Quarterly, 18(4), pp.93-113.

Blau, Peter M. & Scott, W. Richard(1962). Formal Organizations: A Comparative Approach. San Francisco: Chandler.

Bloom, Benjamm S.(1976), Human Characteristics and School Learning. New

York: McGraw-Hill.

Blumer, H.(1969). Symbolic Interactionism. Englewood Cliffs, NJ: Prentice-Hall.

Bolman, Lee G. & Deal, Terrence E.(1984). Modern Approaches to Understanding and Managing Organizations. San Francisco: Jossey Bass.

——(1991). REFRAMING ORGANIZATION: Artistry, Choice and Leadership. San Francisco: Jossey-Bass.

Borg, Mark G. et al.(1991). "Stress in Teaching: A Study of Occupational Stress and Its Determinants, Job Satisfaction and Career Commitment among Primary School teachers," Educational Psychology: An International Journal of Experimental Educational Psychology, 11(1), pp.59-75.

——& Riding, Richard J.(1991). "Occupational Stress and Satisfaction in Teaching," British Educational Research Journa, 17(3), pp.263-281.

Bryman, Alan(1990). Quantity and Quality in Social Research(2nd ed.). London: Unwin Hyman.

——(1992). Charisma and Leadership in Organization. London: SAGE Publications.

Burgess, Robert G.(1984). In the Field: An Introduction to Field Research. London: Allen & Unwin.

——(1986). Sociology, Education and Schools-An Introducation to the Sociology of Education. New York: Nichols.

Burke, W. W.(1982). Organizational Development: Principles and Practices. Boston: Little, Brown.

Burns, J. M.(1978). Leadership. New York: Harper and Row.

Byrne, Barbara M.(1991). "Burnout: Investigating the impact of Background Variables for Elementary, Intermediate, Secondary, and University Educators," Teaching and Teacher Education, 27(2), pp.197-209.

Callahan, Robert E., Fleenor, C. Patrick, & Knudson, Harry R.(1986). UNDERSTANDING ORGANIZATIONAL BEHAVIOR-A MANAGERIAL VIEWPOINT. Columbus: Bell & Howell Company.

Cameron Kim(1978). "Mensuring Organizational Effectiveness in Instructions of Higher Education," Administrative Science Quarterly, 23, pp.604-629.

Cardinell, C. F.(1981). "Mid-Life Professional Crises: Two Hypotheses," Paper presented at the Annual Meeting of the National Conference of Professors of Educational Administration(35th, Seattle, WA. August 17).(ERIC Document Reproduction Service No. ED 208 491).

Carpenter, H. H.(1971). "Formal Organizational Structural Factors and Perceived Job Satisfaction of Classroom Teachers", Administrative Science Quarterly, 16, pp.460-465.

Carroll, John B.(1963). "A Model of School Learning," Teachers College Record, 64(8), pp.722-733.

Charkings, R. J. & Others(1985). "Linking Teacher and Student Learning Styles with Student Achievement and Attitudes," Journal of Economic Education, v16 n2, pp.111-120, Spr 1985(ERIC Document Reproduction Service No. EJ 319111).

Clark, David L.(1985). "Emerging Paradigms in Organizational Theory and Research," in Lincoln, Yvonna S.(ed.). Organizational Theory and Inguiry: The Paradigm Revolution. New Delhi: Sage Publications, pp.43-78.

Cohen, Michael D., March, James G. & Olsen, Johan(1972). "A Garbage Can Model of Organizational Choice," Administrative Science Quarterly, 17(1), pp.1-25. also in March, James G.(ed.)(1988). Decisions and Organizationals. New York: Basil Blackwell. pp.294-334.

——&——(1974). Leadership and Ambiguity: The American College President, New York: McGrawHill.

——&——(1986). Leadership and Ambiguity: The American College President (2nd ed). Boston: Harvard Business School Press.

Cogen, S. L. & Binker, K. A.(1975). "Subtle Effects of Sex Role Stereotypes on Recruiters' Hiring Decisions," Journal of Applied Psychology, 60, pp.566-572.

Cooper, C. L. & Marshall, J.(1976). "Occupational sources of stress: A review of the literature relating to coronary heart disease and mental ill health," Journal of Occupational Psychology. 49(1), pp.11-28.

Coopersmith, S.(1967). The antecedents of self-esteem. San. Francisco: Freeman.

Corton, R. A.(1987). School Leadership and Administration. Iowa: Wm. C. Brown Publishers.

Cronbach, L. J. & Snow, R. E.(eds.)(1977). Aptitudes and Instructional Method: A Handbook for Research on Interaction. New York: Irvington.

Cummings, O. W., & Nall, R. L.(1982). "Counaelor burnout and school leadship style: a connection," School Counselor, 29, pp.190-195.

Cuningham, W. G.(1982). "Research-based strategies for frighting teacher burnout," Educational Digest, 47, pp.20-23.

Danridge, Thomas., Mitroff, Inan I., & Joyce, William F.(1980). "Organizational Analyses," Academy of Management Review, 5, pp.77-82.

Davidson, Jack L., & Holley Freda M.(1979). "Your Students Might Be Spending Only Half of the School Day Receiving Instruction," American School Board Journal, March 1979, pp.40-41.

Deal, Terrence E., & Kennedy, Allan A.(1982). Corporate Cultures: The Rites and Rituals of Corporate Life. Reading, MA: Addison-Wesley.

——(1985). "The Symbolism of Effective School," The Elementary School Journal, 85(5), pp.601-620.

Dewey, John(1916). Democracy and Education. First Free Press Paperback Edition 1966. New York: A Division of Macmillan Publishing Co., Inc.

Dune, Rita & Griggs, Shirley A.(1989). "Learning Styles: Key to Improving Schools and Student Achievement," Curriculum Report, v18 n3, Jan 1989 (ERIC Document Reproduction Service No. EJ 303851).

Dusek, J. B.(1975). "Do teachers bias children's learning?" Review of Educational Research, 45, pp.661-684.

——and O'Connell, E. J.(1973). "Teacher expectancy effects on the achievement test performance of elementary school children," Journal of Educational Psychology, 65, pp.371-377.

Dworkin, Anthony G. et al.(1990). "Stress and Illness among Urban Public School Teachers," Education Administration Quarterly, 26(1), pp.60-72.

Dyer, W. Gibb., Jr.(1985). "The Cycle of Cultural Evolution in Organization," in Kilmann, Ralph H., Saxton, Mary J., Serpa, R. and associates(1985). Gaining Control of the Corporate Culture. San Francisco: Jossey Bass. pp. 200-230.

Eisenberg, Sheidon(1978). "Understanding and Building Self-Esteem," in Eisenberg, Sheidon & Patterson, Lewis E.(1978)(eds.). Helping Clients with Special Concerns. Chicago: Rand MÇNally College Publishing Company, pp.11-34.

Eismann, D. A.(1985). An Assessment of a Model of Educational and Organizational Effects. Dissertation Abstracts International, 46(2), pp.309-310-A.

Elbing, Alvar O.(1978). Behavioral Decisions in Organization. Glenview, Illinois: Scott Foresman Company.

Etzioni, Amitai(1964). Mordern Organization. Englewood Cliffs, NJ: Prentice-Hall.

——(1975). A Comparative Analysis of Complex Organizations: On Power, Involvement, and Their Correlates. New York: Free Press.

Evers, Colin W. & Lakomski, Gabriele(1991). Knowing Educational Administration-Contemporary Methodological Controversies in Educational Administration Research. Oxford: Pergamon Press.

Farber, Barry & Ascher, Carol(1991). "Urban School Restruc-turing and Teacher Burnout. ERIC/CUE Digest, Number 75," ERIC Clearing house on Urban Education, New York.(ERIC Document Reproduction Service No. ED 340 812).

Firestone, William A., & Wilson, Bruce L.(1985). "Using Bureaucratic and Cultural Linkages to Improve Instruction: The Principal's Contribution," Educational Administration Quarterly, 21(2), pp.7-30.

Fisher, Charles W., et al.(1978). Teaching and Learning in the Elementary

School: A Summary of the Beginning Teacher Evaluation Study, Report VIII. San Francisco, Calif.: Far West Laboratory for Educational Research and Development.

French, J. R. P., Jr., & Raven, B.(1959). "The Bases of Social Power," in Henry L. Tosi & W. Clay Hamner(eds.).(1985). *Organizational Behavior and Management*(4 ed.). Columbus: Grid Publishing, INC. pp.337-349.

Frost, Peter J., Moore, Larry F., Louis, Meryl Reis,, Lundberg, Craig C. & Martin, Joanne(1985)(eds.). *Organizational Cluture.* Beverly Hills, CA: Sage Publications.

Garrott, Carl L.(1984). "Cognitive Style and Impression of Student Achievement in Secondary French Classes,"(ERIC Document Reproduction Service No. ED 242203).

Gaziel, Haim H.(1993). "Coping with Occupational Stress among Teachers: a cross-cultural study," *Comparative Education,* 29(1), pp.67-79.

Genck, F. H.(1983). *Improving School Performance,* New York: Praeger Publishers.

Good, Thomas L. & Brophy, Jere E.(1984). "Teacher expectation as self-fulfilling prophecies," in Harvey F. Clarizio, Robert C. Craig, and Willian A. Mehrens(1987). *Contemporary Issues in Educational Psychology*(5th ed.). New York: Random House, pp.296-303.

Goodnow, Wilma Elizabeth(1983). "The Cycle of Research: A Call for Truce," Paper presented at the National Adult Education Conference(Philadelphia, PA, November 30, 1983).

Gray, Jerry L. & Stake, Frederick A.(1988). *Organizational Behavior: Concepts and Applications*(4th ed.) Columbus. Ohio: Bell & Howell.

Greenfield T. B.(1978). "Reflections on organization theory and the truths of irreconcilable realities," *Educational Administration Quarterly,* 14(2), pp.1-23.

Griffin, C.(1985). "Qualitative methods and cultural analysis: young women and the transition from school to un/employment," in R. G. Burgess(1985)(ed.), *Field Methods in the Study of Education.* London: Falmer Press, pp.97-113.

Griggs, Shirley A.(1983). "Counseling High School Students for Their Individual Learning Styles,"(ERIC Document Reproduction Service No. ED 303851).

Guilford, J. P.(1959). "The Three Faces of Intellect," American Psychologist, 14, pp.469-479.

——(1967). The Nature of Human Intelligence. New York: McGraw-Hill.

——(1982). "Cognitive Psychology's Ambiguities: Some Suggested Remedies," Psychological Review, 89, pp.48-59.

Guskey, Thomas R.(1981). "The Influence of Change in Instructional Effectiveness upon the Relationship of Teacher Expectations and Student Achievement," Paper presented at the annual meeting of the American Educational Research Association, Los Angeles, Calif..

Hackman, J. R. & Oldham, G. R.(1975). "Development of the job diagnostic survey," Journal of Applied Psychology, 60, pp.159-170.

Hall, D. T. & Mansfield, R.(1971). "Organizational and individual response to external stress," Administrative Science Quarterly, 16, pp.533-547.

Handy, Cherles(1988). "Cultural forces in schools," in Glatter, Ron, Preedy, Margaret,, Riches, Colin,, and Masterton. Mary(eds.) Understanding School Management. Milton Keynes. Philadelphia: Open University Press. pp.107-116.

Helms, Barbara J. & Gable, Robert K.(1990). "Assessing and Dealing with School-Related Stress in Grades 3-12 Students," Paper presented at the Annual Meeting of the American Educational Research Association(Boston, MA. April 16-20).

Herzberg, Frederick,, Mausner, Bernard,& Snyderman, Barbara(1959). The Motivation to Work(2nd ed.). New York: Wiley.

——(1968). "One More time: How Do You Motivate Employees?" Harvard Business Review. January-February, 1968, pp.53-62.

Holdway, E. A.(1978). "Facet and Overall Satisfaction of Teachers," Education Administration Quarterly. 14, pp.30-47.

Hoppock, Robert (1935). Job Satisfaction. New York: Harper.

House, Robert J. (1971). "A Path-Goal Theory of Leadership Effectiveness," Administrative Science Quarterly, 16, pp.321–338.

Howell, Jon P., Peter W. Dorfman, and Steven Kerr. (1986). "Moderator Variables in Leadership Research," Academy of Management Review, 11 (1), pp.88–102.

Hoy, Wayne K. & Miskel, Cecil G. (1982). Educational Administration-Theory, Research and Practice (2nd ed.). New York: Random House.

——(1987). Educational Administration—Theory, Research and Practice (3rd ed.). New York: Random House.

Jolly, Pauline E. & Strawitz, Barbara M. (1984). "Teacher Student Cognitive Style and Achievement in Biology," Science Education, v68 n4, pp.487–492, Jul 1984 (ERIC Document Reproduction Service No. EJ 303351).

Jones, Anne (1987). Leadership for Tomorrow's Schools. Oxford: Basil Blackwell.

Katz, Daniel (1985). "The Functional Approach to the Study of Attitudes," in Tosi, Henry L. & Clay Hamner, W. (eds.) (1985). ORGANIZATIONAL BEHAVIOR AND MANAGEMENT (4th ed.). Columbus, Ohio: Grid Publishing, INC.. pp.135–144.

Kerr, Steven, and John M. Jermier (1978) "Substitutes for Leadership: Their Meaning and Measurement," Organizational Behavior and Human Performance. 22, pp. 375–403.

Kilmann, Ralph H. (1982). "Getting Control of the Corporate Culture," Managing, 2, pp.11–17.

——, Saxton, Mary J. (1983). The Kilmann-Saxton Culture Gap Survey. Pittsburgh, PA: Organizational Design Consultant.

——, ——, Serpa, R. et al. (1985). Gaining Control of the Corporate Culture. San Francisco: Jossey Bass.

Kirby P. C., Paradise, L. V., & King, M. I. (1992). Extraordinary Leaders in Education: Understanding Transformational Leadership. Journal of Education

Research, 85(5), pp.303-311.

Klausmier, Herbert J.(1991). "Individually Guided Education: Elementary and Secondary," Paper Presented at the Symposium on Adapting Instruction for Junior High School, Department of Education National Kaohsiung Normal University, Kaohsiung, Taiwan R. O. C. December 4-6, 1991.

——(1991). "Adapting Curriculum And Instruction to Differences Among Students in USA," Paper Presented at the Symposium on Adapting Instruction for Junior High School, Department of Education National Kaohsiung Normal University, Kaohsiung, Taiwan R. O. C. December 4-6, 1991.

Kossen, Stan(1987). The Human Side of Organizations(4th). New York: Harpor & Row.

Kreft, Ita G. G.(1993). "Using Multilevel Analysis to Assess School Effectiveness: A Study of Dutch Secondary Schools," SOCIOLOGY OF EDUCATION, 66 (2), pp.104-129.

Kuhn. T. S.(1970). The Structure of Scientific Revolutions(2nd ed.). Chicago: The University of Chicago Press.

Laughlin, A.(1984). "Teacher Stress in an Australian Setting: The Role of Biographical Mediators," Educational Studies. 10, pp.7-21.

Lawler, Edward E.(1973). Motivation in Work Organization Monterey, CA: Brook/Cole.

Lawless, D. J.(1979). Organizational Behavior: The Psychology of Effective Management. New Jewey: Prentice-Hill.

Lee, Valera E., Dedrick, Robert F. & Simith, Julia B.(1991). "The Effect of Social Organization of Schools on Teachers' Efficacy and Satisfaction," Sociology of Education, 64(3), pp.190-208.

Liontos, L. B.(1993). Transformational Leadership: Profile of a High School Principal. Oregon School Study Council, Eugene.(ERIC Document Reproduction Service No. ED 359 652).

Locke, Edwin A.(1976). "The Nature and Causes of Job Satisfaction," in Marvin

D. Dunnette (ed.). Handbook of Industrial and Organization Psychology. Chicago: Rand McNally, pp.1297–1349.

Lofquist, L. H. & Davis, R, V. (1966). Adjustment of Work. New York: Appleton-Century-Crofts.

Lorsch, Jay W. (1985). "Strategic Myopia: Culture as an Invisible Barrier to Change," in Kilmann, Ralph H., Saxton, Mary J., Serpa, R. et al. (1985). Gaining Control of the Corporate Culture. San Francisco: Jossey Bass. pp.84–103.

Louis, Meryl Reis (1980). "Surprise and Sense-making: What Newcomers Experience in Entering Unfamiliar Organizational Setting," Americative Science Quarterly, 25, pp.226–25.

——(1985). "Perspectives on Organizational Cultures," in Frost, Peter J., Moore, Larry F., Louis, Meryl Reis,, Lundberg, Craig C. & Martin, Joanne (1985) (eds.). Organizational Culture. Beverly Hills, CA: Sage Publications. pp.27–29.

Luckner, John L. (1990). "Strategies for Alleviating Teacher Stress," ACEHI Journal, 16 (1), pp.4–12.

Lundberg, Craig C. (1985) "On the Feasibility of Cultural Intervention in Organizations," in Peter J. Frost, Larry F. Moore, Meryl Reis Louis, Craig C. Lundberg & Joanne Martin (eds.). Organizational Culture. Beverly Hills: SAGE Publications, Inc., pp. 169–185.

Madaus, G. F., Airasian, P. W. & Kellaghan T. (1980). School Effectiveness. New York: McGraw-Hill.

Mandra, Thomas J. (1986). "Comparing the Managerial Efficiency of Two Strategies for Presenting Systematically Developed Instructional Materials," Performance and Instruction, v25 n7, pp.18–20, Sep 1986 (ERIC Document Reproduction Service No. EJ 342885).

Mann, Leon (1985). "Attitudes," in Tosi, Henry L. & Clay Hamner, W. (eds.) (1985). ORGANIZATIONAL BEHAVIOR AND MANAGEMENT (4th ed.). Columbus, Ohio: Grid Publishing, INC.. pp.145–154.

March, James G.(ed.)(1988). Decisions and Organizations. New York: Basil Blackwell.

Margolis, G. L., Kroes, W. H. & Quinn, R. P.(1974). "Job stress: An unlisted occupational hazard," Journal of Occupational Medicine, 16, pp.659–661.

Martin, Joanne(1985). "Can Organizational Culture be Managed?" in Frost, Peter J., Moore, Larry F., Louis, Meryl Reis. Lundberg, Craig C. & Martin, Joanne (eds.) Organizational Culture. Beverly Hills, CA: Sage Publications. pp.95–98.

Maslow, Abraham H.(1987). MOTIVATION and PERSONALITY(3rd ed.). New York: Harper & Row.

Matza, D.(1969). Becoming Deviant. Englewood Cliffs, NJ: Prentice-Hall.

Mayo, Elton.(1945). The Social Problems of an Industrial Civilization. Boston: Graduate School of Business Administration, Harvard University.

McCormick, John & Solman, Robert(1992). "Teachers Attributions of Responsibility for Occupational Stress and Satisfaction: an organizational perspective," Educational Studies, 18(2), pp.201–222.

McGrath, J. E.(1976). "Stress and behavior in organizations," in M. D. Dunnette (ed.). Handbook of Industrial and Organizational Psychology. Chicago: Rand McNally College Publishing Company, pp.

McGregor, Douglas(1960). The Human Side of Enterprise. New York: McGraw-Hill.

McHugh, M. & Kyle, M.(1993). "School Merger: a stressful challenge?" School Organization, 13(1), pp.11–26.

McMillan, James H. & Schumacher, Sally(1989). RESEARCH IN EDUCATION: A Conceptual Introduction(2nd ed). Glenview, Illinois: Scott, Foresman and Company.

Mercer, David(1993). "Job Satisfaction and the Headteacher: a nominal group approach," School Organization, 13(2), PP.153–164.

Mewborn, C. R. & Rogers, R. W.(1979). "Effects of Threatening and Reassuring

Components of Fear Appeals on Psychological and Verbal Measures of Emotion and Attitudes," Journal of Experimental Social Psychology, 15, pp.242-253.

Moorhead, Gregory & Griffin, Ricky W.(1989). Organizational Behavior(2nd ed.). Boston: Houghton Mifflin Company.

Morphet, Edgar L., Johns, Roe L. and Reller, Theodore L.(1982) Educational Organization and Administration: Concepts Practices, and Issues(4th ed.). Englewood Cliffs: Prentice-Hall.

Murphy, Linda & Della Corte, Suzanne(1990). "School Related Stress and Special Child," Special Parent/Special Child, 6(1),(ERIC Document Reproduction Service No. ED 318 178).

Nolan, F. L.(1993). Ethical Leadership and School Calture: An Exploratory Study of Nine Middle Level Schools.(Doctoral Dissertation, University of Minnesota, 1992). Dissertation Abstracts International, 53, 2193A.(AAC 9234011 ProQuest Dissertation Abstract).

O'Connell, E., Dusek, J. and Wheeler, R.(1974). "A follow-up study of teacher expectancy effects," Journal of Educational Psychology, 66, pp.325-328.

O'Connor, Pauline R. & Clarke, Valerle A.(1990). "Determinants of Teacher Stress," Australian Journal of Education, 34(1), pp.41-51.

Ouchi. William(1981). Theory Z: How American Business Can Meet the Japanese Challenge. Reading, MA: AddisonWesley.

Owens, Robert G., & Steinhoff, Carl R.(1989). "Toward a Theory of Organizational Culture," Journal of Education Administration, 27(3), pp.6-16.

——(1991). ORGANIZATIONAL BEHAVIOR IN EDUCATION(4th ed.). Englewood Cliffs, New Jersey: Prentice-Hall.

Parsons, Talcott(1971). The System of Mordern Societies. New Jersey: Prentice-Hall.

Patterson, Jerry L., Purkey, Stewart C. & Parker, Jackson V.(1986). Productive School Systems for a Nonrational World. VA: Association for Supervision and Curriculum Development.

Perrow, Charles (1979). Complex Organization: A Critical Essay (2nd ed.). Glenview, Ill.: Scott, Foresman & Co.

Peters, Thomas J. & Waterman, Robert H. (1982). In Search of Excellence: Lessons from American's Best-Run Companies. New York: Harper & Row.

Peterson, Penelope L., Marx, Ronald W. and Clark, Christopher M. (1978). "Teacher Planning, Teacher Behavior, and Student Achievement," American Education Research Journal, 15 (3), pp.417–432.

——& Clark, Christopher M. (1978). "Teachers' Reports of Their Cognitive Processes During Teaching," American Education Research Journal, 15 (4), pp. 555–565.

Pettigrew, Andrew M. (1979). "On Studying Organizational Cultures," Administrative Science Quarterly, 24, pp.570–581.

Purkey, Stewart C., & Smith, Marshall S. (1983). "Effective School: A Review," Elementary School Journal, 83 (4), pp.427–452.

Quinn, Robert E. & McGrath, Michael R. (1985). "THE TRANSFORMATION OF ORGANIZATIONAL CULTURES: A Competing Values Perspective," in Frost, Peter J., Moore, Larry F., Louis, Meryl Reis,, Lundberg, Craig C. & Martin, Joanne (1985) (eds.). Organizational Culture. Beverly Hills, CA: Sage Publications. pp. 351–334.

Robbins, Stephen P. (1986). Organizational Behavior-CONCEPTS, CONTROVERSIES AND APPLICATION (3rd ed.). New Jersey: Prentice-Hall.

——(1993). Organizational Behavior-CONCEPTS, CONTROVERSIES AND APPLICATION (6th ed.). New Jersey: Prentice-Hall.

Robert, Jo (1989). "Cultural Orientations of First-Time High School Principals during Selection and Entry," (ERIC Document Reproduction Service No. ED 301528).

Rock, P. (1979). The Making of Symbolic Interactionism. London: Macmillan.

Roethlisberger, F. J. & Dickson, William J. (1939). Management and the Worker.

Cambridge, MA: Harvard University Press.

Rosen, B. & Jerdee, T. H. (1976). "The Influence of Age Stereotypes on Managerial Decisions," Journal of Applied Psychology, 61, pp.428-432.

Rosenshine, Barak V. (1979). "Content, time and direct instruction," in Peterson, P. L. & Walberg, H. J. (eds). Research on Teaching, Concept, Finding, and Implication. Berkeley, CA. McCutchan.

Rossow, Lawrence F. (1990). The Principalship: Dilmensions in Instrcutional Leadership. New York: Prentice-Hall Inc..

Rutter, M., Maughan, B., Mortimer, P., Ouston, J., and Smith, A. (1979). Fifteen Thousand Hours: Secondary Schools and Their Effects on Children. Cambridge, Mass.: Harvard University Press.

Sales, S. M. (1969). "Organizational roles as a risk factor in coronary heart disease," Administrative Science Quarterly, 14, pp. 325-336.

Saphier, J. & King, M. (1985). "Good Seeds in Culture," Educational Leadership, 42(6), pp.67-74.

Scheerens, J. (1990). "School effectiveness research and the development of process indicators of school functioning," School Effectiveness and School Improvement, 1(1), pp.72-80.

Schein, Edgar H. (1985). Organizational Culture and Leadership. San Francisco: Jossey-Bass.

Schuler, Randall S. (1980, April). "DEFINITION AND CONCEPTUALIZATION OF STRESS IN ORGANIZATIONS," Organization Behavior and Human Performance, pp.184-215, Also in Tosi, Henry L. & Clay Hamner, W. (eds.) (1985). ORGANIZATIONAL BEHAVIOR AND MANAGEMENT (4th ed.). Columbus, Ohio: Grid Publishing, INC.. pp.103-128.

Schwartz, Howard M., & Davis, Stanley M. (1981). "Matching Corporate Culture and Business Strategy," Organizational Dynamics, Summer, pp.30-48.

Scott, W. E. (1966). "Activation theory and task design," Organizational Behavior and Human Performance, 1, pp.3-30.

Selye, J.(1956). The Stress of Life, New York: McGraw-Hill Book Co..

Selznick, Philip.(1957). Leadership in Administration. New York: Harper & Row.

Sergiovanni, Thomas J.(1967). "Factors which Affect Satisfaction and Dissatisfaction of teachers," Journal of Educational Administration. 5(1), pp.66–82.

——& Carver, Fred D.(1980). The New School Executive: A Theory of Administration(2nd ed.). New York: Harper & Row.

——(1984a). Leadership and Organizational Culture: Leadership as Cultural Expression. Chicago: Univ. of Illinois Press.

——(1984b). "Leadership and excellence in schooling," Educational Leadership, 41(5), pp.4–13.

——(1990a). Value-Added Leadership: How to Get Extraordinary Performance in Schools. New York: Harcourt Brace Jovanovich.

——(1990b). "Adding Value to Leadership Gets Extraordinary Results," Educational Leadership, 47(8), pp.23–27.

Sethia, Nirmal K. & Glinow, Mary Ann Von(1985). "Arriving at Four Cultures by Managing the Reward System," in Kilmann, Ralph H., Saxton, Mary J., Serpa, R. et al.(1985). Gaining Control of the Corporate Culture. San Francisco: Jossey Bass. pp.400–420.

Shaw, Marvin E.(1976). Contemporary Topics in Social Psychology. Morristown: General Learning Press.

——(1981). Group Dynamics: The Psychology of Small Group Behavior(3rd ed.). New York: McGraw-Hill.

Simon, Herbert A.(1960). New Science of Management Decision. New York: Harper & Row.

——(1976). Administrative Behavior: A Study of Decision-Making Processes in Administrative Organization(3rd ed.). New York: The Free Press.

Sinkiewicz, R. W.(1982). A Comparison of Job Satisfaction of Speech Pathologists in Centralizaed Versus Decentralized School Systems. Dissertation Abstracts International, 42(9), pp.3832–A.

Slancik, Gerald & Pfeffer, Jeffrey (1977). "An Examination of Need-Satisfaction Models of Job Attitudes," Administrative Science Quarterly, 22, pp.427-456.

——(1978). "A Social Information Processing Approach to Job Attitudes and Task Design," Administrative Science Quarterly, 23, pp.224-253.

Smelser, Neil J. (1972) (ed.). Organizations: Structure and Process. New Jersey: Prentice-Hall.

Smilansky, J. (1984). "External and Internal Correlates of Teachers' Satisfaction and Willingness to Report Stress," British Journal of Educational Psychology. 54, pp.84-92.

Steers, Richard M. (1977). Organizational Effectiveness: A Behavioral View. Santa Monica, California: Goodyear.

Steers, Richard M. & Porter, Lyman W. (1987). Motivation and Work Behavior (4th ed.). New York: McGraw-Hill.

Stein, R. & King, B. (1992). Is restructuring a threat to principals' power? NASSP-Bulletin, V76 n540 pp.26-31.

Sternberg, Robert. J., et al. (1981). "People's conceptions of intelligence," Journal of Personality and Social Psychology, 41 (1), pp.37-55.

——(1985). Beyond IQ: A Triarchic Theory of Human Intelligence. Cambridge University Press.

Stringfield, Sam, & Schaffer, Gene, (1991). "Results of School Effectiveness Studies in the United States of American," Paper Presented at the International School Effects Research Workshop, National Kaohsiung Normal University, Kaohsiung, Taiwan R. O. C., September 26-27, 1991, pp.139-156.

Suilagyi, A. D. & Wallace, M. J. (1987). Organizational Behavior and Performance. (4th ed.). Glenview, IL: Scott, Foresman.

Steinhoff, Carl R., & Owens, Robert G. (1989a). "The Organizational Culture Assessment Inventory: A Metaphorical Analysis in Educational Settings," Journal of Education Administration. 27 (3), pp.17-23.

——(1989b). "Managing the Organizational Culture of Rural Schools: Creating

Environments for Human Development," Paper Presented at the Annual Meeting of the National Rural Educational Association (Blst, Reno, NV, October 10, 1989). (ERIC Document Reproduction Service, No. ED 317 369).

Taylor, Donald (1965), "Decision-making and problem solving," in James G. March (ed.). Handbook of Organization. New York: Harper & Kow, pp..

Thomas H. Holmes & Richard H. Rahe (1967). "The Social Read-justrent Scale," Journal of Psychosoratic Research, 11, pp.213-218.

Tichy, Noel M. (1982). "Corporate Culture as a Strategic Variable," Presented at the annual meeting of the Academy of Management, New York.

Tosi Henry L. & Hamner, W. Clay (1985) (eds.) Organizational Behavior and Management (4th ed.). Columbus, Ohio: Grid Publishing, Inc..

Troisi, Nicholas F. (1983). "Effective Teaching and Student Achievement," National Association of Secondary School Principals Reston, Va..

Trusty, Francis M. and Sergiovani, Thomas J. (1966). "Perceived Need Deficiencies of Teachers and Administrators: A Proposal for Restructuring Teacher Roles." Educational Administration Quarterly, 1, pp.168-180.

Turnstall, W. B. (1983). "Cultural Transition at AT & T," Sloan American Review, 25 (1), pp.1-12.

Van Sell, M., Brief, A. P. & Schuler, R. S. (1979). "Role conflict and role ambiguity: Integration of the literature and directions for future research," Working paper, University of lowa.

Vance, Booney et al. (1989). "Sources and Manifestation of Occupational Stress as Reported by Fulltime Teachers Working in a BIA School," Journal of American-Indian Education, 28 (2), pp.21-31.

Vroom, Victor H. (1964). Work and Motivation. New York: Wiley.

——& Yetton, Phillip W. (1973). Leadership and Decision Making. Pittsburgh: University of Pittsburgh Press.

Watson, Leonard E. (1982). "The Management of Education in its Social Setting," in Gray, H. L. (1982) (ed.). The Management of Education Institutions:

Theory Research and Consultancy. England, Basingstoke: Taylor and Francis. pp.15-28.

Weber, Max(1947). Theory of Social and Economic Organization. Chicago: Free Press.

Weick, Karl E.(1983). "Educational Organization as Loosely Coupled System," in Baldridge, J. Victor & Deal, Terrence(eds.). The Dynamics of Organizational Change in Education. California: McCutchan. pp.15-37.

Weiner, B.(1967). "Implications of the Current Theory of Achievement Motivation for Research and Performance in the Classroom," Psychology in the Schools, 4, pp.164-171.

Whiteford, Patricia C. et al.(1990). "Differences between Techers who Have and Have Not Taught Continuously during the First Five Years after Graduation," Paper present at the Annual Meeting of the Midwestern Educational Research Association(Chicago, IL, October 17-20)(ERIC Document Reproduction Service No. ED 341 652).

Wilkins, Alan & Patterson, Kerry(1985). "You Can't Get There From Here: What Will Make Culture-Change Projects Fail," in Kilmann, Ralph H., Saxton, Mary J., Serpa, R. et al. (1985). Gaining Control of the Corporate Culture. San Francisco: Jossey Bass. pp.262-292.

Williams, Robert T.(1978)"Application of Research: Teacher Motivation and Satisfaction," NASSP Bulletin, 62(422), pp.89-94.

Winters, L. L.(1984). A Meta-Analysis of Bureaucratic Structure and Teacher Job Satisfaction. Dissertation Abstracts International, 44(11). pp.3203-A.

Worsham, Murray E.(1981). "Student Accountability for Written Work in Junior High School Classes," Austin, Tex.: University of Texas Research and Development Center for Teacher Education.

Yukl, Gary A.(1989). LEADERSHIP IN ORGANIZATIONS(2nd ed.). New Jersey: Englewood Cliffs.

——(1994). LEADERSHIP IN ORGASIZATIONS(3nd ed.). New Jersey: Engl-

ewood Cliffs.

國家圖書館出版品預行編目資料

學校組織行為 ／張慶勳著.
--初版.--臺北市：五南，1996[民85]
面；　公分.
參考書目:面
ISBN 978-957-11-1298-5（平裝）
1.教育 - 行政　2.組織（行政）
526　85013494

1IR4

學校組織行為

作　　者 — 張慶勳
發 行 人 — 楊榮川
總 經 理 — 楊士清
副總編輯 — 陳念祖
編　　輯 — 李慧娟
出 版 者 — 五南圖書出版股份有限公司
地　　址：106台北市大安區和平東路二段339號4樓
電　　話：(02)2705-5066　傳　　真：(02)2706-6100
網　　址：http://www.wunan.com.tw
電子郵件：wunan@wunan.com.tw
劃撥帳號：01068953
戶　　名：五南圖書出版股份有限公司
法律顧問　林勝安律師事務所　林勝安律師
出版日期　1996年12月初版一刷
　　　　　2017年10月初版八刷
定　　價　新臺幣700元